해커스 주택관리사

주택관리사 1위 해커스
한경비즈니스 선정 2020 한국품질만족도 교육(온·오프라인 주택관리사) 부문 1위 해커스

해커스 주택관리사 1차 핵심요약집 민법

핵심요약 단과강의 20% 할인쿠폰

CA6FDFBBDB7B2825

해커스 주택관리사 사이트(house.Hackers.com)에 접속 후 로그인
▶ [나의 강의실 – 결제관리 – 쿠폰 확인] ▶ 본 쿠폰에 기재된 쿠폰번호 입력

1. 본 쿠폰은 해커스 주택관리사 동영상 강의 사이트 내 2026년도 핵심요약 단과강의 결제 시 사용 가능합니다.
2. 본 쿠폰은 1회에 한해 등록 가능하며, 다른 할인수단과 중복 사용 불가합니다.
3. 쿠폰사용기한 : 2026년 9월 30일(등록 후 7일 동안 사용 가능)

무료 온라인 전국 실전모의고사 응시방법

해커스 주택관리사 사이트(house.Hackers.com)에 접속 후 로그인
▶ [수강신청 – 전국 실전모의고사] ▶ 무료 온라인 모의고사 신청

* 기타 쿠폰 사용과 관련된 문의는 해커스 주택관리사 동영상강의 고객센터(1588-2332)로 연락하여 주시기 바랍니다.

해커스 주택관리사 인터넷 강의 & 직영학원

인터넷 강의
1588-2332
house.Hackers.com

강남학원
02-597-9000
2호선 강남역 9번 출구

[강남서초교육지원청 제10319호 해커스 공인중개사·주택관리사학원] | 교습과목, 교습비 등 자세한 내용은 https://house.hackers.com/gangnam/에서 확인하실 수 있습니다.

1588.2332　　　　　　　　　　　　　　　　　house.Hackers.com

해커스 주택관리사

주택관리사 **1위 해커스**
한경비즈니스 선정 2020 한국품질만족도 교육(온·오프라인 주택관리사) 부문 1위 해커스

수많은 합격생들이 증명하는
해커스 스타 교수진

관리실무	관계법규	관계법규	회계원리	민법	민법	시설개론	시설개론	회계원리	관리실무
김성환	한종민	조민수	강양구	민희열	정동섭	이강일	김건일	서상호	노병귀

주택관리사를 준비하시는 분들은 해커스 인강과 함께 하면 반드시 합격합니다.
작년에 시험을 준비할 때 타사로 시작했는데 강의 내용이 어려워서 지인 추천을 받아 해커스 인강으로 바꾸고 합격했습니다. 해커스 교수님들은 모두 강의 실력이 1타 수준이기에 해커스로 시작하시는 것을 강력히 추천합니다.

합격생 송*섭 님

해커스를 통해 공인중개사 합격 후, 주택관리사에도 도전하여 합격했습니다.
환급반을 선택한 게 동기부여가 되었고, 1년 만에 동차합격과 함께 환급도 받았습니다.
해커스 커리큘럼을 충실하게 따라서 공부하니 동차합격할 수 있었고,
다른 분들도 해커스커리큘럼만 따라 학습하시면 충분히 합격할 수 있을 거라 생각합니다.

합격생 송*성 님

1588.2332　　　　　　　　　　　　　　house.Hackers.com

해커스 주택관리사

주택관리사 1위 해커스
한경비즈니스 선정 2020 한국품질만족도 교육(온·오프라인 주택관리사) 부문 1위 해커스

오직, 해커스 회원에게만 제공되는
6가지 무료혜택!

전과목 강의 0원

스타 교수진의 최신강의
100% 무료 수강
* 7일간 제공

합격에 꼭 필요한 교재 무료배포
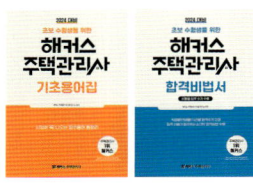
최종합격에 꼭 필요한
다양한 무료배포 이벤트
* 비매품

기출문제 해설특강

시험 전 반드시 봐야 할
기출문제 해설강의 무료

온라인 전국모의고사 8회분 무료
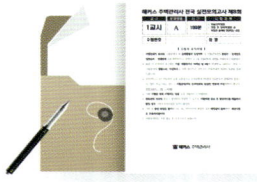
실전모의고사 8회와
해설강의까지 무료 제공

개정법령 업데이트 서비스
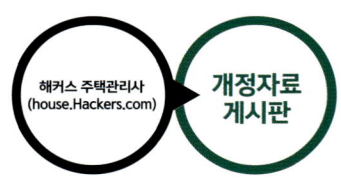
계속되는 법령 개정도
끝까지 책임지는 해커스!

무료 합격전략 설명회

한 번에 합격을 위한
해커스의 합격노하우 무료 공개

주택관리사 1위 해커스
지금 무료가입하고 이 모든 혜택 받기

1588.2332

house.Hackers.com

해커스 주택관리사
7일완성 핵심요약집

1차 민법

민희열

약력

현 | 해커스 주택관리사학원 민법 대표강사
    해커스 주택관리사 민법 동영상강의 대표강사

전 | 해커스 공인중개사 민법 강사 역임
    EBS · 랜드프로(노원) · 새롬 공인중개사(강남, 송파, 분당, 주안 등) 강사 역임

저서

공인중개사 판례특강, 민법 및 민사특별법, 해커스패스, 2020~2022
공인중개사 7일완성 회차별 기출문제집(민법), 해커스패스, 2022
공인중개사 시험에 꼭 나오는 핵심테마 정리, 민법 및 민사특별법, 해커스패스, 2020
공인중개사 핵심을 잡는 민법 체계도, 민법 및 민사특별법, 해커스패스, 2022
주택관리사 1차 기초입문서(민법), 해커스패스, 2025~2026
주택관리사 1차 기본서 민법, 해커스패스, 2025~2026
주택관리사 1차 핵심요약집 민법, 해커스패스, 2025~2026
주택관리사 1차 기출문제집 민법, 해커스패스, 2025~2026
주택관리사 1차 출제예상문제집 민법, 해커스패스, 2025

2026 해커스 주택관리사 1차 7일완성 핵심요약집 민법

초판 1쇄 발행	2026년 1월 5일
지은이	민희열, 해커스 주택관리사시험 연구소
펴낸곳	해커스패스
펴낸이	해커스 주택관리사 출판팀
주소	서울시 강남구 강남대로 428 해커스 주택관리사
고객센터	1588-2332
교재 관련 문의	house@pass.com
	해커스 주택관리사 사이트(house.Hackers.com) 1:1 수강생 상담
학원강의 및 동영상강의	house.Hackers.com
ISBN	979-11-7404-683-3 (13360)
Serial Number	01-01-01

저작권자 © 2026, 해커스 주택관리사
이 책의 모든 내용, 이미지, 디자인, 편집 형태는 저작권법에 의해 보호받고 있습니다.
서면에 의한 저자와 출판사의 허락 없이 내용의 일부 혹은 전부를 인용, 발췌하거나 복제, 배포할 수 없습니다.

주택관리사 시험 전문,
해커스 주택관리사 house.Hackers.com

해커스 주택관리사

- 해커스 주택관리사학원 및 인터넷강의
- 해커스 주택관리사 무료 온라인 전국 실전모의고사
- 해커스 주택관리사 무료 학습자료 및 필수 합격정보 제공
- 해커스 주택관리사 핵심요약 단과강의 20% 할인쿠폰 수록

서문

최적의 전략으로 합격까지 한 번에!

주택관리사(보) 시험의 민법 과목은 학습분량이 방대합니다. 그러다 보니 수험생들이 학습에 대한 압박감이 매우 높습니다. 그리고 수험생들은 시험에 출제되는 중요한 부분을 잘 알지 못하니 시험에 나오지 않는 부분에 밑줄을 치면서 암기하거나, 이해 없이 단순 암기만 하는 경우를 종종 보게 됩니다. 이것은 시험공부에 전혀 도움이 되지 않습니다.

본 해커스 주택관리사 7일완성 핵심요약집은 단순 암기식이 아닌 효율적으로 학습하는 방법과 실제로 출제가 될 만한 중요 내용들을 정리하여 제시해 드립니다. 본 교재로 공부하면서 다음 사항에 유의한다면 합격하는 데 큰 도움이 될 것입니다.

1. '개념'과 '체계'를 잡는 데에 주안점을 두어야 합니다.

시험공부의 성패는 '개념 파악' 여부에 달려 있습니다. 개념과 체계는 기본서를 공부하며 정리하는 경우와 강의를 반복적으로 수강하면서 정리하는 경우가 있는데, 기본서 내용 중 중요한 부분을 요약·정리한 본 핵심요약집을 효율적으로 활용한다면 자연스럽게 개념과 체계를 잡을 수 있을 것입니다.

2. 반드시 문제를 통하여 '유형 파악'을 하여야 합니다.

기본적인 개념과 체계가 잡히면 이제는 '정확히' 아는 것이 중요합니다. 여기서 정확히 안다는 것은 문제를 해결하여 득점할 수 있는 능력이 있음을 의미합니다. 이를 위해 기출문제와 출제예상문제를 풀어보는 것을 권장합니다.

3. '정리'와 '반복'이 필요합니다.

산만한 지식은 문제를 해결하는 데에 오히려 방해가 됩니다. 출제가 예상되는 60~70% 정도의 내용을 완벽하게 정리하는 것이 필요합니다. 이런 점에서 본 요약집은 핵심내용을 요약·정리한 교재이므로 자주, 여러 번 '반복 또 반복'하길 바랍니다.

더불어 주택관리사 시험 전문 **해커스 주택관리사(house.Hackers.com)**에서 학원강의나 인터넷 동영상 강의를 수강하며 꾸준히 공부한다면 학습효과를 극대화할 수 있습니다.

시험을 준비하는 과정은 마라톤의 여정과 비슷합니다. 아주 힘든 고갯길도 비교적 쉬운 내리막길도 있을 것입니다. 모쪼록 본 교재가 그 긴 여정을 지혜롭고 슬기롭게 헤쳐 나가는 데에 도움이 되기를 바라며, 좋은 결과가 있기를 기원합니다.

2025년 11월
민희열, 해커스 주택관리사시험 연구소

목차

학습플랜	5	주택관리사(보) 시험안내	8
이 책의 구성	6	출제경향분석	10

제1편 민법총칙

제 1 장 서론	14
제 2 장 권리와 법률관계	17
제 3 장 권리의 주체	30
제 4 장 물건	72
제 5 장 법률행위	82
제 6 장 기간	153
제 7 장 소멸시효	155

제2편 물권법

제 1 장 서론	176
제 2 장 물권의 변동	183
제 3 장 기본물권(점유권·소유권)	194
제 4 장 용익물권	214
제 5 장 담보물권	230

제3편 채권총론

제 1 장 채권의 목적	252
제 2 장 채권의 효력	256
제 3 장 다수당사자의 채권관계	277
제 4 장 채권양도와 채무인수	292
제 5 장 채권의 소멸	301

제4편 채권각론

제 1 장 계약총론	314
제 2 장 계약각론	331
제 3 장 부당이득	361
제 4 장 불법행위	367

학습플랜

4주완성 학습플랜 — 7일마다 한 과목씩 끝낸다!

- 한 과목씩 집중적으로 공부하고 싶은 수험생에게 추천합니다.
- 7일마다 한 과목씩 회독하고 마지막 주째에는 전체 과목을 한 번 더 회독할 수 있어 4주 동안 2회독을 할 수 있는 플랜입니다.
- 마지막 주에는 과목별 취약 파트를 중점적으로 학습해주세요.

구분	월	화	수	목	금	토	일
[1주] 회계원리	1편 1장~2장 5절	1편 2장 6절~4장	1편 5장~7장 2절	1편 7장 3절~10장 2절	1편 10장 3절~12장	1편 13장~2편 1장	2편 2장~6장
[2주] 시설개론	1편 1장~4장 2절	1편 4장 3절~7장	1편 8장~11장	2편 1장~3장	2편 4장~7장	2편 8장	2편 9장~10장
[3주] 민법	1편 1장~3장 3절 04	1편 3장 3절 05~5장 6절	1편 5장 7절~7장 3절	1편 7장 4절~2편 4장 2절	2편 4장 3절~3편 2장	3편 3장~4편 1장	4편 2장~4장
[4주] 1차 과목	회계원리	회계원리	시설개론	시설개론	민법	민법	약점과목

7일완성 학습플랜 — 2일마다 한 과목씩 끝낸다!

- 시험 직전 반복적으로 회독하고 싶은 수험생에게 추천합니다.
- 각 차수별로 7일 동안에 1회독하는 방법으로 요약집의 모든 내용을 꼼꼼하게 회독하는 것이 아닌 자주 틀리는 파트, 정확하게 이해하지 못하고 있는 파트를 중심으로 학습해주세요.

구분	월	화	수	목	금	토	일
[7일]	회계원리	회계원리	시설개론	시설개론	민법	민법	약점파트

학습이용 Tip

- 본인의 학습진도와 상황에 따라 적합한 학습플랜을 선택한 후, 매일·매주 단위의 분량을 학습합니다.
- 목표한 분량을 완료한 후에는 전체 학습진도를 스스로 점검합니다.

이 책의 구성

눈에 쏙! 빈출 파악

민법
빈출개념 TOP 30

제1편 민법총칙	민법의 법원	p.14
	권리와 의무	p.17
	신의성실의 원칙	p.21
	자연인	p.30
	법인	p.49
	권리의 객체 일반론	p.72
	법률행위의 목적	p.92
	의사표시	p.100
	법률행위의 대리	p.116
	법률행위의 무효와 취소	p.133
	법률행위의 부관(조건과 기한)	p.146
	소멸시효	p.155

① 빈출개념 TOP 30
중점을 두고 학습하여야 하는 과목별 빈출개념을 미리 파악하고, 우선순위를 두어 학습하면 최소의 시간으로 최대의 효과를 낼 수 있습니다.

개념 쏙! 이론학습

01 철근의 가공

선생님 TIP
상온에서 철근의 가공은 일반적으로 냉간가공(상온)을 원칙으로 한다.

① 지름 25mm 이하⋯
   열하여 가공한다.
② 원형철근의 말단부
③ 이형철근은 부착력
   경우에는 반드시
   ㉠ 기둥·보의 단
   ㉡ 대근(띠철근),

③ 선생님 TIP
압축된 이론의 이해를 돕고 학습의 길잡이가 되어 필요한 정보와 수험방향을 친절히 제시함으로써 1:1로 학습하는 효과를 느낄 수 있습니다.

---

03 감모손실과 평가손실 〔빈출〕

(1) 감모손실

① 감모손실의 계산

감모손실 = (장부상수량 - 실사수량) ×

② **감모손실의 회계처리:** 매출원가 또는 기타비용

(차) 매출원가   ×××   (대) 상품
   (또는 감모손실)

② 빈출
빈출개념 TOP 30에서 제시된 본문 페이지를 바로 확인하여 빈출내용을 쉽게 찾아 연계 학습할 수 있습니다.

★ 암기 PLUS | 상각후원가와 유효이자율법

상각후원가	금융자산이나 금융부채의 최초인식금액과 만기금액의 차액에 유효이자율법을 적용하여 계산된 상각누계액을 가감한 금액
유효이자율법	금융자산이나 금융부채의 상각후원가를 계산하고 관련 기간에 걸쳐 이자수익이나 이자비용을 배분하는 방법

개념 PLUS | 절수설비

1. 별도의 부속이나 기기를 추가로 장착하지 아니하고도 일반 제품에 비하여 물을 적게 사용하도록 생산된 수도꼭지 및 변기를 절수설비라고 한다.
2. 절수형 수도꼭지는 공급수압 98kPa에서 최대토수유량이 1분당 6ℓ 이하인 것. 다만, 공중용 화장실에 설치하는 수도꼭지는 1분당 5ℓ 이하인 것이어야 한다.
3. 절수형 대변기는 공급수압 98kPa에서 사용수량이 6ℓ 이하인 것이어야 한다.

④ 암기/개념 PLUS
핵심이론 중에서도 확실하게 암기하면 좋을 내용은 암기 PLUS로 선별하였고, 이론학습에 도움이 되는 부가적인 내용은 개념 PLUS로 구성하여 설명하였습니다.

⑤ 기출

기출지문 괄호 넣기를 통하여 본문 내용을 이해하였는지 바로 점검할 수 있어 학습한 내용을 효과적으로 확인할 수 있습니다.

주택관리사(보) 시험안내

주택관리사(보) 시험은 어떻게 접수하나요?

- 주택관리사 시험은 한국산업인력공단 큐넷 주택관리사(보) 홈페이지(www.Q-Net.or.kr/site/housing)에 접속하여 소정의 절차를 거쳐 원서를 접수합니다.
- 원서접수 시 최근 6개월 이내에 촬영한 탈모 상반신 사진을 파일(JPG파일, 150픽셀 × 200픽셀)로 첨부합니다.
- 1차 21,000원, 2차 14,000원(제28회 시험 기준)이며, 전자결제(신용카드, 계좌이체, 가상계좌) 방법을 이용하여 납부합니다.

주택관리사(보) 시험과목과 시험시간이 어떻게 되나요?

주택관리사 시험은 1년에 1회 시행하며, 1차 시험과 2차 시험을 다른 날에 구분하여 시행합니다.

구분	시험과목	시험범위	시험시간
1차 (3과목)	회계원리	세부과목 구분 없이 출제	09:30~11:10 (100분)
	공동주택시설개론	• 목구조·특수구조를 제외한 일반 건축구조와 철골구조, 장기수선계획 수립 등을 위한 건축적산 • 홈네트워크를 포함한 건축설비개론	
	민법	• 총칙 • 물권, 채권 중 총칙·계약총칙·매매·임대차·도급·위임·부당이득·불법행위	11:40~12:30 (50분)
2차 (2과목)	주택관리관계법규	다음의 법률 중 주택관리에 관련되는 규정 「주택법」, 「공동주택관리법」, 「민간임대주택에 관한 특별법」, 「공공주택 특별법」, 「건축법」, 「소방기본법」, 「소방시설 설치 및 관리에 관한 법률」, 「화재의 예방 및 안전관리에 관한 법률」, 「승강기 안전관리법」, 「전기사업법」, 「시설물의 안전 및 유지관리에 관한 특별법」, 「도시 및 주거환경정비법」, 「도시재정비 촉진을 위한 특별법」, 「집합건물의 소유 및 관리에 관한 법률」	09:30~11:10 (100분)
	공동주택관리실무	시설관리, 환경관리, 공동주택 회계관리, 입주자관리, 공동주거관리이론, 대외업무, 사무·인사관리, 안전·방재관리 및 리모델링, 공동주택 하자관리(보수공사 포함) 등	

* 시험과 관련하여 법률·회계처리기준 등을 적용하여 정답을 구하여야 하는 문제는 시험시행일 현재 시행 중인 법령 등을 적용하여 그 정답을 구하여야 함
* 회계처리 등과 관련된 시험문제는 한국채택국제회계기준(K-IFRS)을 적용하여 출제됨

주택관리사(보) 시험 당일 챙겨야 할 준비물이 있나요?

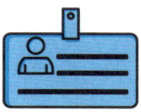
인정 신분증

필기구
(검정색 사인펜,
수정테이프 포함)

시계

수험증

* 인정 신분증은 제29회 주택관리사 자격시험 시행계획 공고(www.Q-Net.or.kr/site/housing)에서 꼭 확인해주세요.

최종 정답과 합격자 발표는 어떻게 확인하나요?

최종 정답 발표	인터넷(www.Q-Net.or.kr/site/housing)을 통하여 확인 가능합니다.
합격자 발표	시험시행일로부터 1차 약 1달 후, 2차 약 2달 후 한국산업인력공단 큐넷 주택관리사(보) 홈페이지(www.Q-Net.or.kr/site/housing)에서 확인 가능합니다.
합격자 결정방법	1. 제1차 시험: 과목당 100점을 만점으로 하여 모든 과목 40점 이상이고, 전 과목 평균 60점 이상의 득점을 한 사람을 합격자로 합니다. 2. 제2차 시험 • 1차 시험과 동일하나, 모든 과목 40점 이상이고 전 과목 평균 60점 이상의 득점을 한 사람의 수가 선발예정인원에 미달하는 경우 모든 과목 40점 이상을 득점한 사람을 합격자로 합니다. • 2차 시험 합격자 결정 시 동점자로 인하여 선발예정인원을 초과하는 경우 그 동점자 모두를 합격자로 결정하고, 동점자의 점수는 소수점 둘째 자리까지만 계산하며 반올림은 하지 않습니다.

출제경향분석

최근 7개년 동안 민법은 어떻게 출제되었나요?

7개년 편별 출제비중

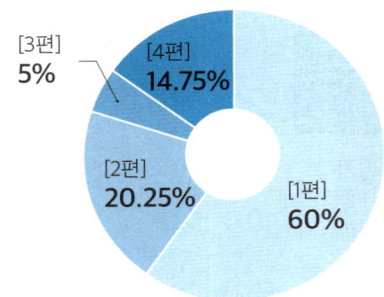

[3편] 5%
[4편] 14.75%
[2편] 20.25%
[1편] 60%

장별 출제문제 수

* 평균: 최근 7개년 동안 출제된 각 장별 평균 문제 수입니다.

구분		평균*	제28회	제27회	제26회	제25회	제24회	제23회	제22회
민법총칙	서론	1	1	1	1	1	1	1	1
	권리와 법률관계	1.6	2	2	1	2	2	2	
	권리의 주체	7.2	7	7	7	7	7	7	8
	물건	1.9	1	2	2	2	2	2	2
	법률행위	10	11	9	12	10	10	9	10
	기간	0.3						1	1
	소멸시효	2	2	3	1	2	2	2	2
	소계	24	24	24	24	24	24	24	24
물권법	서론	0.4	1	1		1			
	물권의 변동	1.6	1	1	2	2	1	2	2
	기본물권(점유권·소유권)	2	3	2	3	3	1	1	2
	용익물권	1.6	1	2	1	1	2	2	2
	담보물권	2.4	2	2	3	2	3	3	2
	소계	8	8	8	9	8	8	8	8
채권총론	채권법 서론								
	채권의 목적	0.2				1			
	채권의 효력	0.7	1	1			1	2	1
	다수당사자의 채권관계	0.4	1	1	1				
	채권양도와 채무인수	0.3			1	1			
	채권의 소멸	0.4	1				1		
	소계	2	3	2	2	2	2	2	2
채권각론	채권의 발생	0.2					1		
	계약총론	1.5		1	1	1	2	3	2
	계약각론	2.6	3	3	2	3	2	1	3
	부당이득	0.7	1	1	1	1		1	
	불법행위	1	1	1	1	1	1	1	1
	소계	6	5	6	5	6	6	6	6
총계		40	40	40	40	40	40	40	40

제28회 시험은 어떻게 출제되었나요?

제28회 주택관리사(보) 시험은 기존의 출제비중에 따라서 민법총칙 24문제, 물권법 8문제, 채권법 8문제가 출제되었습니다. 다만, 민법총칙 문제로 출제되었더라도 내용면에서는 물권법, 채권법 내용을 포함한 것이 많았다는 것을 알아야 합니다. 전통적인 조문·판례 문제와 이론을 결합한 문제들이 출제되어서 다소 어렵게 느껴지기도 했습니다. 특히, 물권법, 채권법에서는 기존에 주택관리사(보) 시험에는 출제되지 않았던 민법상 중요한 제도들이 출제되어서 어렵게 느껴지기도 하였는데, 앞으로도 이런 출제경향은 계속 유지되리라 생각됩니다. 하지만 학습 커리큘럼을 꾸준히 따라온 수험생들은 좋은 결과를 기대하셔도 될 것입니다.

제29회 시험은 어떻게 대비해야 할까요?

편별 수험대책

1편	민법총칙은 주택관리사(보) 1차 시험 합격과 민법 공부의 기초가 되는 부분으로, 주택관리사(보) 시험에서 총 24문제가 출제되는 만큼 철저히 학습해야 합니다. 민법총칙은 물권법과 채권법의 기본 원리를 담고 있으므로, 이 세 영역을 체계적으로 연계하여 공부하는 것이 중요한데, 특히 민법총칙 문제 중 상당수는 물권법과 채권법에 대한 이해를 바탕으로 해야 풀 수 있다는 점에 유념하여 체계적으로 학습하도록 합니다.
2편	물권법은 일반적으로 총론에서 2문제, 각론에서 6문제 등 총 8문제가 출제됩니다. 물권법은 물권법정주의의 특성상 조문과 판례를 반복 학습하면 높은 점수를 얻을 수 있습니다. 다만, 중요도에 따른 강약 조절이 필요하므로, 출제경향분석표를 참고하고 강의를 통해 중요도에 따른 학습전략을 세우는 것이 효과적입니다.
3편/ 4편	채권법은 학습범위가 매우 방대합니다. 따라서 출제비중이 높은 부분을 중심으로 전략적인 학습이 필요합니다. 주의할 점은 과거 기출문제에 나오지 않은 내용도 민법총칙과 연계된 문제로 출제될 수 있다는 것입니다. 채권법의 광범위한 내용을 효율적으로 습득하기 위해서는 체계적인 강의를 통한 전략적 학습이 반드시 필요합니다.

민법 빈출개념 TOP 30

제1편 민법총칙	민법의 법원	p.14
	권리와 의무	p.17
	신의성실의 원칙	p.21
	자연인	p.30
	법인	p.49
	권리의 객체 일반론	p.72
	법률행위의 목적	p.92
	의사표시	p.100
	법률행위의 대리	p.116
	법률행위의 무효와 취소	p.133
	법률행위의 부관(조건과 기한)	p.146
	소멸시효	p.155
제2편 물권법	부동산물권의 변동	p.183
	점유권	p.194
	소유권	p.202
	전세권	p.223
	유치권	p.231
	저당권	p.240
제3편 채권총론	채무불이행	p.256
	책임재산의 보전	p.269
	채권양도와 채무인수	p.292, p.298
	변제	p.301
제4편 채권각론	계약의 성립	p.315
	계약의 효력	p.319
	계약의 해제·해지	p.325
	매매	p.331
	임대차	p.341
	도급	p.352
	부당이득	p.361
	불법행위	p.367

민법에서 자주 출제되는 개념들을 정리하였습니다. 빈출 표시가 되어 있는 부분을 중점적으로 학습하세요.

2026 해커스 주택관리사(보)
7일완성 핵심요약집
house.Hackers.com

제 1 편

민법총칙

제1장 서론
제2장 권리와 법률관계
제3장 권리의 주체
제4장 물건
제5장 법률행위
제6장 기간
제7장 소멸시효

제1장 서론

기본서 p.20~28

제1절 민법의 의의

민법은 개인 사이의 생활관계를 규율하는 법이다. 형식적으로 '민법'이라는 이름을 가진 성문법전, 즉 '민법전'을 가리키지만, 실질적으로는 모든 사람들에게 일반적으로 적용되는 사법, 즉 '일반사법'을 뜻한다.

제2절 민법의 법원 빈출

선생님 TIP
법원이란 법관이 재판할 때 법을 인식하는 근거가 되는 자료이다.

⚡기출
01 민사에 관하여 법률에 규정이 없으면 (　)에 의하고 (　)이 없으면 조리에 의한다. 　제21회
02 민사에 관한 대통령의 긴급재정명령은 민법의 (　)이 될 수 있다. 　제27회
03 일반적으로 승인된 국제법규가 민사에 관한 것이면 민법의 (　)이 될 수 있다. 　제27회

01 서설

> 제1조【법원】민사에 관하여 법률에 규정이 없으면 관습법에 의하고 관습법이 없으면 조리에 의한다.

02 민법의 법원의 종류

(1) 법률(성문민법)

제1조의 법률은 모든 성문법(제정법)을 뜻한다. 따라서 명령(대통령의 긴급명령, 긴급재정·경제명령 포함)과 대법원규칙, 조례·규칙(자치법규), 비준·공포된 조약과 일반적으로 승인된 국제법규도 민사에 관한 법원이 된다.

(2) 관습법

① **의의**: 관습법에 의해 인정되는 것으로는 분묘기지권, 관습법상의 법정지상권 등 관습법에 의해 인정되는 물권과 명인방법이라는 공시방법 등이 있다.

기출정답
01 관습법, 관습법
02 법원
03 법원

② 성립요건
  ㉠ 관습법이란 사회의 거듭된 관행으로 생성된 사회생활규범이 사회의 법적 확신과 인식에 의하여 법적 규범으로 승인·강행된 것을 말한다(법적 확신설).
  ㉡ 관습법은 법원으로서 법령과 같은 효력을 가지므로 관행이 헌법 및 전체 법질서, 선량한 풍속 기타 사회질서에 반하지 않아야 한다.

> **기출**
> 01 관습법이 사회질서의 변화로 인하여 적용 시점의 ( )에 반하게 되면 법적 규범으로서의 효력이 부정된다. 제26회

> **판례 | '사회의 거듭된 관행으로 생성한 사회생활규범'이 법적 규범으로 승인되기 위한 요건**
>
> 1. 관습법은 법원(法源)으로서 법령에 저촉되지 아니하는 한 법칙으로서의 **효력**이 있는 것이고, 또 사회의 거듭된 관행으로 생성한 어떤 사회생활규범이 법적 규범으로 승인되기에 이르렀다고 하기 위하여는 **헌법을 최상위 규범으로 하는 전체 법질서에 반하지 아니하는 것으로서 정당성과 합리성이 있다고 인정될 수 있는 것이어야** 한다.
> 2. 사회의 거듭된 관행으로 생성된 사회생활규범이 관습법으로 승인되었다고 하더라도 사회 구성원들이 그러한 관행의 **법적 구속력에 대하여 확신을 갖지 않게 되었다거나**, 사회를 지배하는 기본적 이념이나 사회질서의 변화로 인하여 그러한 관습법을 적용하여야 할 시점에 있어서의 **전체 법질서에 부합하지 않게 되었다면** 그러한 관습법은 법적 규범으로서의 효력이 부정될 수밖에 없다.
> 3. 종중의 목적과 본질에 비추어 볼 때 **공동선조와 성과 본을 같이 하는 후손은 성별의 구별 없이 성년이 되면 당연히 그 구성원이 된다고 보는 것이 조리에 합당**하다(대판 2005.7.21, 2002다1178).

③ 관습법의 효력
  ㉠ **성문법과 관습법의 우열**: 판례에 따르면 민법 제1조를 근거로 법률에 규정이 없는 경우에 관습법이 보충적으로 적용된다는 보충적 효력설이다. 한편, 상사에 관하여 상법에 규정이 없으면 상관습법에 의하고 상관습법이 없으면 민법의 규정에 의한다. 즉, 상사에 관하여는 상관습법이 민법에 우선하여 적용된다(특별법 우선의 원칙).

기출정답
01 전체 법질서

ⓒ 관습법과 사실인 관습의 관계

구분	관습법	사실인 관습
의의	법원으로서 관행이 사회구성원의 법적 확신을 얻어 법규범으로서의 지위를 가지게 된 것을 말한다. **제1조 【법원】** 민사에 관하여 법률에 규정이 없으면 관습법에 의하고 관습법이 없으면 조리에 의한다.	법률행위의 해석의 표준으로서 당사자의 의사가 명확하지 않은 경우에 그 부분을 대체할 수 있는 거래상의 관습이다. **제106조 【사실인 관습】** 법령 중의 선량한 풍속 기타 사회질서에 관계없는 규정과 다른 관습이 있는 경우에 당사자의 의사가 명확하지 아니한 때에는 그 관습에 의한다.
성립요건	ⓐ 관행 + 법적 확신(통설·판례) ⓑ 헌법을 최상위 규범으로 하는 전체 법질서에 반하지 아니하는 것으로서 정당성과 합리성이 있어야 한다.	ⓐ 관행 + 법적 확신(요하지 않음) ⓑ 선량한 풍속 기타 사회질서에 반하지 않아야 한다.
효력	법원(法源)으로서 법령에 저촉되지 아니하는 한 법칙으로서의 효력이 있다(보충적 효력설).	강행법규에 위배되지 않고(즉, 사적자치가 인정되는 분야), 당사자의 의사가 명확하지 않은 경우 해석기준이 된다(임의법규에 우선함).
법원성 유무	법적 확신을 구비하는 규범이며, 법원이 된다.	법적 확신을 결여하는 관행으로서, 법률행위의 해석기준이다.
증명책임	법원이 직권으로 이를 확정하여야 한다(직권조사사항). 그러나 법원이 알 수 없는 경우 당사자가 주장·증명할 필요가 있다.	ⓐ 관습은 그 존재를 당사자가 주장·증명하여야 한다. ⓑ 경험칙이므로 법관 스스로 직권에 의하여 판단할 수 있다.
적용범위	모든 민사(법률사실)에 관계한다.	법률행위에만 관계한다.

⚡기출

01 사실인 관습은 관습법과는 달리 법령의 효력이 없는 단순한 ( )으로서 법률행위 당사자의 의사를 보충함에 그친다. 제23회

기출정답

01 관행

제2장 권리와 법률관계

기본서 p.34~56

제1절 법률관계

사람의 생활관계 가운데에는 법에 의하여 규율되는 관계가 있는가 하면 그렇지 않은 것도 있다. 이 중에 '법에 의하여 규율되는 생활관계'를 법률관계라고 하며, 법률관계는 권리·의무관계이다.

제2절 권리와 의무 빈출

01 권리의 의의

권리란 권리주체가 일정한 이익을 누릴 수 있도록 법이 인정하는 힘을 말한다(권리법력설: 통설).

> **선생님 TIP**
> 권리를 종류별로 잘 분류하여야 한다.

개념 PLUS | 권리와 구별되는 용어

권한	다른 사람을 위하여 그에게 일정한 법률효과를 발생케 하는 행위를 할 수 있는 법률상의 지위나 자격을 말한다(예 대리인의 대리권, 이사의 대표권).
권능	권리의 내용을 이루는 개개의 법률상의 힘을 말한다. 가령 소유권이라는 권리에 대하여 그 내용인 사용권·수익권·처분권을 말한다.
권원	일정한 법률상 또는 사실상의 행위를 하는 것을 정당화하는 법률상의 원인을 말한다.
반사적 이익	법이 일정한 사람에게 일정한 행위를 명하거나 금지함에 따라 다른 사람이 반사적으로 누리는 이익을 말한다.

02 의무의 의의

통상적으로 의무는 권리의 반면으로 권리에 대응한다. 그러나 의무만 있고 권리는 없는 경우가 있는가 하면, 권리만 있고 의무는 없는 경우도 있다.

03 권리의 종류

(1) 내용에 의한 분류

① **재산권**: 경제적 가치가 있는 이익을 누리는 것을 내용으로 하는 권리로서, 물권, 채권, 지식재산권이 있다.

물권	⊙ 물건에 대한 직접적·배타적 지배권 ⓒ 점유권·소유권, 용익물권(예 지상권, 지역권, 전세권), 담보물권(예 유치권, 질권, 저당권)
채권	특정인에 대한 행위요구권 예 청구권, 상대권, 대인권
지식재산권	발명·저작 등의 정신적·지능적 창조물을 독점적으로 이용하는 것을 내용으로 하는 권리 예 특허권, 실용신안권, 디자인권, 상표권, 저작권 등

② **가족권(신분권)**: 친족권과 상속권의 두 가지가 있다.
③ **인격권**: 권리의 주체와 불가분적으로 결합되어 있는 인격적 이익을 누리는 것을 내용으로 하는 권리이다.

> **판례 | 인격권에 기초하여 현재의 침해행위의 배제 또는 장래의 침해행위의 금지청구 가부(적극)**
>
> 명예를 위법하게 침해당한 자는 손해배상 또는 명예회복을 위한 처분을 구할 수 있는 이외에 인격권으로서 명예권에 기초하여 가해자에 대하여 현재 이루어지고 있는 침해행위를 배제하거나 장래에 생길 침해를 예방하기 위하여 침해행위의 금지를 구할 수도 있다(대결 2005.1.17, 2003마1477).

④ **사원권**: 사단법인의 구성원이 그 구성원이라는 지위에서 사단에 대하여 가지는 권리·의무를 말한다.

> **개념 PLUS | 사원권의 내용**
>
> | 자익권
(自益權) | 사원 개인의 이익을 위한 권리
예 이익배당청구권·잔여재산분배청구권·시설이용권 등 |
> |---|---|
> | 공익권
(共益權) | 사단법인을 위한 권리
예 결의권·소수사원권 등 |

⚡기출

01 인격권 침해에 대하여는 예방적 구제수단으로서 ( )이 인정된다. 제21회

기출정답
01 금지청구권

(2) 작용(효력)에 의한 분류

① **지배권**: 일정한 객체를 직접 지배할 수 있는 권리(사용, 수익, 처분 등을 할 수 있는 권리)를 말한다. 물권, 준물권, 지식재산권, 친권, 후견권 등이 있다.

② **청구권**: 특정인이 다른 특정인에 대하여 일정한 행위를 요구할 수 있는 권리를 말한다. 전형적인 청구권은 채권이고, 소유물반환청구권과 같은 물권적 청구권, 상속회복청구권 등도 이에 속한다.

③ **형성권**: 형성권이란 권리자의 일방적인 의사표시에 의하여 법률관계를 발생·변경·소멸시키는 권리를 말한다.

권리자의 의사표시로 법률관계의 변동 발생	㉠ 법률행위의 동의권, 취소권, 추인권, 상계권, 계약의 해지·해제권, 매매의 예약완결권, 상속포기권 등 ㉡ 공유물분할청구권, 지료증감청구권, 지상물매수청구권, 부속물매수청구권, 차임증감청구권
법원의 판결로 법률관계의 변동 발생	채권자취소권, 혼인취소권, 입양취소권, 재판상 이혼권 등

> **선생님 TIP**
> 법문상 청구권으로 표현되어 있지만 형성권으로 해석되는 경우도 있다.

④ **항변권**: 상대방의 청구권의 행사에 대해 그 작용을 저지할 수 있는 권리를 말한다(반대권이라고도 함).

연기적 항변권	청구권의 행사를 일시적으로 저지할 수 있는 권리 예 동시이행의 항변권, 보증인의 최고·검색의 항변권
영구적 항변권	청구권의 행사를 영구적으로 저지할 수 있는 권리 예 상속인의 한정승인의 항변권

> **⚡ 기출**
> **01** 법률행위의 취소권, 계약의 해제권, 상계권, 매매의 일방예약완결권, 지상권자의 지상물매수청구권은 (   )이다. 제25회·제27회
>
> **02** (   )은 상대방의 청구권 자체를 소멸시키는 권리가 아니라 그 작용을 저지할 수 있는 권리이다. 제26회

(3) 기타의 분류

① **절대권과 상대권**

절대권	물권, 인격권
상대권	채권, 청구권

② **일신전속권과 비전속권**

귀속상의 일신전속권	양도성과 상속성이 없는 권리 예 부부간의 권리, 부양청구권
행사상의 일신전속권	타인이 권리자를 대리 또는 대위하여 행사할 수 없는 권리 예 친권

> **기출정답**
> 01 형성권
> 02 항변권

③ **주된 권리와 종된 권리**: 종된 권리는 주된 권리에 의존하고 그와 법률적 운명을 같이하기 때문에, 주된 권리가 이전되면 종된 권리도 이전되며, 주된 권리가 시효로 소멸하면 종된 권리도 소멸한다. 예를 들면 원본채권과 이자채권, 피담보채권과 질권·저당권, 주채무자에 대한 채권과 보증인에 대한 채권은 모두 주된 권리·종된 권리이다.
④ **기성의 권리와 기대권**: 기대권은 조건부 권리, 기한부 권리 등이 그 예이다.

⚡ **기출**

01 주된 권리가 시효로 소멸하면 종된 권리도 (　　) 한다. 제26회

제3절 권리의 경합과 충돌

01 권리의 경합

(1) 수개의 권리가 동일한 목적을 위하여 존재하는 경우, 그중 어느 하나의 행사로 목적을 달성하면 나머지 권리는 소멸한다. 그러나 각각의 권리는 독립하여 존재하고, 서로 관계없이 행사될 수 있으며, 각기 따로 시효 기타의 사유로 소멸할 수 있다.

(2) 가령 임대차계약의 종료에 따라 임대목적물의 소유자인 임대인에게는 임대차에 기한 반환청구권과 소유권에 기한 반환청구권이 주어진다.

02 법조경합

수개의 법규가 특별법과 일반법의 관계에 있거나 하나의 법규가 다른 법규와 경합하여 그 효과를 제한하는 경우에, 전자의 법규만이 적용되는 것을 말한다. 예를 들면, 공무원의 직무상 불법행위에 대한 책임에 관한 국가배상법 제2조와 민법 제756조의 경합, 수량지정매매에서 목적물의 일부가 계약 당시에 이미 멸실된 경우에 제574조와 제535조의 경합 등이다.

⚡ **기출**

02 일방 당사자의 잘못으로 인해 상대방 당사자가 계약을 취소하거나 불법행위로 인한 손해배상을 청구할 수 있는 경우, 계약 취소로 인한 부당이득반환청구권과 불법행위로 인한 손해배상청구권은 (　　)하여 병존한다. 제25회

03 매매의 목적물에 물건의 하자가 있는 경우, 매도인의 하자담보책임과 채무불이행책임은 별개의 권원에 의하여 (　　)하여 병존할 수 있다. 제25회

기출정답
01 소멸
02 경합
03 경합

03 권리의 충돌과 순위

(1) 권리의 충돌

동일한 객체에 대하여 수개의 권리가 존재하여 모든 권리를 만족시킬 수 없는 경우를 말한다. 충돌의 유형으로 물권 상호간의 충돌, 채권 상호간의 충돌 및 물권과 채권의 충돌 등이 있다.

(2) 권리의 순위

① **물권 상호간**
  ㉠ 소유권과 제한물권 사이에서는 제한물권의 성질상 그것이 언제나 소유권에 우선한다.
  ㉡ 하나의 물건 위에 서로 양립할 수 없는 수개의 물권이 성립하는 경우에, 먼저 성립한 권리가 나중에 성립한 권리에 우선한다(우선적 효력).

② **물권과 채권간**: 원칙적으로 물권이 우선한다. 그러나 예외적으로 대항력 있는 채권이 물권보다 우선하는 경우도 있다.

③ **채권 상호간**: 채권자평등의 원칙에 따라 동일 채무자에 대한 수개의 채권은 평등하게 다루어진다. 채권을 먼저 행사하는 자가 이익을 얻게 되며, 이를 선행주의라고 한다.

⚡기출
01 소유권과 제한물권이 충돌하면 성질상 (   )이 언제나 우선한다. 제15회

제4절 신의성실의 원칙 〈빈출〉

> **제2조 【신의성실】** ① 권리의 행사와 의무의 이행은 신의에 좇아 성실히 하여야 한다.
> ② 권리는 남용하지 못한다.

01 서론

(1) 의의

신의성실의 원칙은 법률관계의 당사자가 상대방의 이익을 배려하여 형평에 어긋나거나 신뢰를 저버리는 내용 또는 방법으로 권리를 행사하거나 의무를 이행하여서는 아니 된다는 추상적 규범이다.

선생님 TIP
신의성실의 원칙은 민법의 모든 분야, 공법에도 적용되며, 민법을 전부 공부한 후에 보는 것이 좋다.

⚡기출
02 권리의 행사와 의무의 이행은 (   )에 좇아 성실히 하여야 한다. 제27회

기출정답
01 제한물권
02 신의

① **적용범위**: 신의성실의 원칙은 민법의 모든 분야에서뿐만 아니라 상법 등 사법 모든 분야에서 적용된다. 뿐만 아니라 노동법이나 기타 경제법 등 사회법 분야에 있어서도 그 적용이 많으며, 민사소송법·헌법·행정법·세법 등 공법 분야에 있어서도 그 적용이 있다.

② **신의칙과 권리남용의 관계**: 판례는 양 조항의 중복적용을 긍정하고 있다. 한편, 의무의 이행이 신의칙에 반하는 경우에는 채무불이행이 되어 계약의 해제권, 손해배상청구권 등을 행사할 수 있다.

③ **효과**: 신의성실의 원칙에 반하는 것 또는 권리남용은 강행규정에 위배되는 것이므로, 당사자의 주장이 없더라도 법원은 직권으로 판단할 수 있다. 따라서 매매계약의 당사자가 계약체결시에 신의칙 위반을 이유로 매매의 효력을 다투지 않기로 한 특약은 무효이다.

(2) 신의칙의 적용상 한계

① **현존하는 법규에의 구속**: 제한능력을 이유로 의사표시를 취소하는 것, 기판력이 신의칙에 반하는 방법으로 편취되었다 하더라도 기판력을 주장하는 것, 강행규정에 반하는 행위를 한 자가 무효를 주장하는 것은 신의칙 위반이 아니다.

> **판례 | 신의칙의 한계**
> 1. 법정대리인의 동의 없이 신용구매계약을 체결한 미성년자가 사후에 법정대리인의 동의 없음을 사유로 들어 이를 취소하는 것이 신의칙에 위반된 것이라고 할 수는 없다(대판 2007.11.16, 2005다71659).
> 2. 법령에 위반되어 무효임을 알고서도 그 법률행위를 한 자가 강행법규 위반을 이유로 무효를 주장하는 것이 신의칙 또는 금반언의 원칙에 반하거나 권리남용에 해당한다고 볼 수는 없다(대판 2006.6.29, 2005다11602·11619).
> 3. 관련 법령을 위반하여 무효인 편입허가를 받은 자에 대하여 오랜 기간이 경과한 후 편입학을 취소하는 것, 여기에 신의칙 내지 신뢰의 원칙을 적용할 수 없다(대판 1989.4.11, 87다카131).

② **최후의 비상수단**: 일반적 원칙을 적용하여 구체적인 제도의 운용을 배제하는 것은 법해석의 대원칙인 법적 안정성을 해할 위험이 있으므로 그 적용에는 신중을 기하여야 한다.

⚡ 기출

01 신의성실의 원칙에 반하는 것은 ( )에 위배되는 것이다. 제23회

02 권리행사와 의무이행이 신의칙에 반하는 것은 당사자의 주장이 없더라도 법원이 ( )으로 판단할 수 있다. 제15회

⚡ 기출

03 법정대리인의 동의 없이 신용구매계약을 체결한 미성년자가 나중에 법정대리인의 동의 없음을 이유로 이를 ( )하는 것은 신의칙에 반하지 않는다. 제18회

04 법령에 위반되어 무효임을 알고서도 법률행위를 한 자가 강행법규 위반을 이유로 ( )를 주장하는 것은 특별한 사정이 없는 한 신의칙에 반하지 않는다. 제23회

기출정답
01 강행규정
02 직권
03 취소
04 무효

02 신의칙의 기능

(1) 해석기능

> **판례**
>
> 1. 신의칙에 의한 보호의무 발생
>   ① **사용자**는 근로계약에 수반되는 **신의칙상의 부수적 의무**로서 피용자가 노무를 제공하는 과정에서 생명, 신체, 건강을 해치는 일이 없도록 인적·물적 환경을 정비하는 등 필요한 조치를 강구하여야 할 **보호의무**를 부담하고, 이러한 보호의무를 위반함으로써 **피용자가 손해를 입은 경우 이를 배상할 책임**이 있다(대판 2001.7.27, 99다56734).
>   ② **숙박업자**는 고객에게 위험이 없는 안전하고 편안한 객실 및 관련 시설을 제공함으로써 고객의 안전을 배려하여야 할 **보호의무**를 부담한다(대판 2000.11.24, 2000다38718).
>   ③ 병원은 입원계약에 따라 입원환자들의 휴대품이 도난되지 않도록 할 신의칙상 보호의무를 진다(대판 2003.4.11, 2002다63275).
>
> 2. **계약교섭의 중도파기가 신의칙 위반으로 불법행위를 구성**
>   어느 일방이 교섭단계에서 계약이 확실하게 체결되리라는 정당한 기대 내지 신뢰를 부여하여 상대방이 그 신뢰에 따라 행동하였음에도 상당한 이유 없이 **계약의 체결을 거부**하여 손해를 입혔다면 이는 **신의성실의 원칙**에 비추어 볼 때 계약자유원칙의 한계를 넘는 위법한 행위로서 **불법행위를 구성**한다(대판 2003.4.11, 2001다53059).
>
> 3. 부동산 거래에서 신의칙상 거래 상대방에 대한 고지의무 부담
>   ① **아파트분양자**는 아파트단지 인근에 공동묘지가 조성되어 있는 사실을 수분양자에게 고지할 신의칙상의 의무를 부담한다(대판 2007.6.1, 2005다5812·5829·5836).
>   ② 아파트단지 인근에 쓰레기매립장이 건설예정인 사실이 신의칙상 분양회사가 분양계약자들에게 고지하여야 할 대상이라고 본 것은 정당하고, 고지의무 위반은 부작위에 의한 기망행위에 해당하므로 원고들로서는 기망을 이유로 분양계약을 취소하고 분양대금의 반환을 구할 수도 있고 분양계약의 취소를 원하지 않을 경우 그로 인한 손해배상만을 청구할 수도 있다(대판 2006.10.12, 2004다48515).

⚡기출

01 사용자는 근로계약에 수반되는 신의칙상의 부수적 의무로서 근로자의 안전에 대한 ( )를 부담한다.
　　　　　　　　　　　제28회

⚡기출

02 아파트분양자는 아파트단지 인근에 대규모 공동묘지가 조성되어 있는 사실을 수분양자에게 ( )할 신의칙상의 의무를 부담한다.
　　　　　　　　　　　제23회

(2) 보충기능

신의칙은 법률이나 법률행위에 있어서 규율되지 않은 틈이 있는 경우에 그 틈을 보충하는 기능이 있다.

기출정답
01 보호의무
02 고지

(3) 수정기능

계속적 보증의 경우뿐만 아니라 일반보증의 경우에 있어서도, 채권자의 권리행사가 신의칙에 비추어 용납할 수 없는 성질의 것인 때에는 보증인의 책임을 제한하는 것이 예외적으로 허용될 수 있다. 세무사는 약정된 보수액을 전부 청구할 수 있는 것이 원칙이지만, 그 약정된 보수액이 부당하게 과다하여 신의성실의 원칙이나 형평의 원칙에 반하는 특별한 사정이 있는 경우에는 예외적으로 상당하다고 인정되는 범위 내의 보수액만을 청구할 수 있다.

03 신의칙이 구체화된 하부원칙(파생원칙)

(1) 사정변경의 원칙

① 계약 성립의 기초가 된 사정이 현저히 변경되고 당사자가 계약의 성립 당시 이를 예견할 수 없었으며, 그로 인하여 계약을 그대로 유지하는 것이 당사자의 이해에 중대한 불균형을 초래하거나 계약을 체결한 목적을 달성할 수 없는 경우에는 계약준수원칙의 예외로서 사정변경을 이유로 계약을 해제하거나 해지할 수 있다.
② 민법과 민사특별법에서는 개별적으로 사정변경의 원칙의 취지를 규정한 것이 있지만(예 지료증감청구권, 전세금증감청구권, 차임증감청구권 등), 이를 직접적으로 정한 일반규정은 없다. 이에 관하여 통설·판례는 사정변경의 원칙을 일반적으로 인정한다.

> **판례 | 사정변경으로 인한 계약의 해제**
>
> 1. 사정변경으로 인한 계약해제가 인정되는 경우
>   사정이라 함은 계약의 기초가 되었던 객관적인 사정으로서, 일방 당사자의 주관적 또는 개인적인 사정을 의미하는 것은 아니다. 또한 계약의 성립에 기초가 되지 아니한 사정이 그 후 변경되어 일방 당사자가 계약 당시 의도한 계약목적을 달성할 수 없게 됨으로써 손해를 입게 되었다 하더라도 특별한 사정이 없는 한 그 계약내용의 효력을 그대로 유지하는 것이 신의칙에 반한다고 볼 수도 없다(대판 2007.3.29, 2004다31302).

⚡기출

01 사정변경의 원칙에서 말하는 '사정'에는 계약의 기초가 되었던 객관적 사정만을 의미하므로 계약 당사자의 (   )은 포함되지 않는다.
제19회

기출정답
01 주관적 사정

2. 일시적 계약(매매)의 경우 사정변경 부정
   ① 매매계약체결 후 9년이 지났고 시가가 올랐다는 사정만으로 계약을 해제할 만한 사정변경이 있다고 볼 수 없고, 매수인의 소유권이전등기 절차이행청구가 신의칙에 위배된다고도 할 수 없다(대판 1991.12.10, 90다9728).
   ② 시가 상승만으로 매매계약의 기초적 사실관계가 변경되었다고 볼 수 없어 매도인은 위의 해제권을 행사할 수 없다(대판 2006.2.10, 2004다11599).

3. 계속적 계약(근보증)의 경우 사정변경의 원칙 인정
   ① **사정변경에 의한 근보증계약의 해지**: 사정변경을 이유로 보증계약을 해지할 수 있는 것은 포괄근보증이나 한정근보증과 같이 채무액이 불확정적이고 계속적인 거래로 인한 채무에 대하여 한 보증에 한하는 바, 회사의 확정채무에 대하여 보증을 한 후 이사직을 사임하였다 하더라도, 사정변경을 이유로 보증계약을 해지할 수 없다(대판 1999.1.15, 98다46082).
   ② **계속적 보증계약에 있어서 보증인의 책임을 제한할 수 있는 경우**: 주채무 과다발생의 원인이 채권자가 주채무자의 자산상태가 현저히 악화된 사실을 익히 알거나 중대한 과실로 알지 못한 탓으로 이를 알지 못하는 보증인에게 아무런 통보나 의사타진도 없이 고의로 거래규모를 확대함에 비롯되는 등 신의칙에 반하는 사정이 인정되는 경우에 한하여 보증인의 책임을 합리적인 범위 내로 제한할 수 있다(대판 2005.10.27, 2005다35554 · 35561).
   ③ **차임부증액 특약이 있는 임대차에서 사정변경으로 인한 차임증액청구권 인정**: 임대차계약에 있어서 차임부증액의 특약이 있더라도 그 약정 후 그 특약을 그대로 유지시키는 것이 신의칙에 반한다고 인정될 정도의 사정변경이 있다고 보여지는 경우에는 형평의 원칙상 임대인에게 차임증액청구를 인정하여야 한다(대판 1996.11.12, 96다34061).

(2) 모순행위금지의 원칙

① **의의**: 영미법상의 금반언(禁反言)의 법리와 유사하다. 예컨대, 본인의 지위를 단독상속한 무권대리인이 본인의 지위에서 상속 전에 행한 무권대리행위의 추인을 거절하는 것은 신의칙에 반한다.

⚡기출

01 계속적 보증계약의 보증인은 주채무가 확정된 이후에는 사정변경을 이유로 보증계약을 (   )할 수 없다.
제24회

⚡기출

02 본인의 지위를 단독상속한 무권대리인이 상속 전에 행한 무권대리행위에 대하여 본인의 지위에서 (   )하는 것은 신의칙에 반한다.
제21회

기출정답
01 해지
02 추인을 거절

제2장 권리와 법률관계

② **요건**

> 📖 **판례**
>
> 1. 자신의 친딸로 하여금 그 소유의 대지상에 건물을 신축하도록 승낙한 자가 위 건물이 친딸의 채권자에 의한 강제경매신청에 따라 경락되자 경락인에 대하여 그 철거를 구하는 행위는 신의칙에 위배된다(대판 1991.6.11, 91다9299).
>
> 2. 취득시효완성 후에 그 사실을 모르고 당해 토지에 관하여 어떠한 권리도 주장하지 않기로 하였다 하더라도 이에 반하여 시효주장을 하는 것은 특별한 사정이 없는 한 신의칙상 허용되지 않는다(대판 1998.5.22, 96다24101).

③ **한계:** 판례는 강행법규 위반사실을 알면서 스스로 그러한 행위를 한 당사자가 나중에 그 행위가 강행법규 위반으로 무효라고 주장하는 것이 신의칙에 위배되지 않는다고 한다.

> 📖 **판례**
>
> 1. 강행법규에 위반하여 무효인 수익보장약정이 투자신탁회사가 먼저 고객에게 제의함으로써 체결된 것이라고 하더라도, **강행법규를 위반한 투자신탁회사 스스로가 그 약정의 무효를 주장함이 신의성실의 원칙에 반하는 것이라고 할 수 없다**(대판 1999.3.23, 99다4405).
>
> 2. 강행법규인 국토이용관리법을 위반하였을 경우에 있어서 위반한 자 스스로가 무효를 주장함이 신의성실의 원칙에 반한다고는 할 수 없다(대판 1993.12.24, 93다44319).
>
> 3. 상속인 중의 1인이 피상속인의 생존시에 피상속인에 대하여 상속을 포기하기로 약정하였다고 하더라도, **상속개시 후에 자신의 상속권을 주장**하는 것은 권리남용에 해당하거나 또는 신의칙에 반하는 권리의 행사라고 할 수 없다(대판 1998.7.24, 98다9021).

(3) 실효의 원칙

① **의의**: 권리의 실효는 법의 일반원리인 신의성실의 원칙에 바탕을 둔 파생원칙이므로 사법관계뿐만 아니라 공법관계에도 적용이 있다. 항소권과 같은 소송법상의 권리에 대하여도 실효의 원칙은 적용되며, 1년 4개월 전에 발생한 해제권을 행사하지 아니한 사안에서 실효의 원칙을 적용한 것이 있다. 한편 포기할 수 없는 권리는 실효가 인정되지 않는다. 따라서 인지청구권에는 실효의 원칙이 적용되지 않는다.

② **요건**: 권리자가 실제로 권리를 행사할 수 있는 기회가 있었음에도 불구하고 상당한 기간이 경과하도록 권리를 행사하지 아니하여 의무자인 상대방으로서도 이제는 권리자가 권리를 행사하지 아니할 것으로 신뢰할 만한 정당한 기대를 가지게 된 다음 그 권리를 행사하는 것이 법질서 전체를 지배하는 신의성실의 원칙에 위반하는 것으로 인정되는 결과가 될 때에는 실효의 원칙에 따라 그 권리의 행사가 허용되지 않는다.

③ **효과**: 실효의 요건이 충족되면 권리행사는 권리남용이 되어 허용되지 않으며 그 효과는 권리남용의 일반적인 효과에 따른다.

04 권리남용금지 원칙

(1) 의의

권리남용금지의 원칙은 백지규정이며, 재판규범이면서 행위규범이며, 강행규정이다. 그 원칙은 물권법에서 발전하였지만 민법의 모든 영역에 걸쳐 널리 적용된다. 판례도 중혼의 취소나 친권행사와 같은 가족법상의 권리행사를 권리남용으로 인정한바 있다.

(2) 권리남용의 요건

① **권리의 행사**: 권리가 권리자에 의하여 적극적이든 소극적이든 행사되었을 것을 전제로 한다. 권리에 의무의 요소가 내포되어 있는 친권에서는 그 불행사가 남용이 되는 경우가 있을 수 있다(예 친권의 불행사).

② **객관적 요건**: 권리행사가 권리남용으로 되려면 신의칙에 반하여야 한다.

⚡기출

01 인지청구권은 포기할 수 없는 권리이므로 (   )이 적용되지 않는다. 제24회

기출정답

01 실효의 원칙

③ 주관적 요건

> 📌 **판례**
>
> 1. 권리남용의 요건
>   ① 권리행사가 권리의 남용에 해당한다고 할 수 있으려면, **주관적으로 그 권리행사의 목적이 오직 상대방에게 고통을 주고 손해를 입히려는 데 있을 뿐 권리를 행사하는 사람에게 아무런 이익이 없는 경우**이어야 하고, **객관적**으로는 그 권리행사가 **사회질서에 위반**된다고 볼 수 있어야 하는 것이다(대판 2002.9.4, 2002다22083·22090).
>   ② 권리행사가 상대방에게 고통이나 손해를 주기 위한 것이라는 **주관적 요건**은 권리자의 정당한 이익을 결여한 권리행사로 보여지는 **객관적인 사정에 의하여 추인**할 수 있다(대판 2005.3.24, 2004다71522·71539).
>
> 2. 권리남용의 주관적 요건 불요 사례
>   ① **상계권 행사**를 제한하는 근거에 비추어 볼 때 일반적인 권리남용의 경우에 요구되는 **주관적 요건을 필요로 하는 것은 아니다**(대판 2003.4.11, 2002다59481).
>   ② 상표권 행사의 목적이 오직 상대방에게 고통을 주고 손해를 입히려는 데 있을 뿐 이를 행사하는 사람에게는 아무런 이익이 없어야 한다는 **주관적 요건을 반드시 필요로 하는 것은 아니다**(대판 2007.1.25, 2005다67223).

⚡ **기출**

01 상계권 행사가 권리남용이 되기 위해서는 상계권자에게 아무런 이익이 없음에도 오직 상대방에게 고통을 주고 손해를 입히려는 ( ) 요건은 필요하지 않다.

제19회

(3) 권리남용의 효과

권리남용에 해당하더라도 권리가 종국적으로 박탈되지 않는 것이 원칙이나, 법률규정에 의해 권리를 박탈하는 경우가 있다(예 제924조의 친권상실의 선고). 그 밖에 권리의 행사가 남용되어 상대방의 권리를 침해했다면 위법성이 인정되며, 불법행위에 의한 손해배상책임을 부담해야 한다.

> 📌 **판례 | 권리남용의 인정 사례**
>
> 1. 건물이 이미 서 있는 토지를 매수하여 시가의 7배가 넘는 건물의 철거를 요구하면서 인접토지가격보다 2배 이상 되는 가격에 토지를 매수할 것을 요구하는 것은 권리남용에 해당한다(대판 1964.11.11, 64다720).

기출정답

01 주관적

2. 한국전력공사가 정당한 권원에 의하여 토지를 수용하고 그 지상에 변전소를 건설하였으나 토지소유자에게 그 수용에 따른 손실보상금을 공탁함에 있어서 착오로 부적법한 공탁이 되어 수용재결이 실효됨으로써 결과적으로 그 토지에 대한 점유권원을 상실하게 된 경우, 토지소유자가 그 변전소의 철거와 토지의 인도를 청구하는 것은 토지소유자에게는 별다른 이익이 없는 반면 한국전력공사에게는 그 피해가 극심하여 이러한 권리행사는 주관적으로는 그 목적이 오직 상대방에게 고통을 주고 손해를 입히려는 데 있고, 객관적으로는 사회질서에 위반된 것이어서 **권리남용**에 해당한다(대판 1999.9.7, 99다27613).

3. 외국에 이민을 가 있어서 주택에 입주할 급박한 사정이 없는 딸이 고령과 지병으로 고통을 겪고 있는 상태에서 달리 마땅한 거처도 없는 아버지와 그를 부양하는 남동생을 상대로 자기소유 주택의 명도 및 퇴거를 청구하는 행위는 반인륜적 행위로 권리남용에 해당한다(대판 1998.6.12, 96다52670).

4. 동시이행의 항변권을 행사하는 자의 상대방이 그 동시이행의 의무를 이행하기 위하여 과다한 비용이 소요되거나 또는 그 의무의 이행이 실제적으로 어려운 반면 그 의무의 이행으로 인하여 항변권자가 얻는 이득은 별달리 크지 아니하여 동시이행의 항변권의 행사가 주로 자기채무의 이행만을 회피하기 위한 수단이라고 보여지는 경우에는 그 항변권의 행사는 **권리남용**으로서 배척되어야 할 것이다(대판 2001.9.18, 2001다9304).

5. 채무자의 소멸시효완성 주장이 신의칙에 반하여 허용되지 않는 경우 채무자가 시효완성 전에 채권자의 권리행사나 시효중단을 불가능 또는 현저히 곤란하게 하였거나, 그러한 조치가 불필요하다고 믿게 하는 행동을 하였거나, 객관적으로 채권자가 권리를 행사할 수 없는 장애사유가 있었거나, 또는 일단 시효완성 후에 채무자가 시효를 원용하지 아니할 것 같은 태도를 보여 권리자로 하여금 그와 같이 신뢰하게 하였거나, 채권자 보호의 필요성이 크고, 같은 조건의 다른 채권자가 채무의 변제를 수령하는 등의 사정이 있어 채무이행의 거절을 인정함이 현저히 부당하거나 불공평하게 되는 등의 특별한 사정이 있는 경우에는 채무자가 소멸시효의 완성을 주장하는 것이 신의성실의 원칙에 반하여 권리남용으로서 허용될 수 없다(대판 2005.5.13, 2004다71881).

⚡기출

01 토지이용권이 없는 건물에 대한 토지소유자의 철거청구가 권리남용에 해당하여 허용되지 않더라도, 임료 상당의 (   )까지 배제되는 것은 아니다. 제19회

⚡기출

02 소멸시효에 기한 항변권 행사에도 신의칙이 적용될 수 (   ). 제21회

기출정답

01 부당이득반환청구권
02 있다

제3장 권리의 주체

기본서 p.64~133

제1절 총설

선생님 TIP

민법상 권리의 주체는 자연인과 법인이며, 조합은 2인 이상이 공동사업을 경영할 목적으로 결합한 단체로서 권리의 주체가 아니다.

민법상 권리의 주체는 사람인 '자연인'과 일정한 단체, 즉 사단 또는 재단으로서 법인격을 취득한 '법인'이다. 따라서 동물은 권리의 주체가 될 수 없다. 주의할 것은 조합은 권리의 주체가 아니라는 것이다.

제2절 자연인 〈빈출〉

01 권리능력

⚡ 기출

01 사람은 (　　)하는 동안 권리와 의무의 주체가 된다.　제21회

02 자연인의 권리능력은 (　　)이라는 사실에 의하여 취득하는 것이고, 출생신고에 의하여 취득하는 것은 아니다.　제21회

(1) 의의

> 제3조 【권리능력의 존속기간】 사람은 생존한 동안 권리와 의무의 주체가 된다.

모든 사람은 평등하게 권리능력을 가지고(권리능력 평등의 원칙), 또 출생한 때부터 사망한 때까지(생존한 동안) 권리능력을 가지는 것으로 규정한다. 권리능력에 관한 규정은 강행규정으로서 당사자의 합의가 있더라도 그 적용을 배제할 수 없다.

(2) 권리능력의 시기

① 출생

㉠ 사람의 권리능력은 출생으로 시작된다. 살아서 출생하면 성별, 생존능력의 유무, 기형 여부 등을 가리지 않고 권리능력을 취득한다.

㉡ 사람이 출생하면 출생신고를 하며, 이 출생·사망신고는 보고적 신고이다. 가족관계등록부(과거의 호적부)의 기록은 진실한 것으로 추정을 받는 유력한 것이기는 하나, 반대의 증거에 의하여 번복될 수 있다.

기출정답

01 생존
02 출생

② 태아의 권리능력
  ㉠ 의의
    ⓐ 태아는 아직 출생 전이어서 민법상 사람이 아니므로 권리능력을 가지지 못한다. 따라서 각국의 민법은 태아의 이익을 보호하는 규정을 두고 있다.
    ⓑ 태아 보호를 위한 입법주의 중에서, 우리 민법은 개별적 보호주의를 취하고 있다.
  ㉡ 우리 민법상 태아의 권리능력을 인정하는 개별규정
    ⓐ **불법행위로 인한 손해배상청구권**: 태아는 이미 출생한 것으로 본다. 판례는 부(父)의 생명침해 및 상해로 인한 태아 자신의 위자료청구권과 태아 자신에 대한 출생 전의 불법행위에 대한 손해배상청구를 인정한다.
    ⓑ **재산상속**: 태아는 상속순위에 관하여 이미 출생한 것으로 본다. 대습상속 및 유류분권에 관하여도 태아의 권리능력을 인정할 것이다(통설).
    ⓒ **유증(遺贈)**: 유증에 관하여도 태아는 이미 출생한 것으로 본다.
    ⓓ **사인증여(死因贈與)**: 사인증여에 관하여 태아에게 권리능력이 인정되는가에 관하여 유증에 관한 규정을 준용하고 있는 만큼 태아에 관한 규정도 준용되어야 한다(다수설).
    ⓔ **태아의 인지청구권과 증여계약상 수증능력 존부**
      • 부(父)는 포태 중에 있는 자(子)에 대하여 태아를 인지할 수 있으나, 태아가 인지청구권을 행사할 수 있는지에 관하여 규정이 없으며, 태아의 인지청구권이 인정되지 않는다고 한다(다수설).
      • 판례에 따르면 의용민법하의 사건에 관하여 개별규정을 유추하여 태아의 수증능력을 인정할 수 없고, 또 태아인 동안에는 법정대리인이 있을 수 없으므로 법정대리인에 의한 수증행위도 할 수 없다.

⚡ 기출

01 민법은 일정한 사항에 대하여만 예외적으로 태아가 (　　)한 것으로 본다. 　제21회

02 태아 乙의 출생 전에 甲의 불법행위로 乙의 父가 사망한 경우, 출생한 乙은 甲에 대하여 父의 사망에 따른 자신의 정신적 손해에 대한 배상을 청구할 수 (　　). 　제21회

03 태아가 불법행위로 인해 사산된 경우, 태아는 가해자에 대하여 자신의 생명침해로 인한 손해배상을 청구할 수 (　　). 　제27회

04 태아는 법정대리인에 의한 수증행위를 할 수 (　　). 　제26회

05 태아는 유류분권에 관하여 이미 출생한 것으로 (　　). 　제21회

06 태아는 대습상속에 관하여 이미 출생한 것으로 (　　). 　제28회

기출정답
01 이미 출생
02 있다
03 없다
04 없다
05 본다
06 본다

ⓒ 태아의 법적 지위 - 태아는 언제 권리능력을 취득하는가
  ⓐ 판례는 "태아가 권리를 취득한다고 하더라도 현행법상 이를 대행할 기관이 없으니 태아로 있는 동안은 권리능력을 취득할 수 없으므로, 살아서 출생한 때에 출생시기가 문제의 사건의 시기까지 소급하여 그 때에 태아가 출생한 것과 같이 법률상 보아준다고 해석하여야 상당하다."라고 하여 정지조건설의 입장이다.
  ⓑ 학설·판례는 태아가 최소한 살아서 출생하는 것을 전제로 하며, 태아가 사산된 때에는 어느 경우에도 권리능력을 갖지 못한다.

암기 PLUS | 정지조건설과 해제조건설의 비교

구분	정지조건설 (판례: 인격소급설)	해제조건설 (다수설: 제한적 인격설)
의의	• 태아가 살아서 출생한 경우 • 문제된 시점으로 소급하여 권리능력 취득	• 태아가 사산된 경우 • 문제된 시점으로 소급하여 권리능력 소멸
권리능력	없음	있음
법정대리인	없음	있음
보호영역	거래의 안전, 타인에게 불측의 손해를 줄 염려가 없음	태아 보호에 유리, 태아가 사산되면 상대방 또는 제3자에게 뜻밖의 손해를 줄 염려가 있음

(3) 권리능력의 범위(외국인의 권리능력)

① **권리능력의 평등**: 사람은 성별·연령·직업·계급·국적 등을 묻지 않고 평등하게 권리능력을 갖는 것이 원칙이다.
② **외국인의 권리능력 제한**

암기 PLUS | 외국인의 권리능력 제한

상호주의에 의한 제한	부동산의 취득, 불법행위에 의한 손해배상, 지식재산권, 공증인 자격
절대적 제한	선박·항공기의 소유권, 도선사자격

(4) 권리능력의 종기

① 사망

㉠ 자연인에게는 사망이 유일한 권리능력의 소멸사유이다. 따라서 인정사망이나 실종선고가 있더라도 당사자가 생존하고 있는 한 권리능력을 잃게 되지는 않는다.

㉡ 사람의 사망시기는 심장(박동)정지설이 통설이다.

② 사망의 증명곤란을 구제하기 위한 제도

㉠ 동시사망의 추정

> **제30조 【동시사망】** 2인 이상이 동일한 위난으로 사망한 경우에는 동시에 사망한 것으로 추정한다.

ⓐ 동시사망 추정제도는 2인 이상이 동일한 위난으로 사망한 때에 특히 상속과 관련하여 발생할 수 있는 불합리한 결과를 막기 위한 제도이다. 제30조는 동시사망의 추정을 받는 자 사이에서는 상속이 생기지 않는 것으로 한다.

ⓑ 제30조에 의하면, 2인 이상이 동일한 위난으로 사망한 경우에는 동시에 사망한 것으로 추정하도록 규정하고 있는바, 이는 법률상 추정이다. 이 경우 사망의 선후에 의하여 관계인들의 법적 지위에 중대한 영향을 미치는 점을 감안할 때 충분하고도 명백한 입증이 없는 한 위 추정은 깨어지지 아니한다고 본다.

㉡ 인정사망(가족관계의 등록 등에 관한 법률 제87조)

ⓐ 수해·화재나 그 밖의 재난으로 인하여 사망한 사람이 있는 경우에 그것을 조사한 관공서의 사망통보에 의하여 가족관계 등록부에 사망의 기록을 하는데, 이것이 인정사망이다.

ⓑ 사망의제의 효력이 없으며 강한 사망추정적 효과가 있다. 따라서 반증에 의하여 이를 번복할 수 있으며, 사망의 대세적 효과를 인정하기 위해서는 다시 실종선고를 필요로 한다.

⚡ 기출

01 2인 이상이 동일한 위난으로 사망한 경우에는 동시에 사망한 것으로 (　　)한다. 제24회

02 동시사망의 추정은 사실상의 추정이 아니라 (　　)이다. 제20회

⚡ 기출

03 인정사망 후 그에 대한 (　　)이 있을 경우에는 사망의 추정력이 번복된다. 제26회

기출정답
01 추정
02 법률상의 추정
03 반증

ⓒ **실종선고** - 실종선고와 인정사망의 비교

구분	실종선고	인정사망
규정	민법 제27조 이하	가족관계의 등록 등에 관한 법률 제87조
청구 요부	○	×
공시최고 요부	○	×
기간경과 요부	○	×
사망의 의미	사망 간주	사망 추정
발생시기	실종기간 만료시	가족관계등록부 사망기재일
번복	가정법원의 실종선고 취소로 번복	사실의 증명으로 번복

02 행위능력

선생님 TIP
민법에서 보통 능력이라고 하면 행위능력을 가리킨다. 제한능력자제도는 의사능력이 불완전한 제한능력자 본인을 위한 제도이다.

⚡기출
01 의사능력의 유무는 구체적인 법률행위와 관련하여 (　　　)으로 판단되어야 한다.
제27회

(1) 총설

① **의사능력**

㉠ **의의**: 의사능력은 통상인이 가지는 정상적인 판단능력을 가리키며, 의사능력의 유무는 당해 구체적인 법률행위와 관련하여 개별적으로 판단된다.

㉡ **효력**: 의사무능력자(예 유아, 정신병자, 만취자 등)가 한 의사표시에 대해서는 법적 효과를 부여할 수 없으며, 무효이다. 그리고 의사무능력자뿐만 아니라 상대방도 무효를 주장할 수 있다. 의사무능력을 이유로 법률행위의 무효를 주장하는 자는 의사무능력에 대하여 증명책임을 부담한다. 의사무능력자는 그 행위로 인해 받은 이익이 현존하는 한도에서 상환할 책임이 있다.

② **행위능력**

㉠ **개념 및 효과**

ⓐ 행위능력이란 독자적으로 유효하게 법률행위를 할 수 있는 지위를 말하는데, 의사능력과 달리 객관적·획일적으로 판단된다.

ⓑ 예컨대, 미성년자가 만취한 상태에서 계약을 체결한 경우 '무효와 취소의 경합' 내지 '무효행위의 취소'의 문제를 '이중효'라고 한다. 표의자는 무효 또는 취소의 법률효과를 선택적으로 주장할 수 있다.

기출정답
01 개별적

ⓒ 제도적 의미
  ⓐ 행위능력제도는 사적자치의 원칙의 대전제이며, 강행규정이다. 제한능력자를 보호하고, 거래 상대방에게 불측의 손해를 주지 않기 위하여 마련된 제도이다.
  ⓑ 이 제도는 사회의 획일적 기준에 의하여 의사능력을 객관화한 것이다. 따라서 성년후견개시 또는 한정후견개시의 심판을 받지 않았으면 제한능력자에 관한 규정을 유추적용해서는 안 된다.

> **개념 PLUS | 제한능력자의 종류**
>
> | | |
> |---|---|
> | 미성년자 | 19세 미만인 자를 말한다. |
> | 피성년후견인 | 성년후견개시의 심판을 받은 자를 말한다. |
> | 피한정후견인 | 한정후견개시의 심판을 받은 자를 말한다. |

(2) 미성년자
① 미성년자
  ㉠ **성년기**: 만 19세 이상의 자연인을 성년자로 하고, 성년에 달하지 않은 자를 미성년자라고 한다. 나이는 출생일을 산입하여 만(滿) 나이로 계산한다.
  ㉡ **혼인에 의한 성년의제**: 미성년자가 혼인을 한 때에는 성년자로 본다. 혼인에 의한 성년의제는 법률혼에 한하고 사실혼에는 적용되지 않는다(통설).
② 미성년자의 행위능력
  ㉠ 원칙

> **제5조 【미성년자의 능력】** ① 미성년자가 법률행위를 함에는 법정대리인의 동의를 얻어야 한다. 그러나 권리만을 얻거나 의무만을 면하는 행위는 그러하지 아니하다.
> ② 전항의 규정에 위반한 행위는 취소할 수 있다.

  ⓐ 미성년자는 법정대리인의 관여 없이 부동산 경매절차에서 경락인이 될 수 없다. 미성년자가 법정대리인의 동의 없이 법률행위를 한 경우, 그 법률행위는 일단은 유효하지만(유동적 유효), 미성년자나 그의 법정대리인이 취소할 수 있고, 이 경우 그 법률행위는 소급하여 무효가 된다.

⚡기출

01 1994년 9월 10일 오후 11시에 출생한 자는 2013년 9월 (   )일 오후 12시에 성년이 된다. 제18회

02 미성년자가 혼인을 한 때에는 (   )로 본다. 제28회

기출정답
01 9
02 성년자

ⓑ 미성년자가 그 법정대리인의 동의를 얻었다는 점에 관한 증명책임은 동의가 있었음을 이유로 법률행위의 유효를 주장하는 상대방에게 있다.

> **판례 | 미성년자의 법률행위에 대한 법정대리인의 묵시적 동의 가능**
>
> 미성년자가 법률행위를 함에 있어서 요구되는 법정대리인의 동의는 언제나 명시적이어야 하는 것은 아니고 묵시적으로도 가능한 것이며, 한편 미성년자의 행위가 위와 같이 법정대리인의 묵시적 동의가 인정되거나 처분허락이 있는 재산의 처분 등에 해당하는 경우라면, 미성년자로서는 더 이상 행위무능력을 이유로 그 법률행위를 취소할 수는 없다(대판 2007.11. 16, 2005다71659).

ⓛ 예외 – 미성년자가 단독으로 할 수 있는 행위

구분	내용
단순히 권리만을 얻거나 의무만을 면하는 행위	ⓐ 인정: 부담 없는 증여를 받는 것, 채무면제를 승낙하는 것 ⓑ 부정: 부담부 증여계약을 체결하는 행위, 경제적으로 유리한 계약을 체결하는 행위, 상속을 승인하는 행위, 무상임치·사용대차·이자 없는 소비대차, 변제의 수령·변제 (통설)
처분이 허락된 재산의 처분행위	법정대리인이 범위를 정하여 처분을 허락한 재산은 미성년자가 임의로 처분할 수 있다. '범위'는 사용목적이 아니라 '재산의 범위'를 정한 것이다(통설).
영업이 허락된 미성년자의 그 영업에 관한 행위	ⓐ 영업의 종류를 특정하여야 한다. 포괄적 허락 또는 일부만의 허락은 인정되지 않는다. ⓑ '영업에 관한'이란 영업을 하는 데 직접·간접으로 필요한 모든 행위를 포함한다. ⓒ 성년자와 동일한 행위능력이 있다. 그 결과 개별적인 영업 관련 행위에 대해 법정대리인의 동의를 얻을 필요가 없을 뿐만 아니라, 법정대리인의 대리권도 소멸한다.
혼인을 한 미성년자의 행위	혼인한 미성년자는 사법상의 모든 관계에서 성년자와 같은 행위능력을 가진다.

⚡기출

01 미성년자의 법률행위에 대한 법정대리인의 동의는 묵시적으로도 할 수 (   ).
제25회

⚡기출

02 법정대리인이 (   )를 정하여 처분을 허락한 재산은 미성년자가 임의로 처분할 수 있다. 제25회

03 미성년자는 법정대리인으로부터 허락을 얻은 (   )에 관하여 성년자와 동일한 행위능력이 있다. 제25회

기출정답

01 있다
02 범위
03 특정한 영업

미성년자가 법정대리인의 동의 없이 한 법률행위의 취소	미성년자는 단독으로 취소할 수 있다.
대리행위	ⓐ 타인의 대리인으로서 하는 대리행위에 관하여는 행위능력이 제한되지 않는다. ⓑ 제한능력자가 대리인으로 한 행위에 관하여 본인은 취소할 수 없다.
유언행위	ⓐ 만 17세가 된 자는 단독으로 유언을 할 수 있다. ⓑ 피한정후견인은 제한이 없으며, 피성년후견인도 의사능력이 회복된 때에, 의사가 심신회복의 상태를 유언서에 부기하여 유언을 할 수 있다.
무한책임사원	'법정대리인'의 허락을 얻어 회사의 무한책임사원이 된 미성년자가 그 사원자격에서 하는 행위에 대해서는 능력자로 본다.
근로계약 체결과 임금청구	ⓐ 친권자 또는 미성년후견인은 미성년자의 근로계약을 대리할 수 없다. 법정대리인의 동의를 얻어 미성년자가 근로계약을 체결하여야 한다(다수설). ⓑ 미성년자는 독자적으로 임금을 청구할 수 있다.

ⓒ **동의와 허락의 취소 또는 제한**
  ⓐ **동의와 허락의 취소**: 미성년자가 법률행위를 하기 전에는 법정대리인은 그가 한 동의나 허락을 취소할 수 있다. 이러한 취소는 소급효가 없으므로 강학상 철회의 뜻이다.
  ⓑ **영업허락의 취소와 제한**: 법정대리인은 그가 준 영업의 허락을 '취소 또는 제한'할 수 있다. 영업허락의 취소는 철회의 의미이며, 제한은 예컨대, 두 개 이상의 단위의 영업을 허락하였는데 그중 어느 것을 장래에 향하여 허락이 없었던 것으로 하는 것이다. 영업허락의 취소나 제한은 선의의 제3자에게 대항하지 못한다.

기출

01 영업허락의 취소나 제한은 (   )의 제3자에게 대항할 수 있다. 제16회

기출정답
01 악의

③ 법정대리인
　㉠ **법정대리인이 되는 자**: 미성년자의 법정대리인은 1차로 친권자가 되고, '친권자가 없거나 친권자가 법률행위의 대리권과 재산관리권을 행사할 수 없는 경우'에는 2차로 미성년후견인이 된다.
　㉡ **권한**: 법정대리인에게는 동의권, 대리권 및 취소권이 있다.
　㉢ **예외적 제한**
　　ⓐ **이해상반행위**: 친권자와 그 자(子) 사이에 이해상반행위를 하는 경우(예 친권자가 자기의 채무에 관해 미성년자를 대리하여 보증계약을 체결하거나 연대채무의 약정을 하고 또 미성년자의 재산을 담보로 제공하는 경우 등), 친권자가 그 친권에 따르는 수인의 자(子) 사이에 이해상반행위를 하는 경우(예 친권자가 차남을 대리하여 그의 재산을 장남에게 증여하는 경우)에는 친권자는 법원에 그 자(子) 또는 그 자(子) 일방의 특별대리인의 선임을 청구하여, 그 특별대리인과 친권자 사이에 법률행위를 하여야 한다. 이에 위반한 행위는 무권대리가 된다.
　　ⓑ **미성년후견인의 대리권 행사와 후견감독인의 동의**: 미성년후견인이 '부동산 또는 중요한 재산에 관한 권리의 득실변경을 목적으로 하는 행위'에 관해 대리행위를 하거나 동의를 할 때는 후견감독인이 있으면 그의 동의를 받아야 하고, 이에 위반한 행위는 피후견인 또는 후견감독인이 그 행위를 취소할 수 있다.

(3) 피성년후견인
① **의의**: 피성년후견인은 가정법원으로부터 성년후견개시의 심판을 받은 자이다. 따라서 사무처리능력이 지속적으로 결여된 사람이라도 성년후견개시의 심판을 받기 전에는 피성년후견인이 아니다.
② **성년후견개시 심판의 요건 및 절차**
　㉠ **요건**
　　ⓐ 질병(예 치매), 장애, 노령 그 밖의 사유로 인한 정신적 제약으로 사무를 처리할 능력이 지속적으로 결여된 사람이어야 한다. 성년후견이나 한정후견개시의 청구가 있는 경우 가정법원은 어느 쪽의 보호를 주는 것이 적절한지를 결정하고, 그에 따라 필요하다고 판단하는 절차를 결정해야 한다.

⚡기출

01 가정법원은 본인 등 일정한 자의 (　　)로 성년후견개시의 심판을 한다.　제21회

02 성년후견 개시의 청구가 있더라도, 가정법원은 필요하다면 (　　)을 개시할 수 있다.　제28회

기출정답
01 청구
02 한정후견

ⓑ 본인, 배우자, 4촌 이내의 친족, 미성년후견인, 미성년후견감독인, 한정후견인, 한정후견감독인, 특정후견인, 특정후견감독인, 검사 또는 지방자치단체의 장의 청구가 있어야 한다.
ⓒ 가정법원은 성년후견개시의 심판을 할 때 본인의 의사를 고려하여야 한다.
ⓛ **절차**: 모든 요건이 갖추어 지면 가정법원은 반드시 성년후견개시의 심판을 하여야 한다(필요적 선고). 성년후견개시의 공시는 후견등기부에 하여야 한다.

③ **피성년후견인의 행위능력**

> **제10조 【피성년후견인의 행위와 취소】** ① 피성년후견인의 법률행위는 취소할 수 있다.
> ② 제1항에도 불구하고 가정법원은 취소할 수 없는 피성년후견인의 법률행위의 범위를 정할 수 있다.
> ③ 가정법원은 본인, 배우자, 4촌 이내의 친족, 성년후견인, 성년후견감독인, 검사 또는 지방자치단체의 장의 청구에 의하여 제2항의 범위를 변경할 수 있다.
> ④ 제1항에도 불구하고 일용품의 구입 등 일상생활에 필요하고 그 대가가 과도하지 아니한 법률행위는 성년후견인이 취소할 수 없다.

④ **법정대리인의 권한**: 성년후견인은 원칙적으로 동의권은 없고, 대리권만 가진다. 그러나 예외적으로 일정한 친족법상의 행위에 관하여는 동의권과 그 외에 취소권도 있다.

⑤ **성년후견종료의 심판**

> **제11조 【성년후견종료의 심판】** 성년후견개시의 원인이 소멸된 경우에는 가정법원은 본인, 배우자, 4촌 이내의 친족, 성년후견인, 성년후견감독인, 검사 또는 지방자치단체의 장의 청구에 의하여 성년후견종료의 심판을 한다.

성년후견종료의 심판이 있으면 피성년후견인은 '장래에 향하여' 완전한 행위능력자가 된다(소급효 부정). 다만, 가정법원이 피성년후견인에 대하여 한정후견개시의 심판을 할 때에는 종전의 성년후견의 종료심판을 하고, 그 때는 피한정후견인으로 된다.

(4) 피한정후견인

① **의의**: 피한정후견인은 가정법원으로부터 '한정후견개시의 심판'을 받은 자이다.

⚡기출

01 가정법원은 성년후견 개시의 심판을 할 때 본인의 의사를 (   )하여야 한다.
제27회

02 가정법원은 취소할 수 없는 피성년후견인의 법률행위의 (   )를 정할 수 있다.
제25회

⚡기출

03 성년후견종료의 심판이 있으면 피성년후견인은 (   ) 향하여 행위능력을 회복한다.
제21회

기출정답
01 고려
02 범위
03 장래에

⚡ 기출

01 가정법원은 질병이나 노령 등의 사유로 인한 정신적 제약으로 사무를 처리할 능력이 부족한 사람에 대하여 일정한 자의 청구로 ( )의 심판을 한다. 제18회

02 가정법원은 한정후견개시 심판을 할 때 본인의 의사를 ( )해야 한다. 제25회

03 가정법원은 피한정후견인이 한정후견인의 ( )를 받아야 하는 행위의 범위를 정할 수 있다. 제27회

② **한정후견개시 심판의 요건 및 절차**
  ㉠ 질병, 장애, 노령 그 밖의 사유로 인한 정신적 제약으로 사무를 처리할 능력이 부족한 사람이어야 한다.
  ㉡ 본인, 배우자, 4촌 이내의 친족, 미성년후견인, 미성년후견감독인, 성년후견인, 성년후견감독인, 특정후견인, 특정후견감독인, 검사 또는 지방자치단체의 장의 청구가 있어야 한다.
  ㉢ 가정법원은 한정후견개시의 심판을 할 때 본인의 의사를 고려하여야 한다.
  ㉣ 모든 요건이 갖추어 지면 가정법원은 반드시 심판을 하여야 한다(필요적 선고). 한정후견개시의 공시는 후견등기부에 의하여 한다.

③ **피한정후견인의 행위능력**
  ㉠ 가정법원은 피한정후견인이 한정후견인의 동의를 받아야 하는 행위의 범위를 정할 수 있다.
  ㉡ 가정법원은 본인, 배우자, 4촌 이내의 친족, 한정후견인, 한정후견감독인, 검사 또는 지방자치단체의 장의 청구에 의하여 한정후견인의 동의를 받아야만 할 수 있는 행위의 범위를 변경할 수 있다.
  ㉢ 한정후견인의 동의를 필요로 하는 행위에 대하여 한정후견인이 피한정후견인의 이익이 침해될 염려가 있음에도 그 동의를 하지 아니하는 때에는 가정법원은 피한정후견인의 청구에 의하여 한정후견인의 동의를 갈음하는 허가를 할 수 있다.
  ㉣ 한정후견인의 동의가 필요한 법률행위를 피한정후견인이 한정후견인의 동의 없이 하였을 때에는 그 법률행위를 취소할 수 있다. 다만, 일용품의 구입 등 일상생활에 필요하고 그 대가가 과도하지 아니한 법률행위에 대하여는 그러하지 아니하다.

> **개념 PLUS | 피한정후견인의 행위능력 여부**
>
> | 원칙 | 행위능력자 |
> |---|---|
> | 예외 | 동의를 받아야 하는 법률행위에 대해서만 제한능력자 |

④ **법정대리인의 권한**: 한정후견인은 동의가 유보된 경우에 동의권과 취소권을 가지며, 대리권을 수여하는 심판이 있을 경우에만 대리권을 가진다.

기출정답
01 한정후견개시
02 고려
03 동의

⑤ 한정후견종료의 심판

> **제14조【한정후견종료의 심판】** 한정후견개시의 원인이 소멸된 경우에는 가정법원은 본인, 배우자, 4촌 이내의 친족, 한정후견인, 한정후견감독인, 검사 또는 지방자치단체의 장의 청구에 의하여 한정후견종료의 심판을 한다.

한정후견종료의 심판이 있으면 피한정후견인은 '장래에 향하여' 완전한 행위능력자가 된다(소급효 부정). 다만, 가정법원이 피한정후견인에 대하여 성년후견개시의 심판을 할 때에는 종전의 한정후견의 종료심판을 한다.

(5) 피특정후견인

① **의의**: 피특정후견인은 가정법원으로부터 '특정후견의 심판'을 받은 자이다.
② **특정후견심판의 요건**
   ㉠ 질병, 장애, 노령 그 밖의 사유로 인한 정신적 제약으로 일시적 후원 또는 특정한 사무에 관한 후원이 필요한 사람이어야 한다.
   ㉡ 본인, 배우자, 4촌 이내의 친족, 미성년후견인, 미성년후견감독인, 검사 또는 지방자치단체의 장의 청구가 있어야 한다.
   ㉢ 특정후견은 본인의 의사에 반하여 할 수 없다.
③ **특정후견심판의 내용과 보호조치**
   ㉠ 가정법원이 특정후견의 심판을 하는 경우에는 특정후견의 기간 또는 사무의 범위를 정하여야 한다.
   ㉡ 가정법원은 피특정후견인의 후원을 위하여 필요한 처분을 명할 수 있다. 그 처분으로 피특정후견인을 후원하거나 대리하기 위한 특정후견인을 선임할 수 있다.
④ **피특정후견인의 행위능력**: 특정후견의 심판이 있어도 피특정후견인은 행위능력에 전혀 영향을 받지 않는다.
⑤ **피특정후견인에 대하여 성년후견개시 등의 심판을 하는 경우**: 특정후견의 종료심판이라는 제도는 없다. 다만, 가정법원이 피특정후견인에 대하여 성년후견개시의 심판을 하거나, 한정후견개시의 심판을 할 때에는 특정후견의 종료심판을 한다.

⚡기출

01 특정후견은 본인의 의사에 ( ) 할 수 없다. 제17회

02 가정법원은 특정후견의 심판을 하는 경우에는 특정후견의 ( )를 정하여야 한다. 제27회

03 특정후견심판으로 특정후견인이 선임되더라도 피특정후견인의 행위능력은 ( ) 되지 않는다. 제22회

기출정답
01 반하여
02 기간 또는 사무의 범위
03 제한

(6) 제한능력자의 상대방에 대한 보호 특칙

법률행위의 취소에 관한 일반적 제도로 취소권의 단기소멸과 법정추인이 있다. 그리고 민법은 제한능력자의 상대방을 보호하기 위한 특칙으로 상대방의 확답촉구권과 철회권·거절권 및 속임수를 이유로 한 제한능력자쪽의 취소권의 배제를 규정하고 있다.

① 상대방의 확답촉구권
- ㉠ 제한능력자의 상대방은 제한능력자가 능력자가 된 후에 그에게 1개월 이상의 기간을 정하여 그 취소할 수 있는 행위를 추인할 것인지 여부의 확답을 촉구할 수 있다. 능력자로 된 사람이 그 기간 내에 확답을 발송하지 아니하면 그 행위를 추인한 것으로 본다.
- ㉡ 제한능력자가 아직 능력자가 되지 못한 경우에는 그의 법정대리인에게 확답을 촉구할 수 있고, 법정대리인이 그 정하여진 기간 내에 확답을 발송하지 아니한 경우에는 그 행위를 추인한 것으로 본다.
- ㉢ 특별한 절차가 필요한 행위는 그 정하여진 기간 내에 그 절차를 밟은 확답을 발송하지 아니하면 취소한 것으로 본다.

② 상대방의 철회권과 거절권
- ㉠ 제한능력자가 맺은 계약은 추인이 있을 때까지 상대방이 그 의사표시를 철회할 수 있다. 다만, 상대방이 계약 당시에 제한능력자임을 알았을 경우에는 그러하지 아니하다.
- ㉡ 제한능력자의 단독행위는 추인이 있을 때까지 상대방이 거절할 수 있다.
- ㉢ ㉠과 ㉡의 거절의 의사표시는 제한능력자에게도 할 수 있다.

③ 제한능력자측의 취소권의 배제
- ㉠ 제한능력자가 속임수로써 자기를 능력자로 믿게 한 경우에는 그 행위를 취소할 수 없다.
- ㉡ 미성년자나 피한정후견인이 속임수로써 법정대리인의 동의가 있는 것으로 믿게 한 경우에도 같다.
- ㉢ 제한능력자의 '속임수'란 법정대리인의 동의서를 위조하거나 동사무소 직원과 짜고 생년월일을 허위로 기재한 인감증명서를 교부받아 제시하는 경우가 그 예이다. 속임수의 의미에 관하여 판례는 '적극적인 기망수단'을 쓴 것을 말하고, '성년자로 군대 갔다 왔다'고 말하거나, '자기가 사장이라고 말한 것'만 가지고는 속임수(사술)라고 할 수 없다.

⚡ **기출**

01 미성년자는 행위능력자로 된 후에만 (　　　)의 상대방이 될 수 있다. 제16회

⚡ **기출**

02 제한능력자와 계약을 맺은 상대방은 계약 당시에 제한능력자임을 알았을 경우에는 그 의사표시를 (　　　) 할 수 없다. 제25회

03 제한능력자의 단독행위에 대한 거절의 의사표시는 (　　　)에게도 할 수 있다. 제26회

04 피성년후견인이 적극적으로 속임수를 써서 자기를 (　　　)로 믿게 한 경우에는 그 행위를 취소할 수 없다. 제25회

기출정답
01 확답촉구
02 철회
03 제한능력자
04 능력자

03 주소

(1) 주소의 개념
① 주소란 사람의 생활의 근거가 되는 곳을 말한다.
② 주민등록지는 공법상의 개념이나, 반증이 없는 한 주소로 추정된다.

(2) 주소의 결정

> **제18조【주소】** ① 생활의 근거되는 곳을 주소로 한다.
> ② 주소는 동시에 두 곳 이상 있을 수 있다.

민법은 주소에 관하여 실질주의, 복수주의를 채택하고 있다. 우리 민법은 명문의 규정을 두고 있지 않으나, 의사무능력자를 위한 법정주소에 관한 규정이 없는 점에서 객관주의를 취하고 있다.

(3) 주소의 효과
주소는 부재 및 실종의 표준, 변제의 장소, 상속개시지가 된다.

(4) 주소의 확장

거소	주소를 알 수 없으면 거소를 주소로 보며, 국내에 주소 없는 자에 대하여는 국내에 있는 거소를 주소로 본다.
가주소	어느 행위에 있어서 가주소를 정한 때에는 그 행위에 관하여는 이를 주소로 본다.

04 부재와 실종

(1) 총설
어떤 사람이 종래의 주소를 떠나 쉽게 돌아올 가망이 없는 경우에, 민법은 우선 부재자가 돌아오기를 기다리며 그의 잔류재산을 관리하다가(부재자의 재산관리), 부재자의 생존가능성이 적게 되면 일정한 절차에 따라 그가 사망한 것으로 보아 법률관계를 정리한다(실종선고).

(2) 부재자의 재산관리
① **부재자의 의의**: 부재자란 종래의 주소 또는 거소를 떠나 용이하게 돌아올 가능성이 없어서 그의 재산을 관리하여야 할 필요가 있는 자를 말한다. 따라서 부재자는 실종선고의 경우와는 달리 반드시 생사불명일 필요는 없다. 부재자는 성질상 자연인에 한하며 법인은 이에 해당되지 않는다.

기출
01 주소는 동시에 ( ) 이상 있을 수 있다. 제23회

기출
02 국내에 주소가 없는 자에 대하여는 국내에 있는 ( )를 주소로 본다. 제23회
03 어느 법률행위에 있어서 가주소를 정한 때에는 ( )에 관하여서는 이를 주소로 본다. 제16회
04 부재자는 성질상 자연인에 한하고 ( )은 해당하지 않는다. 제27회

기출정답
01 두 곳
02 거소
03 그 행위
04 법인

② 잔류재산의 관리
㉠ 부재자가 재산관리인을 두지 않은 경우
ⓐ **법원에 의한 처분명령**: 가정법원은 이해관계인이나 검사의 청구에 의하여 필요한 처분을 명한다. 재산관리에 필요한 처분에는 재산관리인의 선임, 잔여재산의 봉인, 경매 등이 있다.
ⓑ **재산관리인**
- **지위**: 부재자 재산관리인은 일종의 법정대리인이다. 재산관리인은 언제든지 사임할 수 있고, 법원도 언제든지 재산관리인을 개임할 수 있다. 법원이 선임한 부재자 재산관리인은 일종의 법정대리인으로서 선량한 관리자의 주의의무로서 그 직무수행을 하여야 한다(통설·판례).
- **권한**
  - 법원의 명령에 의해 정해지지만, 그 정함이 없는 경우에는 관리행위만을 할 수 있는 것이 원칙이다.
  - 재산관리인이 부재자 재산의 처분, 재판상 화해 등 처분행위를 할 경우에는 법원의 허가를 얻어야 하며, 관리인이 법원의 허가 없이 처분행위 등을 한 경우에는 그 처분행위는 무효이다.
  - 법원의 허가와 관련하여 재산의 매각에 관해 허가를 받은 경우, 그 재산을 담보로 제공할 때에 다시 허가를 받아야 하는 것은 아니다. 이 허가는 장래의 처분행위뿐만 아니라 이미 한 처분행위를 추인하는 의미로도 할 수 있다. 허가를 얻어 처분행위를 한 후 그 허가결정이 취소되었다고 하더라도 그 취소는 소급효가 없으며, 따라서 이미 한 처분행위는 그대로 유효하다. 법원의 허가를 얻어서 처분행위를 하는 경우에도, 그것은 부재자의 이익을 위하여 행하여져야 하는 것을 전제한다. 즉, 허가를 얻었더라도 부재자의 이익과는 무관한 용도로 처분한 경우에는 그 한도에서는 무권대리가 된다.

⚡ 기출

01 법원이 선임한 재산관리인은 (　　)이다. 제27회

02 법원이 선임한 재산관리인은 언제든지 사임할 수 (　　). 제27회

03 법원이 선임한 재산관리인에 대하여 법원은 부재자의 재산을 보존하기 위하여 필요한 처분을 명할 수 (　　). 제25회

04 법원이 선임한 재산관리인이 법원의 허가 없이 부재자 소유의 부동산을 매각한 후 법원의 허가를 얻어 소유권이전등기를 마쳤다면 그 매각행위는 (　　)된 것으로 본다. 제26회

기출정답
01 법정대리인
02 있다
03 있다
04 추인

개념 PLUS | 법원의 허가 없이 할 수 있는 재산관리인의 관리행위

보존행위	부재자 재산에 대한 차임청구나 불법행위로 인한 손해배상청구, 부재자 재산의 보존을 위한 소송행위의 추완신청, 부재자 소유 부동산이 제3자 명의로 등기된 것의 말소청구나 토지인도청구, 부재자에게 전적으로 이익이 되는 화해
이용·개량행위	부재자를 위한 소송비용으로 금원을 차용하면서 그 돈을 임대보증금으로 하여 부재자 재산을 채권자에게 임대하는 것

- **의무**: 관리인은 그 밖에 관리할 재산의 목록작성, 부재자의 재산의 보존을 위하여 가정법원이 명하는 처분의 수행, 법원이 명하는 담보의 제공 등의 의무도 진다.
- **권리**: 가정법원은 관리인에게 부재자의 재산에서 상당한 보수를 지급할 수 있다.

ⓒ 재산관리의 종료
- 재산관리가 불필요하게 된 때에 가정법원은 본인 또는 이해관계인의 청구에 의하여 종전의 처분명령을 취소하여야 한다. 즉, 재산관리인의 권한은 그의 선임결정이 취소되지 않는 한, 설사 부재자에 대한 실종기간이 만료되거나 부재자의 사망이 확인된 후에도 소멸하지 않는다.
- 가정법원의 처분명령의 취소의 효력은 소급하지 않고 장래에 향하여서만 생기는 것으로 관리인이 법원의 허가를 얻어 부재자의 재산을 매각한 후 법원이 관리인 선임결정을 취소하여도 관리인의 처분행위는 유효하며, 재산처분이 있은 뒤 법원의 허가결정이 취소된 때에도 마찬가지이다.

ⓒ 부재자 자신이 재산관리인을 둔 경우
- ⓐ **원칙**: 국가는 원칙적으로 이에 간섭하지 않는다. 재산관리인에게 재산처분권까지 위임된 경우에는 그 관리인이 그 재산을 처분함에 있어서 법원의 허가를 받을 필요도 없다.
- ⓑ **예외**: 다음의 경우는 예외적으로 법원이 개입한다.
  - **본인의 부재중 재산관리인의 권한이 소멸한 때**: 처음부터 관리인을 정하지 않은 경우와 같은 조치를 취한다.

⚡기출

01 법원이 선임한 부재자의 재산관리인은 그 부재자의 사망이 확인된 후이더라도 그 선임결정이 (　　)되지 않는 한 그 권한을 상실하는 것은 아니다. 제21회

02 법원의 부재자 재산관리인 선임결정이 취소된 경우, 그 취소의 효력은 (　　) 향하여서만 생긴다. 제27회

기출정답
01 취소
02 장래에

- **부재자의 생사가 분명하지 아니한 때**: 가정법원은 재산관리인, 이해관계인 또는 검사의 청구에 의하여 재산관리인을 개임할 수 있으며, 개임하지 않고 유임시키면서 감독만 할 수도 있다.

(3) 실종선고

① **의의**: 실종선고란 생사불명의 상태가 일정기간 계속된 부재자에 대해 가정법원의 선고에 의하여 사망으로 의제하는 제도를 말한다.

② **실종선고의 요건**

㉠ **실질적 요건**

ⓐ **생사불분명**: 부재자의 생사가 분명하지 않아야 한다. 호적상 이미 사망한 것으로 기재되어 있는 자에 대해서는 가족관계등록부의 추정력 때문에 실종선고를 할 수 없다.

ⓑ **실종기간의 경과**: 부재자의 생사불명이 일정기간 계속되어야 한다. 보통실종의 실종기간은 5년이며, 부재자의 생존을 증명할 수 있는 최후의 시기(최후의 소식이 있는 때)를 기산점으로 한다. 특별실종의 실종기간은 1년이며, 그 기산점은 전쟁실종의 경우 전쟁이 종지한 때, 선박실종은 선박이 침몰한 때, 항공실종은 항공기가 추락한 때, 위난실종은 위난이 종료한 때부터 기산한다.

> **판례 | 사망의 원인이 될 위난**
>
> '사망의 원인이 될 위난'이라고 함은 화재·홍수·지진·화산 폭발 등과 같이 일반적·객관적으로 사람의 생명에 명백한 위험을 야기하여 사망의 결과를 발생시킬 가능성이 현저히 높은 외부적 사태 또는 상황을 가리킨다. 甲이 잠수장비를 착용한 채 바다에 입수하였다가 부상하지 아니한 채 행방불명된 경우 이는 '사망의 원인이 될 위난'이라고 할 수 없다(대결 2011.1.31, 2010스165).

㉡ **형식적 요건**

ⓐ **청구**: 이해관계인이나 검사의 청구가 있어야 한다.

기출

01 재산관리인을 둔 부재자의 생사가 분명하지 않은 경우, 법원은 재산관리인의 청구에 의하여 재산관리인을 ( )할 수 있다. 제26회

기출

02 부재자가 돌아올 가망이 전혀 없는 경우에도 생존해 있다는 사실이 증명되었다면 ( )를 받을 수 없다. 제22회

기출

03 잠수장비를 착용하고 바다에 입수한 후 행방불명이 되었다고 하여 이를 ( )의 원인 되는 사유에 해당한다고 할 수 없다. 제24회

기출정답
01 개임
02 실종선고
03 특별실종

> **📋 개념 PLUS | 이해관계인**
>
> 이해관계인이란 실종선고로 인하여 권리를 취득하거나 의무를 면하게 되는 자이며, 단순히 사실상의 이해관계만을 갖는 자는 포함되지 않는다. 부재자의 채권자나 채무자, 부재자의 상속인의 내연의 처로부터 재산을 매수한 자, 부재자의 제1순위 상속인이 있는 경우에 후순위의 상속인(부재자의 형이나 자매 등)은 이해관계인이 될 수 없다. 결국 배우자·제1순위 법정상속인·부재자의 사망으로 권리를 취득하거나 의무를 면하게 되는 자(예 보험금수익자, 종신정기금채무자) 등이 이해관계인에 해당한다.

⚡ **기출**

01 부재자에게 1순위 상속인이 있는 경우에 2순위 상속인은 특별한 사정이 없는 한, 실종선고를 청구할 수 있는 (　　)이 아니다. 제22회

　　ⓑ **공시최고**: 가정법원의 전속관할에 속한다. 공시최고를 하여야 하며, 그 기간은 6개월 이상이다.

③ **실종선고의 효과**

　㉠ **사망간주(의제)**

　　ⓐ 실종선고가 확정되면 실종선고를 받은 자, 즉 실종자는 실종기간 만료시에 사망한 것으로 간주된다. 따라서 선고가 취소되지 않는 한 생존 등의 반증을 하여도 실종선고의 효력이 부인되지 않으며 의제를 뒤집기 위해서는 실종선고를 취소하여야 한다.

⚡ **기출**

02 실종선고를 받은 자는 (　　)한 때에는 사망한 것으로 본다. 제21회

　　ⓑ 실종자의 사망의제 시기에 관하여, 민법은 실종기간 만료시주의를 취하고 있다. 동일한 부재자에 대하여 실종선고를 두 번 할 수는 없으나, 만일 두 번 선고된 경우에는 제1의 선고에 의하여 상속 등의 법률관계를 판단하여야 한다.

　㉡ **사망간주 범위**: 실종선고는 종래의 주소를 중심으로 한 사법관계에 관하여서만 사망한 것으로 간주할 뿐이며, 권리능력을 박탈하는 제도가 아니다. 신주소에서의 법률관계나, 돌아온 후의 법률관계에 관하여는 사망의 효과가 미치지 않으며, 공법상의 법률관계는 실종선고와는 관계없이 결정된다.

　㉢ **실종선고와 생존추정(의제) 여부**

　　ⓐ **실종선고를 받은 경우**: 실종선고를 받은 경우 실종자는 그가 사망한 것으로 간주되는 시기(실종기간 만료시)까지는 생존한 것으로 간주된다.

기출정답

01 이해관계인
02 실종기간이 만료

ⓑ **실종선고를 받지 않은 경우**: 실종선고를 받지 않은 경우 통설·판례는 실종선고가 없는 이상 부재기간과는 관계없이 부재자의 생존은 추정된다. 다른 판례는 법이 인정사망·실종선고제도를 마련해 놓았다고 하여 그에 의하지 않고 사망사실을 인정할 수 없는 것은 아니라고 하면서, '북태평양상의 기상조건이 아주 험하고 찬 바다에 추락하여 행방불명이 된 자는 그 무렵 사망한 것으로 인정함'이 우리의 경험칙과 논리칙에 비추어 당연하다고 한다.

④ 실종선고의 취소
  ㉠ 실종선고 취소의 요건

실질적 요건	실종자가 생존한 사실 또는 실종기간이 만료한 때와 상이한 때에 사망한 사실, 실종기간의 기산점 이후의 어떤 시기에 생존하고 있었던 사실(통설)의 증명이 있어야 한다.
형식적 요건	본인·이해관계인 또는 검사의 청구가 있어야 한다. 취소절차에는 일정한 사실이 증명되었으므로 공시최고를 요하지 않는다.

  ㉡ 실종선고 취소의 효과
    ⓐ **원칙**: 실종선고로 생긴 법률관계는 소급하여 무효로 되어(통설), 종래의 주소를 중심으로 한 실종자의 사법적 법률관계는 선고 전의 상태로 돌아간다.
    ⓑ **예외**: '실종선고 후 그 취소 전'에 선의로 한 행위는 유효하다.
    ⓒ **실종선고를 직접 원인으로 재산을 취득한 자의 반환의무**: 실종선고를 직접 원인으로 재산을 취득한 자는 선의인 경우 현존이익을 반환하여야 하고, 악의인 경우 받은 이익에 이자를 붙여 반환하고 손해가 있으면 배상하여야 한다.

> **암기 PLUS | 각종 청구권자의 비교**
>
> | 구분 | 청구권자 |
> |---|---|
> | 성년후견·한정후견·특정후견의 개시 및 종료심판 | 본인, 배우자, 4촌 이내의 친족, 후견인, 후견감독인, 검사, 지방자치단체장 |
> | 부재자의 재산관리처분 및 실종선고의 청구 | 이해관계인이나 검사 |
> | 실종선고의 취소청구 | 본인·이해관계인 또는 검사 |

제3절 법인 〈빈출〉

01 총설

(1) 의의

법인이란 법률에 의하여 권리능력이 인정된 단체 또는 재산을 말한다. 법인으로 될 수 있는 단체에는 사단과 재단이 있다.

★ 암기 PLUS | 사단법인·재단법인의 비교

구분	사단법인	재단법인
설립행위	• 2인 이상의 설립자의 정관작성 및 기명날인 • 정관의 필요적 기재사항: 목적, 명칭, 사무소소재지, 자산에 관한 규정, 이사의 임면에 관한 규정, 사원자격 득실에 관한 규정, 존립시기나 해산사유를 정하는 때에는 그 시기 또는 사유 • 합동행위(다수설)	• 재산의 출연과 정관작성 및 기명날인, 정관의 보충이 인정됨 • 좌동. 사원자격 득실에 관한 규정, 존립시기나 해산사유를 정하는 때에는 그 시기 또는 사유는 필요적 기재사항이 아님 • 1인에 의한 설립행위는 상대방 없는 단독행위, 수인인 경우에는 단독행위의 경합(다수설)
요소	사원, 영리법인과 비영리법인	일정한 목적에 바쳐진 재산, 언제나 비영리법인
의사결정 및 정관변경	• 사원총회가 결정 • 자율적 법인, 총사원 3분의 2 이상의 동의에 의해 정관변경 가능	• 설립자의 의사, 즉 정관에 정해진 대로 활동하며 의사결정기관이 별도로 없음 • 타율적 법인, 예외적인 경우에만 정관변경 가능
기관	이사, 감사, 사원총회	이사, 감사
해산사유	• 사단법인과 재단법인의 공통 해산사유: 존립기간의 만료, 법인의 목적의 달성 또는 달성의 불능 기타 정관에 정한 해산사유의 발생, 파산 또는 설립허가의 취소 • 사단법인의 특유한 해산사유: 사원이 없게 되거나 총회의 결의 (총사원 4분의 3 이상의 동의)	

⚡ 기출

01 재단법인은 항상 (　　) 이다. 　　제24회

기출정답

01 비영리법인

(2) 권리능력 없는 사단과 재단(비법인사단 및 재단)

사단 또는 재단의 실체를 가지면서도 그 등기를 하지 않아서 법인으로 되지 않는 것을 '법인 아닌 사단 또는 재단'이라고 한다. '권리능력 없는 사단 또는 재단' 또는 '인격 없는 사단 또는 재단'이라고도 한다.

① 권리능력 없는 사단
　㉠ 의의

> ⚡ **기출**
> 01 공동주택의 입주자대표회의는 동별 세대수에 비례하여 선출되는 동별 대표자를 구성원으로 하는 (　　)에 해당한다. 제27회

암기 PLUS | 권리능력 없는 사단 여부

권리능력 없는 사단 ○	종중 또는 교회, 동·리·자연부락·산제치성의 목적을 위한 마을주민의 결합체, 주택건설촉진법에 의한 주택조합·연합주택조합·재건축조합, 아파트입주자대표회의, 회사의 채권자들로 구성된 청산위원회, 재단법인 성균관의 설립 이전부터 존재하던 성균관, 어촌계, 불교신도회, 단체로서의 실체를 갖추고 독자적인 활동을 하고 있는 사단법인의 하부조직
권리능력 없는 사단 ×	학교, 노인요양원·노인요양센터

　㉡ 성립요건

암기 PLUS | 조합과의 비교

구분	사단	권리능력 없는 사단	조합
단체성	강	강	약
구성원의 개성	약	약	강
내부규율	정관, 법인규정 적용	정관, 법인규정 유추적용	계약, 조합규정 적용
당사자능력	○	○	×
권리능력	○	△	×
자산	법인의 단독소유	사원의 (준)총유	조합원의 (준)합유
단체명의의 등기	○	○	×
부채	법인의 채무 (유한책임)	사원의 준총유 (유한책임)	조합원의 준합유 (무한책임)

> ⚡ **기출**
> 02 비법인사단에 대표자가 있으면 그 사단의 이름으로 민사소송의 (　　)가 될 수 있다. 제28회

기출정답
01 법인 아닌 사단
02 당사자

ⓒ 법률관계
  ⓐ 법적 규율
   • 권리능력 없는 사단에 사단법인에 관한 규정 중 법인격(=등기)을 전제로 하는 것을 제외한 나머지의 유추적용을 인정한다. 예컨대, 임시이사의 선임, 대표자의 타인에 대한 업무의 포괄적 위임금지, 총회의 소집과 결의, 정관 및 대표자의 업무집행, 법인의 불법행위로 인한 손해배상책임 등은 유추적용되어야 한다.
   • 그에 비하여 법인의 등기에 관한 규정은 유추적용될 것이 아니다. 그리하여 비법인사단의 경우에는 대표자의 대표권 제한에 관하여 등기할 방법이 없으므로 이사의 대표권 제한에 관한 제60조도 유추적용될 수 없다.
  ⓑ **재산귀속관계**: 총유물의 관리 및 처분은 사원총회의 결의에 의한다. 그러나 각 사원은 정관 기타의 규약에 좇아 총유물을 사용·수익할 수 있다.

> **판례 | 총유물의 관리·처분행위 여부**
>
> 1. 구성원 개인이 총유재산의 보존을 위한 소제기 불가
>   총유재산에 관한 소송은 법인 아닌 사단이 그 명의로 사원총회의 결의를 거쳐 하거나 또는 그 구성원 전원이 당사자가 되어 필수적 공동소송의 형태로 할 수 있을 뿐 그 사단의 구성원은 설령 그가 사단의 대표자라거나 사원총회의 결의를 거쳤다 하더라도 그 소송의 당사자가 될 수 없고, 이러한 법리는 총유재산의 보존행위로서 소를 제기하는 경우에도 마찬가지라 할 것이다(대판 2005.9.15, 2004다44971).
> 2. 비법인사단의 대표자가 사원총회의 결의를 거치지 않고 한 처분행위의 효력
>   비법인사단인 교회의 대표자는 총유물인 교회재산의 처분에 관하여 **교인총회의 결의를 거치지 아니하고는 이를 대표하여 행할 권한이 없다.** 그리고 교회의 **대표자가 권한 없이 행한 교회재산의 처분행위**에 대하여는 민법 **제126조의 표현대리에 관한 규정이 준용되지 아니한다**(대판 2009.2.12, 2006다23312).

⚡기출
01 법인 아닌 사단에 대하여는 사단법인에 관한 민법규정 중 법인격을 전제로 하는 것을 제외한 규정을 ( )한다. 제23회
02 이사의 대표권 제한에 관한 민법 제60조는 법인 아닌 사단에 유추적용될 수 ( ). 제26회

⚡기출
03 구성원 개인은 특별한 사정이 없는 한 총유재산의 보존을 위한 소를 ( ) 제기할 수 없다. 제26회

기출정답
01 유추적용
02 없다
03 단독으로

⚡ **기출**

01 법인 아닌 사단이 타인간의 금전채무를 보증하는 행위는 총유물의 관리·처분행위에 (   ). 제26회

3. **비법인사단이 타인간의 금전채무를 보증하는 행위 및 재건축조합의 조합장이 채무보증계약을 체결하면서 조합규약에서 정한 조합임원회의 결의 등 절차를 거치지 않은 경우**

비법인사단이 타인간의 금전채무를 보증하는 행위는 총유물 그 자체의 관리·처분이 따르지 아니하는 단순한 채무부담행위에 불과하여 이를 총유물의 관리·처분행위라고 볼 수는 없다. 따라서 비법인사단인 재건축조합의 조합장이 채무보증계약을 체결하면서 조합규약에서 정한 조합임원회의 결의를 거치지 아니하였다거나 조합원총회 결의를 거치지 않았다고 하더라도 그것만으로 바로 그 보증계약이 무효라고 할 수는 없다. 다만, 이와 같은 경우에 조합임원회의의 결의 등을 거치도록 한 조합규약은 조합장의 대표권을 제한하는 규정에 해당하는 것이므로, 거래 상대방이 그와 같은 대표권 제한 및 그 위반사실을 알았거나 과실로 인하여 이를 알지 못한 때에는 그 거래행위가 무효로 된다고 봄이 상당하다(대판 2007.4.19, 2004다60072).

관리·처분행위 ○	관리·처분행위 ×
• 재건축조합원 중 한 사람에게만 유리한 보상을 해주기로 하는 행위 • 종산에 대한 분묘설치행위 • 종중소유의 토지에 대한 수용보상금을 분배하는 행위	• 타인간의 금전채무를 보증하는 행위 • 소멸시효 중단사유로서의 승인 • 토지의 매매를 중개한 중개업자에게 중개수수료를 지급하기로 하는 약정을 체결하는 행위 • 재건축조합이 재건축사업의 시행을 위하여 설계용역계약을 체결하는 행위

ⓔ **대표적인 권리능력 없는 사단으로서 종중과 교회**

ⓐ **종중**

⚡ **기출**

02 종중이 법인 아닌 사단이 되기 위해서는 특별한 조직행위와 이를 규율하는 성문의 규약이 있어야 (   ). 제23회

• **의의**: 종중이란 공동선조의 후손들에 의하여 선조의 분묘수호 및 봉제사와 후손 상호간의 친목을 목적으로 형성되는 자연발생적인 종족단체로서 선조의 사망과 동시에 후손에 의하여 성립하는 것이며, 그 성립을 위해 특별한 조직행위를 필요로 하는 것이 아니고, 반드시 특별한 명칭의 사용 및 서면화된 종중규약이 있어야 하거나 종중대표자가 선임되어 있는 등 조직을 갖추어야 성립하는 것은 아니다.

• **구성**
 – 공동선조와 성과 본을 같이하는 후손은 성별의 구별 없이 성년이 되면 당연히 그 구성원이 된다고 보는 것이 조리에 합당하다.

기출정답
01 해당하지 않는다
02 하는 것은 아니다

- 특정지역 내에 거주하는 일부 종중원에 한하여 의결권을 주고 그 밖의 지역에 거주하는 종중원의 의결권을 박탈할 개연성이 많은 종중규약은 종중의 본질에 반하여 무효이다.
- 종중은 별도의 결의나 약정에 의하여 일부 종원의 자격을 제한하거나 박탈할 수는 없다. 그리고 종중이 그 구성원인 종원이 가지는 고유하고 기본적인 권리의 본질적인 내용을 침해하는 처분을 하는 것은 허용되지 않는다.

- **종중총회**
  - 종중총회의 소집권자는 종장 또는 문장이나, 종중에 평소 종장이나 문장이 선임되어 있지 아니하고 선임에 관한 규약이나 일반관례가 없으면 현존하는 연고항존자가 종장이나 문장이 되어 총회의 소집권한을 갖는다. 종중원들이 종중재산의 관리 또는 처분 등에 관하여 대표자를 새로이 선정할 필요가 있어 종중규약에 따라 적법한 소집권자에게 종중의 임시총회의 소집을 요구하였으나 그 소집권자가 정당한 이유 없이 이에 응하지 아니하는 경우에는 차석의 임원 또는 발기인(총회의 소집을 요구한 발의자들)이 소집권자를 대신하여 총회를 소집할 수 있고, 반드시 제70조를 준용하여 감사가 총회를 소집하거나 종원이 법원의 허가를 얻어 총회를 소집하여야 하는 것은 아니다.
  - 종중총회의 결의방법에 있어 종중규약에 다른 규정이 없는 이상 종원은 서면이나 대리인으로 결의권을 행사할 수 있으므로 일부 종원이 총회에 직접 출석하지 아니하고 다른 출석 종원에 대한 위임장 제출방식에 의하여 종중의 대표자 선임 등에 관한 결의권을 행사하는 것도 허용된다. 종중대표자를 선임한 경우에는 이러한 종중대표자만이 종중대표권을 가지며 특히 종중재산에 관하여는 종장에게 아무런 권한이 없고 오로지 종중대표자만이 종중을 대표하여 그 관리처분권을 갖는다.

- 재산귀속관계
  - 종중은 법인 아닌 사단이고, 종중소유의 재산은 종중원의 총유에 속한다. 따라서 그 관리 및 처분에 관하여 먼저 종중규약에 정하는 바가 있으면 이에 따라야 하고, 그 점에 관한 종중규약이 없으면 종중총회의 결의에 의하여야 하므로 비록 종중대표자에 의한 종중재산의 처분이라고 하더라도 그러한 절차를 거치지 아니한 채 한 행위는 무효이다.
  - 종중과 같이 법인 아닌 사단 또는 재단에 있어서도 취득시효완성으로 인한 소유권을 취득할 수 있다. 그리고 부동산실명법하에서도 조세포탈·강제집행의 면탈 또는 법령상 제한의 회피를 목적으로 하지 않는 종중재산의 명의신탁은 유효하다.

ⓑ **교회의 법률관계**

> **판례 | 교회 교인의 탈퇴와 교회재산의 귀속**
>
> [1] 사단법인에 있어서 구성원의 탈퇴나 해산은 인정하지만 사단법인의 구성원들이 2개의 법인으로 나뉘어 각각 독립한 법인으로 존속하면서 종전 사단법인에게 귀속되었던 재산을 소유하는 방식의 사단법인의 분열은 인정하지 아니한다. 그 법리는 **법인 아닌 사단에 대하여도 동일하게 적용**되며, 법인 아닌 사단의 구성원들의 집단적 탈퇴로써 사단이 2개로 분열되고 분열되기 전 사단의 재산이 분열된 각 사단들의 구성원들에게 각각 총유적으로 귀속되는 결과를 초래하는 형태의 법인 아닌 사단의 분열은 허용되지 않는다.
>
> [2] 교인들은 교회재산을 총유의 형태로 소유하면서 사용·수익할 것인데, 일부 교인들이 교회를 탈퇴하여 그 교회 교인으로서의 지위를 상실하게 되면 탈퇴가 개별적인 것이든 집단적인 것이든 이와 더불어 종전 교회의 총유재산의 관리처분에 관한 의결에 참가할 수 있는 지위나 그 재산에 대한 사용·수익권을 상실하고, 종전 교회는 잔존 교인들을 구성원으로 하여 실체의 동일성을 유지하면서 존속하며 종전 교회의 재산은 그 교회에 소속된 **잔존 교인들의 총유로 귀속됨이 원칙**이다.

⚡ **기출**

01 구성원들의 집단적 탈퇴로 분열되기 전 사단의 재산이 분열된 각 사단의 구성원들에게 각각 총유적으로 귀속되는 형태의 분열은 (   ).
제22회

기출정답

01 허용되지 않는다

[3] 소속교단에서의 탈퇴 내지 소속교단의 변경은 사단법인 정관변경에 준하여 의결권을 가진 교인 3분의 2 이상의 찬성에 의한 결의를 필요로 하고, 그 결의요건을 갖추어 소속교단을 탈퇴하거나 다른 교단으로 변경한 경우에 종전 교회의 실체는 이와 같이 교단을 탈퇴한 교회로서 존속하고 종전 교회재산은 위 탈퇴한 교회 소속 교인들의 총유로 귀속된다(대판 2006.4.20, 2004다37775 전합).

② **권리능력 없는 재단**
  ㉠ **의의**: 재단의 실체를 가지고 있으나 아직 법인격을 취득하지 못한 것을 말한다.
  ㉡ **법률관계**: 권리능력 없는 사단에서와 마찬가지로 재단법인에 관한 규정 중 법인격을 전제로 하는 것을 제외한 나머지 규정들을 유추적용한다. 등기능력과 당사자능력도 인정된다.
  ㉢ **재산의 귀속형태**: 민법에 규정이 없으나, 권리능력 없는 재단의 단독소유에 속한다.

02 법인의 설립

(1) 비영리사단법인의 설립

① **목적의 비영리성**: 법인의 이익을 구성원에게 분배하지 않는 것을 말하며, 반드시 공익을 목적으로 할 필요가 없다.
② **설립행위(정관작성)**: 사단법인의 설립행위는 요식행위이며, 합동행위이다.

> **제40조 【사단법인의 정관】** 사단법인의 설립자는 다음 각 호의 사항을 기재한 정관을 작성하여 기명날인하여야 한다.
> 1. 목적
> 2. 명칭
> 3. 사무소의 소재지
> 4. 자산에 관한 규정
> 5. 이사의 임면에 관한 규정
> 6. 사원자격의 득실에 관한 규정
> 7. 존립시기나 해산사유를 정하는 때에는 그 시기 또는 사유

⚡ **기출**

01 법인 아닌 재단은 법인격이 인정되지 않지만, 대표자 또는 관리인이 있는 경우에는 민사소송의 (　)은 인정된다.　제27회

02 법인 아닌 재단에게도 부동산에 관한 (　)이 인정될 수 있다.　제22회

03 사단법인 설립행위는 2인 이상의 설립자가 정관을 작성하여 기명날인하여야 하는 (　)이다.　제26회

04 이사의 임면에 관한 규정, 사원자격의 득실에 관한 규정, 존립시기를 정하는 때에 그 시기는 사단법인 정관의 (　)이다.
　제22회 · 제24회 · 제25회

05 사단법인의 설립을 위한 (　)에는 자산에 관한 규정이 반드시 기재되어 있어야 한다.　제28회

기출정답
01 당사자능력
02 등기능력
03 요식행위
04 필요적 기재사항
05 정관

기출

01 사단법인의 정관의 법적 성질은 계약이 아니라 ( )이다.   제24회

02 사단법인의 사원들이 정관의 규범적인 의미 내용과 다른 해석을 ( )라는 방법으로 표명하였다 하더라도 그 결의에 의한 해석은 그 사단법인의 사원을 구속하는 효력이 없다.   제26회

> **판례 | 사단법인의 정관의 법적 성질**
>
> 사단법인의 정관은 이를 작성한 사원뿐만 아니라 그 후에 가입한 사원이나 사단법인의 기관 등도 구속하는 점에 비추어 보면 그 법적 성질은 계약이 아니라 자치법규로 보는 것이 타당하므로, 이는 어디까지나 객관적인 기준에 따라 그 규범적인 의미 내용을 확정하는 법규해석의 방법으로 해석되어야 하는 것이지, 작성자의 주관이나 해석 당시의 사원의 다수결에 의한 방법으로 자의적으로 해석될 수는 없다 할 것이어서, 어느 시점의 사단법인의 사원들이 정관의 규범적인 의미 내용과 다른 해석을 사원총회의 결의라는 방법으로 표명하였다 하더라도 그 결의에 의한 해석은 그 사단법인의 구성원인 사원들이나 법원을 구속하는 효력이 없다(대판 2000. 11.24, 99다12437).

③ **주무관청의 허가**: 비영리법인의 설립에 관한 주무관청의 허가는 그 본질상 주무관청의 자유재량행위이고 불허가처분은 행정소송의 대상이 되지 않는다.

④ **설립등기**: 법인의 설립등기는 성립요건이며, 나머지 등기는 대항요건이다.

> **제49조 [법인의 등기사항]** ① 법인설립의 허가가 있는 때에는 3주간 내에 주된 사무소 소재지에서 설립등기를 하여야 한다.
> ② 전항의 등기사항은 다음과 같다.
> 1. 목적
> 2. 명칭
> 3. 사무소
> 4. 설립허가의 연월일
> 5. 존립시기나 해산이유를 정한 때에는 그 시기 또는 사유
> 6. 자산의 총액
> 7. 출자의 방법을 정한 때에는 그 방법
> 8. 이사의 성명, 주소
> 9. 이사의 대표권을 제한한 때에는 그 제한

(2) 비영리재단법인의 설립

① 설립요건과 설립행위

㉠ **설립요건**: 재단법인의 설립에는 목적의 비영리성, 설립행위, 주무관청의 허가, 설립등기의 네 가지 요건을 갖추어야 한다. 사단법인의 설립과 다를 바 없으나, 재단법인의 '설립행위'만 사단법인과 다른 점이 있다.

기출

03 법인은 그 주된 사무소의 소재지에서 설립등기를 함으로써 ( )한다.   제25회

04 대표권이 있는 이사의 성명과 주소는 ( )이다.   제25회

기출정답
01 자치법규
02 사원총회의 결의
03 성립
04 등기사항

ⓛ **설립행위**
  ⓐ **의의 및 성질**: 재단법인의 설립행위는 요식행위이며, 상대방 없는 단독행위이다. 수인의 설립자가 재단법인을 설립하는 경우에 단독행위의 경합이다.
  ⓑ **정관의 작성 및 보충**
    - 정관의 필요적 기재사항은 '목적, 명칭, 사무소의 소재지, 자산에 관한 규정, 이사의 임면에 관한 규정'이며, 사원자격의 득실에 관한 규정과 법인의 존립시기나 해산사유는 필요적 기재사항이 아니다.
    - 정관의 필요적 기재사항 중 설립자가 목적과 자산만 정하고 나머지 사항, 즉 '명칭, 사무소소재지 또는 이사임면의 방법을 정하지 아니하고 사망한 때에는 이해관계인 또는 검사의 청구에 의하여 법원'이 정관을 보충함으로써 법인을 성립시킬 수 있다.
  ⓒ **재산의 출연**
    - 재단법인의 기본재산은 재단법인의 실체를 이루는 것이므로, 재단법인 설립을 위한 기본재산의 출연행위에 관하여 그 재산출연자가 소유명의만을 재단법인에 귀속시키고 실질적 소유권은 출연자에게 유보하는 등의 부관을 붙여서 출연하는 것은 재단법인 설립의 취지에 어긋나는 것이어서 관할 관청은 이러한 부관이 붙은 출연재산을 기본재산으로 하는 재단법인의 설립을 허가할 수 없다.
    - 재단법인의 설립행위는 생전행위로 할 수도 있고 유언으로 할 수도 있는데, 출연행위가 무상인 점에서 증여나 유증과 유사하므로 증여 또는 유증에 관한 규정을 준용한다.

> **판례 │ 재단법인의 설립을 위하여 서면에 의한 출연을 한 경우에도 취소 가능**
>
> 재단법인의 출연자가 착오를 원인으로 취소를 한 경우에는 **출연자는 재단법인의 성립 여부나 출연된 재산의 기본재산인 여부와 관계없이 그 의사표시를 취소할 수 있다**(대판 1999.7.9, 98다9045).

⚡기출

01 1인의 설립자에 의한 재단법인 설립행위는 (   )이다. 제22회

⚡기출

02 재단법인 설립시 출연자가 출연재산의 소유명의만을 재단법인에 귀속시키고 실질적 소유권은 자신에게 유보하는 부관을 붙여서 이를 기본재산으로 출연하는 것은 (   ). 제20회

03 재단법인은 유언으로 설립할 수 (   ). 제16회

04 재단법인의 설립을 위하여 서면에 의한 증여를 하였더라도, 착오에 기한 의사표시를 이유로 증여의 의사표시를 (   )할 수 있다. 제22회

기출정답
01 상대방 없는 단독행위
02 불가능하다
03 있다
04 취소

② **출연재산의 귀속시기**
　㉠ 생전처분으로 재단법인을 설립하는 때에는 출연재산은 법인이 성립된 때로부터 법인의 재산이 된다.
　㉡ 유언으로 재단법인을 설립하는 때에는 출연재산은 유언의 효력이 발생한 때로부터 법인에 귀속한 것으로 본다.

> **판례 | 재단법인의 설립에 있어서 출연재산의 귀속시기**
>
> 1. 재단법인을 설립함에 있어서 출연재산은 그 법인이 설립된 때로부터 법인에 귀속된다는 민법 **제48조의 규정은 출연자와 법인과의 관계를** 상대적으로 결정하는 기준에 불과하여 출연재산이 부동산인 경우에도 출연자와 법인 사이에는 법인의 성립 외에 등기를 필요로 하는 것은 아니지만, **제3자에 대한 관계**에 있어서, 출연행위는 법률행위이므로 출연재산의 법인에의 귀속에는 부동산의 권리에 관한 것일 경우 **등기를 필요로 한다**(대판 1979.12.11, 78다481·482).
> 2. **유언으로 재단법인을 설립하는 경우에도 제3자에 대한 관계에서는** 출연재산이 부동산인 경우는 그 법인에의 귀속에는 **법인의 설립 외에 등기를 필요로 하는 것이므로**, **재단법인이 그와 같은 등기를 마치지 아니하였다면** 유언자의 상속인의 한 사람으로부터 부동산의 지분을 취득하여 이전등기를 마친 **선의의 제3자에 대하여 대항할 수 없다**(대판 1993.9.14, 93다8054).

⚡기출

01 출연재산이 부동산인 경우 법인의 설립등기 외에 부동산에 대한 (　　)가 있어야 그 재산은 제3자에 대한 관계에서 법인에게 귀속된다.
제22회

03 법인의 능력

(1) 서설

① 법인도 권리주체이므로, 자연인과 마찬가지로 권리능력·행위능력·불법행위능력을 가진다. 그러나 그 성질은 같지 않다.
② 법인의 능력에 관한 규정은 특별한 제한을 두고 있지 않는 한 민법상의 비영리법인뿐만 아니라 모든 법인에 널리 적용된다.

(2) 법인의 권리능력

> **제34조 【법인의 권리능력】** 법인은 법률의 규정에 좇아 정관으로 정한 목적의 범위 내에서 권리와 의무의 주체가 된다.

① **서설**: 법인도 권리주체이며, 따라서 권리능력을 가진다. 제34조에 의해 법인의 권리능력이 법률과 목적에 의해 제한됨이 분명하며, 그 외에 성질상 제한되기도 한다.

기출정답
01 등기

② 법인의 권리능력의 제한
  ⊙ **성질에 의한 제한**: 자연인을 전제로 하는 권리, 즉 생명권, 상속권, 친권, 정조권, 육체상의 자유권 등은 법인이 가질 수 없다. 그러나 재산권, 명예권, 성명권, 신용권, 정신적 자유권은 법인도 가질 수 있고, 포괄유증을 받음으로써 상속과 동일한 결과를 얻을 수 있다.
  ⓒ **법률에 의한 제한**: 명령·규칙에 의한 제한은 불가능하고, 법률에 의한 제한만 가능하다. 법인의 권리능력을 일반적으로 제한하는 규정은 없으며, 약간의 개별규정이 있을 뿐이다.
  ⓒ **목적에 의한 제한**: 목적범위 내의 행위라 함은 정관에 명시된 목적 자체에 국한되는 것이 아니라 그 목적을 수행하는 데 있어 직·간접으로 필요한 행위는 모두 포함된다.

(3) 법인의 행위능력
① **대표기관의 행위와 방식**
  ⊙ 법인의 대표기관의 행위는 법인의 행위로 인정된다. 대표기관으로는 이사·임시이사, 특별대리인, 청산인, 직무대행자 등이 있다.
  ⓒ 대표기관은 법인을 '대표'하여 법인의 행위를 하며, 이에 관하여는 대리에 관한 규정이 준용된다.
② **법인의 법률행위의 효과**
  ⊙ 법인이 대표기관을 통하여 법률행위를 한 때에는 대리에 관한 규정이 준용된다. 따라서 적법한 대표권을 가진 자와 맺은 법률행위의 효과는 대표자 개인이 아니라 본인인 법인에 귀속하고, 마찬가지로 그러한 법률행위상의 의무를 위반하여 발생한 채무불이행으로 인한 손해배상책임도 대표기관 개인이 아닌 법인만이 책임의 귀속주체가 되는 것이 원칙이다.
  ⓒ 제391조는 법정대리인 또는 이행보조자의 고의·과실을 채무자 자신의 고의·과실로 간주함으로써 채무불이행책임을 채무자 본인에게 귀속시키고 있는데, 법인의 경우도 법률행위에 관하여 대표기관의 고의·과실에 따른 채무불이행책임의 주체는 법인으로 한정된다.

선생님 TIP
민법은 법인의 권리능력과 불법행위능력에 관한 규정이 있으나, 행위능력에 관한 규정은 없다.

(4) 법인의 불법행위능력

> **제35조【법인의 불법행위능력】** ① 법인은 이사 기타 대표자가 그 직무에 관하여 타인에게 가한 손해를 배상할 책임이 있다. 이사 기타 대표자는 이로 인하여 자기의 손해배상책임을 면하지 못한다.
> ② 법인의 목적범위 외의 행위로 인하여 타인에게 손해를 가한 때에는 그 사항의 의결에 찬성하거나 그 의결을 집행한 사원, 이사 및 기타 대표자가 연대하여 배상하여야 한다.

① 서설

㉠ **사법인·비법인사단에 유추적용**: 제35조 제1항은 모든 사법인에 대하여 적용 내지 유추적용되며, 권리능력 없는 사단에도 유추적용된다. 판례도 동조를 유추적용하여 비법인사단인 종중, 노동조합, 주택조합의 불법행위책임을 인정한 바 있다.

㉡ **제750조의 특칙**: '법인의 불법행위'에 관해서는 제35조 제1항에서 따로 그 요건을 규정하는 점에서, 제750조에 대한 특칙을 이룬다.

㉢ **제756조의 특칙**: 대표기관이 사무집행과 관련하여 타인에게 손해를 가하여, 법인의 불법행위책임이 성립하는 경우에는 사용자책임은 성립하지 않는다.

㉣ **국가배상법 제2조**: 공무원이 그 직무를 집행함에 있어서 타인에게 손해를 가한 경우에는 국가배상법 제2조가 적용된다.

② 성립요건

㉠ 대표기관의 행위

ⓐ 제35조에서 말하는 '이사 기타 대표자'는 법인의 대표기관을 의미하는 것이고, 대표권이 없는 이사는 법인의 기관이기는 하지만 대표기관은 아니기 때문에 그들의 행위로 인하여 법인의 불법행위가 성립하지 않는다. 그리고 '법인의 대표자'는 그 명칭이나 직위 여하 또는 대표자로 등기되었는지 여부를 불문하고 당해 법인을 실질적으로 운영하면서 법인을 사실상 대표하여 법인의 사무를 집행하는 사람을 포함한다.

ⓑ 대표기관이 아닌 기관(예 사원총회나 감사)의 행위에 의해서는 법인의 불법행위가 성립하지 않는다(다수설). 그리고 이사에 의하여 선임된 대리인(지배인, 임의대리인 등)의 불법행위에 대해서는 법인이 제35조의 책임이 아니라 제756조의 사용자책임을 부담한다(통설).

⚡ 기출

01 법인의 대표자가 직무에 관하여 타인에게 불법행위를 한 경우, ( )에 관한 민법규정이 적용되지 않는다. 제21회

02 청산인 등 법인의 ( )가 직무에 관하여 타인에게 불법행위를 한 경우, 그 법인은 불법행위로 인한 손해를 배상할 책임을 진다. 제21회

03 대표권이 없는 이사는 법인의 ( )이 아니므로 그의 행위로 인하여 법인의 불법행위가 성립하지 않는다. 제25회

기출정답
01 사용자책임
02 대표자
03 대표기관

★ 암기 PLUS | 제35조 제1항과 제756조 제1항

법인의 불법행위 (제35조 제1항)	대표기관의 직무에 관한 불법행위
사용자책임 (제756조 제1항)	피용자(지배인·임의대리인 등)의 사무집행에 관한 불법행위

- ⓒ **직무에 관한 행위(외형이론)**
  - ⓐ 대표기관의 행위가 직무행위에 해당하는지 여부는 외형이론에 의해 판단된다(통설·판례). 사용자책임, 국가배상책임에서도 외형설을 따른다.
  - ⓑ 대표자의 행위가 대표자 개인의 사리를 도모하기 위한 것이었거나 혹은 법령의 규정에 위배된 것이었다 하더라도 외관상, 객관적으로 직무에 관한 행위라고 인정할 수 있는 것이라면 제35조 제1항의 직무에 관한 행위에 해당한다.
  - ⓒ 다만, 외형이론은 상대방의 정당한 신뢰를 보호하기 위한 것이므로 대표자의 행위가 직무에 관한 행위에 해당하지 아니함을 피해자 자신이 알았거나 또는 중대한 과실로 인하여 알지 못한 경우에는 손해배상책임을 물을 수 없다.
- ⓒ **일반불법행위의 요건**: 제750조의 불법행위의 일반적 성립요건을 갖추어야 한다. 즉, 대표기관이 책임능력이 있어야 하고, 고의 또는 과실로 인한 가해행위가 위법하여야 하고, 피해자가 손해를 입어야 한다(통설).

③ **효과**
- ⓐ **법인의 불법행위가 성립하는 경우**
  - ⓐ 배상하여야 할 손해의 범위에 대하여는 일반원칙이 적용된다(과실상계 인정). 법인의 불법행위책임은 기관의 사용자로서 지는 책임이 아니라 법인 자신의 책임이다. 따라서 그 선임·감독에 과실이 없음을 증명하여도 면책되지 않는다.
  - ⓑ 법인의 책임과 대표기관의 책임은 부진정연대채무의 관계에 있다.

⚡ 기출

01 비법인사단 대표자의 행위가 직무에 관한 행위에 해당하지 않음을 피해자가 (   )로 알지 못한 경우에는 비법인사단에게 손해배상책임을 물을 수 없다.
제21회

⚡ 기출

02 피해자에게 과실이 있는 경우, 법인은 그가 피해자에게 배상할 손해액을 정함에 있어 (   )를 주장할 수 있다.
제15회

기출정답
01 중대한 과실
02 과실상계

> 기출

01 법인의 목적범위 외의 행위로 인하여 타인에게 손해를 가한 때에는 그 사항의 의결에 찬성하거나 그 의결을 집행한 사원, 이사 및 기타 대표자가 (   )하여 배상하여야 한다.   제21회

02 법인은 (   )를 두어야 한다.   제23회

ⓒ **법인의 불법행위가 성립하지 않는 경우**: 제35조 제2항은 피해자 보호를 위해 "법인의 목적범위 외의 행위로 인하여 타인에게 손해를 가한 때에는 그 사항의 의결에 찬성하거나 그 의결을 집행한 사원, 이사 및 기타 대표자가 연대하여 배상하여야 한다."라고 규정한다. 이는 제760조 공동불법행위의 특칙이다.

04 법인의 기관

(1) 이사

① 의의

㉠ **서설**: 법인은 이사를 두어야 한다. 이사는 대외적으로 법인을 대표하고(대표기관), 대내적으로는 법인의 업무를 집행하는(집행기관) 상설적 필요기관이다. 비영리법인의 경우에 이사가 될 수 있는 자는 자연인에 한한다.

> **개념 PLUS | 법인의 기관**

이사	법인의 필수기관
감사	법인의 임의기관
사원총회	사단법인의 필수기관

㉡ 이사의 임면

ⓐ 법인의 이사선임행위는 '위임'과 유사한 계약이다. 판례는 법인 대표자의 유임 내지 중임을 금지하는 규약이 없는 이상, 임기만료 후에 대표자 개임이 없었다면 그 대표자를 묵시적으로 다시 대표자로 선임하였다고 해석한다.

ⓑ 이사의 선임행위에 흠이 있는 때에, 이해관계인은 선임행위의 무효 또는 취소의 소를 제기할 수 있으며, 그 본안판결이 있기 전이라도 이사의 직무집행 정지 또는 직무대행자 선임의 가처분을 신청할 수 있다. 한편 가처분으로 직무집행이 정지된 이사의 직무집행행위는 절대적으로 무효이다.

ⓒ 임기만료되거나 사임한 이사라고 할지라도 그 임무를 수행함이 부적당하다고 인정할 만한 특별한 사정이 없는 한 그 급박한 사정을 해소하기 위하여 필요한 범위 내에서 신임이사가 선임될 때까지 이사의 직무를 계속 수행할 수 있다.

> 기출

03 법원의 직무집행정지 가처분결정으로 대표권이 정지된 대표이사가 그 정지기간 중에 체결한 계약은 후에 그 가처분신청이 취하되어도 (   )이다.   제23회

기출정답

01 연대
02 이사
03 무효

ⓓ 법인과 이사의 법률관계는 신뢰를 기초로 한 위임 유사의 관계이므로, 이사는 법이 규정한 바에 따라 언제든지 사임할 수 있고, 법인의 이사를 사임하는 행위는 상대방 있는 단독행위이므로 그 의사표시가 상대방에게 도달함과 동시에 그 효력이 발생한다. 사임서 제출 당시 그 권한 대행자에게 사표의 처리를 일임한 경우에는 권한 대행자의 수리행위가 있어야 사임의 효력이 발생하고, 그 이전에 사임의사를 철회할 수 있다.

ⓔ 이사의 성명·주소는 등기사항이며, 이를 등기하지 않으면 이사의 선임·해임·퇴임을 가지고 제3자에게 대항할 수 없다.

② 이사의 직무권한
㉠ 대외적 권한 - 법인대표
ⓐ **대표권(원칙)**: 각자(단독) 대표가 원칙이다. 대표에 관하여 대리에 관한 규정을 준용하므로, 표현대리, 무권대리, 현명주의, 대리행위의 하자 등이 준용된다.

ⓑ 대표권의 제한
- **정관에 의한 제한**
  - **원칙**: 이사의 대표권은 정관에 의하여 제한될 수 있지만, 이 제한은 등기하지 않으면 제3자에게 대항하지 못한다. 정관기재는 효력요건이고, 등기는 대항요건이다.
  - **제60조의 제3자의 범위**: 이사의 대표권 제한은 등기하지 아니하면 제3자에게 대항하지 못한다. 즉, 그와 같은 취지가 등기되어 있지 않다면 법인은 선의냐 악의냐에 관계없이 제3자에 대하여 대항할 수 없다.

> **판례 | 비법인사단의 대표자의 대표권 제한**
>
> 비법인사단의 경우에는 대표자의 대표권 제한에 관하여 등기할 방법이 없어 민법 제60조의 규정을 준용할 수 없고, 비법인사단의 **대표자가 정관에서 사원총회의 결의를 거쳐야 하도록 규정한 대외적 거래행위에 관하여 이를 거치지 아니한 경우라도**, 이와 같은 사원총회 결의사항은 비법인사단의 내부적 의사결정에 불과하다 할 것이므로, 그 거래 상대방이 그와 같은 **대표권 제한 사실을 알았거나 알 수 있었을 경우가 아니라면 그 거래 행위는 유효**하다고 봄이 상당하고, 이 경우 거래의 상대방이 대표권 제한 사실을 알았거나 알 수 있었음은 이를 주장하는 **비법인사단측이 주장·입증**하여야 한다(대판 2003.7.22, 2002다64780).

⚡기출

01 이사의 대표권 제한이 정관에 기재되었더라도 그에 대한 ( )를 마치지 않으면 법인은 그 정관규정을 알고 있는 제3자에게 대항할 수 없다. 제22회

02 이사의 대표권에 대한 제한은 이를 정관에 기재하지 아니하면 그( )이 없다. 제24회

기출정답
01 등기
02 효력

- **사원총회의결에 의한 제한**: 이사의 대표권은 사원총회의 의결에 의해서도 제한할 수 있다.
- **이익상반의 경우**: 법인과 이사의 이익상반행위에 대하여는 대표권이 없으며, 이해관계인이나 검사의 청구에 의하여 법원이 선임한 특별대리인이 법인을 대표한다.
- **복임권의 제한**: 대표자는 타인으로 하여금 특정한 행위를 대리하게 할 수 있을 뿐 제반 업무처리를 포괄적으로 위임할 수는 없다.

ⓒ **대표권 남용의 문제**: 판례는 대표이사가 대표권의 범위 내에서 한 행위는 설사 대표이사가 회사의 영리목적과 관계없이 자기 또는 제3자의 이익을 도모할 목적으로 그 권한을 남용한 것이라 할지라도 일단 회사의 행위로서 유효하고, 다만 그 행위의 상대방이 대표이사의 진의를 알았거나 알 수 있었을 때에는 회사에 대하여 무효가 되는 것이며, 이는 민법상 법인의 대표자가 대표권한을 남용한 경우에도 마찬가지로 대체로 유추적용설을 취하고 있다.

ⓒ **대내적 권한 – 사무집행**: 이사는 법인의 사무를 집행한다. 이사가 수인인 경우에는 정관에 다른 규정이 없으면 법인의 사무집행은 이사의 과반수로써 결정한다.

③ **임시이사 및 특별대리인**

㉠ **임시이사의 선임**: 이사가 없거나 결원이 있는 경우에 이로 인하여 손해가 생길 염려가 있는 때에는 법원은 이해관계인이나 검사의 청구에 의하여 임시이사를 선임하여야 한다.

㉡ **특별대리인의 선임**: 법인과 이사의 이익이 상반하는 사항에 관하여는 이사는 대표권이 없다. 이 경우에는 임시이사 선임의 규정에 의하여 특별대리인을 선임하여야 한다.

⚡ **기출**

01 법인과 이사의 (　　)하는 사항에 관하여는 그 이사는 대표권이 없다. 제27회

02 법인과 이사의 이익이 상반하는 경우, 법원은 이해관계인이나 검사의 청구에 의하여 (　　)을 선임하여야 한다. 제28회

⚡ **기출**

03 이사가 없거나 결원이 있는 경우 이로 인하여 손해가 생길 염려 있는 때에는 법원은 이해관계인이나 검사의 청구에 의하여 (　　)를 선임해야 한다. 제24회

04 법인과 이사의 이익이 상반하는 사항에 관하여는 법원은 이해관계인이나 검사의 청구에 의하여 (　　)을 선임하여야 한다. 제22회

기출정답
01 이익이 상반
02 특별대리인
03 임시이사
04 특별대리인

📖 암기 PLUS | 임시이사와 특별대리인

구분	임시이사	특별대리인
선임요건	이사가 없거나 결원으로 손해가 생길 염려	법인과 이사의 이익상반행위
선임절차	이해관계인 또는 검사의 청구로 법원이 선임	
지위	대표기관	
권한	정식이사와 동일	이익상반행위에 한하여 대표권
권한 소멸	정식이사의 선임	이익상반행위의 종료

(2) 감사

① **의의**: 법인은 정관 또는 총회의 결의로 감사를 둘 수 있으며, 감사의 성명·주소는 등기사항이 아니다.

② **직무권한**
  ㉠ 법인의 재산상황 감사
  ㉡ 이사의 업무집행 상황 감사
  ㉢ 재산상황 또는 업무집행에 관하여 부정, 불비한 것이 있음을 발견한 때에는 이를 총회 또는 주무관청에 보고
  ㉣ 내용 보고를 위해 필요있는 때에는 총회 소집

(3) 사원총회

① **의의**: 사원총회는 사단법인의 사원 전원으로 구성되는 최고의 의사결정기관이다. 총회는 필요기관이므로 정관으로도 이를 폐지할 수 없다. 재단법인에는 사원이 없으므로 사원총회가 있을 수 없다.

② **총회의 권한**: 사단법인의 사무는 정관으로 이사 또는 기타 임원에게 위임한 사항 외에는 총회의 결의에 의하여야 한다. 정관변경과 임의해산은 총회의 전권사항이다.

③ **총회의 종류**
  ㉠ **통상총회**: 사단법인의 이사는 매년 1회 이상 통상총회를 소집하여야 한다.
  ㉡ **임시총회**
    ⓐ 사단법인의 이사는 필요하다고 인정한 때에는 임시총회를 소집할 수 있다.

⚡기출

01 재단법인은 ( )를 둘 수 있다. 제21회

⚡기출

02 사단법인의 사무는 정관으로 이사 또는 기타 임원에게 위임한 사항 외에는 ( )에 의하여야 한다. 제15회

03 ( )은 사원총회의 전권사항에 속한다. 제16회

기출정답
01 감사
02 사원총회의 결의
03 정관변경과 임의해산

ⓑ 총사원의 5분의 1 이상으로부터 회의의 목적사항을 제시하여 청구한 때에는 이사는 임시총회를 소집하여야 한다. 이 정수는 정관으로 증감할 수 있으며, 청구있는 후 2주간 내에 이사가 총회소집의 절차를 밟지 아니한 때에는 청구한 사원은 법원의 허가를 얻어 이를 소집할 수 있다.

ⓒ 임시총회 소집권자는 이사, 소수사원, 감사이다.

④ **총회의 소집**: 총회의 소집은 1주간 전에 그 회의의 목적사항을 기재한 통지를 발하고 기타 정관에 정한 방법에 의하여야 한다. 서면통지가 원칙이며 발신주의가 적용된다. 그 성질은 관념의 통지이다.

⑤ **총회의 결의**: 통지한 사항에 관하여서만 결의할 수 있다. 그러나 정관에 다른 규정이 있는 때에는 그 규정에 의한다. 총회의 결의는 민법 또는 정관에 다른 규정이 없으면 사원 과반수의 출석과 출석사원의 결의권의 과반수로써 한다. 그러나 '정관변경'은 총사원의 3분의 2 이상, '임의해산'은 총사원의 4분의 3 이상의 동의가 있어야 한다.

㉠ **사원의 결의권**: 각 사원의 결의권은 평등으로 한다. 사원은 서면이나 대리인으로 결의권을 행사할 수 있으며, 이 규정은 정관에 다른 규정이 있는 때에는 적용하지 아니한다.

㉡ **사원이 결의권 없는 경우**: 사단법인과 어느 사원과의 관계사항을 의결하는 경우에는 그 사원은 결의권이 없다.

㉢ **총회의 결의방법**: 총회의 결의는 본법 또는 정관에 다른 규정이 없으면 사원 과반수의 출석과 출석사원의 결의권의 과반수로써 한다. 사원은 서면이나 대리인으로 결의권을 행사할 수 있으며, 이 경우에는 당해 사원은 출석한 것으로 한다.

⑥ **사원권**

㉠ 사원권은 공익권과 자익권으로 나누어진다. 결의권, 소수사원권, 업무집행권, 감독권 등이 공익권에 속한다. 자익권은 사단의 설비를 이용하는 권리 등이 해당한다(영리법인에서는 이익배당청구권, 잔여재산분배청구권 등이 자익권이다).

㉡ 비영리법인에서는 공익권이 강하므로 양도나 상속이 허용되지 않는다. 비법인사단에서도 사원의 지위는 규약이나 관행에 의하여 양도 또는 상속될 수 있다.

⚡기출

01 정관에 다른 규정이 없는 한 사원은 서면으로 결의권을 행사할 수 (   ).
제21회

02 사단법인은 총사원(   ) 이상의 동의가 없으면 해산을 결의하지 못하나, 정관에 다른 규정이 있는 때에는 그 규정에 의한다.
제28회

03 사원총회에서 사단법인과 어느 사원과의 관계사항을 의결하는 경우에는 그 사원은 (   )이 없다.
제24회

기출정답
01 있다
02 4분의 3
03 결의권

05 법인에 관한 그 밖의 규정들

(1) 법인의 주소

> 제36조 【법인의 주소】 법인의 주소는 그 주된 사무소의 소재지에 있는 것으로 한다.

(2) 정관의 변경

① **의의**: 정관의 변경이란 법인이 그 동일성을 유지하면서 그 조직을 변경하는 것을 말한다. 사원의 자주적인 의사결정에 따라 자율적으로 운영되는 사단법인은 정관의 변경이 원칙적으로 허용되지만, 설립자의 의사에 따라 타율적으로 운영되는 재단법인은 그 변경이 예외적으로 허용된다.

② **사단법인의 정관변경**

> 제42조 【사단법인의 정관의 변경】 ① 사단법인의 정관은 총사원 3분의 2 이상의 동의가 있는 때에 한하여 이를 변경할 수 있다. 그러나 정수에 관하여 정관에 다른 규정이 있는 때에는 그 규정에 의한다.
> ② 정관의 변경은 주무관청의 허가를 얻지 아니하면 그 효력이 없다.

㉠ **요건**: 사단법인의 정관변경은 사원총회의 전권사항이다. 따라서 정관에서 이사회의 결의로써 정관변경을 할 수 있다고 정하였더라도 그것은 무효이다.

㉡ **정관변경의 한계**
   ⓐ 정관에서 그 정관을 변경할 수 없다고 규정한 경우에도 전사원의 동의로 변경이 가능하다.
   ⓑ 비영리성을 유지하는 한 법인의 목적도 통상의 정관변경절차에 의하여 변경할 수 있다.

③ **재단법인의 정관변경**

> 제45조 【재단법인의 정관변경】 ① 재단법인의 정관은 그 변경방법을 정관에 정한 때에 한하여 변경할 수 있다.
> ② 재단법인의 목적달성 또는 그 재산의 보전을 위하여 적당한 때에는 전항의 규정에 불구하고 명칭 또는 사무소의 소재지를 변경할 수 있다.
> ③ 제42조 제2항의 규정은 전항의 경우에 준용한다.
> 제46조 【재단법인의 목적 기타의 변경】 재단법인의 목적을 달성할 수 없는 때에는 설립자나 이사는 주무관청의 허가를 얻어 설립의 취지를 참작하여 그 목적 기타 정관의 규정을 변경할 수 있다.

⚡ 기출

01 사단법인의 정관변경은 총사원 ( ) 이상의 동의와 주무관청의 허가가 있어야 그 효력이 생긴다. 제26회

02 재단법인의 목적을 달성할 수 없는 경우, 설립자는 ( )를 얻어 설립의 취지를 참작하여 그 목적에 관한 정관규정을 변경할 수 있다. 제27회

기출정답
01 3분의 2
02 주무관청의 허가

⊙ **요건**: 재단법인의 정관변경 '허가'는 법률행위의 효력을 보충해 주는 것이지 일반적 금지를 해제하는 것이 아니므로, 판례에서 그 법적 성격은 인가라고 본다.

ⓒ **기본재산의 처분·편입과 정관의 변경**
  ⓐ 재단의 기본재산을 처분하거나·증가시키는 경우도 정관변경에 해당하므로 주무관청의 허가를 받아야 한다. 기본재산에 대하여 강제집행을 실시하여 경락이 된 경우도 동일하다.
  ⓑ 한편 기본재산이 아닌 재산의 매각은 정관의 변경을 초래하는 것이 아니므로 주무부장관의 인가가 필요한 것이 아니다. 그리고 민법상 재단법인의 기본재산에 관한 저당권설정행위는 특별한 사정이 없는 한 정관의 기재사항을 변경하여야 하는 경우에 해당하지 않으므로, 그에 관하여는 주무관청의 허가를 얻을 필요가 없다. 나아가 민법상 재단법인의 정관에 기본재산은 담보설정 등을 할 수 없으나 주무관청의 허가·승인을 받은 경우에는 이를 할 수 있다는 취지로 정해져 있고, 정관규정에 따라 주무관청의 허가·승인을 받아 민법상 재단법인의 기본재산에 관하여 근저당권을 설정한 경우, 그와 같이 설정된 근저당권을 실행하여 기본재산을 매각할 때에는 주무관청의 허가를 다시 받을 필요는 없다.

(3) 법인의 등기

설립등기 이외의 등기사항은 그 등기 후가 아니면 제3자에게 대항하지 못한다. 등기한 사항은 법원이 지체 없이 공고하여야 한다.

(4) 법인의 감독

법인의 사무는 주무관청이 검사·감독하며, 법인의 해산 및 청산은 법원이 검사·감독한다.

⚡**기출**

01 재단법인이 부동산을 기본재산으로 새로이 편입시키는 행위는 (　)를 얻어야 유효하다. 제28회

02 재단법인의 기본재산에 관한 저당권설정행위는 특별한 사정이 없는 한 정관의 변경을 필요로 하지 않으므로 주무관청의 허가를 얻을 필요가 (　). 제24회

⚡**기출**

03 법인의 해산 및 청산은 (　)이 검사·감독한다. 제25회

기출정답
01 주무관청의 허가
02 없다
03 법원

06 법인의 소멸

(1) 총설

법인의 소멸은 일정한 절차를 거쳐 단계적으로 이루어지는데, 우선 '해산'에 의하여 법인은 본래의 활동을 정지하고, 이어서 재산을 정리하는 '청산'의 단계로 들어간다. 법인이 소멸하는 시점은 청산이 종료한 때이다.

(2) 법인의 해산

① **해산사유**: 법인은 존립기간의 만료, 법인의 목적의 달성 또는 달성의 불능 기타 정관에 정한 해산사유의 발생, 파산 또는 설립허가의 취소로 해산한다. 사단법인은 사원이 없게 되거나 총회의 결의로도 해산한다.

② **법인의 설립허가의 취소**: 법인이 목적 이외의 사업을 하거나 설립허가의 조건에 위반하거나 기타 공익을 해하는 행위를 한 때에는 주무관청은 그 허가를 취소할 수 있다.

③ **비영리법인의 설립허가의 취소**: 비영리법인이 설립된 이후에 있어서의 그 법인에 대한 설립허가의 취소는 법인이 목적 이외의 사업을 하거나 설립허가의 조건에 위반하거나 기타 공익을 행위를 한 경우에 한하여 가능하다.

(3) 법인의 청산

① **의의**: 파산으로 해산하는 경우에는 채무자회생 및 파산에 관한 법률이 정하는 절차에 따라 청산을 하게 되고, 기타의 원인에 의한 경우 민법이 정하는 절차에 따른다. 청산절차는 강행규정이므로 정관에서 달리 정하더라도 무효이다.

② **청산법인의 능력**: 해산한 법인은 청산의 목적범위 내에서만 권리가 있고 의무를 부담한다. 그 밖의 경우에는 해산 전의 법인과 그 동일성이 유지된다.

③ **청산법인의 기관**
  ㉠ **의의**: 청산법인은 해산 전의 법인과 동일성이 유지되므로, 해산 전의 기관, 즉 사원총회·감사 등의 기관은 그대로 존속하고, 이사는 청산인이 된다.

⚡기출

01 재단법인의 목적달성은 해산사유가 될 수 (　　). 제26회

02 법인이 목적 이외의 사업을 하는 경우 또는 공익을 해하는 행위를 한 때에는 (　　)은 설립허가를 취소할 수 있다. 제23회·제24회

⚡기출

03 해산한 법인은 (　　)에서만 권리가 있고 의무를 부담한다. 제27회

기출정답
01 있다
02 주무관청
03 청산의 목적범위 내

ⓒ 청산인
  ⓐ **의의**: 법인이 해산한 때에는 파산의 경우를 제하고는 이사가 청산인이 된다. 그러나 정관 또는 총회의 결의로 달리 정한 바가 있으면 그에 의한다.
  ⓑ **청산인의 직무**: 청산인의 직무는 현존사무의 종결, 채권의 추심 및 채무의 변제, 잔여재산의 인도이다. 청산인은 직무를 행하기 위하여 필요한 모든 행위를 할 수 있다.
  ⓒ **청산인의 해임**: 중요한 사유가 있는 때에는 법원은 직권 또는 이해관계인이나 검사의 청구에 의하여 청산인을 해임할 수 있다.

④ 청산사무
  ⓒ 해산의 등기와 신고
    ⓐ **해산등기**: 청산인은 파산의 경우를 제하고는 그 취임 후 3주간 내에 해산의 사유 및 연월일, 청산인의 성명 및 주소와 청산인의 대표권을 제한한 때에는 그 제한을 주된 사무소소재지에서 등기하여야 한다.
    ⓑ **해산신고**: 청산인은 파산의 경우를 제하고는 그 취임 후 3주간 내에 해산등기 사항을 주무관청에 신고하여야 하고, 청산 중에 취임한 청산인은 그 성명 및 주소를 신고하면 된다.
  ⓒ 채무의 변제

> 제88조 【채권신고의 공고】 ① 청산인은 취임한 날로부터 2월 내에 3회 이상의 공고로 채권자에 대하여 일정한 기간 내에 그 채권을 신고할 것을 최고하여야 한다. 그 기간은 2월 이상이어야 한다.
> ② 전항의 공고에는 채권자가 기간 내에 신고하지 아니하면 청산으로부터 제외될 것을 표시하여야 한다.
> ③ 제1항의 공고는 법원의 등기사항의 공고와 동일한 방법으로 하여야 한다.
> 제89조 【채권신고의 최고】 청산인은 알고 있는 채권자에게 대하여는 각각 그 채권신고를 최고하여야 한다. 알고 있는 채권자는 청산으로부터 제외하지 못한다.
> 제90조 【채권신고기간 내의 변제금지】 청산인은 제88조 제1항의 채권신고기간 내에는 채권자에 대하여 변제하지 못한다. 그러나 법인은 채권자에 대한 지연손해배상의 의무를 면하지 못한다.

> **제91조 【채권변제의 특례】** ① 청산중의 법인은 변제기에 이르지 아니한 채권에 대하여도 변제할 수 있다.
> ② 전항의 경우에는 조건있는 채권, 존속기간의 불확정한 채권 기타 가액의 불확정한 채권에 관하여는 법원이 선임한 감정인의 평가에 의하여 변제하여야 한다.
>
> **제92조 【청산으로부터 제외된 채권】** 청산으로부터 제외된 채권자는 법인의 채무를 완제한 후 귀속권리자에게 인도하지 아니한 재산에 대하여서만 변제를 청구할 수 있다.

ⓒ **잔여재산의 인도**: 민법상의 청산절차에 관한 규정은 모두 제3자의 이해관계에 중대한 영향을 미치기 때문에 이른바 강행규정이라고 해석되므로 이에 반하는 잔여재산의 처분행위는 특단의 사정이 없는 한 무효이다.

> **제80조 【잔여재산의 귀속】** ① 해산한 법인의 재산은 정관으로 지정한 자에게 귀속한다.
> ② 정관으로 귀속권리자를 지정하지 아니하거나 이를 지정하는 방법을 정하지 아니한 때에는 이사 또는 청산인은 주무관청의 허가를 얻어 그 법인의 목적에 유사한 목적을 위하여 그 재산을 처분할 수 있다. 그러나 사단법인에 있어서는 총회의 결의가 있어야 한다.
> ③ 전2항의 규정에 의하여 처분되지 아니한 재산은 국고에 귀속한다.

ⓔ **파산신청**: 청산중 법인의 재산이 그 채무를 완제하기에 부족한 것이 분명하게 된 때에는 청산인은 지체 없이 파산선고를 신청하고 이를 공고하여야 한다. 청산인은 파산관재인에게 그 사무를 인계함으로써 그 임무가 종료한다.

ⓜ **청산종결의 등기와 신고**: 청산이 종결한 때에는 청산인은 3주간 내에 이를 등기하고 주무관청에 신고하여야 한다. 청산종결의 등기가 되었을지라도 청산사무가 종료되지 않은 경우에는 청산법인은 존속하며, 청산법인으로서 당사자능력도 가진다(판례).

⚡기출

01 법인에 대한 청산종결등기가 마쳐졌더라도 (   ) 되지 않은 범위 내에서는 청산법인으로서 존속한다.
제23회

기출정답
01 청산사무가 종결

제4장 물건

기본서 p.152~165

제1절 권리의 객체 일반론 빈출

선생님 TIP
권리의 객체는 권리에 따라 다르지만, 민법은 물건에 관하여만 일반적인 규정을 두고 있다.

기출
01 사람은 재산권의 (　　)가 될 수 없으나, 사람의 일정한 행위는 재산권의 (　　)가 될 수 있다. 제27회

개념 PLUS | 권리의 객체

물권	원칙적으로 물건, 예외적으로 권리
채권	채무자의 행위(급부)
지식재산권	정신적 창작물(예 저작, 발명 등)
친족권	친족법상의 지위
상속권	상속재산
인격권	권리주체 자신(예 생명, 신체, 명예, 자유)
형성권	일정한 법률관계
항변권	상대방의 청구권

제2절 물건의 의의 및 종류

01 의의

선생님 TIP
유체물·무체물 모두 관리가능성이 있어야 물건이 된다.

기출
02 (　　)이란 유체물 및 전기 기타 관리할 수 있는 자연력을 말한다. 제21회

> **제98조【물건의 정의】** 본법에서 물건이라 함은 유체물 및 전기 기타 관리할 수 있는 자연력을 말한다.

(1) 물건의 요건

① **유체물이거나 자연력일 것**: 일반적 의미의 물건에는 형체가 있는 유체물(예 고체·액체·기체)과 형체가 없는 무체물이 있다. 보통의 물건은 유체물이며, 전기·열·빛·음향·에너지·전파·공기 등의 자연력은 무체물이다. 권리는 자연력이라고 할 수 없으므로 물건이 아니다.

기출정답
01 객체, 객체
02 물건

② **관리가능성(배타적 지배가능성)**: 배타적 지배를 할 수 있는 것을 말한다. 해·달·별·공기 등은 유체물이지만, 배타적 지배를 할 수 있는 것이 아니기 때문에 물건이 되지 못한다.

③ **사람의 신체가 아닐 것(외계의 일부, 비인격성)**
   ㉠ 인체의 일부이더라도 분리된 것, 예컨대, 모발·치아·혈액·장기 등은 사회통념상 독립된 물건으로 취급하더라도 사회질서에 반하지 않는 경우에는 물건으로 인정된다(예 수혈·장기이식 등).
   ㉡ 사람의 유체·유골은 매장·관리·제사·공양의 대상이 될 수 있는 유체물로서, 분묘에 안치되어 있는 선조의 유체·유골은 제사용 재산인 분묘와 함께 그 제사주재자에게 승계되고, 피상속인 자신의 유체·유골 역시 제사용 재산에 준하여 그 제사주재자에게 승계된다.

④ **독립한 물건(독립성)**
   ㉠ 물권의 객체는 하나의 물건으로 다루어지는 독립물이어야 하며, 물건의 일부나 구성부분 또는 물건의 집단은 원칙적으로 물권의 객체가 되지 못한다(일물일권주의). 그러나 물건의 일부나 집단에 대해 공시가 가능하고 하나의 물권을 인정하여야 할 사회적 필요성이 인정되면 하나의 물건이 될 수 있다.
   ㉡ 집합건물의 전유부분은 물건의 일부이면서도 구분소유권의 객체가 되며, 토지의 일부에 대하여 지상권·부동산의 일부에 대하여 전세권 등 용익물권이 인정되고, 그 밖에 특별법(공장저당법, 광업재단저당법)에 의해 일정한 물건의 집단에 대해 공시를 전제로 하여 하나의 물건이 인정되는 경우가 있다. 또 미분리의 과실과 수목의 집단은 토지의 일부이지만 명인방법이라는 공시방법을 갖춘 때에는 독립한 부동산으로서 소유권의 객체가 된다.

> **판례 |** 유동집합물에 대한 양도담보설정계약이 유효하기 위한 목적물의 특정방법
>
> 일반적으로 일단의 증감 변동하는 동산을 하나의 물건으로 보아 이를 채권담보의 목적으로 삼으려는 이른바 **집합물에 대한 양도담보설정계약** 체결도 가능하며, 이 경우 그 목적동산이 담보설정자의 다른 물건과 구별될 수 있도록 그 종류, 장소 또는 수량지정 등의 방법에 의하여 특정되어 있으면 그 전부를 하나의 재산권으로 보아 이에 유효한 담보권의 설정이 된 것으로 볼 수 있다(대판 1990.12.26, 88다카20224).

⚡기출

01 자연력도 물건이 될 수 있으나, 배타적 지배를 할 수 있는 등 (　　)할 수 있어야 한다. 제27회

02 사람의 유체·유골은 매장·관리·제사·공양의 대상이 될 수 있는 (　　)로서, 분묘에 안치되어 있는 선조의 유체·유골은 그 제사주재자에게 승계된다. 제27회

⚡기출

03 부동산의 (　　)는 용익물권의 객체가 될 수 있다. 제23회

⚡기출

04 (　　)할 수 있는 집합물 전체를 하나의 재산권으로 하는 담보권을 설정할 수 있다. 제25회

기출정답
01 관리
02 유체물
03 일부
04 특정

(2) 물건의 개수

단일물	형체상 단일한 일체를 이루고 각 구성부분이 개성을 잃고 있는 물건으로서 당연히 한 개의 물건이다. 예컨대, 임야 내에 자연석을 조각하여 제작한 석불, 1필의 토지, 명인방법을 갖춘 미분리 천연과실이나 수목의 집단은 단일물이다.
물건의 일부	하나의 물건의 일부는 독립한 물건이 아니며, 따라서 그것은 원칙적으로 물권의 객체가 되지 못한다. 건물의 옥개부분, 논의 논뚝, 시설부지에 정착된 레일은 단일물이 아니고, 물건의 일부이다.
합성물	건물, 선박, 차량, 보석반지 등과 같이 구성부분이 개성을 잃지 않고 결합하여 단일한 형체를 이루는 것으로서, 법률상 하나의 물건으로 다루어진다. 첨부(부합·혼화·가공)규정에 의하여 소유권의 귀속을 규율한다.
집합물	경제적으로 단일한 가치를 가지는 수개의 물건의 집합으로서, 원칙적으로 한 개의 물건이 아니므로 1개 물권의 객체가 될 수 없다. 그러나 특별법(공장저당법, 공장재단저당법, 광업재단저당법 등)이 있는 경우, 특별법이 없더라도 경제적 독립성이 있고 공시방법이 갖추어져 그 범위를 특정할 수 있다면 물권의 성립을 인정할 수 있다(집합물 양도담보).

02 물건의 종류

(1) 민법상 분류

① 부동산·동산
② 주물·종물
③ 원물·과실

(2) 강학상 분류(융통물·불융통물)

사법상 거래의 객체가 될 수 있는 물건을 융통물이라 하고, 그렇지 못한 것을 불융통물이라고 한다.

① 융통물

가분물·불가분물	물건의 성질 또는 가치를 현저히 손상시키지 않고도 분할할 수 있는 물건이 가분물이고(예 금전, 곡물 등), 그렇지 않은 것이 불가분물이다(예 소, 건물 등).
대체물·부대체물	물건의 개성이라는 객관적 기준에 의하여 구별된다. 동종·동질·동량의 다른 물건으로 바꿀 수 있는지 여부에 따른다.

특정물·불특정물	당사자의 의사에 따른 주관적인 구별이다.
소비물·비소비물	소비물은 한 번 사용하면 동일한 용도로 다시 사용할 수 없는 물건이고, 비소비물은 반복하여 사용·수익할 수 있는 물건을 말한다. 소비대차·사용대차·임대차의 목적물과 관련하여 실익을 가진다.

② 불융통물

공용물	공용물(예 관공서의 건물, 국공립학교의 건물)이란 국가나 공공단체의 소유에 속하며, 공적 목적을 위하여 국가나 공공단체 자신의 사용에 제공되는 물건이다.
공공용물	공공용물(예 도로, 하천, 공원, 항만 등)은 일반공중의 공동사용에 제공되는 물건으로서, 공용물과 달라서 반드시 국가·공공단체의 소유에 속하여야 하는 것은 아니며, 사유공물인 도로처럼 개인의 소유를 인정하면서 도로로 지정하여 그에 대한 사권의 행사를 금지하는 경우도 있다.
금제물	금제물(예 아편, 아편흡식기구, 음란문서, 위조통화, 국보, 지정문화재 등)은 법령에 의해 거래가 금지되는 물건으로서, 거래뿐만 아니라 소유 내지 소지까지 금지되는 것과 소유는 허용되지만 거래가 금지 또는 제한되는 것이 있다.

제3절 부동산과 동산

01 의의

제99조 【부동산, 동산】 ① 토지 및 그 정착물은 부동산이다.
② 부동산 이외의 물건은 동산이다.

🔖 암기 PLUS | 부동산과 동산의 구별

구분	부동산	동산
공시방법 (공시원칙)	등기	점유
공신력 (공신의 원칙)	×	○(선의취득)
제한물권	지상권, 지역권, 전세권, 유치권, 저당권	유치권, 질권
임차권등기	○	×
습득·선점의 대상	×	○
부합	• 원칙: 부동산 소유자가 부합물 소유권취득 • 예외: 권원에 의한 부속	• 원칙: 주된 동산 소유자가 부합물 소유권취득 • 예외: 주종 구별 안 되면 공유
혼화, 가공	×	○
취득시효기간	등기부(10년), 점유(20년)	단기(5년), 장기(10년)
상린관계	○	×
환매기간	5년	3년
강제집행절차	강제경매, 강제관리	압류
재판관할	부동산소재지 특별재판적	특별재판적 없음
구별이유	• 경제적 가치의 차이 • 공시방법의 차이 • 선박(20톤), 항공기, 중기, 자동차: 등기·등록	

02 부동산

(1) 서론

부동산의 공시방법은 등기이다. 그러나 수목의 집단이나 미분리의 과실의 소유권이 누구에게 속하고 있는지를 제3자에게 명백하게 인식할 수 있도록 하는 관습법상의 공시방법으로서 명인방법도 있다.

(2) 토지

① 물건으로서의 토지는 지적공부에 하나의 토지로 등록되어 있는 육지의 일부분이다. 이렇게 등록이 되면 토지는 독립성이 인정된다.
② 토지의 소유권은 정당한 이익이 있는 범위 내에서 그 지면의 상하에 미치므로, 암석이나 토사, 지중에 있는 지하수, 온천수와 같은 토지

의 구성부분에도 미친다. 그러나 미채굴의 광물은 토지소유권이 미치지 않으며, 광업권 또는 조광권의 객체이다.

③ 바다에 대한 사소유권은 부정되며(어업권은 성립할 수 있음), 바다와 토지의 경계는 만조수위선을 기준으로 한다. 하천도 국유에 속하며(하천법), 사소유권의 객체가 아니지만 관리청의 허가를 얻어 하천구역을 점용할 수 있다.

④ 독립한 토지의 개수는 필(筆)로서 표시된다. 1필의 토지의 일부는 분필절차를 밟기 전에는 양도하거나 제한물권을 설정할 수 없다. 다만, 용익물권은 분필절차를 밟지 않아도 1필의 토지의 일부 위에 설정될 수 있다. 그 외에 구분소유적 공유, 점유취득시효가 인정된다.

(3) 토지의 정착물

★ 암기 PLUS Ⅰ 토지의 정착물

토지의 정착물	토지와 독립된 부동산과 토지의 일부에 지나지 않는 것이 있다.
건물	• 토지로부터 독립한 별개의 부동산으로, 건물은 최소한의 '기둥·지붕·주벽' 시설이 이루어지면 된다. • 건물의 개수는 공부상의 등록에 의하여 결정되는 것이 아니라 건물의 상태 등 객관적 사정과 소유자의 의사 등 주관적 사정을 참작하여 결정된다. • 구분건물이 물리적으로 완성되기 전이라도 건축허가 신청 등을 통하여 장래 신축되는 건물을 구분건물로 하겠다는 구분의사가 객관적으로 표시되면 구분행위의 존재를 인정할 수 있다.
수목	• 토지로부터 분리되면 동산, 분리되지 않은 상태에서는 토지의 구성부분으로 토지의 일부가 된다. • 입목에 관한 법률에 의하여 소유권보존등기를 한 수목의 집단은 '입목'으로서 독립한 부동산, 토지와 분리하여 '소유권·저당권'의 객체가 된다. • 입목에 관한 법률의 적용을 받지 않는 그 밖의 수목의 집단(개개의 수목 포함)이더라도 '명인방법'이라는 관습법상의 공시방법을 갖추면 독립한 부동산으로서 '소유권'의 객체가 된다. ∴ 양도 ○ ↔ 저당 ×
미분리의 과실	수목의 일부이지만, 명인방법을 갖추면 토지와 독립하여 거래할 수 있다. 다수설·판례는 부동산으로 본다.
농작물	권원 없이 나아가 위법하게 타인의 토지에 농작물을 경작·재배한 경우에도, 그 농작물이 성숙하여 독립한 물건으로서의 존재를 갖추었다면 그 농작물의 소유권은 경작자에게 있다. 명인방법을 갖출 필요도 없다(판례).

⚡기출

01 최소한의 기둥과 지붕 그리고 주벽이 이루어지면 ( ) 독립한 건물로 인정될 수 있다. 제23회

02 별도의 공시방법을 갖추면 토지 위에 식재된 입목을 그 토지와 ( )하여 거래의 객체로 할 수 있다. 제26회

03 미분리 천연과실은 ( )에 의해 소유권의 객체가 될 수 있다. 제26회

04 건물의 개수는 ( )에 의하여 결정되는 것이 아니라 건물의 상태 등 객관적 사정과 소유자의 의사 등 주관적 사정을 참작하여 결정된다. 제25회

기출정답
01 사회통념상
02 독립
03 명인방법
04 공부상의 등록

03 동산

(1) 의의

부동산 외의 물건은 모두 동산이다. 따라서 전기 기타 관리할 수 있는 자연력도 동산이다. 한편 무기명채권은 동산은 아니지만, 선의취득 등의 면에서 동산에 준하여 취급된다.

(2) 금전의 특수성(특수한 동산)

금전은 동산의 일종이긴 하지만, 가치 그 자체이기 때문에 타인의 점유에 들어간 금전에 대해서는 물권적 청구권이 인정되지 않는다. 예컨대, 금전을 도난당한 경우에는 그 금전의 반환을 청구할 수 있는 것이 아니라, 채권으로서 부당이득반환청구 또는 불법행위로 인한 손해배상청구를 할 수 있을 뿐이다. 그러나 예외적으로 금전이 물건으로 다루어지는 경우도 있다(예 기념주화 등).

> **기출**
> 01 전기 기타 관리할 수 있는 자연력은 (　)이다.
> 제25회

제4절 주물과 종물

01 종물의 요건

(1) 주물의 상용에 이바지할 것

일시적으로 효용을 돕거나 주물 자체의 효용과는 직접 관계가 없는 물건, 예컨대 TV, 책상 등은 가옥의 종물이 아니다.

(2) 주물에 부속된 것일 것

주물과 종물 사이에 어느 정도 밀접한 장소적 관계에 있어야 한다.

(3) 주물로부터 독립된 물건일 것

주물의 구성부분은 종물이 아니다. 동산은 물론 부동산도 종물이 될 수 있다.

(4) 주물·종물 모두 동일한 소유자에게 속할 것

주물의 소유자가 아닌 자의 물건은 종물이 될 수 없다.

> **기출**
> 02 주물의 소유자의 사용에 공여되고 있더라도 주물 자체의 효용과 관계없는 물건은 (　)이 아니다. 제25회
> 03 종물은 주물의 구성부분이 아닌 (　)한 물건이어야 한다. 제21회
> 04 (　)은 종물이 될 수 있다. 제26회
> 05 주물과 다른 사람의 소유에 속하는 물건은 원칙적으로 (　)이 될 수 없다. 제22회
>
> **기출정답**
> 01 동산
> 02 종물
> 03 독립
> 04 부동산
> 05 종물

02 주물·종물의 구분

> **암기 PLUS │ 종물 여부**
>
> | 종물 인정례 | • 배와 노, 시계와 시계줄, 가옥과 덧문, 안채와 사랑채, 농장과 농구소옥은 주물·종물관계이다.
• 농지에 부속한 양수시설은 농지의 종물이다.
• 낡은 가재도구 등의 보관장소로 사용되고 있는 방과 연탄창고 및 공동변소는 본채에서 떨어져 축조되어 있기는 하나 본채의 종물이다.
• 횟집으로 사용할 점포건물에 붙여서 생선을 보관하기 위하여 신축한 수족관건물은 점포건물의 종물이다.
• 백화점건물의 지하 2층 기계실에 설치되어 있는 전화교환설비는 10층 백화점의 효용과 기능을 다하기에 필요불가결한 시설물로서 위 건물의 상용에 제공된 종물이다.
• 주유소의 주유기는 주유소의 종물이다. |
> |---|---|
> | 종물 부정례 | • 주유소의 지하에 매설된 유류저장탱크를 토지로부터 분리하는데 과다한 비용이 들고, 이를 분리하여 발굴하는 경우 그 경제적 가치가 현저히 감소할 것이 분명한 경우에 그 유류저장탱크는 토지에 부합된다.
• 정화조는 건물의 대지가 아닌 인접한 다른 필지의 지하에 설치되어 있다 하더라도 독립된 물건으로서 종물이라기보다는 건물의 구성부분으로 보아야 할 것이다.
• 호텔의 각 방실에 시설된 텔레비전·전화기, 호텔세탁실에 시설된 세탁기·탈수기·드라이크리닝기, 호텔주방에 시설된 냉장고·제빙기, 호텔방송실에 시설된 브이티알(비디오)·앰프 등은 적어도 호텔의 경영자나 이용자의 상용에 공여됨은 별론으로 하고, 주물인 부동산 자체의 경제적 효용에 직접 이바지하지 아니함은 경험칙상 명백하므로 위 부동산에 대한 종물이라고 할 수 없다.
• 신·구폐수처리시설이 그 기능면에서는 전체적으로 결합하여 유기적으로 작용함으로써 하나의 폐수처리장을 형성하고 있지만, 신폐수처리시설이 구폐수처리시설 그 자체의 경제적 효용을 다하게 하는 시설이라고 할 수 없다. |

⚡기출

01 주유소건물의 소유자가 설치한 주유기는 주유소건물의 ( )이다. 제26회

02 건물의 대지가 아닌 다른 필지의 지하에 설치되어 있는 정화조는 그 건물의 ( )이다. 제18회

03 점유에 의하여 주물을 시효취득하여도 종물을 점유하지 않으면 그 효력이 종물에 ( ). 제26회

03 종물의 효과

(1) 처분에 있어서의 수반성

① 종물은 주물의 처분에 따른다. 그러나 점유 기타 사실관계에 기한 권리의 득실·변경에 대해서는 위 규정은 의미가 없다. 예컨대, 주물을 점유에 의하여 시효취득하여도 종물도 점유하지 않는 한 그 효력은 종물에 미치지 않는다.

기출정답
01 종물
02 구성부분
03 미치지 않는다

② 저당권의 효력은 종물에도 미친다. 저당권이 설정된 후의 종물에도 저당권의 효력이 미친다. 그리고 저당부동산에 관한 '종된 권리'에도 유추적용되어, 건물에 대한 저당권의 효력은 그 대지이용권인 지상권이나 임차권에도 미친다.

(2) 임의규정성

종물은 주물의 처분에 수반된다는 제100조 제2항은 임의규정이므로, 당사자는 주물을 처분할 때에 특약으로 종물을 제외할 수 있고 종물만을 별도로 처분할 수도 있다.

04 종물이론의 유추적용

주물·종물이론은 권리 상호간에도 유추적용되어야 한다(이설 없음). 예컨대, 원본채권이 양도되면 이자채권도 함께 양도되고, 구분건물의 전유부분에 대한 소유권보존등기만 행하여지고 대지지분에 대한 등기가 되기 전에 전유부분만에 대하여 내려진 가압류결정의 효력은 그 대지권까지 미치며, 건물이 양도되면 그 건물을 위한 대지의 임차권 내지 지상권도 함께 양도되는 것으로 해석된다.

제5절 원물과 과실

01 의의

과실은 물건이어야 하고, 또 물건인 원물로부터 생긴 것이어야 한다. 따라서 권리의 과실이나(예 주식배당금·특허권의 사용료 등), 임금과 같은 노동의 대가, 원물의 사용대가로서 노무를 제공받는 것 등은 민법상의 과실이 아니다(통설).

기출

01 (　　)에 저당권이 설정된 경우, 특별한 사정이 없는 한 저당권의 효력은 그 설정 후의 종물에도 미친다.
제26회

02 당사자가 주물을 처분하는 경우, (　　)으로 종물을 제외할 수 있고 종물만을 별도로 처분할 수도 있다.
제23회

기출정답
01 주물
02 특약

02 천연과실

(1) 의의

'물건의 용법에 의하여 수취하는 산출물'을 천연과실이라고 한다. 천연과실에는 과일, 곡식, 가축의 새끼, 우유 등 뿐만 아니라 석재, 흙, 모래 등도 있다.

(2) 귀속

① '천연과실은 그 원물로부터 분리하는 때에 이를 수취할 권리자'에게 귀속된다. 이는 임의규정이다.
② 과실수취권자는 원칙적으로 소유자이지만, 예외적으로 선의의 점유자, 지상권자, 전세권자, 유치권자, 질권자, 압류 후의 저당권자, 목적물을 인도하지 않은 매도인, 사용차주, 임차인, 친권자, 유증의 수증자 등에게 귀속된다.

03 법정과실

(1) 의의

법정과실이란 '물건의 사용대가로 받는 금전 기타 물건'을 말한다. 예컨대 임료, 지료, 이자 등이 법정과실이다. '국립공원의 입장료는 민법상 과실이 아니라 수익자 부담의 원칙에 따라 국립공원의 유지·관리비용의 일부를 국립공원 입장객에게 부담시키고자 하는 것'이다.

(2) 귀속

법정과실은 수취할 권리의 존속기간 일수의 비율로 취득한다.

(3) 원물 자체의 사용이익에의 유추적용

'사용이익'에는 과실에 관한 민법의 규정이 유추적용된다(통설·판례). 따라서 선의의 점유자는 비록 법률상 원인 없이 타인의 건물을 점유·사용하고 이로 말미암아 그에게 손해를 입혔다고 하더라도 그 점유·사용으로 인한 이득을 반환할 의무는 없다.

⚡기출

01 물건의 ( )에 의하여 수취하는 산출물은 천연과실이다. 제26회

02 ( )은 그 원물로부터 분리하는 때에 이를 수취할 권리자에게 속한다. 제25회

⚡기출

03 물건의 ( )로 받은 금전 기타의 물건은 법정과실이다. 제21회

04 ( )은 수취할 권리의 존속기간일수의 비율로 취득한다. 제25회

05 건물을 사용함으로써 얻는 이득은 그 건물의 ( )에 준하는 것으로 본다. 제25회

기출정답
01 용법
02 천연과실
03 사용대가
04 법정과실
05 과실

제5장 법률행위

기본서 p.170~319

선생님 TIP
권리변동(법률효과)의 원인을 법률요건이라고 하는데, 이에는 법률행위와 법률규정이 있다.

제1절 권리변동의 일반이론

01 서설

권리변동, 즉 권리·의무의 발생·변경·소멸의 원인을 법률요건이라고 하며, 그 결과로 생기는 법률관계의 변동을 법률효과라고 한다.

02 권리변동(법률효과)의 모습

(1) 권리의 발생(취득) - 권리취득의 모습

⚡ **기출**

01 건물의 신축에 의한 소유권취득, 유실물의 습득에 의한 소유권취득, 무주물의 선점에 의한 소유권취득, 부동산점유취득시효에 의한 소유권취득 등은 (　)이다. _제25회_

02 상속은 (　)에 해당한다. _제21회_

03 금원을 대여하면서 채무자 소유의 건물에 저당권을 설정받은 경우는 (　)에 해당한다. _제26회_

원시취득		특정한 권리가 타인의 권리에 기초함이 없이 특정인에게 새롭게 발생하는 것이다. 예 신축건물 소유권취득, 무주물선점, 유실물습득, 첨부, 선의취득, 시효취득, 인격권, 가족권 등
승계취득	이전적 승계	특정 승계	개개의 권리가 각각의 취득원인에 의해서 취득되는 것을 말한다. 예 매매·경매에 의한 소유권취득, 유증, 사인증여 등
		포괄 승계	하나의 취득원인에 의해 다수의 권리를 일괄해서 취득하는 것을 말한다. 예 상속, 포괄유증, 회사합병 등
	설정적 승계		소유권에 기초해 지상권, 전세권, 저당권을 설정하는 경우처럼, 구권리자는 그의 권리를 보유하면서 신권리자는 소유권이 가지는 권능 중 일부를 취득하는 것을 말한다.

(2) 권리의 변경 - 권리변경의 모습

주체의 변경		이전적 승계에 해당한다.
내용의 변경	질적 변경	선택채권의 선택, 물상대위, 대물변제, 일반채권의 손해배상채권화 등
	양적 변경	물건의 증감, 첨부, 소유권의 객체에 대한 제한물권의 설정 등
작용의 변경		저당권의 순위가 변동하는 경우, 대항력이 없던 부동산임차권의 등기완료 등

기출정답
01 원시취득
02 승계취득
03 설정적 승계

(3) 권리의 소멸

절대적 소멸	건물의 멸실, 소멸시효·변제 등에 의한 채권의 소멸 등
상대적 소멸	권리가 타인에게 이전되어 종래의 주체가 권리를 잃는 것

03 권리변동의 원인

(1) 법률요건

법률요건이란 권리변동을 생기게 하는 법적 원인으로서 의사표시를 요소로 하는 '법률행위'뿐만 아니라 준법률행위·불법행위·부당이득 등 '법률의 규정'을 포함한다.

(2) 법률사실

법률사실은 크게 사람의 정신작용에 기초하는 사실(용태)과 그렇지 않은 사실(사건)의 둘로 나누어진다.

용태	외부적 용태	적법 행위	법률 행위		의사표시를 불가결의 요소로 하는 법률요건 예 단독행위, 계약, 합동행위(多)
			준법률 행위	표현 행위	의사의 통지	자기의 의사를 타인에게 통지하는 행위 예 각종의 최고와 거절
					관념의 통지	현재 또는 과거의 사실을 알리는 것으로서, 사실의 통지라고도 함 예 사원총회소집통지, 채무승인, 채권양도통지·승낙, 공탁통지, 승낙연착통지 등
					감정의 표시	일정한 감정을 표시하는 행위 예 용서
				비표현 행위 (사실 행위)	순수 사실 행위	외부적 결과의 발생만 있으면 일정한 효과를 주는 것 예 매장물 발견, 주소의 설정, 가공, 유실물습득, 특허법상의 발명 등

⚡ 기출

01 기한의 정함이 없는 채무에 대한 이행의 최고는 준법률행위로서 (　　)에 해당한다. 제24회

02 시효중단을 위한 채무의 승인, 채권양도의 통지 등은 준법률행위로서 (　　)에 해당한다. 제24회

03 유실물의 습득, 무주물의 선점은 준법률행위로서 (　　)에 해당한다. 제24회

기출정답
01 의사의 통지
02 관념의 통지
03 사실행위

			혼합 사실 행위	외부적 결과의 발생 외에 어떤 의식과정이 따를 것을 요구하는 것 **예** 사무관리, 부부간 동거, 선점, 물건의 인도, 점유의 취득 상실 등
		위법 행위		채무불이행, 불법행위
	내부적 용태	관념적 용태		의식이 일정한 사실에 관한 관념 또는 인식 **예** 선의, 악의, 정당한 대리인이라는 인식
		의사적 용태		의식이 일정한 의사를 가지는 것 **예** 소유의 의사, 제3자의 변제에 있어서 채무자의 허용·불허용의 의사, 사무관리의 본인의 의사 등
사건	사람의 정신작용에 기하지 않는 법률사실 **예** 사람의 출생과 사망, 실종, 시간의 경과, 물건의 자연적인 발생과 소멸, 사람에 의한 천연과실의 분리, 물건의 파괴, 혼화·부합, 부당이득 등			

제2절 법률행위의 기초이론

01 법률행위의 의의

법률행위는 의사표시를 불가결의 요소로 하는 법률요건을 말한다.

02 법률행위의 요건

⚡기출

01 당사자의 의사능력과 행위능력의 존재는 법률행위의 (　　)이다. 제18회

★ 암기 PLUS | 법률행위의 요건

구분	성립요건	효력요건
일반요건	당사자	권리능력, 의사능력, 행위능력
	목적	확정, 가능, 적법, 사회적 타당성
	의사표시	의사와 표시가 일치하고, 사기·강박에 의한 의사표시가 아닐 것

기출정답
01 일반적 유효요건

특별요건	요식행위에 있어서 일정한 방식, 요물계약에 있어서의 목적물의 인도 기타 급부	대리행위에서 대리권의 존재, 미성년자·피한정후견인의 법률행위에 있어서 법정대리인의 동의, 조건부·기한부 법률행위에서 조건의 성취 또는 기한의 도래, 유언에서 유언자의 사망, 학교법인의 기본재산 처분에 있어서 관할청의 허가(사립학교법 제28조), 토지거래허가구역 내의 토지를 거래하는 경우에 당사자가 얻어야 하는 관할 관청(시장·군수)의 허가

⚡기출

01 요물계약에서 물건의 인도는 법률행위의 (　　)이다.
제18회

제3절 법률행위의 종류

01 서설

법률행위는 여러 기준에 의해 분류함으로써 그에 관하여 적용되는 법규정 및 법원리를 유형화할 수 있다.

02 단독행위·계약·합동행위

(1) 단독행위

① 단독행위는 '상대방 있는 단독행위'(예 동의, 철회, 상계, 추인, 취소, 해제, 해지, 채무면제, 제한물권의 포기, 시효이익의 포기, 공유지분의 포기, 합유지분의 포기 등)와 '상대방 없는 단독행위'(예 유언, 재단법인 설립행위, 상속의 포기, 소유권의 포기 등) 두 가지가 있다.

② 상대방 있는 단독행위는 상대방에 대하여 행하여지는 단독행위로서, 의사표시가 상대방에게 도달하여야 효력이 발생한다. 상대방 없는 단독행위는 상대방이 존재하지 않는 단독행위로서, 대체로 의사표시가 있으면 곧 효력이 발생하나 관청의 수령이 있어야만 효력이 발생하는 것도 있다.

⚡기출

02 한정후견인의 동의, 사기에 의한 매매계약의 취소는 (　　)이다. 제24회

03 계약의 해지, 공유지분의 포기, 법인의 이사를 사임하는 행위 등은 (　　)이다. 제25회

04 유언, 1인 설립자에 의한 재단법인 설립행위는 (　　)이다. 제24회

기출정답

01 특별성립요건
02 상대방 있는 단독행위
03 상대방 있는 단독행위
04 상대방 없는 단독행위

(2) 계약

두 개의 대립되는 의사표시의 합치에 의해 성립하는 법률행위로서, 의사표시가 둘이라는 점에서 단독행위와 다르고, 그 복수의 의사표시가 상호 대립하는 점에서 합동행위와 다르다.

(3) 합동행위

사단법인의 설립행위와 같이 방향을 같이하는 두 개 이상의 의사표시가 합치하여 성립하는 법률행위를 말한다(다수설).

03 요식행위·불요식행위

불요식행위가 원칙이다. 다만 법률은 행위자로 하여금 신중하게 행위를 하게 하거나 또는 법률관계를 명확하게 하기 위하여 일정한 방식(서면·신고 등)을 요구하는 경우가 있는데, 법인의 설립행위, 혼인, 인지, 유언 등이 그러하다.

04 생전행위·사후행위

행위자의 사망으로 그 효력이 생기는 법률행위를 사후행위(死後行爲)라 하고, 유언과 사인증여가 이에 속한다. 이에 대해 보통의 법률행위를 생전행위라고 한다.

05 채권행위·물권행위·준물권행위

(1) 채권행위(의무부담행위)

채권행위는 채권·채무를 발생시키는 법률행위로서, 타인권리의 매매도 유효이다. 의무부담행위라고도 하며, 이행의 문제가 남아 있지 않은 물권행위, 준물권행위와 구별된다.

(2) 처분행위

물권행위	직접 물권의 변동을 가져오는 법률행위로서 이행의 문제를 남기지 않는다. 처분행위가 유효하기 위해서는 처분자에게 처분권한이 있어야 하고, 그렇지 않은 경우에는 그 행위는 무효이다.
준물권행위	물권 이외의 권리의 변동을 직접 가져오는 법률행위로서, 채권양도, 지식재산권의 양도, 채무면제 등이 이에 속한다.

⚡기출

01 처분권 없는 자의 물권행위는 ( )이다. 제15회
02 지명채권의 양도는 ( )이다. 제22회

기출정답
01 무효
02 준물권행위

06 재산행위 · 가족법상의 행위

법률행위는 그것이 재산상의 법률관계에 관한 것인가, 가족법상의 법률관계에 관한 것인가에 따라 재산행위와 가족법상의 행위로 나누어진다. 가족법상의 행위는 신분행위라고도 한다.

07 출연행위 · 비출연행위

(1) 의의

출연행위는 자기의 재산을 감소시키고 타인의 재산을 증가하게 하는 법률행위이고, 비출연행위는 타인의 재산을 증가하게 하지는 않고 자기의 재산을 감소시키거나 또는 직접 재산의 증감을 일어나게 하지 않는 행위이다.

(2) 유상행위 · 무상행위

자기의 출연과 대가적으로 상대방의 출연이 있는 것이 유상행위이고(예 매매, 임대차 등), 그러한 대가관계가 없는 것이 무상행위이다(예 증여, 사용대차 등). 유상행위에는 매매에 관한 규정이 준용되고, 담보책임은 원칙적으로 유상행위에 인정된다.

기출

01 사용대차계약은 (   )이다. 제21회

(3) 유인행위 · 무인행위

출연행위는 유인행위임이 원칙이다. 목적물의 소유권이전에 있어서 매매계약은 원인이 되므로 소유권이전에 대한 물권적 합의는 유인행위이다(판례). 무인행위의 전형적인 것은 어음행위이다.

08 신탁행위 · 비신탁행위

신탁자는 자신이 의도하는 경제적 목적의 달성에 필요한 한도를 넘는 권리를 수탁자에게 부여하지만, 수탁자는 그 목적의 범위 안에서 그 권리를 행사할 의무를 부담하는 행위를 신탁행위라고 한다. 예컨대, 적법한 명의신탁, 양도담보, 추심을 위한 채권양도 등이 이에 속한다.

기출정답

01 무상행위

09 기타의 분류

(1) 독립행위·보조행위

독립행위는 직접 법률관계의 변동을 일어나게 하는 법률행위이다. 보조행위는 다른 법률행위의 효과를 보충하거나 확정하는 법률행위로서, 동의, 추인, 수권행위 등이 이에 속한다.

(2) 주된 행위·종된 행위

예컨대, 보증계약이나 저당권설정계약은 금전소비대차계약의 종된 계약이고, 부부재산계약은 혼인의 종된 계약이다. 종된 행위는 주된 행위와 법률상 운명을 같이한다.

⚡기출
01 저당권설정계약은 금전소비대차계약의 (   )이다.
제17회

선생님 TIP
법률행위 해석의 방법은 자연적 해석, 규범적 해석, 보충적 해석의 순서로 한다.

제4절 법률행위의 해석

01 총설

(1) 의의

① 법률행위의 해석은 법률행위의 내용을 확정하는 작업이다. 궁극적으로 표시로부터 출발하여 의사표시를 한 자의 의사를 밝히는 작업이다.
② 법률행위의 해석은 법률행위의 성립과 유효 여부를 판단하는데 선행되는 작업이다. 착오에 의한 취소의 경우에는 '법률행위의 해석은 취소에 앞선다'라는 명제가 있다.
③ 계약의 당사자가 누구인지는 계약에 관여한 당사자의 의사해석 문제이다.

(2) 법률행위 해석의 목표

당사자가 표시행위에 부여한 객관적인 의미를 명백하게 확정하는 것이다.

기출정답
01 종된 계약

> **판례 | 처분문서의 해석**
>
> 처분문서라 할지라도 그 **기재내용과 다른 명시적·묵시적 약정이 있는 사실**이 인정될 경우에는 그 기재내용과 다른 사실을 인정할 수 있다(대판 2011.1.27, 2010다81957).

⚡ 기출

01 처분문서의 기재내용과 다른 묵시적 약정이 있는 사실이 인정된다면 그 기재내용을 달리 인정할 수는 ( ). 제24회

(3) 법률행위 해석의 주체·객체

주체	법률행위 해석은 궁극적으로 법원, 즉 법관에 의하여 행하여진다. 따라서 매매계약서에 계약사항에 대한 이의가 생겼을 때에는 매도인의 해석에 따른다는 조항이 있더라도 법원의 법률행위 해석권을 구속하는 조항이라고 볼 수 없다.
객체	표시행위가 해석의 객체이다. 즉, 법률행위의 해석은 당사자가 그 표시행위에 부여한 객관적인 의미를 명백하게 확정하는 것으로서, 사용된 문언에만 구애받는 것은 아니지만 어디까지나 당사자의 내심의 의사가 어떤지에 관계없이 그 문언의 내용에 의하여 당사자가 그 표시행위에 부여한 객관적 의미를 합리적으로 해석하여야 한다.

02 해석의 방법

(1) 의의

법률행위 해석의 방법은 '자연적 해석', '규범적 해석', '보충적 해석'으로 나누어진다. 유언과 같은 상대방 없는 의사표시의 경우에는 표의자의 진정한 의사가 탐구되어야 한다. 상대방 있는 의사표시의 경우, 우선 의사표시의 당사자가 표시를 사실상 같은 의미로 이해한 경우에는 표의자와 상대방이 일치하여 생각한 의미대로 확정되어야 한다(자연적 해석). 그리고 자연적 해석이 행하여질 수 없는 경우 표시의 객관적·규범적 의미가 탐구되어야 하며(규범적 해석), 의사표시에 틈이 발견되면 마지막으로 그것을 채우는 해석을 한다(보충적 해석).

(2) 자연적 해석

'오표시 무해의 원칙'으로 불린다. 자연적 해석의 경우에는 그릇된 표시에도 불구하고 당사자가 일치하여 생각한 의미로 효력이 생기기 때문에(의사와 표시의 일치), 착오 취소는 인정될 여지가 없다.

기출정답

01 있다

기출

01 계약 당사자 쌍방이 X토지를 계약목적물로 삼았으나, 계약서에는 착오로 Y토지를 기재하였다면, (   )에 관하여 계약이 성립한 것이다. 제24회

기출

02 '부동산 매매계약서상 쌍방 당사자가 X토지를 계약의 목적물로 삼았으나 그 목적물의 지번에 관하여 착오를 일으켜 계약을 체결함에 있어서는 계약서상 그 목적물을 X토지와는 별개인 Y토지로 표시하였다고 하더라도, X토지를 매매목적물로 한다는 쌍방 당사자의 의사합치가 있는 이상, 그 매매계약은 X토지에 관하여 성립한 것으로 보아야 한다.'고 하는 법률행위의 해석 방법은 (   )이다. 제28회

판례

1. **오표시 무해(誤表示無害)의 원칙**

   부동산의 매매계약에 있어 **쌍방 당사자가 모두 특정의 X토지를 계약의 목적물로 삼았으나 그 목적물의 지번 등에 관하여 착오를 일으켜 계약을 체결함에 있어서는** 계약서상 그 목적물을 X토지와는 별개인 Y토지로 표시하였다 하여도 X토지에 관하여 이를 매매의 목적물로 한다는 쌍방 당사자의 의사합치가 있는 이상 위 **매매계약은 X토지에 관하여 성립**한 것으로 보아야 할 것이고 Y토지에 관하여 매매계약이 체결된 것으로 보아서는 안 될 것이며, 만일 **Y토지**에 관하여 위 매매계약을 원인으로 하여 매수인 명의로 **소유권이전등기**가 경료되었다면 이는 원인이 없이 경료된 것으로서 **무효**이다(대판 1993.10.26, 93다2629).

2. **계약 당사자의 확정**

   계약을 체결하는 행위자가 타인의 이름으로 법률행위를 한 경우에 행위자 또는 명의인 가운데 누구를 계약의 당사자로 볼 것인가에 관하여는, 우선 **행위자와 상대방의 의사가 일치하는 경우**에는 그 **일치한 의사대로** 행위자 또는 명의인을 계약의 당사자로 확정하여야 하고, 행위자와 상대방의 의사가 **일치하지 아니하는 경우**에는 그 계약의 성질·내용·목적·체결 경위 등 그 계약 체결 전후의 구체적인 제반사정을 토대로 **상대방이 합리적인 사람이라면 행위자와 명의자 중 누구를 계약의 당사자로 이해할 것인가**에 의하여 당사자를 결정하여야 한다(대판 2001.5.29, 2000다3897). 이는 그 타인이 허무인인 경우에도 마찬가지이다(대판 2012.10.11, 2011다12842).

(3) 규범적 해석

① 규범적 해석의 방법

㉠ 자연적 해석이 행하여질 수 없는 경우 규범적 해석이 행하여진다. 규범적 해석은 표시행위로부터 추단되는 표시상의 효과의사를 밝히는 것으로서, 상대방이 합리적인 자라면 제반사정하에서 표시행위를 어떻게 이해했을 것인가 하는 가상적 의사를 밝히는 것이다. 상대방의 신뢰보호와 자기책임의 원칙에서 그 근거를 찾을 수 있다. 표의자의 진의와 표시가 일치하지 않는 경우 표시된 대로 효력을 인정하되, 표의자는 제109조의 착오를 주장할 수 있다. 예컨대 甲은 乙에게 X토지를 m^2당 980만원에 매도하려고 했는데 잘못하여 청약서에 m^2당 890만원으로 기재하였고, 이에 대해 乙이 승낙하면 매매계약은 m^2당 890만원에 성립한다.

기출정답

01 X토지
02 자연적 해석

ⓒ 판례는 '총완결'이라고 써 준 사안에서, 그것으로 모든 결제가 끝난 것으로 해석하는 것이 영수증 작성자의 의사에 부합한다고 보았으며, 음식점 경영을 위한 임대차계약을 체결하면서 모든 경우의 화재에 대하여도 임차인이 그 손해를 부담하기로 특약을 맺은 사안에서, 위 '모든 경우의 화재'에는 불가항력의 경우도 포함하는 것이며, '최대한 노력하겠다'는 문언을 기재한 경우는 법적으로는 부담할 수 없지만 사정이 허락하는 한 그 이행을 하여 주겠다는 취지로 해석함이 상당하다고 보았다.

② **규범적 해석의 표준**

㉠ **목적과 표시행위에 따르는 제반사정**: 계약서에 사용된 문자의 의미는 계약 당사자가 의도하는 목적과 계약 당시의 제반사정을 참작하여 합리적으로 해석하여야 한다.

㉡ **사실인 관습**

ⓐ 법령 중의 선량한 풍속 기타 사회질서에 관계없는 규정과 다른 관습이 있는 경우에 당사자의 의사가 명확하지 아니한 때에는 그 관습에 의한다. 관습법은 바로 법원으로서 법령과 같은 효력을 갖는 관습으로서 법령에 저촉되지 않는 한 법칙으로서의 효력이 있는 것이며, 이에 반하여 사실인 관습은 법령으로서의 효력이 없는 단순한 관행으로서 법률행위의 당사자의 의사를 보충함에 그치는 것이다.

ⓑ 관습은 임의규정이 적용되는 영역에 관한 것이어야 하며, 강행규정에 위반하는 관습은 그 효력이 인정되지 않는다. 당사자가 관습의 존재를 알고 있을 필요는 없으며, 그 관습은 원칙적으로 표의자와 상대방에게 공통된 것이어야 한다.

ⓒ 증명책임에 관하여, 사실인 관습은 그 존재를 당사자가 주장·입증하여야 한다. 다만, 사실인 관습은 일종의 경험칙에 속한다 할 것이고, 법관 스스로 직권에 의하여 경험칙의 유무를 판단할 수 있다.

㉢ **임의규정**: 제105조의 반대해석상 특별한 의사표시가 없는 경우 또는 의사표시가 불명료한 경우에는 임의법규가 법률행위해석의 표준이 된다는 것이 통설이다(반대설 있음).

ⓔ **신의칙**: 신의성실의 원칙을 법률행위해석의 기준으로 하는 명문의 규정은 없으나 우리 민법에 있어서도 법률행위해석의 기준으로 인정해야 한다는 것이 통설이다.

(4) 보충적 해석

법률행위의 내용에 '틈 또는 흠결'이 있는 경우에 이를 해석에 의하여 보충하는 해석방법이다. 보충은 모든 법률행위에서 이루어질 수 있지만 주로 계약에서 문제된다. 보충적 해석은 법률행위의 성립이 자연적·규범적 해석을 통하여 긍정된 후에 개시된다.

> **기출**
> 01 법률행위의 성립이 인정되는 경우에만 보충적 해석이 (　)하다. 제24회

> **선생님 TIP**
> 법률행위의 목적은 법률행위의 내용이다. 법률행위가 유효하기 위해서는 목적이 일정한 요건을 갖추어야 한다.

제5절 법률행위의 목적 〈빈출〉

01 총설

법률행위가 유효하기 위하여 목적의 확정성, 실현가능성, 적법성, 사회적 타당성 요건을 갖추어야 한다(효력요건). 그 요건을 하나라도 갖추지 못하면 법률행위는 무효가 되며, 이 무효는 절대적이다.

02 목적(내용)의 확정성

법률행위의 성립 당시부터 확정성을 갖출 필요는 없으며, 이를 사후에라도 구체적으로 확정할 수 있는 방법과 기준이 정하여져 있으면 족하다. 따라서 매매대금은 시가에 따르기로 한다는 계약은 유효하다.

> **기출**
> 02 법률행위의 목적은 법률행위 당시에 구체적으로 확정되어야 할 필요는 없고, 이행기 전까지 (　) 있는 표준이 있으면 충분하다. 제17회
>
> 03 법률행위의 성립 당시 그 목적이 물리적으로 가능하더라도 (　)상 실현할 수 없으면 그 법률행위는 무효이다. 제17회

03 목적(내용)의 가능성

(1) 서설

① 법률행위 성립 당시에 내용의 실현이 불가능한 경우에는 그 법률행위는 무효이다.
② 목적의 불능은 물리적·법률적 불능뿐만 아니라 사회관념상의 불능도 포함한다. 불능은 확정적이어야 하며, 일시적으로는 불능이더라도 실현될 가능성이 있는 경우에는 불능이 아니다.

> **기출정답**
> 01 가능
> 02 확정할 수
> 03 사회통념

(2) 불능의 종류

★ 암기 PLUS | 불능의 분류

원시적 불능	• 전부불능이면, 계약은 무효이며 계약체결상 과실책임(신뢰이익배상 원칙) • 일부불능이면, 일부무효의 법리에 따르고 제574조의 담보책임 발생
후발적 불능	• 계약은 유효 • 채무자의 귀책사유가 있으면, 채무불이행(이행불능) 　⇨ 전보배상, 해제, 대상청구권 • 채무자의 귀책사유가 없으면, 위험부담의 문제

⚡ **기출**

01 공용수용된 토지를 수용당한 자로부터 매수한 경우는 원시적 불능으로 (　　)이다. 　　제15회

04 목적(내용)의 적법성

> **제105조【임의규정】** 법률행위의 당사자가 법령 중의 선량한 풍속 기타 사회질서에 관계없는 규정과 다른 의사를 표시한 때에는 그 의사에 의한다.

(1) 서설

법에서 규정하는 불법원인이라 함은 그 원인되는 행위가 선량한 풍속 기타 사회질서에 위반하는 경우를 말하는 것으로서, 법률의 금지에 위반하는 경우라 할지라도 그것이 선량한 풍속 기타 사회질서에 위반하지 않는 경우에는 이에 해당하지 않는다.

(2) 강행규정

① 강행규정 판단의 기준과 예시

★ 암기 PLUS | 강행규정

민법총칙	법률질서의 기본구조에 관한 규정(권리능력, 행위능력, 법인제도, 소멸시효에 관한 규정), 사회의 윤리관을 반영하는 규정
물권법	제3자의 이해관계에 영향을 크게 미치는 사항에 관한 규정(물권법정주의에 관한 규정 등)
채권법	사회적·경제적 약자를 보호하는 규정, 거래안전을 보호하기 위한 규정
가족법	친족관계의 기본질서에 관한 규정, 상속관계의 기본질서에 관한 규정 등

기출정답

01 무효

② 단속법규와의 관계

⚡ 기출

01 무허가음식점의 음식물 판매행위는 (   ) 위반으로서 무효가 되지 않는다.
제21회

> ### ★ 암기 PLUS | 단속규정과 효력규정 위반
>
> | 구분 | 위반시 | 사례 |
> | --- | --- | --- |
> | 단속규정 | 행정법상의 제재를 가함, 사법행위는 무효로 되지 않음 | • 무허가음식점의 유흥 영업행위 또는 음식물 판매행위
• 구 금융실명거래 및 비밀보장에 관한 긴급재정경제명령에 위반되는 비실명금융거래계약
• 부동산등기 특별조치법에 위반한 중간생략등기의 합의
• 공인중개사법이 금지하는 개업공인중개사 등이 중개의뢰인과 직접 거래를 하는 행위 등 |
> | 효력규정 | 무효 | • 증권거래법에 위반한 투자손실보장약정
• 광업권의 대차(이른바 덕대계약)
• 토지거래 허가구역 내에서 관할 관청의 허가 없이 체결한 토지매매계약
• 관할 관청의 허가 없이 행한 학교법인의 기본재산 처분
• 주무관청의 허가 없이 행한 공익법인의 기본재산의 처분
• 법령의 제한을 초과하는 부동산 중개수수료의 약정
• 공인중개사 자격이 없는 자가 중개사무소 개설 등록을 하지 아니한 채 부동산중개업을 하면서 체결한 중개수수료 지급약정 등 |

⚡ 기출

02 법령에서 정한 한도를 초과하는 부동산 중개수수료 약정은 그 (   )하는 범위 내에서 무효이다. 제22회

(3) 강행규정 위반의 모습(탈법행위)

> ### 🔍 판례 | 탈법행위 긍정례
>
> 국유재산에 관한 사무에 종사하는 직원이 타인의 명의로 국유재산을 취득하는 행위는 강행법규인 같은 법 규정들의 적용을 잠탈하기 위한 **탈법행위로서 무효**이고, 그 무효는 원칙적으로 누구에 대하여서나 주장할 수 있으므로, 그 규정들에 위반하여 취득한 국유재산을 제3자가 전득하는 행위 또한 당연무효이다(대판 1996.4.26, 94다43207).

기출정답
01 단속규정
02 한도를 초과

(4) 강행규정 위반의 효과

강행규정 위반으로 인한 무효는 확정적·절대적이고, 추인이 있더라도 유효로 될 수 없다. 한편 그 기준이 되는 강행규정은 법률행위 당시의 것이며, 그 후에 강행규정이 폐지되거나 변경되더라도 유효한 것으로 되지 않는다.

05 목적(내용)의 사회적 타당성

(1) 서설

> 제103조 【반사회질서의 법률행위】 선량한 풍속 기타 사회질서에 위반한 사항을 내용으로 하는 법률행위는 무효로 한다.
> 제746조 【불법원인급여】 불법의 원인으로 인하여 재산을 급여하거나 노무를 제공한 때에는 그 이익의 반환을 청구하지 못한다. 그러나 그 불법원인이 수익자에게만 있는 때에는 그러하지 아니하다.

(2) 민법 제103조(사회질서 위반)의 요건

선량한 풍속 기타 사회질서는 부단히 변천하는 가치관념으로서 어느 법률행위가 이에 위반되어 민법 제103조에 의하여 무효인지는 법률행위가 이루어진 때를 기준으로 판단하여야 한다.

암기 PLUS | 동기의 불법

원칙적으로 유효	동기는 법률행위의 내용이 아니므로
예외적으로 무효	표시되거나 상대방에게 알려진 법률행위의 동기가 반사회질서적인 경우

(3) 사회질서 위반행위의 유형화

⚡기출

01 당초부터 오로지 보험사고를 가장하여 보험금을 취득할 목적으로 생명보험계약을 체결한 경우는 반사회적 행위로서 (   )이다. 제26회

02 보험계약자가 다수의 보험계약을 통하여 보험금을 부정취득할 목적으로 보험계약을 체결한 경우는 반사회적 행위로서 (   )이다. 제27회

03 허위로 수사기관에 진술하고 대가를 받기로 하는 약정은 급부의 상당성 여부를 판단할 필요 없이 반사회적 행위로서 (   )이다. 제22회

04 강제집행을 면할 목적으로 부동산에 허위의 근저당권설정등기를 경료하는 행위는 반사회질서의 법률행위가 (   ). 제24회

05 양도소득세의 일부를 회피할 목적으로 계약서에 실제로 거래한 가액보다 낮은 금액을 대금으로 기재하여 매매계약을 체결한 경우는 반사회질서의 법률행위가 (   ). 제26회

06 양도소득세의 회피 및 투기의 목적으로 자신 앞으로 소유권이전등기를 하지 아니하고 미등기인 채로 매매계약을 체결한 경우는 반사회질서의 법률행위가 (   ). 제27회

07 전통사찰의 주지직을 거액의 금품을 대가로 양도·양수하기로 하는 약정이 있음을 알고도 이를 방조한 상태에서 한 종교법인의 주지임명행위는 반사회질서의 법률행위가 (   ). 제27회

08 부첩관계인 부부생활의 종료를 해제조건으로 하는 증여계약은 반사회질서의 법률행위로 (   )이다. 제23회

기출정답
01 무효
02 무효
03 무효
04 아니다
05 아니다
06 아니다
07 아니다
08 무효

★ 암기 PLUS | 판례에 나타난 사회질서 위반의 구체적 내용

정의관념에 반하는 행위	• 매도인의 배임행위에 적극가담하여 이루어진 이중매매, 범죄행위 내지 불법행위를 하지 않을 조건으로 금전을 지급키로 하는 약정, 밀수입 자금으로 사용하기 위한 소비대차 또는 그를 목적으로 한 출자행위, 공무원의 직무에 관하여 특별한 청탁을 하고 보수를 지급할 것을 내용으로 하는 계약, 행정기관에 진정서를 제출하여 상대방을 궁지에 빠뜨린 다음 이를 취하하는 조건으로 거액의 급부를 받기로 한 약정, 처음부터 오직 보험사고를 가장하여 보험금을 취득할 목적으로 생명보험계약을 체결한 생명보험계약, 보험계약자가 다수의 보험계약을 통하여 보험금을 부정취득할 목적으로 보험계약을 체결한 경우, 수사기관에서 참고인으로서 허위진술을 해주는 대가로 작성된 각서는 무효이다. • 그러나 강박, 강제집행을 면할 목적으로 부동산에 허위의 근저당권설정등기를 한 행위, 양도소득세의 회피를 목적으로 매매계약을 체결하거나 또는 명의신탁을 한 경우, 양도소득세의 일부를 회피할 목적으로 매매계약서에 실제로 거래한 가액보다 낮은 금액을 매매대금으로 기재한 경우, 양도소득세의 회피 및 투기의 목적으로 자신 앞으로 소유권이전등기를 하지 않고 미등기인 채로 체결한 매매계약, 무허가건물의 임대행위, 반사회적 행위에 의하여 조성된 재산인 이른바 비자금을 소극적으로 은닉하기 위하여 임치한 경우, 전통사찰의 주지직을 거액의 금품을 대가로 양도·양수하기로 하는 약정이 있음을 알고도 한 종교법인의 주지임명행위는 사회질서에 반하지 않는다. • 증인이 소송에서 사실대로 증언할 것을 조건으로 통상적인 수준을 초과하는 대가를 지급받을 것을 약정한 경우, 대법원 판결 이후의 형사사건에서의 성공보수약정은 선량한 풍속 기타 사회질서에 반하여 무효이다.
인륜에 반하는 행위	• 첩계약, 부첩관계를 맺음에 있어서 처의 사망 또는 이혼이 있을 경우에 입적한다는 부수적 약정, 장래의 부첩관계를 승인하는 합의, 혼인 외의 성관계를 유지하기 위한 증여나 유증은 무효이다. • 다만, 정당한 관계 유지나 불륜관계를 단절하면서 첩의 생활비 지급이나 자녀의 양육비 지급계약, 부정행위를 용서받는 대가로 처에게 부동산 양도 및 부부관계가 유지되는 동안 처의 처분제한 등은 유효이다.

개인의 자유를 심하게 제한하는 행위	• 어느 일방이 타방에게 이혼하지 않겠다는 각서행위, 과도하게 무거운 위약벌의 약정, 윤락행위 및 그것을 유인·강요하는 행위는 무효이다. • 위탁교육훈련을 이수한 직원이 교육수료일자부터 일정한 의무재직기간 이상 근무하지 아니할 때에는 기업체가 지급한 교육비용의 전부 또는 일부를 상환하도록 하는 약정은 원칙적으로 유효이다.
사행성이 심한 행위	• 도박계약, 도박을 한다는 것을 알면서 도박자금을 대여하는 계약, 도박채무의 변제로서 토지를 양도하는 계약은 무효이다. • 부동산처분에 관한 대리권을 도박채권자에게 수여한 부분은 유효이다.
생존의 기초가 되는 재산의 처분행위	자기가 장차 취득하게 될 전재산을 양도한다는 계약, 사찰이 그 존립에 필요불가결한 재산인 임야를 증여하는 행위는 무효이다.
성도덕을 문란시키는 행위	동성간의 성행위계약, 매춘부가 화대를 포주와 나누는 계약은 무효이다.
기타	변호사 아닌 자가 승소를 조건으로 하여 그 대가로 소송당사자로부터 소송물의 일부를 받기로 한 약정은 무효이다.

⚡ **기출**

01 도박채무의 변제를 위하여 채무자가 그 소유의 부동산 처분에 관하여 도박채권자에게 대리권을 수여한 행위는 반사회질서의 법률행위가 (   ). 제24회

02 도박채무의 변제를 위하여 채무자로부터 부동산의 처분을 위임받은 도박채권자가 이를 모르는 제3자와 체결한 매매계약은 반사회질서의 법률행위가 (   ). 제23회

03 변호사 아닌 자가 승소를 조건으로 소송의뢰인으로부터 소송물 일부를 양도받기로 약정한 경우는 반사회적 행위로서 (   )이다. 제26회

(4) 사회질서 위반행위의 효과

① **법률행위의 무효**

㉠ 사회질서에 반하는 법률행위는 절대적 무효이어서 선의의 제3자에게도 대항할 수 있다.

㉡ 법률행위가 사회질서에 반하여 무효인 경우에 추인의 법리가 적용될 수 없다.

② **무효에 따른 법률효과**

㉠ **이행 전**: 사회질서에 위반된 법률행위는 무효이므로 그에 기한 이행이 있기 전에는 이행할 필요가 없으며, 상대방도 그 이행을 청구할 수 없다.

㉡ **이행 후**: 불법원인급여(제746조)에 해당하여 부당이득반환청구를 부인한다. 나아가 소유권에 기한 반환청구도 인정하지 않는다. 가령 부첩계약의 대가로 토지의 소유권을 이전하여 주었다면 그 토지를 돌려받을 수 없다.

기출정답
01 아니다
02 아니다
03 무효

(5) 불공정한 법률행위

> **제104조 【불공정한 법률행위】** 당사자의 궁박·경솔 또는 무경험으로 인하여 현저하게 공정을 잃은 법률행위는 무효로 한다.

① 의의
  ㉠ **서론**: 불공정한 법률행위는 사회질서에 반하는 법률행위의 일종이며, 따라서 제104조는 제103조(반사회질서의 법률행위)의 예시규정에 불과하다고 본다. 따라서 제104조의 요건을 갖추지 못한 경우에도 제103조에 의하여 무효로 될 수 있다고 할 것이다.
  ㉡ **적용범위**
    ⓐ 적용될 수 없다. 즉, 증여와 같이 상대방에 의한 대가적 의미의 재산관계의 출연이 없이 당사자 일방의 급부만 있는 경우에는 급부와 반대급부 사이의 불균형의 문제는 발생하지 않는다.
    ⓑ 판례는 단독행위인 채권포기행위에 대하여 제104조의 적용을 긍정한다.
    ⓒ 경매에서는 불공정한 법률행위 또는 채무자에게 불리한 약정에 관한 것으로서 효력이 없다는 제104조 및 제608조[차주(借主)에 불이익한 약정의 금지]는 적용될 여지가 없다.

> **판례** | 매매계약 등이 '불공정한 법률행위'에 해당하여 무효인 경우, 그 부제소합의의 효력(무효)
>
> 매매계약과 같은 쌍무계약이 급부와 반대급부와의 불균형으로 말미암아 민법 제104조에서 정하는 '불공정한 법률행위'에 해당하여 무효라고 한다면, 그 계약으로 인하여 불이익을 입는 당사자로 하여금 위와 같은 불공정성을 소송 등 사법적 구제수단을 통하여 주장하지 못하도록 하는 부제소합의 역시 다른 특별한 사정이 없는 한 무효이다(대판 2010.7.15, 2009다50308).

② 요건
  ㉠ **객관적 요건 – 급부와 반대급부 사이의 현저한 불균형**
    ⓐ 그 판단에 있어서는 피해 당사자의 궁박·경솔·무경험의 정도가 아울러 고려되어야 하고, 당사자의 주관적 가치가 아닌 거래상의 객관적 가치에 의한다.

⚡기출

01 ( )에는 불공정한 법률행위에 관한 규정이 적용되지 않는다. 제25회

02 ( )절차에서 경매부동산의 매각대금이 시가에 비해 현저히 저렴한 경우에는 제104조가 적용될 여지가 없다. 제26회

⚡기출

03 급부 사이의 불균형 여부는 급부의 거래상 ( ) 가치에 의하여 판단한다. 제19회

04 불공정한 법률행위에서 궁박·경솔·무경험은 ( ) 당시를 기준으로 판단하여야 한다. 제26회

기출정답
01 무상증여
02 경매
03 객관적
04 법률행위

ⓑ 법률행위가 불공정한 법률행위에 해당하는지는 법률행위시를 기준으로 판단한다.
ⓒ **주관적 요건**
ⓐ **궁박ㆍ경솔 또는 무경험**
- 제104조에 있어서의 '궁박'이라 함은 '급박한 곤궁'을 의미하는 것으로서 경제적 원인에 기인할 수도 있고 정신적 또는 심리적 원인에 기인할 수도 있다.
- '무경험'이라 함은 '일반적인 생활체험의 부족을 의미하는 것으로서 어느 특정영역에 있어서의 경험부족이 아니라 거래일반에 대한 경험부족'을 뜻한다.
- 당사자 일방의 궁박ㆍ경솔ㆍ무경험은 모두 구비하여야 하는 요건이 아니고 그중 어느 하나만 갖추어져도 충분하다. 대리인에 의한 불공정법률행위시 경솔ㆍ무경험은 그 대리인을 기준으로 판단하고 궁박상태 여부는 본인을 기준으로 판단한다.

ⓑ **폭리자의 악의**: 상대방 당사자에게 위와 같은 피해 당사자측의 사정을 알면서 이를 이용하려는 의사, 즉 폭리행위의 악의가 없었다면 불공정법률행위는 성립하지 않는다.

ⓒ **증명책임**: 불공정행위로서 무효를 주장하는 자는 모두 증명하여야 한다. 즉, 법률행위가 현저하게 공정을 잃었다고 하여 곧 그것이 궁박ㆍ경솔하게 이루어진 것으로 추정되지 않는다.

③ **효과**
㉠ 불공정한 법률행위 내지 폭리행위는 절대적 무효이다. 따라서 폭리행위로 취득한 부동산을 전득한 제3자가 선의일지라도 그 소유권을 취득할 수 없다.
㉡ 불공정한 법률행위로서 무효인 경우에는 추인에 의하여 무효인 법률행위가 유효로 될 수 없다. '불공정한 법률행위'에 해당하여 무효인 경우에도 무효행위의 전환에 관한 제138조가 적용될 수 있다.

⚡기출

01 불공정한 법률행위에서 '궁박'이라 함은 경제적 원인에 기인할 수도 있고, (　　) 에 기인할 수도 있다. 제22회

02 '무경험'이라 함은 (　　) 에 대한 경험부족을 의미한다. 제17회

03 대리인이 한 법률행위에 관하여 불공정한 법률행위가 문제되는 경우에 무경험은 (　　)을 기준으로 판단하여야 한다. 제27회

⚡기출

04 급부와 반대급부가 현저히 균형을 잃은 법률행위는 궁박ㆍ경솔 또는 무경험으로 인해 이루어진 것으로 (　　) 되지 않는다. 제27회

05 불공정한 법률행위는 (　　) 에 의해서도 유효로 될 수 없다. 제26회

06 불공정한 법률행위에 해당하여 무효인 경우에도 (　　) 에 관한 민법 제138조가 적용될 수 있다. 제25회

기출정답
01 정신적 또는 심리적 원인
02 거래일반
03 대리인
04 추정
05 추인
06 무효행위의 전환

선생님 TIP

법률행위가 유효하기 위해서는 의사표시가 의사와 표시가 일치하여야 하고, 의사 형성과정에 하자가 없어야 한다. 그리고 상대방 있는 의사표시는 상대방에게 의사표시가 도달하여야 한다.

제6절 의사표시 〈빈출〉

01 흠 있는 의사표시

(1) 개관

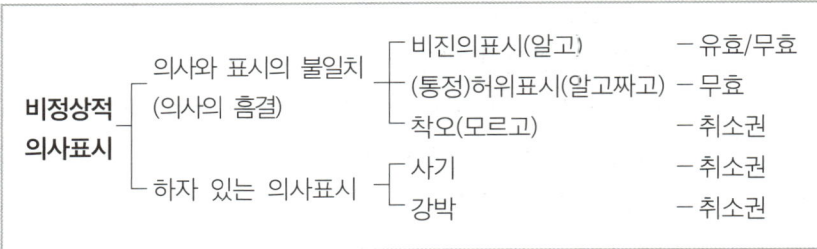

(2) 진의 아닌 의사표시(비진의표시, 심리유보)

> **제107조【진의 아닌 의사표시】** ① 의사표시는 표의자가 진의 아님을 알고 한 것이라도 그 효력이 있다. 그러나 상대방이 표의자의 진의 아님을 알았거나 이를 알 수 있었을 경우에는 무효로 한다.
> ② 전항의 의사표시의 무효는 선의의 제3자에게 대항하지 못한다.

① **의의**: 의사와 표시의 불일치를 표의자 스스로 알면서 하는 의사표시를 말한다. 예컨대, 근로자들이 사용자의 지시에 좇아 사직서를 제출한 경우이다.

② **요건**

  ㉠ **의사표시의 존재**: 사교적인 명백한 농담은 의사표시가 아니며, 비진의표시의 문제도 생기지 않는다.

  ㉡ **진의와 표시의 불일치**

  ⓐ 이 점에서 비진의표시, 허위표시, 착오가 같고, 사기·강박에 의한 의사표시와 다르다(판례).

  ⓑ 진의란 특정한 내용의 의사표시를 하고자 하는 표의자의 생각을 말하는 것이지 표의자가 진정으로 마음속에서 바라는 사항을 뜻하는 것은 아니라고 할 것이므로, 비록 재산을 강제로 뺏긴다는 것이 표의자의 본심으로 잠재되어 있었다 하여도 표의자가 강박에 의하여서나마 증여를 하기로 하고 그에 따른 증여의 의사표시를 한 경우나 근로자가 징계면직처분을 받은 후 당시 상황에서는 징계면직처분의 무효를 다투어 복직하기는

⚡기출

01 진의 아닌 의사표시에서 '진의'란 표의자가 진정으로 마음속에서 바라는 사항을 뜻하는 것이 (   ). 제22회

기출정답

01 아니다

어렵다고 판단하여 퇴직금 수령 및 장래를 위하여 사직원을 제출하고 재심을 청구하여 종전의 징계면직처분이 취소되고 의원면직처리되었을 때 그 사직의 의사표시 등은 비진의의사표시에 해당하지 않는다.

ⓒ **실무에서 비진의표시인지가 문제된 주요 사안**
- **사직의 의사표시**: 판례는 사용자의 '지시 내지 강요'에 의하여 근로자가 사직서를 제출한 경우에 그 사직의 의사표시는 비진의표시에 해당하고, 나아가 그 사정을 사용자도 안 것으로 보아 그 사직의 의사표시는 제107조 제1항 단서에 해당하여 무효라고 한다. 근로자가 회사의 경영방침에 따라 사직원을 제출하고 이를 받아들여 퇴직처리 하였으나 즉시 재입사하는 형식을 취함으로써 실질적인 근로관계의 단절이 없이 근로했다면 근로자는 퇴직의 의사 없이 사직의 의사표시를 한 것이고 사용자는 이를 알고 있는 것이므로 퇴직의 효과는 발생하지 않는다.
- **명의대여**: 학교법인이 사립학교법상의 제한규정 때문에 그 학교의 교직원의 명의를 빌려서 금전을 빌린 경우, 법률상 또는 사실상의 장애로 자기명의로 대출받을 수 없는 자를 위하여 대출금 채무자로서의 명의를 빌려주어 대출을 받게 한 경우 등은 비진의표시가 아니다.

그러나 실질적인 주채무자가 실제 대출받고자 하는 채무액에 대하여 제3자를 형식상의 주채무자로 내세우고, 금융기관도 이를 양해하여 제3자에 대하여는 채무자로서의 책임을 지우지 않을 의도하에 제3자 명의로 대출관계서류를 작성받은 경우라면 통정허위표시에 해당하는 무효의 법률행위이다.

ⓒ **표의자가 진의와 표시의 불일치를 알고 있을 것**: 이 점에서 허위표시와 같으며, 착오와 다르다.
ⓔ **표의자의 동기**: 표의자가 진의와 다른 표시를 하는 이유나 동기는 요건이 아니다.
ⓜ **증명책임**: 어떠한 의사표시가 비진의의사표시로서 무효라고 주장하는 경우에 그 입증책임은 그 주장자에게 있다.

⚡기출

01 사용자의 퇴직권유에 의해 의원면직의 형식으로 근로계약관계를 종료시킨 경우, 근로자가 최선이라고 판단하고 제출한 사직서는 진의 아닌 의사표시가 (   ).
제15회

⚡기출

02 진의와 표시가 일치하지 않음을 표의자가 과실로 알지 못하고 한 의사표시는 진의 아닌 의사표시에 (   ).
제25회

기출정답
01 아니다
02 해당하지 않는다

③ 효과
　㉠ **원칙**: 비진의표시는 상대방 있는 의사표시이든 상대방 없는 의사표시이든 표시한 대로 그 효과가 발생한다.
　㉡ **예외**
　　ⓐ 상대방 있는 의사표시에서, 상대방이 표의자의 '진의 아님을 알았거나 알 수 있었을 경우'에는 무효이다. 진의 아닌 의사표시의 무효를 주장하는 자가 이에 대한 증명책임을 진다.
　　ⓑ 비진의표시가 예외적으로 무효로 되는 경우에, 그 무효는 선의의 제3자에게 대항하지 못한다.

④ 적용범위
　㉠ **적용되는 경우**: 제107조는 모든 종류의 의사표시에 적용된다. 상대방 있는 의사표시뿐만 아니라 상대방 없는 의사표시에도 적용된다.
　㉡ **적용이 배제되는 경우**: 제107조는 가족법상의 행위(예 혼인, 입양 등), 공법행위(예 영업재개업신고, 전역지원서, 공무원 사직), 소송행위, 주식인수의 청약 등에는 적용되지 않는다.

> **판례 | 사인의 공법행위에 제107조 부적용**
> 공무원이 사직의 의사표시를 하여 의원면직처분을 하는 경우, 진의 아닌 의사표시에 관한 민법 제107조는 그 성질상 사직의 의사표시와 같은 사인의 공법행위에는 준용되지 아니하므로 그 의사가 외부에 표시된 이상 그 의사는 표시된 대로 효력을 발한다(대판 1997.12.12, 97누13962).

(3) (통정)허위표시

> **제108조【통정한 허위의 의사표시】** ① 상대방과 통정한 허위의 의사표시는 무효로 한다.
> ② 전항의 의사표시의 무효는 선의의 제3자에게 대항하지 못한다.

① 의의
　㉠ **개념**: 표의자가 허위의 의사표시를 하면서 그에 관하여 상대방과의 사이에 합의가 있는 경우이다. 허위표시를 요소로 하는 법률행위를 가리켜 가장행위라고 한다. 채무자가 자기소유의 부동산에 대한 채권자의 강제집행을 면하기 위하여 타인과 상의하여 부동산을 그 자에게 매도한 것으로 하고 소유권이전등기를 한 경우가 그 예이다.

⚡기출

01 비진의표시는 원칙적으로 (　　)된 대로 효력이 발생한다. 　제16회

02 甲이 진의 없이 자신 소유의 고화(古畵)를 乙에게 증여하였으나 乙이 甲의 진의 아님을 알았던 경우에는 (　　)이다. 　제15회

⚡기출

03 비진의 의사표시의 무효를 (　　)가 상대방의 악의 또는 과실에 대한 증명책임을 진다. 　제24회

04 공무원이 사직의 의사표시를 하여 의원면직처분을 하는 경우, 사직의 의사가 없다는 것을 처분권자가 알았다면 그 의사표시는 (　　)이다. 　제16회

기출정답
01 표시
02 무효
03 주장하는 자
04 유효

ⓒ **구별개념**
  ⓐ **은닉행위**: 증여를 하면서 매매를 가장하거나, 매매계약을 체결하면서 계약서에 매매대금을 실제로 합의된 것과 다르게 적는 경우이다. 가장행위는 무효이나, 은닉행위는 그에 요구되는 요건을 갖추고 있으면 유효이다.
  ⓑ **신탁행위**: 일정한 경제적 목적을 달성하기 위하여 상대방에게 그 목적달성에 필요한 정도를 넘는 권리를 이전하고, 상대방으로 하여금 그 권리를 당사자의 경제적 목적의 범위 내에서만 행사하게 하는 행위이다. 양도담보나 추심을 위한 채권양도, 적법한 명의신탁(판례)이 그 예이며, 신탁행위는 허위표시가 아니다.

② **요건**
  ㉠ **의사표시의 존재**: 유효한 의사표시가 있는 것과 같은 외관이 있어야 한다.
  ㉡ 진의와 표시의 불일치
  ㉢ **표의자가 진의와 표시의 불일치를 알고 있을 것**: 이 점에서 비진의표시와 같고 착오와 다르다.
  ㉣ **상대방과 통정이 있을 것**: 이 점에서 비진의표시와 다르다.
  ㉤ **표의자의 동기**: 동기는 요건이 아니다.

③ **효과**
  ㉠ **당사자간의 효과**
    ⓐ **무효**: 허위표시는 당사자간에는 언제나 '무효'이다. 따라서 이행을 하지 않았으면 이행할 필요가 없고, 이행한 후이면 부당이득반환청구를 할 수 있다. 또한 불법원인급여의 적용은 없다(통설·판례). 따라서 소유권에 기한 물권적 청구권(예 등기말소청구 등)도 행사할 수 있으며, 채권자는 채무자의 부당이득반환청구권을 대위행사할 수 있다.
    ⓑ **허위표시와 채권자취소권(제406조와의 관계)**: 허위표시가 제406조의 요건을 충족한 경우에 허위표시를 한 채무자의 채권자는 채권자취소권을 행사할 수 있다. 한편 채권자취소권의 대상으로 된 채무자의 법률행위라도 통정허위표시의 요건을 갖춘 경우에는 무효이다.

⚡ **기출**

01 당사자가 통정하여 증여를 매매로 가장한 경우, 당사자가 내면적으로 의욕한 증여계약은 ( )하다.
제28회

⚡ **기출**

02 통정허위표시로서 무효인 법률행위에 따른 법률효과를 침해하는 것처럼 보이는 채무불이행이 있어도 ( )을 청구할 수 없다.
제28회

03 채무자의 법률행위가 채권자취소권의 대상이 되더라도 통정허위표시의 요건을 갖추면 ( )이다. 제22회

기출정답
01 유효
02 손해배상
03 무효

ⓒ 제3자에 대한 효력
  ⓐ **서언**: 허위표시는 무효이지만, 선의의 제3자에 대하여는 허위표시의 당사자뿐만 아니라 그 누구도 허위표시의 무효를 대항하지 못하고, 따라서 선의의 제3자에 대한 관계에 있어서는 허위표시도 그 표시된 대로 효력이 있다.
  ⓑ **제3자의 범위**: 통정허위표시의 무효를 대항할 수 없는 제3자란 허위표시의 '당사자 및 포괄승계인' 이외의 자로서 허위표시에 의하여 외형상 형성된 법률관계를 토대로 새로운 법률원인으로써 이해관계를 갖게 된 자를 말한다.

해당 하는 예	• 가장매매의 매수인으로부터 그 목적부동산을 다시 매수한 자, 매매계약에 의한 소유권이전등기청구권 보전을 위한 가등기를 취득한 자, 저당권을 설정받은 자, 임대차계약을 체결한 자, 압류채권자 • 가장매매에 기한 대금채권의 양수인 • 가장저당권설정행위에 의한 저당권의 실행에 의하여 부동산을 경락받은 자 • 가장근저당권설정행위에 기한 근저당권을 양수한 자 • 가장근저당권설정계약이 유효하다고 믿고 그 피담보채권을 가압류한 자 • 가장전세권에 대한 저당권자 • 가장전세권부채권을 가압류한 자 • 가장소비대차에 기한 대여금채권의 양수인 • 임금채권의 가장양도에 있어서 양수인의 전부채권자 • 가장소비대차의 대주가 파산선고를 받았을 때의 파산관재인 • 허위의 보증채무를 이행하여 구상권을 취득한 보증인 • 제3자로부터의 전득자
해당 하지 않는 예	• 가장매매의 매수인으로부터 그 지위를 상속받은 자(포괄승계인) • 가장행위로서의 '제3자를 위한 계약'에서 제3자(수익자) • 대리인이나 대표기관이 상대방과 허위표시를 한 경우의 본인이나 법인 • 가장양수인의 일반채권자 • 채권의 가장양도에 있어서의 채무자(다수설) • 저당권 등 제한물권이 가장포기된 경우의 기존의 후순위 제한물권자 • 채권의 가장양수인으로부터 추심을 위하여 채권을 양수한 자 • 허위표시의 당사자로부터 계약이전을 받은 자

⚡ **기출**

01 가장소비대차에서 대주의 계약상 지위를 이전받은 자는 통정허위표시에 기초하여 새로운 법률상 이해관계를 맺은 제3자에 (   ).
제27회

02 가장전세권설정계약에 의하여 형성된 법률관계로 생긴 전세금반환채권을 가압류한 채권자, 가장채권을 보유하고 있는 자가 파산선고를 받은 경우의 파산관재인은 통정허위표시에 기초하여 새로운 법률상 이해관계를 맺은 제3자에 (   ).
제27회

03 가장행위에 기한 채권을 가압류한 채권자는 통정허위표시의 무효로써 대항하지 못하는 '선의의 제3자'에서의 제3자에 (   ).
제19회

04 파산채무자가 상대방과 통정허위표시를 통하여 가장채권을 보유하고 있다가 파산이 선고된 경우, 파산관재인은 민법 제108조 제2항의 제3자에 (   ).
제28회

기출정답
01 해당하지 않는다
02 해당한다
03 포함된다
04 해당한다

ⓒ **제3자의 선의**: 제3자의 선의는 추정되므로 제3자의 악의를 주장하는 자가 이를 입증하여야 한다(통설·판례). 선의의 제3자에게 무과실을 요구하지 않고, 악의의 전득자라도 선의의 제3자의 권리를 승계한다(이견 없음).

④ **적용범위**
ⓐ 허위표시란 상대방과 통정하여 이루어진 것이므로, 상대방 없는 단독행위나 합동행위에는 적용되지 않는다(다수설).
ⓑ 본인의 의사가 절대적으로 존중되는 가족법상의 행위에 대하여는 제108조가 적용되지 않는다. 가장의 혼인신고나 입양신고는 법에 따라 각 무효로 된다.
ⓒ 소송행위는 소송요건을 갖추면 단지 가장적인 성질이 있다는 이유로 무효로 되지 않는다. 또한 공법행위에도 원칙적으로 적용되지 않는다.

⚡기출

01 통정허위표시에 기초하여 새로운 이해관계를 맺은 제3자는 특별한 사정이 없는 한 ( )로 추정된다. 제22회

02 통정허위표시에서 제3자가 악의이더라도 전득자가 ( )이면 그 전득자에 대하여 통정허위표시의 무효를 주장할 수 없다. 제28회

(4) 착오로 인한 의사표시

> **제109조 【착오로 인한 의사표시】** ① 의사표시는 법률행위의 내용의 중요부분에 착오가 있는 때에는 취소할 수 있다. 그러나 그 착오가 표의자의 중대한 과실로 인한 때에는 취소하지 못한다.
> ② 전항의 의사표시의 취소는 선의의 제3자에게 대항하지 못한다.

① **의의**: 착오란 의사와 표시가 불일치하고 그 불일치를 표의자 자신이 모르는 것을 말한다.

② **착오의 한계**
ⓐ 자연적 해석의 경우에는 착오취소는 인정될 여지가 없다. 규범적 해석은 표의자에 의한 취소가 고려된다.
ⓑ 계약에 있어서 불합의가 있는 경우, 표의자의 의사와 표시행위의 의미가 불일치할지라도 착오취소는 고려할 필요가 없다. 착오는 계약성립 이후의 문제이기 때문이다.

③ **취소권 발생의 요건(착오가 고려되기 위한 요건)**
ⓐ **의사표시의 존재와 표의자의 착오의 존재**: 착오가 존재하는지 여부의 판단시점은 의사표시 당시이다.

기출정답
01 선의
02 선의

ⓒ 법률행위 내용의 착오일 것
  ⓐ 동기의 착오
   - 동기의 착오는 의사형성과정에서의 착오이며, 내용의 착오가 아니므로 취소할 수 없다. 예를 들면, 부동산매매에서 시가에 대한 착오, 소를 키울 목적으로 우사를 짓기 위해 매수했으나 우사를 지을 수 없는 토지인 경우, 공장에 쓰려고 토지를 매수했으나 그린벨트지역이었던 경우 등이다.
   - 동기의 착오가 법률행위의 내용의 중요부분의 착오에 해당함을 이유로 표의자가 법률행위를 취소하려면 그 동기를 당해 의사표시의 내용으로 삼을 것을 상대방에게 표시하고 의사표시의 해석상 법률행위의 내용으로 되어 있다고 인정되면 충분하고 당사자들 사이에 별도로 그 동기를 의사표시의 내용으로 삼기로 하는 합의까지 이루어질 필요는 없다.
   - 다만, 동기가 상대방의 부정한 방법에 의해 유발된 경우나 동기가 상대방으로부터 제공된 경우에는 동기가 표시되지 않았다고 하더라도 그 동기는 법률행위 내용의 중요부분의 착오에 해당한다.
  ⓑ 의미(내용)의 착오: 달러($)와 파운드(£)가 동일한 것으로 오해하여 100£의 의사로 100$로 쓰는 것, 사용대차가 유상계약이라고 생각하면서 사용대차한다고 표시하는 경우에 의미의 착오가 존재한다.
  ⓒ 표시상의 착오: 매도인이 100만원이라고 쓰려다가 10만원으로, 매수인이 10개라고 쓰려다가 100개라고 쓴 경우는 행위내용의 착오이다.
  ⓓ 표시기관의 착오

표시기관의 착오	표시기관으로서의 사자가 잘못 표시한 경우 ⇨ 표시상의 착오
전달기관의 착오	전달기관으로서의 사자가 잘못 전달한 경우 ⇨ 의사표시의 부도달의 문제

ⓒ 법률행위 내용의 중요부분의 착오
  ⓐ 중요부분의 착오: 주관적 현저성 + 객관적 현저성

> **기출**
>
> **01** 동기의 착오를 이유로 표의자가 법률행위를 취소하려면 그 동기를 표시하고 당사자들 사이에 그 동기를 의사표시의 내용으로 삼기로 하는 (　　)는 요건이 아니다. 제15회
>
> **02** 동기가 표시되지 않았더라도 상대방에 의하여 (　　)된 동기의 착오는 취소할 수 있다. 제24회

기출정답
01 합의
02 유발

ⓑ **중요부분의 착오가 아닌 예**: 착오로 인하여 표의자가 무슨 경제적인 불이익을 입은 것이 아니라고 한다면 이를 법률행위 내용의 중요부분의 착오라고 할 수 없다. 예를 들면, 주채무자의 차용금반환채무를 보증할 의사로 공정증서에 연대보증인으로 서명날인하였으나 그 공정증서가 주채무자의 기존의 구상금채무 등에 관한 준소비대차계약의 공정증서이었던 경우 등이다.

ⓒ **표의자에게 중과실이 없을 것**: 착오가 표의자의 중대한 과실에 기한 경우에 취소권을 배제한다. 그러나 상대방이 표의자의 착오를 알고 이를 이용한 경우에는 착오가 표의자의 중대한 과실로 인한 것이라고 하더라도 표의자는 의사표시를 취소할 수 있다.

> ⚡ **기출**
>
> **01** 착오로 인하여 표의자가 (　　)을 입은 것이 아니라면 이를 법률행위 내용의 중요부분의 착오라고 할 수 없다. 제26회
>
> **02** 상대방이 표의자의 착오를 알고 이용한 경우에는 착오가 표의자의 중대한 과실로 인한 것이라도 표의자는 그 의사표시를 (　　)할 수 있다. 제25회

⭐ 암기 PLUS | 표의자의 중과실 여부

중과실 ○	• 공장을 경영하는 자가 공장을 설립할 목적으로 토지를 매수함에 있어 토지상에 공장을 건축할 수 있는지 여부를 관할 관청에 알아보지 아니한 경우 • 금융기관이 대출자금이 모두 상환되지 않았음에도 착오로 신용보증기금에게 신용보증서 담보설정해지를 통지한 경우
중과실 ×	• 매수인이 도자기를 매수하면서 자신의 골동품 식별 능력과 매매를 소개한 자를 과신한 나머지 전문적 감정인의 감정을 거치지 아니한 채 그 도자기를 고가로 매수한 경우 • 중개업자가 매매계약의 목적물을 다른 점포로 오인한 채 매수인에게 알려준 경우

ⓓ **증명책임**: 적극요건인 착오의 존재와 그 착오가 법률행위 내용의 중요부분에 존재한다는 것은 표의자가 증명책임을 진다. 반면 소극요건인 중대한 과실에 관한 주장과 입증책임은 의사표시를 취소하게 하지 않으려는 상대방에게 있다.

④ **고려되는 착오의 구체적인 모습**

㉠ **기명날인의 착오(서명의 착오)**: 위자료의 수령에 따르는 보통문서인 것으로 오인하고 일체의 손해배상청구권을 포기하는 취지의 각서에 기명날인하는 경우, 신원보증서류에 서명날인한다는 착각에 빠진 상태로 연대보증의 서면에 서명날인한 경우는 중요부분의 착오의 예이다.

> ⚡ **기출**
>
> **03** 표의자에게 중대한 과실이 있는지 여부에 관한 증명책임은 그 의사표시를 취소하게 하지 않으려는 (　　)에게 있다. 제26회
>
> **04** 신원보증서류에 서명날인한다는 착각에 빠진 상태로 연대보증의 서면에 서명날인한 경우, (　　)에 해당한다. 제5회
>
> **기출정답**
> 01 경제적인 불이익
> 02 취소
> 03 상대방
> 04 중요부분의 착오

기출

01 물상보증인이 근저당권설정계약을 체결하는 경우, 채무자의 동일성에 관한 착오는 (　　)에 해당한다.
제28회

02 재건축조합이 재건축아파트 설계용역계약을 체결함에 있어서 상대방의 건축사 자격유무에 관한 착오는 법률행위의 (　　)이다.
제16회

ⓛ **동일성의 착오**: 보증계약에서 주채무자, 근저당권설정계약에 있어서 채무자의 동일성에 관한 착오는 일반적으로 법률행위 내용의 중요부분의 착오이다. 그리고 매수인이 매매목적물인 점포를 다른 점포로 오인한 것은 목적물의 동일성에 대한 착오로서 중요부분의 착오에 해당한다.

ⓒ **성질의 착오**

ⓐ 일정한 사용목적을 위하여 토지를 매수하였는데 법령상의 제한으로 그 토지를 목적대로 사용할 수 없게 된 경우, 매수인의 착오는 동기의 착오에 불과하다. 그러나 재건축조합이 건축사 자격이 없이 건축연구소를 개설한 건축학 교수에게 건축사 자격이 없다는 것을 알았더라면 재건축조합만이 아니라 객관적으로 볼 때 일반인으로서도 이와 같은 설계용역계약을 체결하지 않았을 것으로 보이므로, 재건축조합측의 착오는 중요부분의 착오에 해당한다.

ⓑ 토지의 현황·경계에 관한 착오는 중요부분의 착오이다. 가령 토지 1,389평을 경작할 수 있는 농지인 줄 알고 매입하였으나 상당부분(600평)이 하천을 이루고 있거나 농지로 알고 매수했으나 일부가 하천부지인 경우가 그 예이다. 그리고 외형적인 경계(담장)를 기준으로 하여 인접토지에 관한 교환계약이 이루어졌으나 그 경계가 실제의 경계와 일치하지 않음으로써 그중 일방이 제공받기로 한 토지가 자신의 토지임이 밝혀진 경우, 인접대지의 경계선이 자신의 대지의 경계선과 일치하는 것으로 잘못 알고 그 경계선에 담장을 설치하기로 합의한 경우는 토지의 경계에 관한 착오이다.

ⓒ 특정된 토지 전부를 매수하였으나 표시된 지적이 실제 면적보다 적은 경우라도 그 매매계약의 중요부분에 착오가 있다고 할 수 없으며, 건물 및 그 부지를 현상대로 매매한 것인 경우 부지의 지분이 다소 부족하다 하더라도 매매계약의 중요부분 착오로 보지 않는다.

ⓔ **법률(효과)의 착오**: 법률에 관한 착오라도 그것이 법률행위의 내용의 중요부분에 관한 것인 때에는 표의자는 그 의사표시를 취소할 수 있다.

기출정답
01 중요부분의 착오
02 중요부분에 관한 착오

★ 암기 PLUS | 중요부분의 착오 여부

중요부분의 착오 ○	기명날인의 착오, 목적물의 동일성에 관한 착오, 채무자의 동일성에 관한 물상보증인의 착오, 토지의 현황·경계에 관한 착오, 재건축아파트 설계용역에서 건축사 자격 여부에 관한 착오
중요부분의 착오 ×	지적·지분·수량 등이 실제보다 적은 경우, 시가에 관한 착오

⑤ 고려되는 착오의 효과

㉠ 착오의 효과로서 취소가능성

ⓐ 일단 유효하다(잠정적·유동적 유효). 표의자는 착오에 의한 의사표시를 취소할 수 있다.

ⓑ 위 ⓐ의 제109조는 임의규정이다. 따라서 당사자의 합의로 착오로 인한 의사표시 취소에 관한 제109조 제1항의 적용을 배제할 수 있다. 그리고 착오자의 상대방이 착오자의 진의에 동의하는 경우 착오자의 취소는 신의칙에 반하는 권리행사로서 허용되지 않는다. 판례는 매매계약에 따른 양도소득세와 관련하여 착오가 있었더라도 법령이 개정되어 착오로 인한 불이익이 소멸한 경우 취소의 의사표시는 신의성실의 원칙상 허용될 수 없다고 한다.

㉡ 취소의 효과

ⓐ 법률행위의 소급적 무효
- 착오를 이유로 의사표시가 적법하게 취소되면 법률행위가 처음부터 무효인 것으로 간주된다. 다만, 실행에 옮겨진 조합계약이나 노동이 개시된 고용에 있어서는 취소는 장래에 향하여서만 효력이 생긴다.
- 착오가 법률행위의 일부에만 관계된 경우에는 그 부분만이 취소되며, 효과에 대하여는 일부무효의 법리가 적용되어야 한다.

ⓑ **선의의 제3자**: 의사표시의 취소는 선의의 제3자에게 대항하지 못한다.

ⓒ **취소자의 손해(신뢰이익)배상책임**: 착오자에게 과실이 있었더라도 착오에 빠진 것 자체가 위법하지는 않기 때문에 불법행위에 기한 손해배상이 피해자라고 할 상대방에게 반드시 인정되는 것은 아니다.

⚡ **기출**

01 부동산 매매계약에서 시가에 관한 착오는 원칙적으로 법률행위의 중요부분에 관한 착오가 (   ). 제25회

02 당사자의 합의로 착오의 의사표시 취소에 관한 민법 제109조 제1항의 적용을 배제할 수 (   ). 제22회

기출정답
01 아니다
02 있다

⑥ **제109조의 적용범위**
　㉠ **사법상의 의사표시**: 제109조는 원칙적으로 모든 사법상의 의사표시에 적용된다. 그리하여 재단법인 설립행위와 같은 상대방 없는 단독행위에도 적용된다.
　㉡ **공법상의 행위 등**
　　ⓐ 착오에 빠진 행정처분과 같이 공법상의 행위에 대하여 원칙적으로 제109조가 적용되지 않는다.
　　ⓑ 소송행위에 대하여는, 그 내용의 중요부분에 착오가 있더라도 제109조가 적용되지 않는다.
　　ⓒ 소취하합의의 의사표시 역시 제109조에 따라 법률행위의 내용의 중요부분에 착오가 있는 때에는 취소할 수 있다.

⑦ **제109조와 다른 규정의 경합 여부**
　㉠ **제110조와의 경합 여부**: 타인의 기망행위에 의하여 표의자가 착오에 빠진 상태에서 한 의사표시가 착오와 사기의 요건을 모두 갖추는 경우, 표의자는 선택적으로 사기 또는 착오에 의한 의사표시임을 주장할 수 있다.
　㉡ **담보책임과의 경합 여부**: 매매계약 내용의 중요부분에 착오가 있는 경우 매수인은 매도인의 하자담보책임이 성립하는지와 상관없이 착오를 이유로 매매계약을 취소할 수 있다.
　㉢ **해제와 취소**: 매도인이 매수인의 중도금지급채무 불이행을 이유로 매매계약을 적법하게 해제한 후라도 매수인으로서는 상대방이 한 계약해제의 효과로서 발생하는 손해배상책임을 지거나 매매계약에 따른 계약금의 반환을 받을 수 없는 불이익을 면하기 위하여 착오를 이유로 한 취소권을 행사하여 매매계약 전체를 무효로 돌리게 할 수 있다.
　㉣ **화해계약에 있어서 착오의 문제(제733조)**: 화해계약은 착오를 이유로 취소할 수 없다. 그러나 화해당사자의 자격 또는 화해의 목적인 분쟁 이외의 사항에 착오가 있는 때에는 착오를 이유로 취소할 수 있다.

⚡ 기출

01 타인의 기망행위에 의해 동기의 착오가 발생한 경우에는 사기와 착오의 (　　)이 인정될 수 있다. 　제26회

02 매매계약 내용의 중요부분에 착오가 있는 경우 매수인은 매도인의 하자담보책임이 성립하는지와 상관없이 (　　)를 이유로 그 계약을 취소할 수 있다. 　제25회

03 매도인이 매매계약을 적법하게 해제하였더라도, 매수인은 계약해제의 효과로 발생하는 불이익을 면하기 위하여 (　　)를 원인으로 그 계약을 취소할 수 있다. 　제28회

기출정답
01 경합
02 착오
03 착오

(5) 사기·강박에 의한 의사표시

> **제110조 【사기·강박에 의한 의사표시】** ① 사기나 강박에 의한 의사표시는 취소할 수 있다.
> ② 상대방 있는 의사표시에 관하여 제3자가 사기나 강박을 행한 경우에는 상대방이 그 사실을 알았거나 알 수 있었을 경우에 한하여 그 의사표시를 취소할 수 있다.
> ③ 전2항의 의사표시의 취소는 선의의 제3자에게 대항하지 못한다.

① **의의**: 사기나 강박에 의한 의사표시는 의사와 표시의 불일치는 존재하지 않으며, 단지 의사의 형성과정에 하자가 존재한다.
② **요건**
  ㉠ **사기에 의한 의사표시**
    ⓐ **의사표시의 존재**: 의사표시가 존재하여야 한다.
    ⓑ **사기자의 고의**: 고의는 2단의 고의, 즉 표의자를 기망하여 착오에 빠지게 하려는 고의와 그 착오에 기하여 표의자로 하여금 의사표시를 하게 하려는 고의가 있어야 한다(통설).
    ⓒ **기망행위**: 단순한 침묵은 원칙적으로 기망행위가 아니나 신의칙 및 거래관념에 비추어 어떤 상황을 고지할 법률상의 의무가 있음에도 불구하고 이를 고지하지 않음으로써 표의자에게 실제와 다른 관념을 야기·강화·유지하게 하는 경우에는 기망행위로 된다. 판례는 아파트분양자는 아파트단지 인근에 쓰레기매립장이 건설예정인 사실이나 공동묘지가 조성되어 있는 사실을 분양계약자에게 고지할 신의칙상 의무를 부담하며, 따라서 이를 하지 않은 것은 기망행위이다.
    임차권양도계약이 체결될 당시에 임차건물에 대한 임대차기간의 연장이나 임차권 양도에 대한 임대인의 동의 여부가 확실하지 않은 상태에서 몇 차례에 걸쳐 명도요구를 받고 있었던 임차권 양도인이 그 여부를 확인하여 양수인에게 설명하지 아니한 채 임차권을 양도한 행위는 기망행위에 해당한다. 그러나 교환계약의 당사자는 시가를 설명 내지 고지할 신의칙상의 주의의무가 없기 때문에 당사자 일방이 자기소유 목적물의 시가를 묵비한 것은 기망행위가 아니다.

⚡기출

01 사기에 의한 의사표시에서 상대방에 대한 (　　)가 없다면 침묵과 같은 부작위는 기망행위가 아니다.
제24회

⚡기출

02 교환계약의 당사자가 자기소유 목적물의 시가를 묵비한 것은 특별한 사정이 없는 한 기망행위가 (　　).
제27회

기출정답
01 고지의무
02 아니다

ⓓ **기망행위의 위법성**: 상가를 분양하면서 그 곳에 첨단 오락타운을 조성하고 전문경영인에 의한 위탁경영을 통하여 일정 수익을 보장한다는 취지의 광고를 하였다고 하여 이로써 상대방을 기망하여 분양계약을 체결하게 하였다거나 상대방이 계약의 중요부분에 관하여 착오를 일으켜 분양계약을 체결하게 된 것이라 볼 수 없다. 그러나 대형백화점의 이른바 변칙세일은 기망행위에 해당하고, 그 사술의 정도가 사회적으로 용인될 수 있는 상술의 정도를 넘은 것이어서 위법성이 있다.

ⓔ **인과관계**: 기망행위와 착오 사이에, 착오와 의사표시 사이에 인과관계가 있어야 한다.

ⓒ **강박에 의한 의사표시**

ⓐ **의사표시의 존재**: 강박에 의하여 의사결정의 자유가 완전히 박탈된 상태에서 이루어진 의사표시는 효과의사에 대응하는 내심의 의사가 결여된 것이므로 무효라고 볼 수밖에 없으나, 이를 제한하는 정도에 그친 경우에는 그 의사표시는 취소할 수 있다.

ⓑ **강박의 고의**: 2단계의 고의가 필요하다. 즉, 상대방이 표의자로 하여금 공포심을 생기게 하고 이로 인하여 법률행위의사를 결정하게 할 고의가 있어야 한다.

ⓒ **강박행위**: '불법으로 어떤 해악을 고지'한 것이어야 하므로 '각서에 서명·날인할 것을 강력히 요구'한 것은 강박행위로 볼 수 없다.

ⓓ **강박행위의 위법성**: 일반적으로 부정행위에 대한 고소·고발은 그것이 부정한 이익을 목적으로 하는 것이 아닌 때에는 정당한 권리행사가 되어 위법하다고 할 수 없으나, 부정한 이익의 취득을 목적으로 하는 경우에는 위법한 강박행위가 되는 경우가 있고 목적이 정당하다 하더라도 행위나 수단 등이 부당한 때에는 위법성이 있는 경우가 있을 수 있다.

ⓔ **인과관계**: 강박에 의한 의사표시라고 하려면 상대방이 불법으로 어떤 해악을 고지함으로 말미암아 공포를 느끼고 의사표시를 한 것이어야 한다.

⚡ **기출**
01 강박에 의하여 의사결정의 자유가 (　　)된 상태에서 이루어진 의사표시는 무효이다. 제27회

⚡ **기출**
02 어떤 해악의 고지가 없이 단지 각서에 서명·날인할 것을 강력히 요구한 것만으로 강박에 해당(　　). 제25회

03 강박에 의한 의사표시라고 하려면 상대방이 불법으로 어떤 (　　)함으로 말미암아 공포를 느끼고 의사표시를 한 것이어야 한다. 제16회

기출정답
01 완전히 박탈
02 하지 않는다
03 해악을 고지

③ 효과
  ㉠ 취소권의 발생
    ⓐ **상대방의 사기·강박**: 의사표시의 상대방이 사기 또는 강박을 한 경우에 표의자는 그 의사표시를 취소할 수 있다.
    ⓑ **제3자의 사기·강박**
      • **상대방 없는 의사표시**: 상대방 없는 의사표시를 제3자의 사기나 강박으로 인해 한 때에는, 표의자는 언제나 그 의사표시를 취소할 수 있다.
      • **상대방 있는 의사표시**: 상대방 있는 의사표시를 제3자의 사기나 강박으로 인해 한 때에는, '상대방이 그 사실을 알았거나 알 수 있었을 때'에 한하여 그 의사표시를 취소할 수 있다. 여기의 제3자는 상대방과 동일시 할 수 없는 자로서 상대방의 피용자, 담보제공자(보증인·물상보증인)에 대하여 사기·강박을 행한 채무자 등이다. 그러나 '상대방의 대리인 등 상대방과 동일시할 수 있는 자'는 제3자가 아니다.
  ㉡ 취소의 효과
    ⓐ 사기·강박에 의한 의사표시가 취소되면 법률행위가 소급적으로 무효가 된다.
    ⓑ 사기·강박에 의한 의사표시의 취소는 선의의 제3자에게 대항하지 못한다. 특별한 사정이 없는 한 제3자는 선의로 추정된다. 따라서 제3자의 악의 여부를 표의자가 증명하여야 한다. 그리고 취소를 주장하는 자와 양립되지 아니하는 법률관계를 가졌던 것이 취소 이전에 있었던가 이후에 있었던가는 가릴 필요가 없다.
④ 적용범위
  ㉠ 신분행위에는 당사자의 의사가 존중되어야 하므로 적용되지 않으며, 재산행위일지라도 전형적인 거래행위나 단체적 행위에는 거래의 안전상 적용되지 않는다.
  ㉡ 행정처분·소송행위에도 적용되지 않는다.
⑤ 다른 규정의 경합 여부
  ㉠ **화해계약과 경합 여부**: 화해계약이 사기로 인하여 이루어진 경우에는 화해의 목적인 분쟁에 관한 사항에 착오가 있는 때에도 이를 취소할 수 있다.

ⓒ **담보책임과의 경합 여부**: 매수인은 담보책임과 취소권을 선택적으로 행사할 수 있다.

ⓒ **불법행위책임과의 경합 여부**: 법률행위가 사기에 의한 것으로서 취소되는 경우에 그 법률행위가 동시에 불법행위를 구성하는 때에는 취소의 효과로 생기는 부당이득반환청구권과 불법행위로 인한 손해배상청구권은 경합하여 병존하는 것이므로, 채권자는 어느 것이라도 선택하여 행사할 수 있지만 중첩적으로 행사할 수는 없다.

> **판례 | 제3자에 의한 사기행위로 계약을 체결한 경우**
>
> 제3자의 사기행위로 인하여 피해자가 주택건설사와 사이에 주택에 관한 **분양계약을 체결하였다고 하더라도 제3자의 사기행위 자체가 불법행위를 구성**하는 이상, 제3자로서는 그 불법행위로 인하여 피해자가 입은 손해를 배상할 책임을 부담하는 것이므로, **피해자가 제3자를 상대로 손해배상청구를 하기 위하여 반드시 그 분양계약을 취소할 필요는 없다**(대판 1998. 3.10, 97다55829).

02 의사표시의 효력 발생

(1) 총설

상대방 없는 의사표시는 원칙적으로 표시행위가 완료된 때에 효력이 발생한다(표백주의).

(2) 상대방 있는 의사표시의 효력발생시기

① 서설

> **제111조 【의사표시의 효력발생시기】** ① 상대방이 있는 의사표시는 상대방에게 도달한 때에 그 효력이 생긴다.
> ② 의사표시자가 그 통지를 발송한 후 사망하거나 제한능력자가 되어도 의사표시의 효력에 영향을 미치지 아니한다.

② 도달주의

ⓒ **원칙**: 상대방 있는 의사표시는 격지자이냐 또는 대화자이냐를 구별하지 않고 표시행위가 상대방에게 도달한 때로부터 그 효력이 생긴다.

기출

01 제3자의 사기행위로 체결한 계약에서 그 사기행위 자체가 불법행위를 구성하는 경우, 피해자가 제3자에게 불법행위로 인한 손해배상을 청구하기 위하여 그 계약을 취소할 필요는 (   ).
제26회

기출

02 상대방 있는 의사표시는 그 통지가 상대방에게 (   )한 때에 그 효력이 발생한다.
제15회

03 표의자가 의사표시를 발신한 후 사망하더라도 그 의사표시의 (   )에는 영향을 미치지 아니한다.
제26회

04 표의자가 의사표시를 발송한 후 제한능력자가 되어도 그 의사표시의 (   )에 영향을 미치지 아니한다.
제28회

기출정답

01 없다
02 도달
03 효력
04 효력

ⓛ 내용

ⓐ 도달이라 함은 사회관념상 채무자가 통지의 내용을 알 수 있는 객관적 상태에 놓여졌다고 인정되는 상태를 지칭한다고 해석되므로, 채무자가 이를 현실적으로 수령하였다거나 그 통지의 내용을 알았을 것까지는 필요로 하지 않는다.

📑 암기 PLUS Ⅰ 의사표시의 도달 여부

도달 ○	• 정당한 이유 없이 수령을 거절한 경우 • 동거가족이나 피용인에게 교부된 경우
도달 ×	• 가정부가 수령한 후에 즉시 회수한 경우 • 아파트 경비원이 집배원으로부터 우편물을 수령한 후 이를 우편함에 넣어 둔 사실이 있는 경우

ⓑ 의사표시가 도달하였다는 점은 표의자가 증명하여야 한다.

📑 암기 PLUS Ⅰ 우편물이 반송되지 않은 경우 도달 추정 여부

추정 ○	내용증명 우편물 또는 등기로 발송한 우편물
추정 ×	통상우편

ⓒ 효과

ⓐ 도달한 때에 의사표시의 효력이 발생한다. 따라서 의사표시의 불착·연착은 모두 표의자의 불이익으로 돌아간다.

ⓑ 의사표시가 상대방에게 도달하여 효력이 발생하면, 그 의사표시를 철회할 수 없다. 즉 표의자는 그 의사표시에 구속된다. 그러나 의사표시의 발신 후 도달 전에는 그 의사표시를 철회할 수 있다. 따라서 의사표시가 상대방에게 도달하기 전에 또는 이와 동시에 철회의 통지가 상대방에게 도달하는 때에는 그 의사표시의 효력은 발생하지 않는다.

ⓒ 의사표시 발신 후의 사정변경은 의사표시에 영향을 미치지 않는다. 따라서 의사표시가 도달하고 있는 한, 의사표시자가 그 통지를 발송한 후 사망하거나 제한능력자가 되어도 의사표시의 효력에 영향을 미치지 아니한다.

⚡ 기출

01 의사표시가 상대방에게 도달한 것으로 인정되기 위해서는 상대방이 그 의사표시의 내용을 알 것까지는 필요로 하지 (   ). 제28회

기출정답

01 않는다

③ 도달주의에 대한 예외 - 발신주의

> **📖 암기 PLUS | 발신주의**
> - 제한능력자 상대방의 확답촉구에 대한 본인의 확답(제15조)
> - 사원총회의 소집통지(제71조)
> - 무권대리에서 상대방의 최고에 대한 본인의 확답(제131조)
> - 면책적 채무인수에서 채무자의 최고에 대한 채권자의 확답(제455조 제2항)
> - 격지자간의 계약에서 청약에 대한 승낙의 의사표시(제531조)

(3) 의사표시의 효력 발생과 관련된 몇 가지 문제

① **의사표시의 공시송달**: 표의자가 과실 없이 상대방을 알지 못하거나 상대방의 소재를 알지 못하는 경우에는 의사표시는 민사소송법 공시송달의 규정에 의하여 송달할 수 있다.

② **의사표시의 수령능력**

> **제112조 【제한능력자에 대한 의사표시의 효력】** 의사표시의 상대방이 의사표시를 받은 때에 제한능력자인 경우에는 의사표시자는 그 의사표시로써 대항할 수 없다. 다만, 그 상대방의 법정대리인이 의사표시가 도달한 사실을 안 후에는 그러하지 아니하다.

㉠ 민법은 모든 제한능력자를 의사표시의 수령무능력자로 규정한다. 제한능력자가 의사표시의 도달을 주장하는 것은 상관없다.
㉡ 미성년자나 피한정후견인이 행위능력을 가지는 경우에는 수령능력이 있다.

제7절 법률행위의 대리 〔빈출〕

01 서설

(1) 대리의 의의

대리란 타인(대리인)이 본인의 이름으로 의사표시를 하거나 또는 의사표시를 받음으로써 그 법률효과가 직접 본인에 관하여 생기게 하는 제도이다.

⚡ 기출

01 제한능력자의 상대방이 한 추인 여부의 촉구에 대한 법정대리인의 확답, 무권대리인의 상대방이 한 추인 여부의 최고에 대한 본인의 확답은 ( )를 따른다. 제21회

02 격지자간의 계약은 승낙의 통지를 ( )한 때에 성립한다. 제15회

⚡ 기출

03 의사표시의 상대방이 제한능력자로서 의사표시를 받았으나 법정대리인이 그 사실을 알지 못한 경우, 상대방은 그 의사표시로써 ( ) 할 수 없다. 제28회

선생님 TIP

법률행위의 대리는 크게 대리의 3면관계(유권대리), 복대리, 표현대리, 협의의 무권대리로 나뉜다.

기출정답
01 발신주의
02 발송
03 대항

(2) 대리가 인정되는 범위

> **암기 PLUS | 대리가 인정되는 범위**
>
> | 대리 ○ | 법률행위, 의사의 통지나 관념의 통지(표현행위)와 같은 준법률행위 |
> |---|---|
> | 대리 × | 혼인이나 유언과 같은 신분행위, 현실의 인도와 같은 사실행위, 불법행위 |

(3) 대리와 구별되는 제도

> **암기 PLUS | 대리와 사자의 비교**
>
> | 구분 | 대리 | 사자 |
> |---|---|---|
> | 효과의사의 결정 | 대리인 | 본인 |
> | 착오 유무 | 대리인을 표준으로 결정 | 본인을 표준으로 결정 |
> | 권한을 넘은 표현대리 | 성립 가능 | 성립 가능 |

(4) 대리의 종류

> **개념 PLUS | 대리의 종류**
>
> | 임의대리·법정대리 | 대리권이 본인의 수권행위에 의한 것이 임의대리, 그렇지 않으면 법정대리 |
> |---|---|
> | 능동대리·수동대리 | 의사표시를 하는 능동대리, 의사표시를 받는 수동대리, 대리인은 모두 가짐 |
> | 유권대리·무권대리 | 대리권 유무에 따른 분류 |

(5) 대리의 3면관계

> **개념 PLUS | 대리의 3면관계**
>
> | 본인과 대리인 | 대리권 |
> |---|---|
> | 대리인과 상대방 | 대리행위 |
> | 본인과 상대방 | 대리행위의 효과귀속 |

02 유권대리

(1) 대리권

① **의의**: 대리권이 있다는 점에 대한 입증책임은 그 효과를 주장하는 자에게 있다.

② **발생원인**

　㉠ **법정대리권의 발생원인**: 법정대리권은 본인의 의사와는 관계없이 직접 법률의 규정에 의해 발생한다.

　㉡ **임의대리권의 발생원인(수권행위)**: 수권행위는 상대방 있는 단독행위이다. '위임과 대리권 수여는 별개의 독립된 행위'라고 하여 수권행위의 독자성을 인정한다. 수권행위는 묵시적인 의사표시에 의하여 할 수도 있으며, 어떤 사람이 대리인의 외양을 가지고 행위하는 것을 본인이 알면서도 이의를 하지 아니하고 방임하는 등 사실상의 용태에 의하여 대리권의 수여가 추단되는 경우도 있다.

③ **대리권의 범위와 그 제한**

　㉠ **대리권의 범위**

　　ⓐ **법정대리권의 범위**: 법정대리인에 관한 규정의 해석에 의하여 결정된다.

　　ⓑ **임의대리권의 범위**
　　　• 일반론(수권행위의 해석)

> **⭐ 암기 PLUS │ 임의대리권의 범위**
>
> | 대리권 ○ | • 매매계약을 체결할 대리권을 수여받은 대리인은 중도금·잔금 수령권
• 약정된 매매대금 지급기일을 연기하여 줄 권한
• 소비대차계약의 기한을 연기하고 이자와 대금을 수령할 권한 |
> |---|---|
> | 대리권 × | • 취소권·해제권·처분권, 채무면제
• 예금계약의 체결을 위임받은 자가 그 예금을 담보로 대출을 받거나 처분할 수 있는 대리권 |

　　　• **보충규정으로서 제118조(대리권의 범위)**: 권한을 정하지 아니한 대리인은 보존행위, 대리의 목적인 물건이나 권리의 성질을 변하지 아니하는 범위에서 그 이용 또는 개량하는 행위만을 할 수 있다.

⚡ **기출**

01 매매계약을 체결할 대리권을 수여받은 대리인이 상대방으로부터 (　　)을 지급받은 경우, 특별한 사정이 없는 한 이를 본인에게 전달하지 않더라도 상대방의 대금지급의무는 소멸한다. 제27회

02 매매계약의 체결과 이행에 관하여 포괄적으로 대리권을 수여받은 대리인은 특별한 사정이 없는 한 상대방에 대하여 약정된 매매대금 지급기일을 (　　)하여 줄 권한도 가진다. 제27회

03 권한을 정하지 아니한 임의대리인은 대리의 목적인 물건의 (　　) 범위에서 그 물건을 개량할 수 있다. 제28회

기출정답
01 매매대금
02 연기
03 성질이 변하지 않는

★ 암기 PLUS | 임의대리권의 범위에 관한 보충규정

행위		의미	한계	구체적 사례
관리행위	보존행위	재산의 가치를 유지·보존하는 데 필요한 일체의 행위	무제한	주택의 수선, 소멸시효의 중단, 미등기부동산의 등기신청, 기한이 도래한 채무의 변제, 부패하기 쉬운 물건의 매각 등
	이용행위	재산을 사용·수익하는 행위	대리의 목적인 물건이나 권리의 성질이 변하지 않는 범위. 따라서 예금을 주식으로 바꾸거나, 은행예금을 찾아 개인에게 빌려주는 것은 할 수 없다.	물건의 임대, 금전을 이자부로 대여하는 행위 등
	개량행위	재산의 가치를 증가시키는 행위		이자 없는 채권을 이자부로 하거나 저당권의 부담을 해소하는 행위 등
처분행위			불가능	매각행위, 저당권 설정행위 등

ⓒ 대리권의 제한

ⓐ **자기계약 및 쌍방대리의 금지**: 제124조에 따라 대리인은 본인의 허락이 없으면 본인을 위하여 자기와 법률행위를 하거나 동일한 법률행위에 관하여 당사자 쌍방을 대리하지 못한다. 그러나 채무의 이행은 할 수 있다. 따라서 부동산 입찰절차에서 동일물건에 관하여 이해관계가 다른 2인 이상의 대리인이 된 경우에는 그 대리인이 한 입찰은 무효이다.

• 금지의 예외

⚡ 기출
01 대리인은 본인의 허락이 없어도 쌍방을 대리하여 다툼이 없는 (　　)을 할 수 있다.
제23회

★ 암기 PLUS | 자기계약·쌍방대리의 허용 여부

허용 ○	상계, 법무사가 등기권리자와 등기의무자 쌍방을 대리하여 등기를 신청하는 경우
허용 ×	대물변제, 경개, 다툼이 있는 채무의 이행, 기한미도래 채무의 변제, 항변권 있는 채무의 변제

기출정답
01 채무의 이행

- **위반의 효과**: 제124조에 위반한 대리행위는 확정적 무효가 아니고 무권대리로 된다. 즉, 본인에 대하여 무효이지만, 본인의 추인에 의하여 유효로 될 수 있다.
- **적용범위**
  - **원칙**: 자기계약·쌍방대리의 금지는 임의대리와 법정대리에 모두 적용된다.
  - **제124조에 대한 특칙**
    - 친권자와 그 자(子) 사이에 또는 친권에 따르는 수인의 자(子) 사이에 이해가 충돌하는 행위를 할 경우에 친권자는 그 자(子)의 특별대리인 또는 그 자(子) 일방의 특별대리인의 선임을 청구하여야 한다. 그러나 법정대리인인 친권자가 부동산을 매수하여 이를 그 자(子)에게 증여하는 행위는 미성년자인 자(子)에게 이익만을 주는 행위이므로 친권자와 자(子) 사이의 이해상반행위에 속하지 아니하고, 또 자기계약이지만 유효하다.
    - 법인과 이사의 이익이 상반하는 사항에 관하여 이사는 대표권이 없고, 법원이 선임한 특별대리인이 법인을 대표한다.

ⓑ **공동대리**
- **의의 및 취지**: 대리인이 수인인 경우에는 원칙적으로 대리인 각자가 본인을 대리한다(각자대리). 즉, 단독대리가 원칙이다. 그러나 법률 또는 수권행위에서 수인의 대리인이 공동으로만 대리할 수 있는 것으로 정한 경우에는 공동으로 대리하여야 한다.
- **위반의 효과**: 공동대리에 위반한 대리행위는 무권대리가 된다. 다만 본인의 추인이 있으면 유효로 되고, 나아가 제126조의 표현대리가 성립할 여지가 많다.

④ **대리권의 남용**
  ㉠ **서설**: 대리인이 대리권의 범위 내에서 대리행위를 하였으나, 본인의 이익을 위해서가 아니라 자기 또는 제3자의 이익을 꾀하기 위하여 대리행위를 하는 등 본인과 대리인 사이의 내부적 기초관계에 위반하여 대리권이 남용된 경우에 그 효력과 근거가 문제된다. 대표권의 남용에서도 같은 이론이 적용되어야 한다.

⚡ **기출**

01 친권자가 본인의 지위와 법정대리인으로서의 지위에서 자기의 부동산을 미성년인 자(子)에게 증여하는 자기계약은 (   )이다.
제13회

⚡ **기출**

02 법률 또는 수권행위에 다른 정한 바가 없으면, 수인의 대리인은 (   ) 본인을 대리한다.
제22회

선생님 TIP

대리권 남용의 경우에, 원칙적으로 대리권이 있으므로 유효이고, 무권대리가 아니다. 예외적으로 무효이다.

기출정답
01 유효
02 각자

ⓛ **학설 및 판례**: 대리인의 진의가 본인의 이익이나 의사에 반하여 자기 또는 제3자의 이익을 위한 배임적인 것임을 그 상대방이 알았거나 알 수 있었을 경우에는, 제107조 제1항 단서의 유추해석상 그 대리인의 행위는 본인의 대리행위로 성립할 수 없으므로 본인은 대리인의 행위에 대하여 아무런 책임을 지지 않는다.

⑤ 대리권의 소멸
　ⓐ **법정대리·임의대리에 공통한 소멸원인**: 본인의 사망, 대리인의 사망, 성년후견개시 또는 파산사유가 있으면 소멸한다.
　ⓛ **임의대리에 특유한 소멸원인**: 법률행위에 의하여 수여된 대리권은 위 ⓐ 외에 그 원인된 법률관계의 종료에 의하여 소멸한다. 법률관계의 종료 전에 본인이 수권행위를 철회한 경우에도 같다.

(2) 대리행위

① 현명주의

> **제114조 【대리행위의 효력】** ① 대리인이 그 권한 내에서 본인을 위한 것임을 표시한 의사표시는 직접 본인에 대하여 효력이 생긴다.
> ② 전항의 규정은 대리인에 대한 제3자의 의사표시에 준용한다.

　ⓐ **의의**: '본인의 이름으로' 법률행위를 하라는 의미이지, '본인의 이익을 위해서' 하라는 것은 아니다. 따라서 대리인이 자신의 이익을 꾀하여 행위하였을지라도 유효한 대리행위로 되는데 지장이 없다.
　ⓛ **현명의 방식**
　　ⓐ 현명의 방식에는 제한이 없다. 대리인이 자신의 이름만을 기재한 경우에도 '매매위임장을 제시하고 매매계약을 체결하는 자는 특단의 사정이 없는 한 소유자를 대리하여 매매행위하는 것'이라고 보아야 한다. 그리고 본인명의로도 할 수 있고, 여러 사정을 종합하여 대리행위로 인정되는 한 대리의 성립을 긍정하여야 한다.
　　ⓑ 이른바 조합대리에 있어서는 본인에 해당하는 모든 조합원을 위한 것임을 표시하여야 하나, 반드시 조합원 전원의 성명을 제시할 필요는 없고, 상대방이 알 수 있을 정도로 조합을 표시하는 것으로 충분하다.

⚡기출

01 본인의 ( ), 대리인에 대한 ( )후견개시는 대리권의 소멸사유이다.
　　　　　제22회·제25회

02 ( )은 원인된 법률관계의 종료에 의하여 소멸하고, 법률관계의 종료 전이라도 본인이 ( )하면 임의대리권은 소멸한다.
　　　　　제16회·제23회

⚡기출

03 조합대리의 경우에는 반드시 조합원 전원의 성명을 표시할 필요는 ( ).
　　　　　제27회

기출정답
01 사망, 성년
02 임의대리권, 수권행위를 철회
03 없다

ⓒ **현명하지 않은 대리행위의 효과**: 대리인이 본인을 위한 것임을 표시하지 아니한 때에는 그 의사표시는 자기를 위한 것으로 본다. 그러나 상대방이 대리인으로서 한 것임을 알았거나 알 수 있었을 때에는 제114조 제1항의 규정을 준용한다.
ⓓ **현명주의의 예외**: 상행위의 대리에 관하여 현명이 요구되지 않는다.

② **대리행위의 하자(흠)**
ⓐ **원칙**: 의사표시의 효력이 의사의 흠결, 사기, 강박 또는 어느 사정을 알았거나 과실로 알지 못한 것으로 인하여 영향을 받을 경우에 그 사실의 유무는 대리인을 표준으로 하여 결정한다.
  ⓐ 대리행위의 하자로 인하여 발생하는 효과는 원칙적으로 본인에게 귀속된다. 이때 대리인이 취소권 등을 행사할 수 있는지 여부는 수권행위의 해석에 의하여 결정된다(통설).
  ⓑ 대리인이 매도인의 배임행위에 적극가담하여 이중매매계약을 체결한 경우에 대리행위의 하자 유무는 대리인을 표준으로 판단하여야 하므로, 본인이 이를 몰랐거나 반사회성을 야기하지 않았을지라도 반사회질서행위가 부정되지 않는다.

ⓒ **예외**
  ⓐ 특정한 법률행위를 위임한 경우에 대리인이 본인의 지시에 좇아 그 행위를 한 때에는 본인은 자기가 안 사정 또는 과실로 인하여 알지 못한 사정에 관하여 대리인의 부지를 주장하지 못한다.
  ⓑ 판례는 "폭리행위 여부를 판단함에 있어서는 매도인이 궁박상태에 있었는지 여부는 매도인 본인을 표준으로 하여야 한다."고 한다.

③ **대리인의 능력**: 대리인은 행위능력자임을 요하지 아니한다. 그 결과 제한능력자인 대리인이 대리행위를 한 때에도 그 행위는 취소할 수 없다. 물론 적어도 의사능력은 가지고 있어야 한다.

⚡ **기출**

01 대리인이 사기를 당했는지 여부는 (　　)을 표준으로 하여 결정한다. 제23회

02 대리행위의 하자로 인하여 발생한 효과는 특별한 사정이 없는 한 (　　)에게 귀속된다. 제24회

⚡ **기출**

03 본인이 특정한 법률행위를 위임한 경우, 임의대리인이 (　　)에 좇아 그 행위를 하였다면, 본인은 자기의 과실로 알지 못한 사정에 관하여 그 대리인의 부지를 주장하지 못한다. 제22회

04 피한정후견인은 임의대리인이 될 수 (　　). 제28회

기출정답
01 대리인
02 본인
03 본인의 지시
04 있다

(3) 대리의 효과

① 대리인이 한 의사표시의 효과는 모두 '직접' 본인에게 생긴다. 예컨대, 대리인이 주택을 매수한 경우, 소유권이전등기청구권과 이에 부수하는 하자담보청구권, 계약불이행시의 손해배상청구권 및 해제권(해제로 인한 원상회복의무는 대리인이 아니라 본인이 부담한다), 대리행위의 하자로 인한 취소권 등의 권리취득과 대금지급의무의 부담이 모두 본인에게 귀속된다.

② 불법행위 혹은 사실행위의 대리는 원래 성립할 수 없으므로 불법행위와 사실행위의 효과는 본인이 아닌 행위자, 즉 대리인에게 직접 발생한다.

(4) 복대리

① **서설**
  ㉠ **의의**: 복대리인은 대리인이 자신의 이름으로(즉, 대리인의 권한으로) 선임한 본인의 대리인이다. 복임행위는 대리인의 대리행위가 아니다.
  ㉡ **법적 성질**
    ⓐ 복대리인은 본인의 대리인이고, 대리인의 대리인이 아니다.
    ⓑ 복대리인은 대리인이 자신의 권한 및 이름으로 선임한 자로서, 임의대리인이다.
    ⓒ 복대리인을 선임한 후에도 대리인의 대리권은 소멸하지 않고 복대리인의 복대리권과 병존한다.

② **대리인의 복임권과 책임**
  ㉠ 대리권이 법률행위에 의하여 부여된 경우에는 대리인은 본인의 승낙이 있거나 부득이한 사유가 있는 때가 아니면 복대리인을 선임하지 못한다.
  ㉡ ㉠에 의하여 대리인이 복대리인을 선임한 때에는 본인에게 대하여 그 선임·감독에 관한 책임이 있다. 대리인이 본인의 지명에 의하여 복대리인을 선임한 경우에는 그 부적임 또는 불성실함을 알고 본인에게 대한 통지나 그 해임을 태만한 때가 아니면 책임이 없다.
  ㉢ 법정대리인은 그 책임으로 복대리인을 선임할 수 있다. 그러나 부득이한 사유로 인한 때에는 본인에 대하여 그 선임·감독에 관한 책임이 있다.

⚡기출

01 복대리인이 그 권한 내에서 본인을 위한 것임을 표시한 의사표시는 직접 (　　) 에게 효력이 생긴다. 제23회

⚡기출

02 (　　)대리인은 본인의 승낙이 있거나 부득이한 사유 있는 때가 아니면 복대리인을 선임하지 못한다. 제22회

기출정답
01 본인
02 임의

㉢ **임의대리인과 법정대리인의 복임권 비교**

구분	복임권	책임
임의 대리인	원칙적으로 복임권 ×, 본인의 승낙 또는 부득이한 사유 ○	ⓐ 복대리인의 선임·감독에 관한 과실책임 ⓑ **책임의 감경**: 본인의 지명에 의한 경우, 복대리인의 부적임·불성실을 알고도 통지나 해임을 해태한 경우만 책임
법정 대리인	언제든지 복임권 ○	ⓐ 선임·감독상의 과실 유무에 관계없이 모든 책임 ⓑ **책임의 감경**: 부득이한 사유로 선임한 경우, 선임·감독에 관한 과실책임

③ **복대리인의 지위(복대리의 삼면관계)**
  ㉠ **복대리인과 대리인의 관계**: 복대리인은 대리인의 감독을 받으며, 복대리인의 대리권은 대리인의 그것보다 클 수 없으며, 대리인의 대리권이 소멸하면 복대리인의 복대리권도 소멸한다.
  ㉡ **복대리인과 상대방의 관계**: 복대리인은 그 권한 내에서 본인을 대리한다. 복대리인은 본인이나 제3자에 대하여 대리인과 동일한 권리의무가 있다.
  ㉢ **복대리인과 본인의 관계**: 본인과 대리인의 내부적 법률관계가 본인과 복대리인간의 내부적·기초적 법률관계로 의제된다. 따라서 대리인이 본인에 대하여 수임인으로서의 내부관계가 있는 경우에, 복대리인도 수임인으로서의 권리·의무를 가진다.
  ㉣ **복대리인의 복임권**: 복대리인은 그 성질상 모두 임의대리인이므로 본인의 승낙이 있거나 부득이한 사유가 있는 때에 한하여 복대리인의 복임행위가 인정된다(이견 없음).
④ **복대리권의 소멸**: 복대리권은 대리권 일반의 소멸원인, 대리인과 복대리인 사이의 원인된 법률관계의 종료 또는 수권행위의 철회, 대리권의 소멸에 의하여 복대리권도 소멸한다.

03 무권대리

(1) 총설
표현대리와 협의의 무권대리를 포괄하는 상위개념으로서의 무권대리를 광의의 무권대리라고 한다.

(2) 표현대리
① 표현대리 총설
　㉠ 개념 및 유형
　　ⓐ **개념**: 표현대리제도는 대리제도의 신용을 유지하고 대리인과 거래하는 제3자의 이익을 보호하기 위한 것으로서, 당해 사항에 관하여 본인으로부터 직접 대리권을 수여받지 않았지만 상대방의 입장에서 대리권이 있는 것과 같은 외관이 있는 경우에 대리의 효과가 인정되는 것을 말한다.
　　ⓑ **표현대리의 유형**: 민법이 규정한 대리권수여표시에 의한 표현대리, 권한을 넘은 표현대리, 대리권소멸 후의 표현대리 이외의 표현대리는 인정되지 않는다.
　㉡ **법적 성질**: 통설·판례는 '표현대리의 법리는 거래의 안전을 위하여 어떠한 외관적 사실을 야기한 데 원인을 준 자는 그 외관적 사실을 믿음에 정당한 사유가 있다고 인정되는 자에 대하여는 책임이 있다는 일반적인 권리외관이론에 그 기초를 두고 있는 것'이라고 한다.

> **판례 | 표현대리의 성질**
>
> 표현대리가 성립된다고 하여 무권대리의 성질이 유권대리로 전환되는 것은 아니므로, 양자의 구성요건 해당 사실, 즉 주요 사실은 다르다고 볼 수밖에 없으니 유권대리에 관한 주장 속에 무권대리에 속하는 표현대리의 주장이 포함되어 있다고 볼 수 없다(대판 1983.12.13, 83다카1489 전합).

　㉢ 표현대리의 일반적 성립요건과 효과
　　ⓐ **일반적 성립요건**: 우선 대리인에게 대리권이 없음에도 불구하고 있는 것과 같은 외관이 존재하여야 한다. 그리고 이러한 외관의 형성에 관해 본인에게 책임을 물을 만한 사정이 존재하여야 한다. 상대방이 대리권의 외관을 믿은 것에 대해 보호할 만한 가치가 있어야 한다. 민법이 상대방의 '선의·무과실' 혹은 '정당한 이유'를 요구하는 것은 그러한 표현이다.

⚡기출

01 표현대리가 성립된다고 하더라도 무권대리의 성질이 유권대리로 전환되는 것은 ( ).　제24회

02 유권대리에 관한 주장에는 표현대리의 주장이 포함되어 있다고 볼 수 ( ).　제26회

기출정답
01 아니다
02 없다

ⓑ 효과
- 상대방이 표현대리를 주장하는 경우에 본인은 무권대리행위라는 이유로 그 효과가 자기에게 미치는 것을 거부할 수 없다.
- 표현대리행위가 성립하는 경우에 그 본인은 표현대리행위에 의하여 전적인 책임을 져야 하고, 상대방에게 과실이 있다고 하더라도 과실상계의 법리를 유추적용하여 본인의 책임을 경감할 수 없다.

② 대리권 수여의 표시에 의한 표현대리(제125조)
㉠ 의의: 제3자에 대하여 타인에게 대리권을 수여함을 표시한 자는 그 대리권의 범위 내에서 행한 그 타인과 그 제3자간의 법률행위에 대하여 책임이 있다.
㉡ 성립요건
ⓐ 대리권 수여의 표시
- **표시의 법적 성질**: 관념의 통지(통설)이다.
- **명의대여**: 본인에 의한 대리권 수여의 표시는 반드시 대리권 또는 대리인이라는 말을 사용하여야 하는 것이 아니라 사회통념상 대리권을 추단할 수 있는 직함이나 명칭 등의 사용을 승낙 또는 묵인한 경우에도 대리권 수여의 표시가 있은 것으로 볼 수 있다.

ⓑ **표시된 대리권의 범위 내의 행위일 것**: 수권표시의 객관적인 범위를 넘는 행위가 있은 경우에 그 초과부분에 관하여는 권한을 넘는 표현대리가 문제된다.
ⓒ **대리행위의 상대방**: 통지를 특정인에게 한 때에는 그 특정인만이 제125조의 보호를 받는다. 그 통지를 옆에서 보거나 우연히 알게 된 제3자와 대리행위가 행하여졌더라도 제125조의 적용은 없다.
ⓓ **상대방의 선의·무과실**: 제125조의 책임을 면하려는 본인이 상대방의 악의 또는 과실에 대한 증명책임을 진다(통설).

㉢ 적용범위
ⓐ **법정대리**: 제125조는 임의대리에만 적용되고 법정대리에는 적용되지 않는다.

⚡ **기출**
01 표현대리가 성립하는 경우에는 상대방에게 과실이 있더라도 과실상계의 법리를 유추적용하여 본인의 책임을 경감할 수 (   ).
제26회

⚡ **기출**
02 사회통념상 대리권을 추단할 수 있는 직함이나 명칭 등의 사용을 승낙한 경우, 특별한 사정이 없는 한 제125조 대리권 수여의 표시가 있는 것으로 볼 수 (   ).
제26회

기출정답
01 없다
02 있다

ⓑ **복대리**: 대리권이 없는 복대리인의 무권대리행위에 대하여 제125조를 적용할 수 있다.
③ **권한을 넘은 표현대리(제126조)**
　㉠ **의의**: 대리인이 그 권한 외의 법률행위를 한 경우에 제3자가 그 권한이 있다고 믿을 만한 정당한 이유가 있는 때에는 본인은 그 행위에 대하여 책임이 있다.
　㉡ **성립요건**
　　ⓐ **기본대리권의 존재**
　　　• **기본대리권의 의미**: 기본대리권의 존재는 제126조 표현대리의 필요요건이다. 대리권이 전혀 존재하지 않는 경우에는 제126조의 표현대리는 성립하지 않는다. 그런데 여기의 대리인은 본인으로부터 직접 대리권을 수여받은 자에 한하지 않으며, 그 대리인으로부터 권한을 수여받은 자나 복대리인이어도 무방하다.
　　　• **기본대리권으로서의 적격성이 인정되는 경우들**: 법정대리권·임의대리권, 부부간의 일상가사대리권, 표현대리권, 공법상의 대리권, 사자 등을 포함한다.
　　ⓑ **권한을 넘은 대리행위의 존재**
　　　• **대리인의 대리행위**
　　　　－ 제126조가 적용되기 위해서는 대리인의 대리행위가 있어야 한다. 판례는 현명을 요구하여 단지 본인의 성명을 모용하여 자기가 마치 본인인 것처럼 기망하여 본인 명의로 직접 모든 법률행위를 한 경우에는 특별한 사정이 없는 한 제126조를 적용할 수 없다.
　　　　－ 표현대리행위가 무효인 때에는 본인에게 효과가 귀속될 여지가 없다. 즉, 강행법규에 반하는 표현대리행위는 확정적 무효가 된다.

> **판례 | 교회의 대표자가 권한 없이 행한 교회재산의 처분행위**
>
> 비법인사단인 교회의 대표자는 총유물인 교회재산의 처분에 관하여 교인총회의 결의를 거치지 아니하고는 이를 대표하여 행할 권한이 없다. 그리고 교회의 대표자가 권한 없이 행한 교회재산의 처분행위에 대하여는 민법 제126조의 표현대리에 관한 규정이 준용되지 아니한다(대판 2009.2.12, 2006다23312).

기출

01 법정대리, 등기신청의 대리권, 사실혼 관계에 있는 부부간 일상가사대리권, 사자(使者)를 통해 권한 외의 대리행위를 한 경우 권한을 넘는 표현대리가 성립할 수 (　　).
제23회·제25회·제26회·제27회

기출

02 대리행위가 강행법규에 반하여 무효인 경우, 표현대리가 성립할 수 (　　).
제26회

기출정답
01 있다
02 없다

- **월권행위**: 대리행위는 기본대리권과 동종·유사한 것을 요구하지 않는다. 가령 등기신청의 대리권을 가지고 있는 자가 대물변제를 한 경우에도 제126조의 표현대리가 성립할 수 있다.

ⓒ 정당한 이유의 존재
- **정당한 이유의 의미**: 제126조의 규정에서 제3자라 함은 당해 표현대리행위의 직접 상대방이 된 자만을 지칭하는 것이고, 전득한 자는 제3자에 해당하지 않는다.
- **정당한 이유의 판단시기**: 정당한 이유의 존부는 자칭 대리인의 대리행위가 행하여질 때에 존재하는 제반사정을 객관적으로 관찰하여 판단하여야 하므로 그 이후의 사정은 고려하지 않는다.
- **증명책임**: 판례는 제126조에 의한 표현대리에 해당한다는 점의 주장 및 증명책임은 그것을 유효하다고 주장하는 자, 즉 상대방에게 있다고 한다.

④ 대리권 소멸 후의 표현대리(제129조)

㉠ **의의**: 대리권의 소멸은 선의의 제3자에게 대항하지 못한다. 그러나 제3자가 과실로 인하여 그 사실을 알지 못한 때에는 그러하지 아니하다.

㉡ **성립요건**
- ⓐ **이전에 존재하였던 대리권이 소멸하였을 것**: 처음부터 대리권이 없었던 경우에는 표현대리가 성립할 수 없다.
- ⓑ **대리인이 권한 내의 행위를 하였을 것**: 제129조의 대리권 소멸 후의 표현대리로 인정되는 경우에, 그 표현대리의 권한을 넘는 대리행위가 있을 때에는 제126조의 표현대리가 성립될 수 있다.
- ⓒ **상대방의 선의·무과실**: 증명책임에 관하여 판례는 없다.

㉢ **적용범위**
- ⓐ 대리권 소멸 후의 표현대리에 관한 제129조는 법정대리인의 대리권 소멸에 관하여도 그 적용이 있다.
- ⓑ 대리인이 대리권 소멸 후 복대리인을 선임하여 복대리인으로 하여금 상대방과 사이에 대리행위를 하도록 한 경우에도 제129조에 의한 표현대리가 성립할 수 있다.

⚡ **기출**

01 권한을 넘은 표현대리에 관한 규정에서 말하는 제3자는 대리행위의 (   )이 된 자만을 가리킨다. 제20회

⚡ **기출**

02 법정대리의 경우에도 대리권 소멸 후의 표현대리가 성립할 수 (   ). 제24회

03 대리인이 대리권 소멸 후 복대리인을 선임하여 복대리인으로 하여금 상대방과 대리행위를 하도록 한 경우에도 대리권 소멸 후의 표현대리가 성립할 수 (   ). 제25회

기출정답
01 직접 상대방
02 있다
03 있다

(3) 협의의 무권대리

① **서설**: 민법은 계약에 있어서 무권대리와 단독행위에 있어서의 무권대리(제136조)를 구별하여 규정하고 있다.

② **계약의 무권대리**

　㉠ **본인과 상대방 사이의 효과**

　　ⓐ **원칙**: 대리권 없는 자가 타인의 대리인으로 한 계약은 본인이 이를 추인하지 아니하면 본인에 대하여 효력이 없다. 무권대리는 확정적 무효가 아니고, 유동적 무효상태에 있다.

　　ⓑ **본인의 추인권**

　　　• **추인의 성질**: 본인의 추인은 무권대리행위가 있음을 알고 그 행위의 효과를 자기에게 귀속시키도록 하는 단독행위이다. 추인은 사후에 대리권을 수여하는 것이 아니며, 소급효를 지닌 일종의 형성권을 행사하는 것이다.

　　　• **추인의 당사자**

　　　　— **추인권자**: 추인권자는 본인이지만, 상속인 그 밖에 법정대리인이나 특별수권을 받은 임의대리인도 추인할 수 있다.

　　　　— **추인의 상대**: 추인의 상대방은 상대방 및 승계인·무권대리인이 될 수 있다. 그러나 무권대리인에 대하여 추인을 할 때에는 상대방이 그 사실을 알 때까지 추인의 효력을 주장할 수 없다. 그러므로 상대방은 그때까지 철회할 수 있고 또 무권대리인에게 추인이 있었음을 주장할 수도 있다.

　　　• **추인의 방법**

　　　　— 추인은 명시적·묵시적으로 할 수 있다. 본인이 그 행위로 처하게 된 법적 지위를 충분히 이해하고 그럼에도 진의에 기하여 그 행위의 결과가 자기에게 귀속된다는 것을 승인한 것으로 볼만한 사정이 있는 경우에는 묵시적으로 추인한 것으로 볼 수 있다. 물론 추인은 구두에 의해서도 가능하며, 재판 외에서 뿐만 아니라 재판상으로도 가능하다.

⚡기출

01 무권대리인과 상대방이 체결한 계약은 본인의 추인 여부에 따라 그 효력이 확정되는 (　　)이다. 　제16회

⚡기출

02 추인의 상대방은 무권대리행위의 직접 상대방뿐만 아니라 그 무권대리행위로 인한 권리의 (　　)도 포함한다. 　제23회

기출정답
01 유동적 무효
02 승계인

⚡ 기출

01 무권대리행위의 추인은 원칙적으로 의사표시의 (　) 에 대하여 해야 한다. 제23회

02 무권대리행위의 내용을 변경하여 추인한 경우, 상대방의 동의를 얻지 못하면 그 추인은 효력이 (　). 제23회

03 무권대리행위에 대해 본인이 이의를 제기하지 않고 장기간 방치해 둔 사실만으로 무권대리행위에 대한 추인이 있다고 볼 수 (　). 제24회

― 추인은 의사표시 전부에 대하여 행하여져야 하고, 무권대리행위의 일부에 대하여 추인을 하거나 변경을 가하여 추인을 하는 것은 상대방의 동의가 없는 한 무효이다.

★ 암기 PLUS Ⅰ 묵시적 추인 여부

인정 ○	• 매매대금의 일부를 받은 경우 • 임대인명의의 영수증을 받고 차임의 일부를 지급한 경우 • 무권대리인이 차용한 금원의 변제기일에 채권자가 본인에게 변제를 독촉하자 본인이 그 유예를 요청한 경우
인정 ×	• 무권대리행위에 의하여 권리의 침해를 받은 자가 그 침해사실을 알고도 장기간 형사고소나 민사소송을 제기하지 않은 경우 • 본인이 무권대리행위의 사실을 알고 있으면서 이의를 제기하지 않았거나 상당기간 방치한 경우

- **추인의 효과**: 추인은 다른 의사표시가 없는 때에는 계약시에 소급하여 그 효력이 생긴다. 그러나 제3자의 권리를 해하지 못한다. 이는 무권리자의 처분에도 유추된다. 무권리자의 처분이 계약으로 이루어진 경우에 권리자가 이를 추인하면 원칙적으로 계약의 효과가 계약을 체결했을 때에 소급하여 권리자에게 귀속된다.

ⓒ **본인의 추인거절권**
- **추인거절과 확정적 무효**: 추인을 거절하면 본인에 대하여 확정적 무효로 되며, 본인은 다시 추인할 수 없다. 상대방도 최고권이나 철회권을 행사할 수 없다. 추인거절의 상대방과 그 방법은 추인의 경우와 동일하다.
- **무권대리인이 본인을 상속한 경우**

📚 판례 Ⅰ 무권대리인이 상속인으로서 추인거절 가부

乙이 대리권 없이 甲 소유부동산을 丙에게 매도하여 소유권이전등기를 마쳐주었다면 그 매매계약은 무효이고 이에 터잡은 이전등기 역시 무효가 되나, 乙이 甲으로부터 부동산을 상속받아 그 소유자가 되어 소유권이전등기이행의무를 이행하는 것이 가능하게 된 시점에서 자신이 소유자라고 하여 자신으로부터 부동산을 전전매수한 丁에게 **소유권이전등기가 무효의 등기라고 주장하여 그 등기의 말소를 청구하거나 부동산의 점유로 인한 부당이득금의 반환을 구하는 것은 금반언의 원칙이나 신의성실의 원칙에 반하여 허용될 수 없다**(대판 1994.9.27, 94다20617).

기출정답
01 전부
02 없다
03 없다

ⓓ **상대방의 최고권**: 대리권 없는 자가 타인의 대리인으로 계약을 한 경우에 상대방은 상당한 기간을 정하여 본인에게 그 추인 여부의 확답을 최고할 수 있다. 본인이 그 기간 내에 확답을 발하지 아니한 때에는 추인을 거절한 것으로 본다. 악의의 상대방도 최고할 수 있다.

⚡ **기출**

01 무권대리행위에 대한 본인의 추인 또는 추인거절이 없는 경우, 상대방은 최고권을 행사할 수 (   ). 제23회

제한능력자의 상대방의 확답촉구권과 무권대리 상대방의 최고권의 비교

구분	제한능력자의 상대방의 확답촉구권	무권대리 상대방의 최고권
최고자	선의·악의의 상대방	좌동
최고의 상대방	• 제한능력자는 능력자가 된 후 확답촉구의 상대방이 될 수 있음(제한능력자에 대한 확답촉구는 무효) • 제한능력자인 동안에는 법정대리인이 확답촉구의 상대방이 됨	본인
요건	취소할 수 있는 행위를 적시하고, 1월 이상의 기간을 정하여, 추인 여부의 확답을 촉구	본인의 추인 또는 추인거절이 없는 경우, 문제의 무권대리행위를 적시하여, 상당기간을 정하여 추인 여부의 확답을 요구
효과	• **확답이 있는 경우**: 추인 또는 취소 • **확답이 없는 경우**: 추인, 특별한 절차를 요하는 경우 취소 간주	• **확답이 있는 경우**: 추인 또는 추인거절 • **확답이 없는 경우**: 추인거절
공통점	• **최고의 성질**: 일종의 형성권, 의사의 통지 • 발신주의	

ⓔ **상대방의 철회권**: 대리권 없는 자가 한 계약은 본인의 추인이 있을 때까지 상대방은 본인이나 그 대리인에 대하여 이를 철회할 수 있다. 그러나 계약 당시에 상대방이 대리권 없음을 안 때에는 그러하지 아니하며, 선의의 상대방만이 철회할 수 있다. 상대방이 철회를 하면 무권대리행위는 확정적으로 무효가 되어 그 후에는 본인이 무권대리행위를 추인할 수 없다. 한편 상대방이 대리인에게 대리권이 없음을 알았다는 점에 대한 주장·입증책임은 철회의 효과를 다투는 본인에게 있다.

⚡ **기출**

02 계약 당시에 상대방이 대리인으로 계약한 자에게 대리권이 없음을 알았다면 그 계약을 (   )할 수 없다. 제15회

기출정답
01 있다
02 철회

ⓒ 무권대리인과 상대방 사이의 효과

> 제135조 【상대방에 대한 무권대리인의 책임】 ① 다른 자의 대리인으로서 계약을 맺은 자가 그 대리권을 증명하지 못하고 또 본인의 추인을 받지 못한 경우에는 그는 상대방의 선택에 따라 계약을 이행할 책임 또는 손해를 배상할 책임이 있다.
> ② 대리인으로서 계약을 맺은 자에게 대리권이 없다는 사실을 상대방이 알았거나 알 수 있었을 때 또는 대리인으로서 계약을 맺은 사람이 제한능력자일 때에는 제1항을 적용하지 아니한다.

ⓐ **서설**: 무권대리인의 이 책임은 과실을 요건으로 하지 않는 무과실의 법정책임이며, 무권대리행위가 제3자의 기망이나 문서위조 등 위법행위로 야기되었다고 하더라도 책임은 부정되지 아니한다.

ⓑ **책임의 요건**
- **대리인으로 계약을 한 자가 대리권을 증명하지 못할 것**: 무권대리인이 그 책임을 면하려면 대리권 있음을 증명하여야 한다(통설·판례).
- **본인의 추인을 얻지 못하고, 표현대리도 성립하지 않을 것**: 표현대리가 성립하는 경우는 책임을 물을 수 없다.
- **상대방의 선의·무과실일 것**: 상대방이 대리권이 없음을 알았다는 사실 또는 알 수 있었는데도 알지 못하였다는 사실에 관한 주장·증명책임은 무권대리인에게 있다.
- **상대방이 아직 철회권을 행사하지 않을 것**

ⓒ **무권대리인이 행위능력자일 것**

ⓓ **책임의 내용**
- 무권대리인은 상대방의 선택에 따라 계약을 이행할 책임 또는 손해를 배상할 책임이 있다.
- 상대방이 가지는 계약이행 또는 손해배상청구권의 소멸시효는 그 선택권을 행사할 수 있는 때로부터 진행한다.

③ 단독행위의 무권대리
  ㉠ **상대방 없는 단독행위**: 상대방 없는 단독행위는 언제나 무효이다. 본인의 추인이 있더라도 무효이다.
  ㉡ **상대방 있는 단독행위**: 상대방 있는 단독행위도 원칙적으로 무효이지만, 제136조는 능동대리와 수동대리로 나누어 예외적으로 계약의 무권대리에 관한 규정을 준용한다.

⚡ **기출**

01 무권대리인이 미성년자인 경우, 무권대리인은 상대방에 대하여 계약을 이행할 책임 또는 손해를 배상할 책임을 (   ). 제18회

02 무권대리행위가 제3자의 기망 등 위법행위로 야기된 경우, 무권대리인의 상대방에 대한 책임은 (   )된다. 제23회

⚡ **기출**

03 무권대리인이 그 대리권을 증명하지 못하고 또 본인의 추인을 받지 못한 경우, 무권대리인은 (   )의 선택에 따라 계약이행책임 또는 손해배상책임을 진다. 제19회

04 계약의 이행 또는 손해배상청구권의 소멸시효는 상대방이 이를 (   ) 진행한다. 제26회

기출정답
01 지지 않는다
02 인정
03 상대방
04 선택할 수 있는 때부터

능동대리	상대방이 대리권 없는 행위에 동의하거나 또는 그 대리권을 다투지 아니한 경우에는 계약의 무권대리의 규정이 준용된다.
수동대리	상대방이 대리권 없는 자에 대하여 그 동의를 얻어 단독행위를 한 경우에는 계약의 무권대리의 규정이 준용된다.

제8절 법률행위의 무효와 취소 (빈출)

01 총설

(1) 무효와 취소의 차이

구분	법률행위의 무효	법률행위의 취소
주장권자 및 주장 요부	누구라도 주장할 수 있으며 주장 유무를 불문하고 처음부터 당연히 효력이 발생하지 않는다.	취소권자에 한하여 주장할 수 있으며 취소권자의 주장이 있어야 비로소 효력이 없어진다.
법률행위의 효력에 미치는 영향	처음부터 효력이 없는 것으로 다루어진다.	취소하기 전까지는 일단 유효한 것으로 다루어진다(단, 취소권 행사 후에는 취소의 소급효로 인해 무효와 동일함).
추인의 허용 여부	원칙적으로 허용되지 않으며, 다만 당사자가 그 무효임을 알고 추인한 때에는 새로운 법률행위로 보며, 제3자의 권리를 해치지 않는 범위 내에서 소급적 추인을 할 수 있다(통설).	추인에 의해 법률행위는 확정적으로 유효로 되며, 또한 법정추인제도를 인정하여 일정한 경우 법률상 당연히 추인이 있었던 것으로 보는 경우도 있다.
시간의 경과에 따른 효력변동 여부	시간이 경과하더라도 효력의 변동이 생기지 않는다. 따라서 방치하더라도 무효원인이 치유되지는 않는다.	일정한 시간이 경과하면 취소권은 소멸하여 확정적으로 유효하게 된다(제146조에 의하면 추인가능한 날로부터 3년, 법률행위를 한 날로부터 10년).

선생님 TIP

법률행위가 성립한 후에, 효력요건을 갖추면 유효, 갖추지 못하면 무효 또는 취소가 된다. 어떤 경우에 무효나 취소로 할 것인지는 입법정책의 문제이다.

민법규정 (사유)	① 의사무능력자의 법률행위 ② 원시적 불능인 법률행위 ③ 반사회질서행위 ④ 불공정한 법률행위 ⑤ 강행법규(효력규정) 위반의 법률행위 ⑥ 비진의표시 ⑦ 허위표시 ⑧ 불법조건이 붙은 경우	① 제한능력자의 행위 ② 착오에 의한 의사표시 ③ 사기·강박에 의한 의사표시

(2) 무효와 취소의 이중효

통정허위표시가 채권자취소권의 대상이 되며, 매도인이 매매계약을 적법하게 해제한 후에도 매수인이 계약해제에 따른 불이익을 면하기 위하여 착오를 이유로 매매계약을 취소할 수 있다. 유동적 무효상태에 있는 계약에 관하여 사기 또는 강박에 의한 취소를 인정한다.

02 법률행위의 무효

(1) 무효 일반

① **의의**: 법률행위의 무효란 법률행위가 성립한 때부터 법률상 당연히 그 효력이 발생하지 않는 것이 확정되어 있는 것을 말한다.

② **종류**

㉠ **절대적 무효와 상대적 무효**: 절대적 무효가 원칙이지만, 예외적으로 비진의표시가 무효인 경우 또는 허위표시의 무효는 상대적 무효이다.

㉡ **당연무효와 재판상 무효**: 당연무효가 원칙이나 회사설립의 무효, 회사합병의 무효와 같이 재판상 무효도 있다.

㉢ **확정적 무효와 유동적 무효**: 법률행위의 무효는 확정적으로 효력이 발생하지 않는 것이 원칙이다. 유동적 무효는 무권대리행위나 무권리자의 처분행위가 그 예이다. 특히 판례는 구 국토이용관리법(현행 부동산 거래신고 등에 관한 법률)상 토지거래허가구역 내의 토지거래계약이 체결된 경우, 양 당사자는 관청의 허가를 얻어야 비로소 계약의 효력이 확정된다고 하는 '유동적 무효'의 법리를 전개하고 있다.

> ⚡ **기출**
> 01 ( )는 그 법률행위가 성립한 때부터 효력이 발생하지 않는다. 제18회
>
> **기출정답**
> 01 무효인 법률행위

유동적 무효

확정적 무효와 유동적 무효의 구별		ⓐ 국토이용법상의 규제구역 내의 토지 등의 매매계약은 처음부터 허가를 배제하거나 잠탈하는 내용의 계약일 경우에는 확정적으로 무효이나 허가받을 것을 전제로 한 경우에는 관할 관청의 허가를 받기 전에는 유동적 무효의 상태에 있다. ⓑ 허가를 받으면 그 계약은 소급해서 유효로 되므로 허가 후에 새로이 거래계약을 체결할 필요는 없다.
유동적 무효상태의 법률관계	효력 발생 ×	ⓐ 허가를 받기 전의 상태에서는 계약의 이행청구를 할 수 없어 매수인의 대금지급의무나 매도인의 소유권이전등기의무가 없다. 또한 허가가 있을 것을 조건으로 한 장래이행의 소로서의 소유권이전등기청구는 할 수 없다. ⓑ 허가가 있기 전에는 매수인이 이행지체에 빠지는 것이 아니고, 채무불이행을 이유로 거래계약을 해제하거나 그로 인한 손해배상을 청구할 수 없다.
	확정적 무효 ×	계약금은 그 계약이 유동적 무효상태로 있는 한 이를 부당이득으로 반환을 구할 수 없다.
	협력 의무 ○	ⓐ 계약의 쌍방 당사자는 공동으로 관할 관청의 허가를 신청할 의무가 있고, 허가신청절차에 협력하지 않을 경우 협력의무의 이행을 소송으로써 구할 이익이 있다. 협력의무 이행을 청구함에 있어 대금채무의 이행제공을 할 필요가 없고, 대금의 제공이 없었다는 이유로 협력의무의 이행을 거절할 수 없으며, 관할 관청으로부터 허가를 받을 수 없을 것이라는 사유로 협력의무의 이행을 거절할 수 없다. ⓑ 토지매수인이 가지는 허가를 신청하는 데 협력을 구할 수 있는 권리는 채권자대위권 또는 처분금지가처분에서의 피보전채권이 된다. ⓒ 협력의무를 이행하지 아니하고 매수인이 그 매매계약을 일방적으로 철회함으로써 매도인이 손해를 입은 경우에 매수인은 이 협력의무 불이행과 인과관계가 있는 손해는 이를 배상하여야 할 의무가 있다. 당사자 일방이 토지거래허가를 받기 위한 협력 자체를 이행하지 아니하거나 허가신청에 이르기 전에 매매계약을 철회하는 경우에 상대방에게 일정한 손해액을 배상하기로 하는 약정을 유효하게 할 수 있다. 협력할 의무를 이행하지 아니하였음을 들어 일방적으로 유동적 무효의 상태에 있는 거래계약 자체를 해제할 수 없다. ✚ 계약금계약에 의한 해제는 가능하다.

기출

01 토지거래허가구역 내의 토지에 대한 매매계약이 처음부터 허가를 배제하는 내용의 계약일 경우, 그 계약은 (   )이다. 제26회

기출

02 당사자 일방이 매매계약의 효력이 완성되도록 협력할 의무를 이행하지 않았음을 이유로 매매계약을 (   )할 수 없다. 제15회

03 토지거래허가를 받지 않아 유동적 무효상태인 매매계약은 특별한 사정이 없는 한 해약금에 관한 규정에 의해 해제할 수 (   ). 제23회

기출정답
01 확정적 무효
02 해제
03 있다

⚡ 기출

01 유동적 무효상태에서 허가구역 지정이 해제되면 매매계약은 (　　)로 된다.
제15회

전환	확정적 무효	ⓐ 관할 관청의 불허가처분이 확정된 경우, 당사자 쌍방이 허가신청협력을 하지 않기로 의사표시를 명백히 한 경우에는 무효로 되나, 단지 일방 당사자만이 토지거래허가신청에 대한 불허가처분을 유도할 의도가 있는 경우라면 불허가처분이 있다는 사유만으로 확정적 무효상태에 이르렀다고 할 수 없다. ➕ 처음부터 허가를 배제·잠탈하는 계약을 체결한 경우에는 확정적 무효이며, 중간생략등기의 합의와 최종매수인이 최초매도인 사이에 토지거래허가를 받아 이루어진 중간생략등기도 무효이다. ⓑ 그 토지거래가 표시와 불일치한 의사(비진의표시, 허위표시, 착오) 또는 사기·강박이 있는 의사에 의하여 이루어진 경우에는 이러한 사유를 주장하여 그 계약을 확정적으로 무효화하고 허가절차에 협력할 의무를 면할 수 있다. 정지조건부 계약에 있어서 그 정지조건이 허가 전에 불성취로 확정된 경우에는 확정적 무효로 된다. ⓒ 약정된 기간 내에 토지거래허가를 받지 못할 경우 계약해제 등의 절차 없이 곧바로 매매계약을 무효로 하기로 약정한 취지라는 등의 특별한 사정이 없는 한, 이를 쌍무계약에서 이행기를 정한 것과 달리 볼 것이 아니므로 위 약정기간이 경과하였다는 사정만으로 곧바로 매매계약이 확정적으로 무효가 된다고 할 수 없다. ⓓ 거래계약이 확정적으로 무효로 됨에 있어서 귀책사유가 있는 자라고 하더라도 그 계약의 무효를 주장할 수 있다. 매수인이 지급한 계약금은 그 계약이 확정적으로 무효로 되었을 때 부당이득으로 반환을 구할 수 있다.
	확정적 유효	ⓐ 토지거래허가구역지정의 해제, 허가구역지정기간이 만료되었음에도 불구하고 허가구역 재지정을 하지 아니한 경우에는 허가구역지정이 해제되기 전에 확정적 무효로 된 경우를 제외하고 확정적으로 유효로 된다. 일단 유효로 된 이상 그 후 그 토지가 토지거래허가구역으로 재지정되었다 하여 다시 토지거래허가를 받아야 되는 것은 아니다. ⓑ 계약금만 수수한 상태에서 관할 관청으로부터 그 허가를 받았다 하더라도, 그러한 사정만으로는 아직 이행의 착수가 있다고 볼 수 없어 매도인으로서는 민법 제565조에 의하여 계약금의 배액을 상환하여 매매계약을 해제할 수 있다.

기출정답

01 확정적 유효

③ 무효의 일반적 효과
  ㉠ **무효의 소급효**: 법률행위가 무효이면 표의자가 의욕한 법률효과는 처음부터 당연히 발생하지 않는다. 다만, 조합계약이나 고용계약에서는 무효사유가 발생한 때부터 '장래에 향하여' 무효로 된다(통설). 무효는 원칙적으로 '누구든지', '아무 사람에게나' 주장할 수 있다.
  ㉡ **법률행위의 무효와 부당이득**: 무효인 채권행위에 기한 채무는 이행을 하기 전에는 그대로 소멸한다. 그러나 이미 이행된 급부는 원칙적으로 부당이득법에 의하여 반환되어야 한다. 다만 제103조의 사회질서 위반의 경우 불법원인급여에 의한 제한이 있다.

(2) 무효행위의 재생

① 법률행위에 있어서 일부무효의 법리
  ㉠ **의의**: 법률행위의 일부분이 무효인 때에는 그 전부를 무효로 한다. 그러나 그 무효부분이 없더라도 법률행위를 하였을 것이라고 인정될 때에는 나머지 부분은 무효가 되지 아니한다(제137조).
  ㉡ **제137조 단서의 적용요건**
    ⓐ **법률행위의 일체성 및 분할가능성**: 법률행위의 내용이 불가분인 경우에는 그 일부분이 무효일 때에도 일부무효의 문제는 생기지 않는다.
    ⓑ **나머지 부분만으로 법률행위의 의욕**: 그 당사자의 의사는 실재하는 의사가 아니고 법률행위의 일부분이 무효임을 법률행위 당시에 알았다면 당사자 쌍방이 이에 대비하여 의욕하였을 가정적 의사를 말한다.

② 무효행위의 전환
  ㉠ **의의**: 무효인 법률행위가 다른 법률행위의 요건을 구비하고 당사자가 그 무효를 알았더라면 다른 법률행위를 하는 것을 의욕하였으리라고 인정될 때에는 다른 법률행위로서 효력을 가진다.
  ㉡ **요건**
    ⓐ **법률행위의 무효**
      • 무효행위의 전환은 일단 성립한 법률행위가 무효인 경우에 문제된다.

⚡기출

01 법률행위의 일부분이 무효인 경우, 특별한 사정이 없는 한 그 ( )를 무효로 한다. 제25회

02 일부무효에 관한 민법 제137조는 ( )로 그 적용을 배제할 수 있다. 제25회

기출정답
01 전부
02 당사자의 합의

- 민법은 단독행위가 무효인 경우에도 전환을 인정한다. 그 예로 비밀증서에 의한 유언이 그 방식을 결여할 경우에는 자필증서의 방식을 갖춘 경우에 '자필증서에 의한 유언'으로 인정하며, 또한 '연착한 승낙'과 '변경을 가한 승낙'은 새로운 청약으로 간주된다.

ⓑ **전환의사의 존재**: 당사자의 의사는 매매계약이 무효임을 계약 당시에 알았다면 의욕하였을 가정적(假定的) 효과의사로서, 현실적 의사일 필요는 없다.

ⓒ **다른 법률행위의 요건을 갖추고 있을 것**
- 제2의 행위는 현실적으로 존재하는 것은 아니며, 이 점에서 은닉행위와 다르다.
- 판례는 혼인 외의 출생자를 혼인중의 출생자로 신고한 경우 인지신고로서는 유효하다고 하고, 입양의 의사로 친생자 출생신고를 하고 거기에 입양의 성립요건이 모두 구비된 경우에는 입양의 효력이 있다고 한다. 또 매매계약이 매매대금의 과다로 말미암아 불공정한 법률행위에 해당하지만, 그 매매대금을 적정한 금액으로 감액하여 매매계약의 유효성을 인정한다.

③ **무효행위의 추인**

㉠ **의의**: 무효인 법률행위는 추인하여도 그 효력이 생기지 아니한다. 그러나 당사자가 그 무효임을 알고 추인한 때에는 새로운 법률행위로 본다.

㉡ **요건**

ⓐ **무효인 법률행위의 존재**: 무효원인은 묻지 않으며, 확정적 무효인 경우를 전제로 한다.

ⓑ **추인**
- 당사자는 법률행위가 무효임을 알고 추인하여야 하며, 무효사유가 종료된 후에 하여야 한다. 따라서 법률행위가 제103조 또는 제104조에 위반하여 무효인 경우에는 추인하여도 유효로 되지 않는다. 강행법규 위반의 경우에도 마찬가지이다.
- 추인은 명시적으로 혹은 묵시적으로도 할 수 있다.

㉢ **효과**

ⓐ 무효행위를 추인함으로써 새로운 법률행위가 성립한다(통설). 예컨대, 가장매매의 당사자가 그 무효인 매매를 추인하면 그때부터 유효한 매매가 된다. 무효인 가등기를 유효한 등기로

⚡기출

01 불공정한 법률행위로서 무효인 경우, (　　)에 의하여 유효로 될 수 없다.
제18회

02 무효인 가등기를 유효한 등기로 전용하기로 한 약정은 (　　) 유효하고, 이로써 가등기가 소급하여 유효한 등기로 전환되지 않는다.
제23회

기출정답
01 추인
02 그때부터

전용키로 한 약정은 그때부터 유효하고 이로써 위 가등기가 소급하여 유효한 등기로 전환될 수 없다.
　　　　ⓑ 그러나 당사자간의 합의에 의한 채권적·소급적 추인을 인정할 수 있다(통설·판례).
　　ⓔ **무권리자의 처분행위**
　　　　ⓐ 무권리자의 처분행위는 원칙적으로 무효이다. 권리자의 추인은 무권리자의 처분이 있음을 알고 해야 하고, 명시적으로 또는 묵시적으로 할 수 있으며, 그 의사표시는 무권리자나 그 상대방 어느 쪽에 해도 무방하다.
　　　　ⓑ 무권리자의 처분이 계약으로 이루어진 경우에 권리자가 이를 추인하면 원칙적으로 계약의 효과가 계약을 체결했을 때에 소급하여 권리자에게 귀속된다고 보아야 한다. 그리고 무권리자에 의한 처분행위를 권리자가 추인한 경우에 권리자는 무권리자에 대하여 무권리자가 처분행위로 인하여 얻은 이득의 반환을 청구할 수 있다.

03 법률행위의 취소

1. 취소 일반

(1) 의의

① 법률행위의 취소란 일단 유효하게 성립한 법률행위의 효력을 제한능력 또는 의사표시의 흠(착오·사기·강박)을 이유로 특정인(취소권자)의 의사표시에 의하여 행위시에 소급하여 무효로 하는 것을 말한다. 여기서 취소할 수 있는 지위를 하나의 권리로 보아 취소권이라고 하는데, 이는 형성권에 속한다. 취소할 수 있는 행위는 법률행위가 처음부터 유효이지만(유동적 유효), 취소에 의하여 무효로 된다(확정적 무효). 반면 취소권이 그 행사 전에 소멸하면 법률행위는 확정적으로 유효로 된다.
② 법률행위의 취소에 관한 제140조 이하의 규정은 제한능력 또는 의사표시의 흠을 이유로 하는 취소에 관하여 적용된다(협의의 취소). 기타의 취소에 관하여는 제140조 이하의 규정이 그대로 적용되지 않는다(광의의 취소).

⚡기출

01 무권리자 甲이 乙의 권리를 자기 이름으로 처분한 경우, 乙이 추인하면 그 처분행위의 효력은 (　　)미친다.
제21회

02 무권리자의 (　　)에 대한 권리자의 추인의 의사표시는 무권리자나 그 상대방 어느 쪽에 하여도 무방하다.
제26회

기출정답
01 乙에게
02 처분행위

(2) 취소와 해제의 구별

구분		취소	해제
차이점	발생원인	① 제한능력·착오·사기·강박 등이 있을 때에 법률규정에 의하여 발생한다. ② 법률행위의 성립에 하자가 있는 경우에 발생한다.	① 채무불이행에 의한 법정해제권 및 계약에 의한 약정해제권에 의해 발생한다. ② 법률행위의 성립에 하자가 없는 경우에도 발생하며, 성립 후 채무불이행으로도 발생한다.
	최고 요부	최고를 요하지 않는다.	이행지체의 경우 원칙적으로 최고를 요한다.
	행사기간	추인할 수 있는 날로부터 3년 내, 법률행위한 날로부터 10년 이내의 제척기간이 있다.	해제권은 형성권이므로 일반형성권과 같이 10년의 제척기간에 걸린다.
	효과	① 소급해서 무효가 된다. ② 이행 전이면 이행할 필요가 없고, 이행 후이면 부당이득반환의무가 있다.	① 소급해서 무효가 된다(통설·판례). ② 이행 전이면 이행할 필요가 없고, 이행 후이면 부당이득반환의 특칙으로 원상회복의무가 있다. 그 외 채무불이행을 원인으로 손해배상의무가 있다.
	적용범위	법률행위 일반(계약·단독행위·합동행위)에 적용되므로 민법총칙에 규정이 있다.	계약에 특유한 제도이므로 채권각칙 계약편에 규정이 있다.
공통점		① 법률행위의 존재를 전제로 하기 때문에 종된 권리로서 분리하여 양도할 수 없다. ② 취소권·해제권은 형성권이며, 그 행사는 상대방 있는 단독행위로서 상대방에 대하여 하여야 하며, 소급효가 인정된다.	

2. 취소권

(1) 취소의 당사자

① 취소권자

> **제140조 【법률행위의 취소권자】** 취소할 수 있는 법률행위는 제한능력자, 착오로 인하거나 사기·강박에 의하여 의사표시를 한 자, 그 대리인 또는 승계인만이 취소할 수 있다.

㉠ 제한능력자는 단독으로 법률행위를 취소할 수 있다. 그리고 이 제한능력자의 취소는 제한능력을 이유로 취소할 수 없다(이설 없음).
㉡ 착오로 인하거나 사기·강박에 의하여 의사표시를 한 자는 그가 한 법률행위를 취소할 수 있다.
㉢ 법정대리인은 고유의 취소권을 가지지만, 임의대리인이 취소권을 행사하기 위해서는 본인의 별도의 수권이 있어야 한다(통설).
㉣ 승계인은 포괄승계인이나 특정승계인을 묻지 않지만, 취소권만의 승계는 인정되지 않는다.
② **취소의 상대방**: 취소할 수 있는 법률행위의 상대방이 확정한 경우에는 그 취소는 그 상대방에 대한 의사표시로 하여야 한다

(2) 취소의 방법

① **취소의 의사표시**: 취소의 의사표시는 반드시 재판상 행사하여야 할 필요는 없으며, 재판 외에서 의사표시를 하는 방법으로도 권리를 행사할 수 있다. 또한 명시적으로 뿐만 아니라 묵시적으로도 할 수 있다. 법률행위의 취소를 당연한 전제로 한 소송상의 이행청구나 이를 전제로 한 이행거절 가운데는 취소의 의사표시가 포함되어 있다고 볼 수 있다.

② **일부취소**: 일부무효의 법리(제137조)를 유추적용하여 인정하여야 한다. 그리하여 하나의 법률행위의 일부분에만 취소사유가 있다고 하더라도 그 법률행위가 가분적이거나 그 목적물의 일부가 특정될 수 있다면, 그 나머지 부분이라도 이를 유지하려는 당사자의 가정적 의사가 인정되는 경우 그 일부만의 취소도 가능하다 할 것이고, 그 일부의 취소는 법률행위의 일부에 관하여 효력이 생긴다.

(3) 취소의 효과

① **소급적 무효**

> **제141조【취소의 효과】** 취소된 법률행위는 처음부터 무효인 것으로 본다. 다만, 제한능력자는 그 행위로 인하여 받은 이익이 현존하는 한도에서 상환(償還)할 책임이 있다.

⚡기출

01 계약체결에 관한 대리권을 수여받은 대리인이 취소권을 행사하려면 특별한 사정이 없는 한 취소권의 행사에 관한 본인의 (   )가 있어야 한다. 제24회

02 취소할 수 있는 법률행위의 상대방이 확정된 경우, 취소는 (   )에 대한 의사표시로 해야 한다. 제25회

⚡기출

03 가분적인 법률행위의 일부에 취소사유가 존재하고 나머지 부분을 유지하려는 당사자의 (   )가 있는 경우, 일부만의 취소도 가능하다. 제24회

04 법률행위가 취소되면 그 법률행위는 (   ) 무효인 것으로 본다. 제22회

05 제한능력자가 제한능력을 이유로 법률행위를 취소한 경우, 그는 법률행위로 인하여 받은 (   )하는 한도에서 상환할 책임이 있다. 제23회

기출정답
01 수권행위
02 그 상대방
03 가정적 의사
04 처음부터
05 이익이 현존

㉠ 취소가 있으면 그 법률행위는 처음부터 무효인 것으로 본다. 그러나 취소한 후라도 무효행위의 추인의 요건에 따라 다시 추인하는 것은 가능하다. 취소된 법률행위를 원인으로 하는 채무가 아직 이행되지 않은 경우에는 그 채무를 이행할 필요가 없고, 이미 이행된 급부는 부당이득반환의 법리에 의하여 반환되어야 한다.

> **암기 PLUS | 근로계약 취소의 소급효 부정**
>
> 근로계약의 무효 또는 취소를 주장할 수 있다 하더라도 **근로계약에 따라 그동안 행하여진 근로자의 노무제공의 효과를 소급하여 부정하는 것은 타당하지 않으므로** 이미 제공된 근로자의 노무를 기초로 형성된 취소 이전의 법률관계까지 효력을 잃는다고 보아서는 아니되고, **취소의 의사표시 이후 장래에 관하여만 근로계약의 효력이 소멸**된다고 보아야 한다(대판 2017.12.22, 2013다25194·25200).

㉡ 제한능력을 이유로 하는 취소는 제3자에게도 주장할 수 있는 절대적인 것이나, 착오·사기·강박을 이유로 한 경우에는 선의의 제3자에 대하여는 주장할 수 없는 상대적인 것이다.

소급효 있는 행위	소급효 없는 행위
ⓐ 실종선고의 취소	ⓐ 미성년자가 법률행위를 하기 전 법정대리인의 동의와 허락의 취소, 영업허락의 취소
ⓑ 제한능력·착오·사기·강박에 의한 의사표시의 취소	ⓑ 성년후견·한정후견·특정후견종료의 심판
ⓒ 무권대리행위의 추인, 무권리자의 처분행위에 대한 추인, 토지거래허가를 받은 경우	ⓒ 부재자재산관리명령의 취소
ⓓ 소멸시효의 완성	ⓓ 법인설립허가의 취소
ⓔ 선택권의 행사에 의한 선택의 효력	ⓔ 무효행위의 추인
ⓕ 상계	ⓕ 조건·기한부 법률행위의 효력
ⓖ 계약의 해제	ⓖ 공유물의 분할
	ⓗ 계약의 해지

② **소급효와 물권적 효력**: 판례에 따르면 원인행위인 채권행위가 그 효력을 잃게 되면 물권행위도 당연히 효력을 상실하며, 따라서 취소권자는 소유권에 기한 반환청구권을 갖는다.

⚡기출

01 실종선고의 취소, 착오에 의한 의사표시의 취소, 사기·강박에 의한 의사표시의 취소는 ( )가 있다.
제16회

기출정답

01 소급효

③ 이행급부의 반환
  ㉠ 원칙

> 제748조 【수익자의 반환범위】 ① 선의의 수익자는 그 받은 이익이 현존한 한도에서 전조의 책임이 있다.
> ② 악의의 수익자는 그 받은 이익에 이자를 붙여 반환하고 손해가 있으면 이를 배상하여야 한다.

취소된 법률행위에 기하여 이미 이행이 된 때에는 급부한 것이 부당이득으로서 반환되어야 한다. 취소의 결과로써 발생하는 법률행위 당사자들의 부당이득반환의무는 동시이행관계에 있다.

  ㉡ 제한능력자의 반환 범위에 관한 특칙
    ⓐ 제한능력자는 선의·악의를 묻지 않고 취소된 행위에 의하여 받은 이익이 현존하는 한도에서 반환할 책임이 있다. '받은 이익이 현존하는 한도'라 함은 취소되는 행위에 의해 사실상 얻은 이익이 그대로 있거나 또는 그것이 변형되어 잔존하고 있는 것을 말한다. 따라서 소비한 경우에는 이익은 현존하지 않으나, 필요한 비용(예 생활비, 학비)에 충당한 때에는 이익은 현존하는 것이 된다.
    ⓑ 판례는 금전의 경우에는 이득의 현존을 추정한다. 그 취득한 것이 성질상 계속적으로 반복하여 거래되는 물품으로서 곧바로 판매되어 환가될 수 있는 금전과 유사한 대체물인 경우에도 마찬가지다.

3. 취소권의 소멸

(1) 취소할 수 있는 법률행위의 추인

① **의의**: 추인은 유효로 확정시키겠다는 취소권자의 의사표시이다. 추인은 상대방 있는 단독행위이다. 취소권의 포기라는 소극적인 의미와 법률행위를 확정적으로 유효로 하는 적극적인 의미가 있다.
취소할 수 있는 법률행위는 제한능력자, 착오로 인한 사기·강박에 의한 의사표시를 한 자, 그의 대리인 또는 승계인이 추인할 수 있고 추인 후에는 취소하지 못한다.

② **요건**: 추인은 취소의 원인이 소멸된 후에 하여야만 효력이 있다. 이는 법정대리인 또는 후견인이 추인하는 경우에는 적용하지 아니한다.

⚡ **기출**
01 제한능력을 이유로 법률행위가 취소된 경우, 제한능력자는 그 행위로 인하여 받은 (   )하는 한도에서 상환할 책임이 있다. 제28회

⚡ **기출**
02 제한능력자의 법정대리인이 제한능력자의 법률행위를 추인한 후에는 제한능력을 이유로 그 법률행위를 (   )하지 못한다. 제25회

기출정답
01 이익이 현존
02 취소

⊙ **추인권자**: 추인을 할 수 있는 자는 취소권자에 한정된다.
ⓒ **취소원인의 종료**: 제한능력자는 능력자로 된 후에 추인할 수 있고, 착오·사기·강박에 의한 의사표시는 그 상태에서 벗어난 후에 하여야 한다. 그러나 법정대리인 또는 후견인은 언제라도 추인할 수 있다. 한편 제한능력자이더라도 미성년자나 피한정후견인은 능력자가 되기 전이라도 법정대리인 또는 후견인의 동의를 얻어 유효하게 추인을 할 수 있다(통설).
ⓒ **취소할 수 있는 행위에 대한 인식**: 취소권자는 취소할 수 있는 행위임을 알고서 추인을 하여야 한다.
② **추인의 방법**: 취소의 경우와 같다. 추인은 법률행위의 상대방에 대한 의사표시로 하며, 묵시적으로도 가능하다(통설).
③ **효과**: 추인이 있으면 다시 취소할 수 없으며, 그 법률행위는 유효한 행위로 확정된다.

무권대리의 추인	무권대리인이 한 계약(유동적 무효)은 본인의 추인으로 본인에게 소급하여 효력 발생
무효행위의 추인	(확정적) 무효행위는 추인 ×, 당사자가 무효임을 알고 추인한 때에는 새로운 법률행위
취소할 수 있는 행위의 추인	취소할 수 있는 법률행위(유동적 유효)는 취소의 원인이 종료한 후에 취소권자가 추인, 즉 취소권의 포기로 그 효력을 확정
무권리자의 처분행위에 대한 권리자의 추인	권리자의 추인이 있으면 소급하여 유효

(2) 법정추인

① **의의**

> **제145조 【법정추인】** 취소할 수 있는 법률행위에 관하여 전조의 규정에 의하여 추인할 수 있는 후에 다음 각 호의 사유가 있으면 추인한 것으로 본다. 그러나 이의를 보류한 때에는 그러하지 아니하다.
> 1. 전부나 일부의 이행
> 2. 이행의 청구
> 3. 경개
> 4. 담보의 제공
> 5. 취소할 수 있는 행위로 취득한 권리의 전부나 일부의 양도
> 6. 강제집행

⚡ 기출

01 취소의 원인이 종료된 후 취소할 수 있는 법률행위를 추인하는 경우, 취소할 수 있는 법률행위임을 (   ) 추인해야 그 효력이 생긴다.
제22회

⚡ 기출

02 전부나 일부의 이행, 경개, 담보의 제공, 취소할 수 있는 법률행위로 취득한 권리의 양도는 취소할 수 있는 법률행위에 관한 취소권자의 이의 보류 없는 행위로서 (   ) 사유에 해당한다.
제27회

03 취소할 수 있는 법률행위에 관하여 법정추인 사유가 존재하더라도 (   )했다면 추인의 효과가 발생하지 않는다.
제24회

기출정답
01 알고
02 법정추인
03 이의를 보류

② 법정추인의 요건 및 사유
  ㉠ 요건
    ⓐ 법정추인 사유가 '추인할 수 있은 후'에 즉, 취소의 원인이 소멸한 후에 발생하여야 한다. 취소권자는 추인의 의사표시를 할 필요가 없으며, 취소할 수 있는 행위임을 인식할 필요도 없다(통설·판례).
    ⓑ 취소권자가 이의를 보류하지 않았어야 한다.
  ㉡ 법정추인사유
    ⓐ **전부나 일부의 이행**: 취소권자가 채무를 이행한 경우뿐만 아니라 상대방으로부터 채무이행을 수령한 경우도 포함한다(통설).
    ⓑ **이행의 청구**: 취소권자가 채권자로서 상대방에게 채무이행을 청구하는 것을 말하고, 상대방으로부터 이행청구를 받는 것은 포함되지 않는다(통설).
    ⓒ **경개**: 취소권자가 채권자로서 경개계약을 체결하든 채무자로서 하든 상관없다(통설).
    ⓓ **담보의 제공**: 취소권자가 물적 담보 또는 인적 담보를 채무자로서 제공하든 채권자로서 제공을 받든 상관없다(통설).
    ⓔ **취소할 수 있는 행위로 취득한 권리의 전부나 일부의 양도**: 취소권자에 의한 양도에 한정되고, 상대방의 양도는 포함되지 않는다.
    ⓕ **강제집행**: 취소권자가 채권자로서 집행한 경우는 물론 채무자로서 집행을 받는 경우도 소송상 이의를 제기할 수 있었으므로 이를 하지 않는 경우에는 여기에 포함된다(통설).
③ **효과**: 법정추인이 인정되면 유효로 확정되고, 이후에는 취소할 수 없게 된다.

(3) 취소권의 단기소멸

① 서언

> **제146조 【취소권의 소멸】** 취소권은 추인할 수 있는 날로부터 3년 내에, 법률행위를 한 날로부터 10년 내에 행사하여야 한다.

② 기간의 법적 성질
  ㉠ 제146조의 제척기간이 도과하였는지 여부는 당사자의 주장에 관계없이 법원이 당연히 조사하여 고려하여야 할 사항이다.

⚡기출

01 제한능력을 이유로 취소할 수 있는 법률행위를 한 미성년자가 행위능력자가 된 후 이의를 보류함이 없이 그 법률행위에 따라 이행한 때에는 (　　)한 것으로 본다.
제28회

⚡기출

02 취소권은 추인할 수 있는 날로부터 (　　) 내에, 법률행위를 한 날로부터 (　　) 내에 행사하여야 한다.
제21회

기출정답
01 추인
02 3년, 10년

ⓒ 취소권 행사기간에 관하여, 판례는 재판상·재판 외에서 권리를 행사하면 그 청구권이 보전된다고 한다(권리행사기간설).
③ 내용
  ㉠ **취소권의 소멸시기**: '추인할 수 있는 날로부터 3년'과 '법률행위를 한 날로부터 10년'의 두 기간 가운데 먼저 만료되는 기간에 취소권은 소멸한다(통설).
  ㉡ **취소에 의하여 발생한 청구권의 존속기간**: 취소권의 행사로 발생하는 부당이득반환청구권, 손해배상청구권의 행사기간은 그 취소권을 행사한 때로부터 소멸시효가 진행한다.

> ⚡ 기출
> 01 추인할 수 있는 날로부터 3년이 경과하였다면 법률행위를 한 날로부터 ( )이 경과하지 않았더라도, 취소권자는 그 법률행위를 취소할 수 없다. 제28회

> 선생님 TIP
> 법률행위의 부관이란 법률행위의 효과를 제한하기 위하여 덧붙여진 약관이며, 이에는 조건, 기한, 부담의 세 가지가 있다.

제9절 법률행위의 부관(조건과 기한) 〈빈출〉

01 총설

(1) 개념
① 법률행위의 부관은 법률행위의 '효력'의 발생 또는 소멸에 관한 것이지, 법률행위의 '성립'에 관한 것이 아니다.
② 당사자는 법률행위를 하면서 그 '효력의 발생 또는 소멸'을 '장래의 일정한 사실'에 의존하게 할 수 있다. 여기서 장래의 일정한 사실의 발생이 '불확실'한 것이 조건이고, '확실'한 것이 기한이다. 현재의 사실이나 과거의 사실은 조건이나 기한이 될 수 없다.

(2) 조건·기한과 구별할 개념
① **부담**: 부담부 법률행위는 '부담부'이기는 하지만 법률행위의 효력이 곧바로 완성된 권리를 발생시킨다. 부담부 증여와 부담부 유증 등 무상행위에서 그 예를 찾을 수 있다.
② **동기**: 조건의사가 있더라도 그것이 외부에 표시되지 않으면 법률행위의 동기에 불과할 뿐이다. 그리고 조건을 붙이고자 하는 의사의 표시는 그 방법에 관하여 일정한 방식이 요구되지 않으므로 묵시적 의사표시나 묵시적 약정으로도 할 수 있다.

> ⚡ 기출
> 02 조건은 의사표시의 일반 원칙에 따라 ( )가 필요하다. 제26회

> **기출정답**
> 01 10년
> 02 조건의사와 그 표시

02 조건이 붙은 법률행위

(1) 조건 일반

① **조건의 의의**
  ㉠ 조건이란 그 성취 여부가 불확실한 장래의 사실을 말하며, 법률행위 효력의 발생 또는 소멸에 관하여 이러한 조건이 붙은 법률행위를 조건부 법률행위라고 한다.
  ㉡ 어느 법률행위에 어떤 조건이 붙어 있었는지 아닌지는 사실인정의 문제로서 그 조건의 존재를 주장하는 자가 이를 입증하여야 한다.

② **조건의 종류**
  ㉠ 정지조건·해제조건
    ⓐ 법률행위의 효력을 그 성취에 의하여 발생하게 하는 조건을 정지조건이라고 하고(예 합격하면 집을 한 채 주겠다), 이미 발생한 법률행위의 효력을 그 성취에 의하여 소멸하게 하는 조건을 해제조건이라고 한다(예 합격할 때까지 생활비를 대주겠다).
    ⓑ 동산의 매매계약을 체결하면서 소유권 유보의 특약을 한 경우에 소유권을 이전한다는 물권적 합의는 대금의 완급을 정지조건으로 하는 행위이다.
    ⓒ 약혼예물의 수수는 혼인 불성립을 해제조건으로 하는 증여와 유사한 성질을 가진다.
  ㉡ 수의조건·비수의조건

수의조건	순수 수의조건	'내 마음이 내키면 집 한 채를 주겠다'는 것이 그 예이며, 무효이다.
	단순 수의조건	'내가 카메라를 한 대 더 사면 이 카메라를 너에게 주겠다'는 것이 그 예이다.
비수의조건	우성조건	조건의 성취 여부가 자연적 사실이나 제3자의 의사나 행위에 의존하는 조건을 말한다.
	혼성조건	조건의 성취 여부가 당사자의 의사 및 제3자의 의사에 의존하는 조건을 말한다.

> **기출**
>
> 01 법률행위에 어떤 조건이 붙어 있었는지 여부는 그 조건의 (　　)를 주장하는 자가 이를 증명해야 한다.
> 제25회
>
> 02 정지조건이 있는 법률행위는 특별한 사정이 없는 한 그 (　　) 그 효력이 생긴다.
> 제27회
>
> 03 해제조건 있는 법률행위는 특별한 사정이 없는 한 그 (　　) 그 효력을 잃는다.
> 제27회
>
> 04 동산소유권유보부매매에서는 (　　)부로 소유권이 이전된다.
> 제19회

> **기출정답**
> 01 존재
> 02 조건이 성취한 때로부터
> 03 조건이 성취한 때로부터
> 04 정지조건

⚡ 기출

01 법률행위의 조건이 선량한 풍속 기타 사회질서에 위반한 것인 때에는 ( )는 무효로 한다. 제27회

02 조건이 법률행위 당시 이미 성취된 경우, 그 조건이 해제조건이면 그 법률행위는 ( )로 한다. 제20회

03 정지조건이 법률행위 당시에 이미 성취할 수 없는 것인 경우, 그 법률행위는 ( )이다. 제25회

ⓒ **가장조건**

> **제151조【불법조건, 기성조건】** ① 조건이 선량한 풍속 기타 사회질서에 위반한 것인 때에는 그 법률행위는 무효로 한다.
> ② 조건이 법률행위의 당시 이미 성취한 것인 경우에는 그 조건이 정지조건이면 조건 없는 법률행위로 하고, 해제조건이면 그 법률행위는 무효로 한다.
> ③ 조건이 법률행위의 당시에 이미 성취할 수 없는 것인 경우에는 그 조건이 해제조건이면 조건 없는 법률행위로 하고, 정지조건이면 그 법률행위는 무효로 한다.

★ 암기 PLUS | 가장조건의 종류

법정조건	법인의 설립에서 주무관청의 허가와 같이 법률행위의 효력이 발생하기 위하여 법률이 명문으로 요구하는 조건이다. 조건으로서의 의미를 가지지 않는다.
불법조건	불법조건이 붙어 있는 법률행위는 조건뿐만 아니라 법률행위 자체가 무효이다. 부첩관계의 종료를 해제조건으로 하는 증여계약은 그 조건만이 무효인 것이 아니라 증여계약 자체가 무효이다.
기성조건	기성조건이 정지조건이면 조건 없는 법률행위가 되고, 해제조건이면 그 법률행위는 무효이다.
불능조건	불능조건이 해제조건이면 조건 없는 법률행위가 되고, 정지조건이면 그 법률행위는 무효이다.

③ 조건에 친하지 않은 법률행위
  ㉠ 조건을 붙일 수 없는 법률행위
    ⓐ **단독행위**: 원칙적으로 조건을 붙일 수 없다. 그러나 상대방의 동의가 있는 경우, 상대방에게 이익만을 주는 경우(예 채무면제, 유증), 상대방이 결정할 수 있는 사실을 조건으로 하는 경우(예 정지조건부 해제)에는 조건을 붙일 수 있다.
    ⓑ **신분행위**: 원칙적으로 조건을 붙일 수 없다. 유언에는 조건을 붙일 수 있다.
    ⓒ **어음 및 수표행위**: 조건을 붙일 수 없다. 다만, 어음보증에 조건을 붙이는 것은 허용된다.
  ㉡ **효과**: 조건을 붙일 수 없는 법률행위에 조건을 붙인 경우에 그 법률행위는 '전부무효'로 된다.

⚡ 기출

04 조건을 붙이는 것이 허용되지 않는 법률행위에 조건을 붙인 경우, 그 법률행위는 ( )이다. 제21회

기출정답
01 그 법률행위
02 무효
03 무효
04 전부무효

(2) 조건의 성취와 불성취

① **서설**: 조건부 법률행위의 효력은 조건사실의 실현 여부에 좌우되는데, 그 조건사실의 실현·불실현이 확정되는 것을 조건의 성취·불성취라고 한다.

② **조건의 성취 또는 불성취를 주장할 수 있는 경우**
  ㉠ **조건의 부당한 불성취의 경우 조건성취의 주장**: 조건의 성취로 인하여 불이익을 받을 당사자가 신의성실에 반하여 조건의 성취를 방해한 때에는 상대방은 그 조건이 성취한 것으로 주장할 수 있다.
    ⓐ 고의에 의한 경우만이 아니라 과실에 의한 경우에도 신의성실에 반하여 조건의 성취를 방해한 때에 해당한다.
    ⓑ 상대방의 주장에 의하여 조건성취로 의제되는 시점은 방해행위가 없었다면 조건이 성취되었으리라고 추산되는 시점이다.
  ㉡ **조건의 부당한 성취의 경우 조건불성취의 주장**: 조건의 성취로 인하여 이익을 받을 당사자가 신의성실에 반하여 조건을 성취시킨 때에는 상대방은 그 조건이 성취하지 아니한 것으로 주장할 수 있다.

(3) 조건부 법률행위의 효력

① **조건의 성취 전의 효력**
  ㉠ **조건부 권리에 대한 침해금지**: 조건 있는 법률행위의 당사자는 조건의 성부가 미정한 동안에 조건의 성취로 인하여 생길 상대방의 이익을 해하지 못한다.
  ㉡ **조건부 권리의 실현**: 조건의 성취가 미정한 권리의무는 일반규정에 의하여 처분, 상속, 보존 또는 담보로 할 수 있다.

② **조건성취 후의 효력**

> **제147조【조건성취의 효과】** ① 정지조건 있는 법률행위는 조건이 성취한 때로부터 그 효력이 생긴다.
> ② 해제조건 있는 법률행위는 조건이 성취한 때로부터 그 효력을 잃는다.
> ③ 당사자가 조건성취의 효력을 그 성취 전에 소급하게 할 의사를 표시한 때에는 그 의사에 의한다.

⚡기출

01 조건의 성취로 인하여 불이익을 받을 당사자가 신의칙에 반하여 조건의 성취를 방해한 경우, 조건이 성취되었으리라고 (　　)에 조건이 성취된 것으로 의제된다.
제26회

⚡기출

02 조건의 성취가 미정한 권리는 일반규정에 의하여 담보로 할 수 (　　). 제25회

기출정답

01 추산되는 시점
02 있다

⑦ 법률행위효력의 확정

암기 PLUS | 조건성취 또는 조건불성취의 효과

구분	조건성취	조건불성취
정지조건	조건성취시부터 효력 발생	무효
해제조건	조건성취시부터 효력 소멸	효력 소멸 ×

판례 | 정지조건부 법률행위에 해당한다는 사실에 대한 주장증명책임

정지조건부 법률행위에 해당한다는 사실은 그 법률행위로 인한 법률효과의 발생을 저지하는 사유로서 그 **법률효과의 발생을 다투려는 자**에게 주장·입증책임이 있다(대판 1993.9.28, 93다20832).

⚡ **기출**

01 법률행위가 정지조건부 법률행위에 해당한다는 사실은 그 법률효과의 발생을 (　　)에게 증명책임이 있다. 제26회

02 당사자 사이에는 의사표시로 조건성취의 효력을 소급할 수 (　　). 제22회

ⓒ **비소급적 효력**: 조건성취의 효과는 원칙적으로 소급하지 않는다. 다만, 당사자가 조건성취의 효력을 그 성취 전에 소급하게 할 의사를 표시한 경우에는 그 의사에 의한다.

03 기한이 붙은 법률행위

(1) 기한 일반

① **기한의 의의**: 기한이란 법률행위의 효력의 발생이나 소멸 또는 채무의 이행을 장래 발생할 것이 확실한 사실에 의존케 하는 법률행위의 부관을 말한다.

② **기한의 종류**

　⑦ 시기·종기

> **제152조 【기한도래의 효과】** ① 시기 있는 법률행위는 기한이 도래한 때로부터 그 효력이 생긴다.
> ② 종기 있는 법률행위는 기한이 도래한 때로부터 그 효력을 잃는다.

⚡ **기출**

03 (　　) 있는 법률행위는 기한이 도래한 때로부터 그 효력을 잃는다. 제21회

ⓒ **확정기한·불확정기한**

　　ⓐ '내년 1월 1일부터', '앞으로 3개월 후에'는 확정기한의 예이고, 'A가 사망하였을 때', 상가분양계약에서 중도금 지급기일을 '1층 골조공사 완료시'로 정한 것은 불확정기한의 예이다.

기출정답
01 다투려는 자
02 있다
03 종기

ⓑ 불확정기한과 조건의 구별이 어려운 경우가 있다. 부관에 표시된 사실이 발생하지 아니하면 채무를 이행하지 아니하여도 된다고 보아야 하는 때에는 정지조건으로 정한 것으로 보아야 하고, 표시된 사실이 발생한 때는 물론이고 반대로 발생하지 아니하는 것이 확정된 때에도 그 채무를 이행하여야 한다고 보는 것이 타당한 경우에는 표시된 사실의 발생 여부가 확정되는 것을 불확정기한으로 정한 것으로 보아야 한다. 채무의 변제에 관하여 일정한 사실이 부관으로 붙여진 경우에는 특별한 사정이 없는 한 사실이 발생한 때 뿐만 아니라 사실의 발생이 불가능하게 된 때에도 이행기한은 도래한 것으로 본다.

③ **기한에 친하지 않은 법률행위**
㉠ 기한에 친하지 않은 법률행위에 기한을 붙이면 법률행위 전체가 무효로 된다.
㉡ 가족법상의 행위, 소급효가 있는 법률행위에는 시기를 붙일 수 없다. 그러나 어음행위나 수표행위는 조건에 친하지 않으나, 시기를 붙이는 것은 무방하다.

(2) 기한부 법률행위의 효력

① **기한도래 전의 효력**: 기한부 권리의 침해가 금지되며, 처분·상속·보존 또는 담보로 할 수 있다.
② **기한도래 후의 효력**: 기한의 효력에는 소급효가 없으며, 당사자의 특약에 의해서도 소급효를 인정할 수 없다.
③ **기한의 이익**
㉠ **서언**: 기한은 채무자의 이익을 위한 것으로 추정한다.

> **⭐ 암기 PLUS | 기한의 이익을 가지는 자**
>
> | | |
> |---|---|
> | 채권자만이 가지는 경우 | 무상임치의 임치인, 사용대차의 차주 등 |
> | 채무자만이 가지는 경우 | 무이자 소비대차의 차주 등 |
> | 채권자·채무자 쌍방이 가지는 경우 | 이자부 소비대차, 임대차 등 |

⚡기출

01 불확정한 사실이 발생한 때를 이행기한으로 정한 경우, 그 사실의 발생이 (　) 하게 된 때에도 기한이 도래한 것으로 본다. 제24회

⚡기출

02 기한은 (　)의 이익을 위한 것으로 추정한다. 제21회

03 임대차계약의 경우 임대인과 임차인 모두 기한의 이익을 갖지만, 사용대차의 경우 (　)만이 기한의 이익을 갖는다. 제18회

기출정답
01 불가능
02 채무자
03 사용차주

> **기출**
>
> **01** 기한의 이익은 ( )할 수 있지만, 특별한 사정이 없는 한 상대방의 이익을 해하지 못한다. 제27회·제28회

ⓒ **기한이익의 포기**: 기한의 이익이 상대방에게도 있는 경우에는 상대방의 손해를 배상하고 기한의 이익을 포기할 수 있다. 예컨대, 이자부 소비대차의 채무자는 이행기까지의 이자를 지급하면서 기한 전에 변제할 수 있다.

ⓒ **기한이익의 상실**

　ⓐ **기한의 이익을 주장하지 못하는 경우**: 다음의 경우에 채무자는 기한의 이익을 주장하지 못하는 것으로 규정한다.

> - 채무자가 담보를 손상·감소·멸실하게 하거나, 담보제공의 의무를 이행하지 아니한 때
> - 채무자가 파산한 때

　ⓑ **기한이익 상실의 특약**: 일반적으로 기한이익 상실의 특약이 채권자를 위하여 둔 것인 점에 비추어 명백히 정지조건부 기한이익 상실의 특약이라고 볼 만한 특별한 사정이 없는 이상, 형성권적 기한이익 상실의 특약으로 추정하는 것이 타당하다. 형성권적 기한이익 상실의 특약이 있는 경우에는 그 특약은 채권자의 이익을 위한 것으로서 기한이익의 상실사유가 발생하였다고 하더라도 채권자가 나머지 전액을 일시에 청구할 것인가 또는 종래대로 할부변제를 청구할 것인가를 자유로이 선택할 수 있다.

> **기출**
>
> **02** 기한이익 상실의 특약은 특별한 사정이 없는 한 ( ) 기한이익 상실의 특약으로 추정한다. 제28회

기출정답
01 포기
02 형성권적

제6장 기간

01 기간 일반

(1) 기간의 의의

기간이란 어느 시점에서 어느 시점까지의 계속된 시간을 말한다. 기간은 법률사실로서 '사건'이다.

(2) 기간의 계산에 관한 적용범위

> **제155조 【본장의 적용범위】** 기간의 계산은 법령, 재판상의 처분 또는 법률행위에 다른 정한 바가 없으면 본장의 규정에 의한다.

제155조에 의하면 법령이나 법률행위 등에 의하여 위 원칙과 달리 정하는 것도 가능하다. 제155조 이하의 기간 계산법은 사법관계는 물론 공법관계에도 통칙적으로 적용된다.

02 기간의 계산방법

(1) 기간을 '시·분·초'로 정한 경우

> **제156조 【기간의 기산점】** 기간을 시, 분, 초로 정한 때에는 즉시로부터 기산한다.

기간의 만료점은 그 정하여진 시·분·초가 종료한 때이다. 즉, 자연적 계산법을 채택한 것이다.

(2) 기간을 '일·주·월·년'으로 정한 경우

① 기산점

> **제157조 【기간의 기산점】** 기간을 일, 주, 월 또는 년으로 정한 때에는 기간의 초일은 산입하지 아니한다. 그러나 그 기간이 오전 0시로부터 시작하는 때에는 그러하지 아니하다.
>
> **제158조 【나이의 계산과 표시】** 나이는 출생일을 산입하여 만(滿) 나이로 계산하고, 연수(年數)로 표시한다. 다만, 1세에 이르지 아니한 경우에는 월수(月數)로 표시할 수 있다.

선생님 TIP

기간은 그것이 독립하여 권리변동을 일으키는 법률요건이 되지 않으나, 다른 법률사실과 결합하여 권리를 발생·소멸시키는 등 중요한 역할을 한다.

⚡기출

01 기간계산에 관한 민법 규정은 (　)에도 적용된다.　제22회

⚡기출

02 기간을 시·분·초로 정한 때에는 (　)로부터 기산한다.　제18회

03 기간을 일 또는 주로 정한 때에는 그 기간이 오전 영시로부터 시작하지 않는 경우, 기간의 (　)은 산입하지 아니한다.　제22회

04 연령계산에는 출생일을 (　).　제22회

기출정답

01 공법관계
02 즉시
03 초일
04 산입한다

② 만료점
㉠ **말일의 종료**: 기간을 일, 주, 월 또는 년으로 정한 때에는 기간 말일의 종료로 기간이 만료한다. 기간의 만료점은 그 날 오후 12시(자정)가 된다. 그러나 판례는 "정년이 53세라 함은 만 53세 만료일이 아니라 53세에 도달하는 날을 말한다."고 한다.
㉡ **말일의 계산**: 기간을 주, 월 또는 년으로 정한 때에는 역(歷)에 의하여 계산한다. 주, 월 또는 연의 처음으로부터 기간을 기산하지 아니하는 때에는 최후의 주, 월 또는 년에서 그 기산일에 해당한 날의 전일로 기간이 만료한다. 월 또는 년으로 정한 경우에 최종의 월에 해당일이 없는 때에는 그 월의 말일로 기간이 만료한다.
㉢ **공휴일의 계산**: 기간의 말일이 토요일 또는 공휴일에 해당한 때에는 기간은 그 익일로 만료한다.

> ⓐ 공휴일에는 국경일 및 일요일뿐만 아니라 임시공휴일도 포함된다.
> ⓑ 초일이 공휴일인 경우에는 적용이 없다. 즉, 그 날부터 기간을 계산하고, 익일부터 기산하지 않는다.

㉣ **기간의 역산**: 민법상 기간의 계산방법은 일정한 기산일로부터 소급하여 과거에 역산되는 기간에도 준용된다. 예컨대 사원총회일이 3월 15일이라고 한다면, 14일이 기산점이 되어 그 날부터 역으로 7일을 계산한 8일의 오전 0시가 말일이 되고, 따라서 늦어도 7일 중으로 총회소집 통지가 발송되어야 한다.

⚡ 기출

01 기간을 월 또는 연으로 정한 때에는 (　　)에 의하여 계산한다. 제22회

02 기간의 말일이 토요일 또는 공휴일에 해당하는 때에는 기간은 그 (　　)로 만료한다. 제22회

기출정답
01 역(歷)
02 익일

제7장 소멸시효 〔빈출〕

기본서 p.332~365

제1절 총설

01 시효의 의의

시효란 일정한 사실상태가 일정기간 계속된 경우에 그 사실상태를 존중하여 그대로 권리관계로 인정하는 법률요건이다(통설). 시효에는 취득시효와 소멸시효의 두 가지가 있다.

02 소멸시효와 구별되는 제도(제척기간)

(1) 의의

제척기간은 그 기간의 경과 자체만으로 곧 권리 소멸의 효과를 가져오게 하는 것이다. 이러한 제척기간은 그 권리와 관련된 법률관계를 조속히 확정하기 위한 제도이다.

(2) 법적 성질

① 채권자취소권, 친생부인권의 행사는 그 기간 내에 재판상 행사를 하여야 한다. 문제는 이러한 규정이 없는 제척기간에 관해서이다.
② 판례는 미성년자의 법률행위의 취소권, 매도인의 하자담보책임에 관한 매수인의 권리, 수급인에 대하여 하자담보책임을 물을 수 있는 권리는 그 기간 내에 재판상 또는 재판 외에서 행사할 수 있다고 한다. 그런데 채권양도의 통지는 그것만으로 제척기간 준수에 필요한 권리의 재판 외 행사에 해당한다고 할 수 없다.
③ 그러나 "민법 제204조 제3항과 제205조 제2항에 의하면 점유를 침탈당하거나 방해를 받은 자의 침탈자 또는 방해자에 대한 청구권의 제척기간은 반드시 그 기간 내에 소를 제기하여야 하는 이른바 출소기간(出訴期間)으로 해석함이 상당하다."고 한다.

선생님 TIP

소멸시효는 일정한 요건하에 권리를 소멸시키는 제도이다. 소멸시효는 실제의 소송에서 자주 주장되고 있는 제도이며, 요건·중단·정지·효력을 공부하여야 한다.

⚡기출

01 채권양도의 통지만으로도 제척기간의 준수에 필요한 권리의 재판 외 행사로 볼 수 (   ).   제17회
02 점유물반환청구권은 제척기간의 적용을 받는 (   )을 의미한다.   제17회

기출정답
01 없다
02 출소기간

(3) 소멸시효와의 차이점

① '시효로 인하여' 또는 '소멸시효가 완성한다' 등으로 표현하면 소멸시효기간으로 본다(통설). 청구권은 원칙적으로 소멸시효의 대상이 되지만, 예외적으로 제척기간의 대상이 되는 것도 있다. 그러나 형성권은 제척기간의 대상이 된다. 판례는 제766조 제2항을 소멸시효로 본다.

② 일정한 기간의 경과로써 권리가 소멸하는 점에서 양자는 같다. 또 당사자의 약정으로 기간을 연장할 수 없는 점도 같다.

구분	소멸시효	제척기간
존재 이유	시효제도는 일정기간 계속된 사회질서를 유지하고 시간의 경과로 인하여 곤란하게 되는 증거보전으로부터의 구제, 소위 권리 위에 잠자는 자는 법적 보호에서 이를 제외하기 위하여 규정된 제도이다(판례).	제척기간은 권리자로 하여금 당해 권리를 신속하게 행사하도록 함으로써 법률관계를 조속히 확정시키려는 데 그 제도의 취지가 있다(판례).
요건	⊙ 일정한 기간의 경과와 함께 권리의 불행사라는 사실상태의 계속을 요건으로 한다. ⓒ 기간은 규정에 의해 정해지고, 법률행위에 의하여 단축 또는 경감할 수 있다. ⓒ 권리를 행사할 수 있는 때를 기산점으로 한다.	⊙ 기간의 경과를 요건으로 한다. ⓒ 기간은 규정에 의해 정해지고, 기간의 정함이 없는 형성권은 10년이며, 자유로이 단축할 수 없다. ⓒ 원칙적으로 권리가 발생한 때, 예약이 성립한 때(매매예약완결권의 경우) 또는 권리가 발생한 때(대물변제예약완결권의 경우)를 기산점으로 한다.
중단	시효의 중단제도가 있다.	중단이 인정되지 않는다. 즉, 권리자의 권리행사가 있으면 그대로 효과가 발생하는 것이고, 이를 기초로 다시 기간이 갱신되는 문제는 발생하지 않는다.
정지	시효의 정지제도가 있다.	정지가 인정되지 않는다. 시효정지에 관한 제182조를 제척기간에 준용하자는 소수설이 있다.

효과 및 소급효	절대적 소멸설에 의하면 권리가 소멸한다는 점에서 효과는 제척기간과 같다(상대적 소멸설에 의하면 차이가 있음). 소멸시효완성의 효력은 기산일에 소급한다.	기간이 경과한 때로부터 장래에 향하여 권리가 소멸한다.
포기	시효이익은 포기할 수 있다.	포기제도가 없다.
소송상의 주장 요부	변론주의 원칙상 그 사실을 주장하지 않으면 고려되지 않는다.	당사자가 주장하지 않더라도 법원이 당연히 이를 고려하여야 하는 직권조사사항이다.
증명책임	소멸시효기간의 완성을 주장하는 자(의무자)가 증명하여야 한다.	권리자가 제척기간이 경과하지 않았음을 증명하여야 한다.

제2절 소멸시효의 요건

01 소멸시효의 대상이 되는 권리

> **제162조【채권, 재산권의 소멸시효】** ① 채권은 10년간 행사하지 아니하면 소멸시효가 완성한다.
> ② 채권 및 소유권 이외의 재산권은 20년간 행사하지 아니하면 소멸시효가 완성한다.

(1) 재산권

소멸시효의 대상이 되는 권리는 재산권으로 한정되고, 물권·채권·지식재산권이 문제된다. 즉, 신분권이나 인격권과 같은 비재산적 권리는 그 대상이 아니다.

① **채권**: 채권은 소멸시효의 대상이다. 나아가 채권적 청구권도 원칙적으로 소멸시효에 걸린다.

㉠ **법률행위로 인한 등기청구권**: 판례는 "부동산 매수인이 그 목적물을 인도받아서 이를 사용·수익하고 있는 경우에는 그 매수인의 등기청구권은 다른 채권과는 달리 소멸시효에 걸리지 않는다."고 한다. "나아가 다른 사람에게 그 부동산을 처분하고 그 점유를 승계하여 준 경우에도 그 이전등기청구권의 소멸시효는 진행되지 않는다고 보아야 한다."고 한다.

⚡기출

01 채권은 ( )간 행사하지 아니하면 소멸시효가 완성한다. 제27회

02 지상권과 지역권은 ( )간 행사하지 않으면 소멸시효가 완성된다. 제21회·제27회

⚡기출

03 부동산을 매수한 자가 그 목적물을 인도받아 사용·수익하고 있는 경우, 매수인의 등기청구권은 소멸시효에 ( ). 제18회

기출정답
01 10년
02 20년
03 걸리지 않는다

ⓒ **취득시효에 기한 등기청구권**: 판례는 "그 토지에 대한 점유가 계속되는 한 시효로 소멸하지 아니하고, 그 점유자가 점유를 상실한 때로부터 10년간 등기청구권을 행사하지 아니하면 소멸시효가 완성한다."고 한다.

② 물권

⚡ **기출**

01 점유권 주위토지통행권 유치권 소유권에 기한 방해제거청구권은 소멸시효에 (   ).
제23회

02 근저당권설정약정에 의한 근저당권설정등기청구권은 그 피담보채권이 될 채권과 별개로 소멸시효에 (   ).
제25회

★ 암기 PLUS ㅣ 물권의 소멸시효 대상 여부

소멸시효 대상 ○	지상권, 지역권
소멸시효 대상 ×	• 소유권, 상린관계상의 권리 및 공유물분할청구권, 소유권에 기한 물권적 청구권 • 점유권과 유치권 • 담보물권(유치권·질권·저당권). 한편, 근저당권설정약정에 의한 근저당권설정등기청구권은 그 피담보채권이 될 채권과 별개로 소멸시효에 걸린다.

③ **물권에 준하는 재산권**: 광업권, 어업권, 특허권, 상표권, 디자인권 등은 소유권과 같은 성질을 가지므로 소멸시효의 대상이 아니다. 보통 권리의 존속기간이 예정된다.

(2) 형성권, 항변권의 문제

① **형성권의 문제**: 형성권 행사의 기간은 제척기간이며, 존속기간이 없는 형성권은 10년의 제척기간에 걸린다.
② **항변권의 문제**: 동시이행의 항변권과 보증인의 최고·검색의 항변권은 독립하여 소멸시효에 걸리지 않는다.

02 권리의 불행사(시효의 기산점)

제166조 【소멸시효의 기산점】 ① 소멸시효는 권리를 행사할 수 있는 때로부터 진행한다.
② 부작위를 목적으로 하는 채권의 소멸시효는 위반행위를 한 때로부터 진행한다.

기출정답
01 걸리지 않는다
02 걸린다

(1) 권리를 행사할 수 있는 때

① 서언
  ㉠ 권리를 행사할 수 없는 동안은 소멸시효는 진행할 수 없다.
  ㉡ 소멸시효의 기산일은 변론주의의 적용대상이므로, 본래의 소멸시효 기산일과 당사자가 주장하는 기산일이 다른 경우에는 당사자가 주장하는 기산일을 기준으로 한다.

② 원칙(법률상 장애가 없을 것)

> **암기 PLUS | 법률상 장애와 사실상 장애 여부**
>
> | 법률상 장애 | • 정지조건의 미성취나 이행기의 미도래
• 소유권이전등기청구권에 있어서 그 목적물인 건물이 완공되지 아니하여 이를 행사할 수 없는 사유 |
> |---|---|
> | 사실상 장애 | • 권리자의 개인적 사정이나 법률지식의 부족
• 미성년인 사정
• 권리존재의 부지 또는 채무자의 부재 등 |

(2) 각종 권리에서 소멸시효의 기산점

각종 권리	소멸시효의 기산점

기한을 정한 채권	① 확정기한부 채권: 확정기한이 도래한 때, 기한의 유예가 있으면 유예한 이행기일로부터 다시 진행
	② 불확정기한부 채권: 그 기한이 객관적으로 도래한 때부터
	③ 기한이익 상실의 특약이 있는 경우
	  ㉠ 형성권적 기한이익 상실의 특약: 각 변제기의 도래시마다 순차로 소멸시효가 진행하고, 잔존채무 전액의 변제를 구하는 의사가 표시되었다면 전액에 대하여 그때부터 시효 진행(판례).
	  ㉡ 정지조건부 기한이익 상실의 특약: 사유발생시 전액에 대하여 시효 진행

기한의 정함이 없는 채권	① 그 채권성립시부터, 계속적인 거래관계에서 발생한 채권의 경우에는 각 외상대금채권이 발생한 때로부터(장기간 입원 치료를 받는 경우) ② 청구 또는 해지통고를 한 후 일정기간이나 상당한 기간이 경과한 후에 청구할 수 있는 채권: 그 전제가 되는 청구나 해지통고를 할 수 있는 때로부터 소정의 유예기간이 경과한 때로부터(반환시기의 약정이 없는 소비대차계약상의 채권은 '채권의 성립시부터'라는 견해 있음)

⚡기출

01 당사자가 본래의 소멸시효 기산일과 다른 기산일을 주장하는 경우, 법원은 원칙적으로 (　　)을 기준으로 소멸시효를 계산해야 한다. 제25회

02 건물이 완공되기 전에는 건물에 관한 소유권이전등기청구권의 시효가 (　　) 하지 않는다. 제24회

03 사실상 권리의 존재나 권리행사 가능성을 알지 못하였다는 사유는 특별한 사정이 없는 한 (　　)을 방해하지 않는다. 제26회

기출정답
01 당사자가 주장하는 기산일
02 진행
03 소멸시효의 진행

기출

01 정지조건부 채권의 소멸시효는 그 (　　)한 때로부터 진행한다. 　제24회

02 채권자가 선택권자인 선택채권은 선택권을 (　　)부터 소멸시효가 진행한다. 　제22회

03 부작위를 목적으로 하는 채권의 소멸시효는 (　　)를 한 때부터 진행한다. 　제25회

04 매도인의 소유권이전채무가 이행불능이 된 경우, 매수인의 손해배상채권의 소멸시효는 그 채무가 (　　)이 된 때부터 진행한다. 　제21회

05 공동불법행위자 사이에 인정되는 구상권의 소멸시효는 구상권자가 (　　)를 한 때부터 진행한다. 　제22회

정지조건부 채권	조건의 성취시부터
선택채권	선택권을 행사할 수 있는 때로부터
부작위채권	위반행위를 한 때로부터
손해배상 청구권	① **채무불이행**: 채무불이행시(판례) ⇨ 이행불능된 때부터(대상청구권 포함) ② **불법행위**: 손해 및 가해자를 안 날로부터 3년(손해가 위법행위로 인하여 발생한 것까지 알았어야 함), 불법행위를 한 날로부터 10년(가해행위로 인하여 손해의 결과가 발생한 날)
부당이득반환 청구권	성립과 동시에 행사할 수 있으므로 그 때부터
구상권	① **보증인의 구상권**: 주채무자에 대한 보증인의 사후구상권과 사전구상권은 각각 그 권리가 발생되어 이를 행사할 수 있는 때부터 ② **공동불법행위자의 구상권**: 구상권자가 피해자에게 현실로 손해배상금을 지급한 때부터
동시이행의 항변권이 붙어 있는 채권	이행기부터
무권대리행위의 추인으로 확정된 채권	추인에는 소급효가 인정되지만, 그 권리는 추인시부터 시효가 진행
기타 재산권	권리를 행사할 수 있는 때로부터(물권의 발생시부터)

03 소멸시효기간

기출

06 법원은 어떤 권리의 소멸시효기간이 얼마나 되는지를 (　　)으로 판단할 수 있다. 　제21회

기출정답
01 조건이 성취
02 행사할 수 있는 때
03 위반행위
04 이행불능
05 공동면책행위
06 직권

어떤 권리의 소멸시효기간이 얼마나 되는지에 관한 주장은 단순한 법률상의 주장에 불과하므로 변론주의의 적용대상이 되지 않고 법원이 직권으로 판단할 수 있다.

(1) 채권의 소멸시효기간

① **일반채권**: 채권의 소멸시효기간은 원칙적으로 10년이다. 다만, 상행위로 인한 채권의 소멸시효기간은 5년이다.

② 단기소멸시효에 걸리는 채권
  ㉠ 3년의 소멸시효에 걸리는 채권
    ⓐ **이자, 부양료, 급료, 사용료 기타 1년 이내의 기간으로 정한 금전 또는 물건의 지급을 목적으로 한 채권**: 여기서 1년 이내의 채권이라는 것은 1년 이내의 정기로 지급되는 채권이라는 뜻이며, 변제기가 1년 이내의 채권이라는 의미가 아니다. 정수기 대여계약에 기한 월대여료 채권, 1개월 단위로 지급되는 집합건물의 관리비채권이 그 예이다. 그러나 이자채권이라고 하더라도 1년 이내의 정기에 지급하기로 한 것이 아닌 이상 위 규정 소정의 3년의 단기소멸시효에 걸리는 것이 아니다. 금전채무의 이행지체로 인하여 발생하는 지연손해금은 그 성질이 손해배상금이지 이자가 아니며, 제163조 제1호가 규정한 '1년 이내의 기간으로 정한 채권'도 아니므로 3년간의 단기소멸시효의 대상이 되지 아니한다.
    ⓑ **의사, 조산사, 간호사 및 약사의 치료, 근로 및 조제에 관한 채권**: 의사의 치료비채권의 경우, 그 개개의 진료가 종료될 때마다 각각의 시효가 진행되고, 장기간 입원치료를 받는 경우라도 퇴원시부터 소멸시효가 진행된다고 볼 수 없다.
    ⓒ **도급받은 자, 기사 기타 공사의 설계 또는 감독에 종사하는 자의 공사에 관한 채권**: 도급을 받은 자의 공사에 관한 채권은 공사대금채권뿐만 아니라 그 공사에 부수되는 채권도 포함한다. 수급인이 갖는 복구공사비 청구채권도 포함한다. 수급인의 저당권설정청구권은 채권적 청구권으로서 공사에 부수되는 채권에 해당한다.
    ⓓ **변호사, 변리사, 공증인, 공인회계사 및 법무사에 대한 직무상 보관한 서류의 반환을 청구하는 채권**: 소유권이 의뢰인에게 있는 것은 포함되지 않는다(이설 없음).
    ⓔ **변호사, 변리사, 공증인, 공인회계사 및 법무사의 직무에 관한 채권**
    ⓕ **생산자 및 상인이 판매한 생산물 및 상품의 대가**: 이 채권은 상행위로 생긴 것이므로 본래는 상법 제64조에 의하여 5년의 시효에 걸려야 하지만, 여기에서 5년보다 더 단기의 시효를 규정하고 있어서 동조 단서에 의하여 3년의 시효에 걸리게 된다.

⚡ **기출**

01 1개월 단위로 지급되는 집합건물의 관리비채권의 소멸시효기간은 (　)이다.
제25회

02 이자채권이라도 1년 이내의 정기로 지급하기로 한 것이 아니면 (　)의 단기소멸시효가 적용되지 않는다.
제27회

03 금전채무의 이행지체로 인하여 발생하는 지연손해금은 (　)간의 단기소멸시효가 적용되지 않는다.
제27회

⚡ **기출**

04 상행위로 인하여 발생한 상품판매대금채권은 (　)의 단기소멸시효가 적용된다.
제27회

기출정답
01 3년
02 3년
03 3년
04 3년

ⓒ **1년의 소멸시효에 걸리는 채권**
  ⓐ 여관, 음식점, 대석, 오락장의 숙박료, 음식료, 대석료, 입장료, 소비물의 대가 및 체당금의 채권
  ⓑ 의복, 침구, 장구 기타 동산의 사용료의 채권
  ⓒ 노역인, 연예인의 임금 및 그에 공급한 물건의 대금채권
  ⓓ 학생 및 수업자의 교육, 의식 및 유숙에 관한 교주·숙주·교사의 채권

> **판례 | 1년 단기소멸시효의 적용을 받지 않는 반대채무**
> 상대방이 그 계약에 기하여 가지는 반대채권은 원칙으로 돌아가, 다른 특별한 사정이 없는 한 민법 제162조 제1항에서 정하는 **10년의 일반소멸시효기간의 적용을 받는다**(대판 2013.11.14, 2013다65178).

③ **판결 등으로 확정된 채권**

> **제165조 【판결 등에 의하여 확정된 채권의 소멸시효】** ① 판결에 의하여 확정된 채권은 단기의 소멸시효에 해당한 것이라도 그 소멸시효는 10년으로 한다.
> ② 파산절차에 의하여 확정된 채권 및 재판상의 화해, 조정 기타 판결과 동일한 효력이 있는 것에 의하여 확정된 채권도 전항과 같다.
> ③ 전2항의 규정은 판결확정 당시에 변제기가 도래하지 아니한 채권에 적용하지 아니한다.

㉠ 지급명령에서 확정된 채권은 단기의 소멸시효에 해당하는 것이라도 그 소멸시효기간이 10년으로 연장된다.
㉡ 채권자와 주채무자 사이의 채무가 판결 등에 의해 확정되어 그 소멸시효가 10년으로 되었다 할지라도 채권자와 연대보증인 사이에 있어서는 여전히 종전의 소멸시효기간에 따른다.

(2) 기타 재산권의 소멸시효기간
지상권·지역권의 소멸시효기간은 20년이다.

⚡ 기출

01 지급명령에서 확정된 채권은 특별한 사정이 없는 한 단기의 소멸시효에 해당하는 것이라도 그 소멸시효는 (　　)으로 한다. 　제28회

02 주채무의 소멸시효기간이 확정판결로 10년으로 연장된 경우, 단기인 보증채무의 소멸시효기간은 10년으로 (　　). 　제19회

기출정답
01 10년
02 연장되지 않는다

제3절 소멸시효의 장애(소멸시효의 중단과 정지)

01 서설

시효의 중단은 중단사유가 생기면 그 사유가 종료한 때로부터 다시 새로운 시효기간이 진행된다. 시효의 정지는 정지사유가 존재하는 동안 시효는 일시 진행을 정지하고 그 사유가 없어지면 다시 시효는 진행한다.

02 소멸시효의 중단

(1) 의의

시효중단사유는 변론주의의 대상이어서 당사자의 주장이 없으면 법원이 이에 관하여 판단할 필요가 없으며, 그에 대한 증명책임은 시효완성을 다투는 당사자가 진다.

(2) 소멸시효의 중단사유

> **제168조 【소멸시효의 중단사유】** 소멸시효는 다음 각 호의 사유로 인하여 중단된다.
> 1. 청구
> 2. 압류 또는 가압류, 가처분
> 3. 승인

기출
01 가압류는 소멸시효의 중단사유(　　). 제25회

① 청구
  ㉠ **의의**: 재판상 청구뿐만 아니라 재판 외의 것도 포함한다.
  ㉡ **재판상 청구**: 재판상의 청구는 소송의 각하, 기각 또는 취하의 경우에는 시효중단의 효력이 없다. 6월 내에 재판상의 청구, 파산절차참가, 압류 또는 가압류, 가처분을 한 때에는 시효는 최초의 재판상 청구로 인하여 중단된 것으로 본다.
    ⓐ **재판상 청구의 의의**
      • 민사소송이기만 하면 이행·확인·형성소송이든 불문하며 본소는 물론 반소도 이에 해당하며, 재심의 소도 포함된다.
      • 형사소송, 행정소송은 재판상 청구에 해당하지 않는다(통설·판례). 다만, 판례는 소송촉진 등에 관한 특례법에 따른 배상명령신청, 과오납한 조세에 대한 부당이득반환청구에서 과세처분의 취소 또는 무효확인을 구하는 소에 시효중단을 인정하였다.

기출
02 과세처분의 취소 또는 무효확인의 소는 소멸시효 중단사유인 재판상 청구에 해당(　　). 제22회

기출정답
01 이다
02 한다

> **⚡기출**
>
> 01 응소행위로 인한 시효중단의 효력은 (　　)한 때에 발생한다. 제23회

- 시효를 주장하는 자가 원고가 되어 소를 제기한 데 대하여 피고로서 응소하여 그 소송에서 적극적으로 권리를 주장하고 그것이 받아들여진 경우도 포함된다. 시효중단의 효력은 피고가 현실적으로 권리를 행사하여 응소한 때에 발생한다.

> **🔍 판례 | 응소의 상대방**
>
> 시효를 주장하는 자의 소제기에 대한 응소행위가 시효중단사유로서의 재판상 청구에 준하는 행위로 인정되려면 **의무 있는 자가 제기한 소송에서 권리자가 의무 있는 자를 상대로 응소하여야** 할 것이므로, 담보가등기가 설정된 후에 그 목적부동산의 소유권을 취득한 **제3취득자나 물상보증인** 등 시효를 원용할 수 있는 지위에 있으나 직접 의무를 부담하지 아니하는 자가 제기한 소송에서의 응소행위는 권리자의 의무자에 대한 재판상 청구에 준하는 행위에 해당한다고 볼 수 없다(대판 2007.1.11, 2006다33364).

- 재판상의 청구가 채권자 또는 그 채권을 행사할 권능을 가진 자에 의하여 이루어져야 한다. 채권의 양수인이 채권양도의 대항요건을 갖추지 못한 상태에서 채무자를 상대로 재판상의 청구를 한 경우에도 소멸시효 중단사유인 재판상의 청구에 해당한다. 판례는 "채권양도 후 대항요건이 구비되기 전의 양도인은 채무자를 상대로 시효중단의 효력이 있는 재판상의 청구를 할 수 있다."고 한다.

ⓑ 재판상 청구에 의한 시효중단의 범위

재판상 청구	시효중단의 범위
기본적 법률관계에 대한 청구와 파생적 청구권	• 파면된 사립학교 교원이 제기한 파면처분 무효확인 청구의 소는 급여채권에 대한 재판상 청구에 해당한다. • 소유권이전등기청구권이 발생한 기본적 법률관계에 해당하는 매매계약을 기초로 하여 건축주명의 변경을 구하는 소를 제기한 경우, 등기청구권의 소멸시효를 중단시킨다.
어음·수표채권과 그 원인채권	원인채권에 기한 청구는 어음채권의 소멸시효를 중단시키지 못하나, 어음채권에 기한 청구는 원인채권의 소멸시효를 중단시키는 효력이 있다.

기출정답

01 응소

일부청구의 경우	일부청구를 명시하여 소송을 제기한 경우에는 나머지 부분에 대한 시효중단의 효력이 없다. 그러나 비록 일부만을 청구한 경우에도 그 취지로 보아 채권전부에 관하여 판결을 구하는 것으로 해석되는 경우에는 그 전부에 관하여 시효중단의 효력이 발생한다. ✚ 청구권 경합의 경우 그중 하나의 권리의 행사는 일부청구의 문제가 아니다.
채권자대위청구	채권자대위권 행사의 효과는 채무자에게 귀속되는 것이므로 채권자대위소송의 제기로 인한 소멸시효 중단의 효과 역시 채무자에게 생긴다.
근저당권설정 등기청구권과 피담보채권	근저당권설정등기청구의 소제기는 그 피담보채권의 재판상 청구에 준하는 것으로서 피담보채권에 대한 소멸시효 중단의 효력이 생긴다.

> **기출**
> 01 권리의 일부에 대하여 소를 제기한 것이 명백한 경우, 나머지 부분에 대한 시효중단의 효력이 (　　). 제22회

ⓒ **재판상 청구에 의한 소멸시효의 중단 효과**

- 재판상 청구에 의한 시효중단의 효력은 소를 제기한 때 발생한다. 다만, 응소의 경우에는 현실적으로 권리를 행사하여 응소한 때에 발생한다.
- 재판상 청구는 소송의 각하, 기각, 취하의 경우에는 시효중단의 효력이 없다. 이러한 경우에 6월 내에 재판상의 청구, 파산절차참가, 압류 또는 가압류, 가처분을 한 때에는 시효는 최초의 재판상 청구로 인하여 중단된 것으로 본다. 다만, 기각판결이 확정된 경우에는 청구권의 부존재가 확정됨으로써 중단의 효력이 생길 수 없다.

ⓒ **파산절차참가**: 채권자가 파산재단의 배당에 참가하기 위하여 자기채권을 신고하는 것이 파산절차참가인데, 시효중단의 효력을 가진다. 파산절차참가는 채권자가 이를 취소하거나 그 청구가 각하된 때에는 시효중단의 효력이 없다.

ⓔ **지급명령**: 지급명령 사건이 채무자의 이의신청으로 소송으로 이행되는 경우에 지급명령에 의한 시효중단의 효과는 소송으로 이행된 때가 아니라 지급명령을 신청한 때에 발생한다. 지급명령은 채권자가 법정기간 내에 가집행신청을 하지 아니함으로 인하여 그 효력을 잃은 때에는 시효중단의 효력이 없다.

> **기출**
> 02 재판상 청구는 소송이 각하, 기각된 경우에는 시효중단의 효력이 (　　). 제21회

기출정답
01 없다
02 없다

ⓜ **화해를 위한 소환, 임의출석**: 화해를 위한 소환은 상대방이 출석하지 아니하거나 화해가 성립되지 아니한 때에는 1월 내에 소를 제기하지 아니하면 시효중단의 효력이 없다. 임의출석의 경우에 화해가 성립되지 아니한 때에도 그러하다.

ⓑ **최고**

> 제174조 【최고와 시효중단】 최고는 6월 내에 재판상의 청구, 파산절차참가, 화해를 위한 소환, 임의출석, 압류 또는 가압류, 가처분을 하지 아니하면 시효중단의 효력이 없다.

ⓐ 최고는 채권자의 의사의 통지(준법률행위)로서, 상대방에게 도달한 때에 시효중단의 효력이 발생한다.

ⓑ 최고를 여러 번 거듭하다가 재판상 청구 등을 한 경우에 시효중단의 효력은 항상 최초의 최고시에 발생하는 것이 아니라 재판상 청구 등을 한 시점을 기준으로 하여 이로부터 소급하여 6월 이내에 한 최고시에 발생한다.

ⓒ 판례는 재판상 청구가 취하된 경우, 채권자가 채무자를 상대로 재산관계 명시신청을 하여 그 재산목록의 제출을 명하는 결정이 채무자에게 송달된 경우, 연대채무자 1인의 소유부동산에 대하여 경매신청을 한 경우, 채권자가 확정판결에 기한 채권의 실현을 위하여 채무자의 제3채무자에 대한 채권에 관하여 압류 및 추심명령을 받아 그 결정이 제3채무자에게 송달이 된 경우에 최고의 효력을 인정한다.

② **압류, 가압류, 가처분**

> 제175조 【압류, 가압류, 가처분과 시효중단】 압류, 가압류 및 가처분은 권리자의 청구에 의하여 또는 법률의 규정에 따르지 아니함으로 인하여 취소된 때에는 시효중단의 효력이 없다.
>
> 제176조 【압류, 가압류, 가처분과 시효중단】 압류, 가압류 및 가처분은 시효의 이익을 받은 자에 대하여 하지 아니한 때에는 이를 그에게 통지한 후가 아니면 시효중단의 효력이 없다.

㉠ 부동산경매절차에서 채권자가 하는 배당요구는 제168조 제2호의 압류에 준하는 것으로서 채권에 관하여 소멸시효를 중단하는 효력이 생긴다.

⚡ 기출

01 ( )는 6월 내에 재판상의 청구 등을 하지 아니하면 시효중단의 효력이 없다. 이행청구 의사가 표명된 소송고지, 재산명시명령의 송달도 최고와 같다. 제27회

02 최고가 있은 후 ( ) 내에 압류 또는 가압류를 하면 그 최고는 시효중단의 효력이 있다. 제21회

기출정답
01 최고
02 6개월

ⓛ 압류, 가압류, 가처분에 의하여 시효가 중단되는 시기는 명령을 신청한 때이다(이설 없음). 그리고 가압류에 의한 집행보전의 효력이 존속하는 동안은 시효중단의 효력이 계속되며, 가압류의 피보전채권에 관하여 본안의 승소판결이 확정되었다고 하더라도 가압류에 의한 시효중단의 효력이 이에 흡수되어 소멸되지 않는다.
ⓒ 예컨대, 물상보증인이나 저당부동산의 제3취득자의 부동산을 압류한 경우 그 사실을 주채무자에게 통지하여야 그에게 시효중단의 효력이 미친다.

③ **승인**

> **제177조 【승인과 시효중단】** 시효중단의 효력 있는 승인에는 상대방의 권리에 관한 처분의 능력이나 권한 있음을 요하지 아니한다.

㉠ **의의**: 시효중단사유로서의 승인은 시효이익을 받을 당사자인 채무자 또는 그 대리인이 그 시효의 완성으로 권리를 상실하게 될 자 또는 그 대리인에 대하여 그 권리가 존재함을 인식하고 있다는 뜻을 표시함으로써 성립한다. 관념의 통지이다.

㉡ **당사자**
ⓐ 승인에는 처분의 능력이나 권한을 필요로 하지 않으나 관리의 능력이나 권한은 필요하다(통설). 제한능력자의 법정대리인 및 처분의 권한이 없는 부재자재산관리인, 그리고 권한을 정하지 않은 대리인도 유효하게 승인할 수 있다.
ⓑ 관념의 통지에는 의사표시의 규정이 유추적용되므로, 법정대리인의 동의 없는 미성년자의 승인은 이를 취소할 수 있다. 물론 의사능력도 필요하다.

㉢ **승인의 요건 및 방법**
ⓐ 승인은 시효의 이익을 받을 당사자인 채무자가 권리의 존재를 인식하여야 한다. 따라서 사전승인은 허용되지 않으며, 소멸시효의 진행이 개시된 이후에만 가능하다.

기출

01 가압류에 의한 시효중단의 효력은 가압류의 집행보전의 효력이 존속하는 동안 (　　)된다. 제24회

02 물상보증인 소유의 부동산에 대한 압류는 그 사실을 주채무자에게 (　　)하여야 그에게 시효중단의 효력이 생긴다. 제24회

03 시효중단의 효력 있는 승인에는 상대방의 권리에 관한 (　　)의 능력이나 권한 있음을 요하지 아니한다. 제27회

04 소멸시효 중단사유인 채무의 승인은 (　　)에 해당한다. 제27회

05 소멸시효의 중단사유인 승인은 묵시적으로도 할 수 (　　). 제25회

기출

06 소멸시효의 진행이 개시되기 전에 채무자가 승인을 하더라도, 채권의 소멸시효가 중단되지 (　　). 제28회

기출정답
01 계속
02 통지
03 처분
04 관념의 통지
05 있다
06 않는다

ⓑ 승인은 명시적이건 묵시적이건 상관없다. 예컨대 면책적 채무인수, 분기 말에 물품대금이 포함된 잔액확인통지서를 작성·교부하여 주는 것, 변제기한의 유예요청, 이자의 지급, 일부변제(다만 액수에 관하여 다툼이 없어야 한다), 담보의 제공은 묵시적 승인이 있는 것으로 된다. 그러나 계속적 거래관계에 있는 자가 단순히 기왕에 공급받았던 것과 동종 물품을 주문하고 공급받았다는 사실만으로는 기왕의 미변제 채무를 승인한 것으로 볼 수 없다.

ⓒ 채무승인이 있었다는 사실은 이를 주장하는 채권자측에서 증명하여야 한다. 승인으로 인한 시효중단의 효력은 그 승인의 통지가 상대방에게 도달하는 때에 발생한다.

ⓓ 승인은 시효의 완성 전에만 할 수 있다. 시효완성 후에는 시효이익의 포기가 가능할 뿐이다.

(3) 시효중단의 효과

① **기본적 효과**: 시효가 중단된 때에는 중단까지에 경과한 시효기간은 이를 산입하지 아니하고 중단사유가 종료한 때로부터 새로이 진행한다. 재판상의 청구로 인하여 중단한 시효는 재판이 확정된 때로부터 새로이 진행한다.

② **시효중단의 인적 범위**
  ㉠ **원칙**: 시효의 중단은 당사자 및 그 승계인간에만 효력이 있다.

  > ⓐ 위 ㉠에서 당사자라 함은 '시효중단행위에 관여한 당사자'를 가리키고, 시효의 대상인 권리 또는 청구권의 당사자를 의미하지 않는다.
  > ⓑ 승계인이라 함은 '시효중단에 관여한 당사자로부터 중단의 효과를 받는 권리를 그 중단효과 발생 이후에 승계한 자'를 뜻한다.

  ㉡ **예외**: 다음의 경우에는 시효중단의 효력이 미치는 인적 범위가 확대된다.

⚡기출

01 승인으로 인한 시효중단의 효력은 그 승인의 통지가 상대방에게 (　)한 때에 발생한다.　제25회

⚡기출

02 소멸시효가 중단되면 중단사유가 (　)된 때부터 새로 시효가 진행한다.　제23회

03 재판상의 청구로 인하여 중단된 시효는 재판이 (　) 새로이 진행한다.　제25회

04 시효의 중단은 원칙적으로 당사자 및 그 승계인간에만 효력이 (　).　제24회

기출정답
01 도달
02 종료
03 확정된 때로부터
04 있다

> ⓐ 물상보증인의 재산에 대한 압류를 한 경우에 이를 채무자에게 통지하면 채무자에 대해서도 시효가 중단된다.
> ⓑ 요역지가 수인의 공유인 경우에 그 1인에 의한 지역권 소멸시효의 중단 또는 정지는 다른 공유자를 위하여 효력이 있다.
> ⓒ 어느 연대채무자에 대한 이행청구는 다른 연대채무자에게도 효력이 있다.
> ⓓ 주채무자에 대한 시효의 중단은 보증인에게도 미친다.

03 소멸시효의 정지

(1) 의의

소멸시효의 정지란 일정기간이 경과하는 시점까지 시효의 완성을 유예하는 것을 말한다. 시효의 정지는 정지사유가 있기 전까지의 시효기간은 그대로 산입되는 점에서, 이를 산입하지 않는 시효의 중단과는 다르다.

(2) 소멸시효의 정지사유

① **제한능력자를 위한 정지**
  ㉠ **제한능력자의 시효정지**: 소멸시효의 기간만료 전 6개월 내에 제한능력자에게 법정대리인이 없는 경우에는 그가 능력자가 되거나 법정대리인이 취임한 때부터 6개월 내에는 시효가 완성되지 아니한다.
  ㉡ **재산관리자에 대한 제한능력자의 권리**: 재산을 관리하는 아버지, 어머니 또는 후견인에 대한 제한능력자의 권리는 그가 능력자가 되거나 후임 법정대리인이 취임한 때부터 6개월 내에는 소멸시효가 완성되지 아니한다.
② **혼인관계의 종료에 의한 정지**: 부부 중 한쪽이 다른 쪽에 대하여 가지는 권리는 혼인관계가 종료된 때부터 6개월 내에는 소멸시효가 완성되지 아니한다.
③ **상속재산에 관한 정지**: 상속재산에 속한 권리나 상속재산에 대한 권리는 상속인의 확정, 관리인의 선임 또는 파산선고가 있는 때로부터 6월 내에는 소멸시효가 완성하지 아니한다.
④ **천재 기타 사변에 의한 정지**: 천재 기타 사변으로 인하여 소멸시효를 중단할 수 없을 때에는 그 사유가 종료한 때로부터 1월 내에는 시효가 완성하지 아니한다.

⚡ **기출**

01 재산을 관리하는 후견인에 대한 제한능력자의 권리는 그가 능력자가 되거나 후임 법정대리인이 취임한 때부터 (   ) 내에는 소멸시효가 완성되지 않는다. 제24회

02 부부 중 한쪽이 다른 쪽에 대하여 가지는 권리는 혼인관계가 종료된 때부터 (   ) 내에는 소멸시효가 완성되지 않는다. 제24회

기출정답
01 6개월
02 6개월

제4절 소멸시효의 효과

01 소멸시효 완성의 효과

(1) 서설

판례는 절대적 소멸설을 취하고 있다. 즉, 당사자의 원용이 없어도 시효완성의 사실로서 채무는 당연히 소멸하고, 다만 소멸시효의 이익을 받는 자가 소멸시효이익을 받겠다는 뜻을 항변하지 않는 이상 그 의사에 반하여 재판할 수 없다.

구분	상대적 소멸설	절대적 소멸설
원용	당사자의 원용이 있어야 한다. 법원은 직권으로 시효를 고려하지 못한다.	'변론주의의 원칙상' 소멸시효의 이익을 받을 자가 그 사실을 주장하여야 비로소 고려될 수 있다.
소멸시효 완성 후의 변제	채무자가 시효완성의 사실을 알았거나 알지 못하였거나 원용이 없는 동안은 채권은 소멸하지 않은 것이므로 유효한 채무의 변제가 된다.	채무자가 시효완성의 사실을 알고 변제를 하면 시효이익의 포기 또는 악의의 비채변제가 되어 반환청구를 하지 못하고, 시효완성의 사실을 모르고 변제한 경우에는 도의관념에 적합한 비채변제가 되어 역시 그 반환을 청구하지 못한다.
소멸시효 이익의 포기	이를 원용권의 포기라고 하고, 권리는 시효로 소멸하지 않는 것으로 확정된다.	소멸시효의 이익을 받지 않겠다는 의사표시이며, 그에 따라 소멸시효의 효과가 생기지 않는 것으로 구성한다.

(2) 소멸시효 완성과 그 주장

> ★ **암기 PLUS | 소멸시효 완성을 원용할 수 있는 자 - 직접 수익자**
>
> | 원용 ○ | 채무자, 가등기담보가 설정된 부동산의 제3취득자, 매매예약에 의한 가등기가 경료된 부동산의 제3취득자, 유치권이 성립된 부동산의 매수, 물상보증인, 사해행위취소소송의 상대방이 된 사해행위의 수익자, 공탁금출급청구권이 시효로 소멸한 경우에 공탁자에게 공탁금회수청구권이 인정되지 않는 때에 있어서 국가 |
> | --- | --- |
> | 원용 × | 아무런 채권도 없는 자, 채권자대위소송에서의 제3채무자, 선순위 담보권의 피담보채권 소멸시효 완성시 후순위 담보권자 |

⚡기출

01 후순위 담보권자는 선순위 담보권의 피담보채권의 시효소멸로 직접 이익을 받는 자에 해당하지 않으므로 그 피담보채권의 소멸시효 완성을 주장할 수 (   ).
제28회

기출정답

01 없다

02 시효완성의 범위

(1) 시적 범위(소멸시효의 소급효)

> **제167조【소멸시효의 소급효】** 소멸시효는 그 기산일에 소급하여 효력이 생긴다.

소멸시효의 기산일 이후의 이자를 지급할 필요가 없게 된다(통설). 그러나 시효로 소멸하는 채권이 그 소멸시효가 완성되기 전에 상계할 수 있었던 것이라면 채권자는 상계할 수 있다.

> **판례 | 손해배상채권의 제척기간 경과시 제495조의 유추적용**
>
> 매도인이나 수급인의 담보책임을 기초로 한 손해배상채권의 제척기간이 지난 경우에도 제척기간이 지나기 전 상대방의 채권과 상계할 수 있었던 경우에는 매수인이나 도급인은 민법 제495조를 유추적용해서 위 손해배상채권을 자동채권으로 해서 상대방의 채권과 상계할 수 있다고 봄이 타당하다(대판 2019.3.14, 2018다255648).

(2) 물적 범위

> **제183조【종속된 권리에 대한 소멸시효의 효력】** 주된 권리의 소멸시효가 완성한 때에는 종속된 권리에 그 효력이 미친다.

원본채권이 시효로 소멸하면, 지분권인 이자채권 역시 시효로 소멸한다. 저당권에 관해서는 별도의 규정이 있다.

03 소멸시효이익의 포기

(1) 소멸시효 완성 전의 포기

① 소멸시효의 이익은 미리 포기하지 못한다.
② 소멸시효는 법률행위에 의하여 이를 배제, 연장 또는 가중할 수 없으나 이를 단축 또는 경감할 수 있다.

> **판례 | 이행청구할 수 있는 기간 제한의 효력**
>
> 특정한 채무의 이행을 청구할 수 있는 기간을 제한하고 그 기간을 도과할 경우 채무가 소멸하도록 하는 약정은 민법 또는 상법에 의한 소멸시효기간을 단축하는 약정으로서 특별한 사정이 없는 한 민법 제184조 제2항에 의하여 유효하다(대판 2006.4.14, 2004다70253).

기출

01 소멸시효가 완성된 채권이 그 완성 전에 상계할 수 있었던 것이면 그 채권자는 상계할 수 ( ). 제28회

02 소멸시효의 이익은 미리 포기할 수 ( ). 제25회

03 소멸시효는 법률행위에 의하여 이를 ( )할 수 있으나 배제, 연장, 가중할 수 없다. 제21회

기출정답
01 있다
02 없다
03 단축·경감

(2) 소멸시효 완성 후의 포기

① **포기의 성질**: 제184조 제1항의 반대해석상 소멸시효가 완성한 후에 시효이익을 포기하는 것은 유효하다(통설). 이 포기는 소멸시효의 이익을 받지 않겠다는 상대방 있는 단독행위로서 처분행위이다.

② **요건**
　㉠ 시효이익의 포기 의사표시를 할 수 있는 자는 시효완성의 이익을 받을 당사자 또는 대리인에 한정된다. 상대방은 진정한 권리자이다.
　㉡ 시효이익의 포기는 처분행위이므로 처분의 능력과 권한을 가지고 있어야 한다. 소멸시효 중단사유인 승인과 다르다.
　㉢ 포기하는 자가 시효완성의 사실을 알면서 하여야 한다. 판례는 "시효완성 후에 채무를 승인을 한 때에는 시효완성의 사실을 알고 그 이익을 포기한 것이라고 추정할 수 있다."고 한다.

③ **방법**
　㉠ 시효이익의 포기는 상대방에 대한 의사표시로 한다.
　㉡ 포기는 명시적이든 묵시적이든 상관없다.

🔖 암기 PLUS │ 시효이익의 묵시적 포기 여부

포기 O	• 소유권이전등기청구권의 소멸시효기간이 지난 후에 등기의무자가 소유권이전등기를 해주기로 약정한 경우 • 부동산경매절차에서 경락대금이 시효완성 채권자에게 배당되어 그 채무의 일부변제에 충당될 때까지 채무자가 아무런 이의도 안 한 경우 • 시효완성 후에 채무자의 변제기한의 유예 요청, 시효완성 후에 채무의 승인 또는 시효완성 후의 일부변제와 채권자에 의한 담보권 실행에 대하여 이의를 제기하지 않은 경우
포기 ×	• 채무자가 소멸시효가 완성된 이후에 여러 차례에 걸쳐 채권자의 제소기간 연장 요청에 동의한 경우 • 소멸시효 완성 후에 있은 과세처분에 기하여 세액을 납부한 경우

④ **포기의 효과**
　㉠ 포기의 효력은 그 의사표시가 상대방에게 도달하는 때에 발생한다.
　㉡ 소멸시효이익의 포기는 상대적 효과가 있을 뿐이어서 다른 사람에게는 영향을 미치지 아니함이 원칙이므로, 주채무자가 시효의 이익을 포기하더라도 보증인에게는 그 효력이 없으며, 또한 저당부동산의 제3취득자에게는 효력이 없다.

⚡ 기출

01 소멸시효이익의 포기사유인 채무의 묵시적 승인은 (　　)에 해당한다. 제27회

02 시효완성의 이익을 받을 당사자 또는 그 대리인이 아닌 제3자가 시효완성의 이익을 포기한 경우, 그 포기는 시효완성의 이익을 받을 자에게 효력이 (　　). 제28회

⚡ 기출

03 소유권이전등기청구권의 소멸시효기간이 지난 사실을 알고 있는 등기의무자가 소유권이전등기를 해주기로 약정한 경우, 특별한 사정이 없는 한 이는 (　　)로 보아야 한다. 제28회

04 소멸시효이익의 포기는 가분채무 일부에 대하여도 (　　)하다. 제28회

기출정답
01 상대방 있는 단독행위
02 없다
03 시효이익의 포기
04 가능

2026 해커스 주택관리사(보)
7일완성 핵심요약집
house.Hackers.com

제 2 편

물권법

제 1 장 서론
제 2 장 물권의 변동
제 3 장 기본물권(점유권·소유권)
제 4 장 용익물권
제 5 장 담보물권

제1장 서론

제1절 물권법 일반론

선생님 TIP
물권의 본질, 종류, 효력 등 물권법을 공부하는 데 꼭 알아야 할 내용이다.

개념 PLUS | 물권법의 본질

물권법의 법적 성격	사법의 일부, 재산법, 실체법
물권법의 특질	강행규정성

제2절 물권의 본질

01 물권의 의의

물권은 특정의 독립된 물건을 직접 지배하여 이익을 얻는 배타적이며 절대적인 관념적 권리이다.

02 물권의 특성

암기 PLUS | 물권과 채권의 비교

권리(재산권)	물권		채권
객체(대상)	물건(부동산·동산)		채무자의 행위(급부)
의무자의 범위	절대권(누구에게나)		상대권(특정인에게)
규정의 성격	물권법정주의 (⇨ 강행규정)	VS	계약자유의 원칙 (⇨ 임의규정)
청구권	물권적 청구권 (소멸시효 ×)		채권적 청구권 (소멸시효 ○)

03 물권의 객체

(1) 특정의 독립한 물건

① **물건**: 원칙적으로 물건이 물권의 객체가 된다. 다만, 재산권의 준점유, 유가증권을 목적으로 하는 유치권, 재산권을 목적으로 하는 권리질권, 지상권이나 전세권을 목적으로 하는 저당권도 인정된다.

② **특정**: 물권의 객체인 물건은 특정되고 현존하는 것이어야 한다. 다만, 집합물 위의 물권(예 재단저당, 입목저당 등)의 경우에는 그 구성물에 변동이 있더라도 특정성을 잃지 않는다.

③ **독립한 물건**: 하나의 물권의 객체는 하나의 독립한 물건이어야 한다. 그러나 공시가 가능한 용익물권은 토지나 건물의 일부를 그 객체로 할 수 있다.

(2) 일물일권주의

① **의의**: 하나의 물건의 일부분에 대해서는 독립된 하나의 물권이 존재할 수 없고, 수개의 물건 전체 위에 하나의 물권이 있을 수 없다는 원칙이다.

② **예외**

㉠ **물건의 일부에 물권이 성립하는 예외적인 경우**

ⓐ 토지의 일부에 대해 공시방법을 갖추면 용익물권이 성립할 수 있다. 또한 지상공간의 일부나 지하의 일부만을 대상으로 하는 구분지상권도 인정된다.

ⓑ 건물의 일부가 구조상·이용상의 독립성이 인정되고 공시방법을 갖춘 경우 구분소유권의 객체가 될 수 있다. 또한 건물의 일부에 대해 전세권도 성립할 수 있다.

㉡ **물건의 집단에 물권이 성립하는 예외적인 경우**

ⓐ 특별법(동산·채권 등의 담보에 관한 법률, 공장 및 광업재단 저당법 등)이 있는 경우, 물권의 성립을 인정할 수 있다. 판례는 재고상품, 제품, 원자재, 양어장의 뱀장어, 돈사의 돼지 등과 같이 집합물이라도 그 목적동산이 특정성이 있는 경우에는 그 전부를 하나의 재산권으로 보아 담보권의 설정이 가능하다고 하였다.

⚡ **기출**

01 특정 양만장 내의 뱀장어들 전부에 대해서는 1개의 양도담보권을 설정할 수 (   ).
제24회

기출정답

01 있다

ⓑ 내용이 변동하는 유동집합물의 경우도 물권(양도담보권)을 설정할 수 있는데, 그 특정은 목적동산의 종류, 소재장소, 수량 등의 지정을 기본요소로 이루어지며, 공시방법은 특정동산의 양도담보와 마찬가지로 점유개정이라고 할 수 있다.

제3절 물권의 종류

01 물권법정주의

> **제185조【물권의 종류】** 물권은 법률 또는 관습법에 의하는 외에는 임의로 창설하지 못한다.

① 물권의 종류와 내용은 법률 또는 관습법이 정하는 것에 한정된다.
② 제185조에서의 법률은 형식적 의미의 법률을 말하며, 명령·규칙은 포함되지 않는다. 제1조와 구별된다.
③ '임의로 창설하지 못한다'는 것은 새로운 종류의 물권을 만들지 못하며(종류강제), 법률 또는 관습법이 인정하는 물권이라도 법률 또는 관습법이 인정하는 것과 다른 내용을 부여하지 못한다(내용강제). 즉, 제185조는 강행규정으로서 이 규정에 위반하는 법률행위는 무효이다.

02 관습법상의 물권

암기 PLUS | 관습법상 물권 여부

인정	분묘기지권, 관습법상 법정지상권, 동산 양도담보
부정	온천권, 미등기 무허가건물의 양수인의 소유권에 준하는 관습상의 물권, 근린공원이용권, 사도통행권

기출

01 물권은 (   )에 의하는 외에는 임의로 창설하지 못한다.   제18회

02 물권법정주의에 관한 민법 제185조의 (   )에는 규칙이나 지방자치단체의 조례가 포함되지 않는다.   제24회

기출

03 온천에 관한 권리와 미등기 무허가건물의 양수인은 사실상의 소유권이라는 (   )을 인정할 수 없다.   제22회

기출정답
01 법률 또는 관습법
02 법률
03 관습법상 물권

제4절 물권의 효력

01 우선적 효력

(1) 물권 상호간의 우선적 효력

① 하나의 물건 위에 성립한 서로 양립할 수 없는 물권 상호간(예 소유권과 소유권 등)에는 시간적으로 먼저 성립한 물권이 나중에 성립한 물권에 우선한다.
② 제한물권은 병존적 양립이 가능하고, 이 경우에 시간적으로 먼저 성립한 제한물권이 후에 성립한 제한물권에 우선한다.
③ 소유권과 제한물권이 병존하는 경우에는 그 성질상 제한물권이 우선한다.

(2) 채권에 우선하는 효력

① **원칙**: 그 성립시기를 불문하고 원칙적으로 물권이 채권에 우선한다.
② **예외**
  ㉠ **물권과 대등한 효력을 갖고 시간적 순서에 의하여 그 우열이 결정되는 경우**: 등기와 같은 공시방법을 갖춘 부동산임차권, 주택·상가건물임대차보호법에 의하여 대항요건을 갖추거나 우선배당을 위한 확정일자를 갖춘 주택 또는 상가임차권, 부동산물권변동을 목적으로 하는 청구권을 가등기한 경우 등을 들 수 있다.
  ㉡ **물권보다 채권이 더 우선하는 경우**: 근로기준법상 임금채권의 최우선변제특권, 주택·상가임대차보호법상 소액보증금에 관한 최우선특권, 조세우선특권 등을 들 수 있다.

02 물권적 청구권(물상청구권)

> **제213조【소유물반환청구권】** 소유자는 그 소유에 속한 물건을 점유한 자에 대하여 반환을 청구할 수 있다. 그러나 점유자가 그 물건을 점유할 권리가 있는 때에는 반환을 거부할 수 있다.
>
> **제214조【소유물방해제거, 방해예방청구권】** 소유자는 소유권을 방해하는 자에 대하여 방해의 제거를 청구할 수 있고 소유권을 방해할 염려 있는 행위를 하는 자에 대하여 그 예방이나 손해배상의 담보를 청구할 수 있다.

⚡ 기출

01 양립 가능한 제한물권과 제한물권이 충돌하면 (   )이 언제나 우선한다. 제15회

02 동일한 물건에 대하여 채권과 나중에 성립한 물권이 충돌하면 원칙적으로 (   )이 우선한다. 제15회

기출정답
01 먼저 성립한 물권
02 물권

(1) 서설

① **의의**: 물권적 청구권은 물권내용의 실현이 어떤 사정으로 말미암아 방해당하고 있거나 방해당할 염려가 있는 경우에 물권자가 방해자에 대하여 그 방해의 제거 또는 예방에 필요한 일정한 행위를 청구할 수 있는 권리이다.

② **근거**

㉠ **민법규정**: 물권적 청구권에 관한 규정은 점유보호청구권과 소유권에 기한 물권적 청구권을 두고, 소유권에 기한 물권적 청구권을 다른 물권에 준용하고 있다.

암기 PLUS | 물권적 청구권 인정 여부

구분	점유권	소유권	지상권·전세권·질권	지역권·저당권	유치권
물권적 반환청구권	제204조	제213조	○	×	×
물권적 방해제거청구권	제205조	제214조	○	○	×
물권적 방해예방청구권	제206조	제214조	○	○	×

㉡ **물권적 청구권의 확장적용**

ⓐ **인격권·지식재산권 등**: 인격권은 침해된 후의 구제수단(금전배상이나 명예회복 처분 등)만으로는 그 피해의 완전한 회복이 어려우므로, 인격권 침해에 대하여는 사전(예방적) 구제수단으로 침해행위 정지·방지 등의 금지청구권도 인정된다.

ⓑ **부동산임대차**: 대항력을 갖춘 부동산임대차에는 제3자의 방해를 배제할 수 있는 효력이 인정된다. 그리고 목적물을 점유하고 있는 임차인은 점유보호청구권을 가진다.

③ **다른 구제수단과의 관계**

㉠ **불법행위로 인한 손해배상청구권**: 물권의 침해가 방해자의 고의·과실에 의한 경우에는 양 청구권이 동시에 발생할 수 있다.

물권적 청구권과 손해배상청구권의 비교

구분	물권적 청구권	불법행위에 기한 손해배상청구권
손해의 발생 요부	요건이 아님 (물권침해의 가능성)	요건임
귀책사유 (고의·과실) 요부	요건이 아님	요건임
소멸시효	적용 없음	적용(3년, 10년)
방해종료 후의 청구	할 수 없음	할 수 있음

ⓒ **부당이득반환청구권**: 점유할 권리가 없는데도 타인의 물건을 점유하는 경우 물권적 청구권과 함께 부당이득반환청구권도 발생한다. 그러나 불법원인급여를 한 자는 부당이득반환청구를 할 수 없고, 소유권에 기한 반환청구도 할 수 없다. 따라서 급여한 물건의 소유권은 급여를 받은 상대방에게 귀속된다.

(2) 종류

① **침해의 모습에 의한 분류**

ⓐ **물권적 반환청구권**: 타인이 권원 없이 목적물을 전부 점유하는 경우에 그 반환을 청구하는 권리이다.

ⓑ **물권적 방해제거청구권**: 점유의 침탈 및 반환거부 이외의 방법으로 물권의 실현을 방해받는 경우에 물권자가 방해자에 대하여 방해의 제거를 청구하는 권리이다.

소유권에 기한 방해배제청구권은 방해결과의 제거를 내용으로 하는 것이 되어서는 아니 되며(이는 손해배상의 영역에 해당한다), 현재 계속되고 있는 방해의 원인을 제거하는 것을 내용으로 한다. 불법건물의 철거청구나 무효등기의 말소청구가 그 예이다.

> **판례 | 소유권에 기한 방해제거청구권**
>
> 1. **불법건물의 철거청구**
>   건물의 소유자가 그 건물의 소유를 통하여 타인소유의 토지를 점유하고 있다고 하더라도 그 토지소유자로서는 그 건물의 철거와 그 대지부분의 인도를 청구할 수 있을 뿐, 그 건물에서 퇴거할 것을 청구할 수는 없다(대판 1999.7.9, 98다57457).

⚡기출

01 소유권에 기한 방해제거청구권은 이미 종료된 방해결과의 제거를 내용으로 할 수 ( ). 제17회

02 건물소유자가 건물의 소유를 통해 타인 소유의 토지 전부를 불법점유하고 있는 경우, 그 토지소유자는 특별한 사정이 없는 한 ( )에게 건물철거를 청구할 수 있다. 제28회

기출정답

01 없다
02 건물소유자

> **2. 불법건물의 임차인에 대한 퇴거청구 가능**
> 토지소유자는 자신의 소유권에 기한 방해배제로서 건물점유자에 대하여 건물로부터의 퇴출을 청구할 수 있다. 그리고 그 건물임차권이 이른바 대항력을 가진다고 해서 달라지지 아니한다(대판 2010.8.19, 2010다43801).

　　　ⓒ **물권적 방해예방청구권**: 물권의 실현이 장래 방해가 생길 염려가 있는 경우에 그 발생을 방지하는 데 필요한 일체의 작위·부작위를 청구할 수 있는 권리이다.
　　② **기초가 되는 물권에 의한 분류**: 물권적 청구권은 점유권에 기한 물권적 청구권과 본권에 기한 물권적 청구권으로 나뉜다. 양자는 경합한다.

(3) 특수성
① **물권적 청구권의 성질**: 물권적 청구권은 물권의 효력으로서 발생하는 특수한 청구권이다.
② **물권적 청구권의 특이성**
　　ⓘ **물권적 성질**: 물권에 의존하는 권리이므로, 물권이 이전·소멸됨에 따라 물권적 청구권도 함께 이전·소멸하며, 물권적 청구권만을 독립하여 양도하지 못한다.
　　ⓒ **채권적 성질**: 물권적 청구권은 물권을 침해하는 가능적 침해자에게 행사될 수 있는 것이지만(물권의 절대성), 특정인에 대한 청구권이라는 점에서 채권적 청구권과 같다.
　　ⓒ **소멸시효의 대상 여부**: 소유권에 기한 물권적 청구권은 소멸시효에 걸리지 않는다.
③ **비용부담문제**: 소유자가 제214조에 기하여 방해배제 비용 또는 방해예방 비용을 청구할 수는 없다.

(4) 물권적 청구권의 당사자
① **물권적 청구권자**: 현재 물권자이다. 따라서 아직 소유권을 취득하지 못한 매수인은 매도인을 대위하여 반환청구를 할 수 있을 뿐이다.
② **상대방**: 물권적 청구권의 상대방은 현재 침해하고 있는 점유자로서, 직접점유자든 간접점유자든 불문한다. 점유보조자는 물권적 청구권의 상대방이 될 수 없다. 전소유자는 제3자인 불법점유자에 대하여 물권적 청구권에 의한 방해배제를 청구할 수 없다.

⚡ 기출

01 소유권에 기한 물권적 청구권은 소멸시효에 (　　). 제26회

02 소유권을 상실한 전(前) 소유자는 제3자의 불법점유에 대하여 소유권에 기한 물권적 청구권을 행사할 수 (　　). 제20회

03 불법점유자가 물건을 다른 사람에게 인도하여 현실적으로 점유를 하고 있지 않으면 소유자는 그 불법점유자를 상대로 그 소유물의 인도청구를 할 수 (　　). 제28회

기출정답
01 걸리지 않는다
02 없다
03 없다

제2장 물권의 변동

기본서 p.396~497

제1절 서설(총설)

01 물권변동의 의의 및 모습

> **암기 PLUS | 물권변동의 모습**
>
> | 구분 | 법률행위(성립요건주의) | 법률규정 |
> |------|------------------------|----------|
> | 부동산 | 등기(제186조) | 등기 불요(제187조) |
> | 동산 | 인도(제188조~제190조) | 소유권편 |

선생님 TIP
물권의 변동은 크게 부동산과 동산의 물권변동, 법률행위와 법률규정에 의한 변동으로 나누어 학습하여야 한다.

02 물권의 변동과 공시

> **암기 PLUS | 공시의 원칙과 공신의 원칙**
>
> | 구분 | 공시의 원칙 | 공신의 원칙 |
> |------|-------------|-------------|
> | 부동산 | 등기 | × |
> | 동산 | 인도(점유의 이전) | ○(선의취득) |

제2절 부동산물권의 변동 〈빈출〉

01 부동산물권변동의 원인

(1) 법률행위에 의한 부동산물권의 변동

> **제186조 【부동산물권변동의 효력】** 부동산에 관한 법률행위로 인한 물권의 득실변경은 등기하여야 효력이 생긴다.

점유권과 유치권을 제외한 소유권, 지상권, 지역권, 전세권, 저당권, 권리질권의 부동산물권에 적용된다.

(2) 법률행위에 의하지 않은 부동산물권의 변동

> **기출**
>
> 01 상속, 공용징수, 경매로 인한 토지소유권의 취득을 위하여 (   ). 제21회

> **제187조 【등기를 요하지 아니하는 부동산물권취득】** 상속, 공용징수, 판결, 경매 기타 법률의 규정에 의한 부동산에 관한 물권의 취득은 등기를 요하지 아니한다. 그러나 등기를 하지 아니하면 이를 처분하지 못한다.

① **서설**: 부동산물권의 점유취득시효로 인한 소유권의 취득은 법률의 규정에 의한 물권변동이지만, 반드시 등기를 요한다. 이는 제187조에 대한 예외이다.

② **적용범위**
  ㉠ **상속**: 부동산물권변동이 일어나는 시기는 피상속인이 사망하는 순간이다. 포괄유증·회사의 합병도 상속과 동일하다.
  ㉡ **공용징수**: 협의수용과 재결수용이 있는데, 전자는 협의에서 정해진 시기에, 후자는 재결에서 정한 수용의 개시일에 물권의 변동이 있다.
  ㉢ **판결**: 여기의 판결은 형성판결만을 가리키며, 이행판결·확인판결은 포함되지 않는다. 형성판결에는 공유물분할판결, 사해행위취소판결, 상속재산분할판결 등이 있다. 화해조서나 인낙조서 가운데 형성적인 효력을 생기게 하는 것은 여기에 포함된다. 그러나 제187조에 의한 판결에 의하여 물권변동이 생기는 시기는 판결이 확정된 때이다.
  ㉣ **경매**: 제187조의 경매는 공경매를 의미한다. 경매 매수인이 매각대금을 완납한 때 물권변동이 있다.
  ㉤ **기타 법률의 규정**: 여기의 '법률'은 널리 법을 의미한 것으로 해석한다.

> **암기 PLUS | 기타 법률의 규정에 의한 부동산물권변동의 예**
>
> 신축건물의 소유권취득, 물건이 멸실함으로써 물권이 취득 또는 상실되는 것, 법정지상권의 취득, 관습법상의 법정지상권의 취득, 분묘기지권의 취득, 법정저당권의 취득, 용익물권의 존속기간만료에 의한 소멸, 피담보채권의 소멸에 의한 저당권의 소멸, 법정대위에 의한 저당권의 이전, 혼동에 의한 물권의 소멸, 소멸시효에 의한 물권의 소멸, 법률행위의 무효·취소·해제에 의한 물권의 복귀 등

기출정답
01 등기가 필요하지 않다

(3) 등기청구권

★ 암기 PLUS ┃ 등기청구권의 성질

구분	성질	소멸시효	양도성
법률행위	채권적 청구권	○, 인도받아 사용·수익·처분하고 점유를 승계하면 ×	×
취득시효	채권적 청구권	점유가 계속되면 ×, 점유상실시부터 10년의 소멸시효 ○	○

★ 암기 PLUS ┃ 실체관계와 등기의 불일치시 등기청구권의 성질: 물권적 청구권

무권리자에 의하여 등기가 이루어진 경우, 증여나 매매가 무효·취소되는 경우, 법정지상권(제305조, 제366조), 법정저당권(제649조)

유효한 매매계약에 기하여 부동산을 인도받아 점유하고 있는 매수인으로부터 다시 이를 매수한 자에게 소유명의자가 부동산 소유권에 기하여 물권적 청구권을 행사하거나 부당이득반환청구를 할 수 없다.

02 부동산등기

1. 등기의 형식적 유효요건

(1) 등기의 존재

★ 암기 PLUS ┃ 등기

등기의 존재	등기신청만으로 부족하고, 등기부에 기록되어야 유효
등기의 불법말소	물권이 소멸하지 않음, 등기가 물권변동의 효력발생요건일 뿐 효력존속요건은 아님

(2) 이중등기(중복등기)의 문제

★ 암기 PLUS ┃ 이중등기(중복등기)의 효력

등기명의인	효력
동일인인 경우	선등기 유효, 후등기 무효
다른 경우	선등기가 원인무효가 아닌 한 후등기는 무효

선생님 TIP
등기청구권의 성질은 채권적 청구권이거나 물권적 청구권이다.

⚡ 기출

01 부동산 매수인이 목적 부동산을 인도받아 계속 점유하는 경우, 그 소유권이전등기청구권의 소멸시효는 (   ). 제25회

02 부동산 매수인 甲이 목적 부동산을 인도받아 이를 사용·수익하다가 乙에게 그 부동산을 처분하고 그 점유를 승계하여 준 경우, 甲의 소유권이전등기청구권의 소멸시효는 (   ). 제25회

03 부동산에 대한 점유취득시효완성을 원인으로 하는 소유권이전등기청구권은 (   )이다. 제20회

선생님 TIP
등기가 유효하려면 등기의 형식적·실질적 유효요건을 갖추어야 한다.

⚡ 기출

04 물권에 관한 등기가 원인 없이 말소된 경우에 그 물권의 효력에는 아무런 영향을 미치지 (   ). 제28회

05 동일인 명의로 소유권보존등기가 중복으로 된 경우에는 특별한 사정이 없는 한 (   )가 무효이다. 제26회

기출정답
01 진행되지 않는다
02 진행되지 않는다
03 채권적 청구권
04 않는다
05 후행등기

(3) 그 밖에 중대한 절차위반이 없을 것

등기가 실체관계에 부합하다면 유효하다.

> **📖 암기 PLUS | 유효인 경우**
>
> 위조문서에 의한 등기, 사자명의의 신청으로 행해진 등기, 등기신청에 있어서 대리인이 대리권이 없는 경우, 신축건물의 완성 전에 보존등기를 한 후 건물이 완성된 경우

2. 등기의 실질(체)적 유효요건

(1) 등기원인의 불일치

증여를 하며 매매를 등기원인으로 기재하거나, 법률행위가 취소·해제되어 물권이 복귀되어야 할 때 등기를 말소하지 않고 이전등기를 하는 것도 유효이다.

(2) 중간생략등기의 문제(물권변동 과정의 누락)

① **의의**: 부동산등기 특별조치법은 단속규정이다.
② **중간생략등기의 유효성(이미 경료된 경우)**: 유효하나, 최종매수인과 최초매도인을 당사자로 하는 토지거래허가를 받아 최초매도인으로부터 최종매수인 앞으로 경료된 소유권이전등기는 무효이다.
③ **중간생략등기청구권 인정 여부(아직 경료되지 않은 경우)**
   ㉠ 최종양수인이 최초양도인에게 직접 그 소유권이전등기청구권을 행사하기 위하여는 관계당사자 전원의 의사합치가 있었음이 요구된다. 만약 전원의 합의가 없으면, 최종양수인은 중간취득자를 대위하여 소유권이전등기를 할 것을 청구할 수 있다.
   ㉡ 그러한 합의가 있었다 하여 중간매수인의 소유권이전등기청구권이 소멸되는 것은 아니다. 그리고 최초매도인이 매수인인 중간자에 대하여 갖고 있는 매매대금청구권의 행사가 제한되는 것은 아니다. 최초매도인은 인상된 매매대금이 지급되지 않았음을 이유로 소유권이전등기의무의 이행을 거절할 수 있다.
   ㉢ 소유권이전등기청구권을 매수인으로부터 양도받은 양수인은 채권양도를 원인으로 하여 소유권이전등기절차의 이행을 청구할 수 없고, 따라서 통상의 채권양도와 달리 양도인의 채무자에 대한 통지만으로는 채무자에 대한 대항력이 생기지 않으며 반드시 채무자의 동의나 승낙을 받아야 대항력이 생긴다.

⚡기출

01 증여에 의하여 취득한 부동산의 등기원인을 매매로 기재하였더라도 소유권이전등기는 (　　)하다. 제21회

02 적법한 원인행위에 의해 중간생략등기가 마쳐진 경우, 특별한 사정이 없는 한 그 등기는 (　　)하다. 제22회

03 토지거래허가구역 내의 토지에 대해 행하여진 중간생략등기는 (　　)이다. 제23회

04 최종매수인이 최초매도인에게 직접 소유권이전등기청구권을 행사하기 위해서는 당사자 전원이 중간생략등기에 관한 (　　)를 하여야 한다. 제22회

05 전원이 중간생략등기에 합의했더라도, 丙은 乙을 (　　)하여 甲을 상대로 乙 앞으로의 소유권이전등기를 청구할 수 있다. 제19회

기출정답
01 유효
02 유효
03 무효
04 합의
05 대위

④ **유사한 경우**: 미등기부동산의 양수인이 보존등기를 하는 경우, 상속인이 상속재산을 매도하고서 등기는 피상속인으로부터 양수인으로 이전등기를 하는 경우, 중간생략등기에 준하여 유효성을 인정한다.

(3) 무효등기의 유용

① 무효로 된 등기의 유용은 그 등기를 유용하기로 하는 합의가 이루어지기 전에 등기상 이해관계가 있는 제3자가 생기지 않은 경우에는 허용된다.
② 무효인 가등기를 유효한 등기로 전용키로 한 약정은 그때부터 유효하고 이로써 위 가등기가 소급하여 유효한 등기로 전환될 수 없다.
③ 멸실된 건물의 보존등기를 멸실 후에 신축한 건물의 보존등기로 유용하는 표제부등기의 유용은 허용되지 아니한다.

3. 등기의 효력

(1) 본등기의 효력

① 추정적 효력
  ㉠ **서설**: 청구권 보전을 위한 가등기는 추정력이 인정되지 않는다.
  ㉡ **추정력이 미치는 범위**
    ⓐ 물적 범위(객관적 범위)
      • **권리의 적법추정**: 저당권설정등기의 경우에는 이에 상응하는 피담보채권의 존재가 추정된다.
      • **등기원인의 추정**: 등기명의자가 등기원인 행위의 태양이나 과정을 다소 다르게 주장한다고 하여 이러한 주장만 가지고 그 등기의 추정력이 깨어진다고 할 수는 없다.
      • **절차의 적법추정**
        - 적법한 절차로 경료된 등기라고 추정되어 그 절차 및 원인의 부당을 주장하는 당사자에게 이를 입증할 책임이 있다.
        - 대리권 존재도 추정되므로, 무권대리의 요건의 존재는 상대방이 이를 증명할 책임이 있다.
    ⓑ **인적 범위(주관적 범위)**: 부동산에 관하여 소유권이전등기가 마쳐져 있는 경우, 등기명의자는 제3자에 대하여서뿐만 아니라 그 전의 소유자에 대하여도 적법한 등기원인에 의하여 소유권을 취득한 것으로 추정된다.

기출
01 멸실된 건물의 소유권등기는 그 대지에 신축한 건물의 등기로 유용할 수 (   ).
제21회

선생님 TIP
본등기는 권리변동적 효력, 대항적 효력, 순위확정적 효력, 추정적 효력이 있으며, 공신력은 없다.

기출
02 소유권이전청구권 보전을 위한 가등기가 있어도, 소유권이전등기를 청구할 어떤 법률관계가 있다고 (   ).
제21회

기출
03 소유권이전등기명의자는 그 전(前) 소유자에 대하여 적법한 등기원인에 의해 소유권을 취득한 것으로 (   ).
제28회

기출정답
01 없다
02 추정되지 않는다
03 추정된다

⊙ 특수한 등기의 추정력
  ⓐ **보존등기**: 권리변동사실은 추정되지 않는다.
  ⓑ **말소등기**: 소유권이전등기가 원인 없이 말소된 때에는 그 회복등기가 경료되기 전이라도 말소된 등기의 최종명의인은 적법한 권리자로 추정된다.
② 추정력의 효과
  ⓐ **기본적 효과**: 이를 다투는 측에서 그 무효사유를 주장·입증하여야 한다.
  ⓑ **부수적 효과**: 등기에 추정력이 인정되므로 등기를 신뢰하고 거래한 제3자에게는 선의·무과실이 추정된다.
⑩ 추정력의 복멸

> **🗒️ 암기 PLUS | 등기의 추정력의 복멸**
>
> | | |
> |---|---|
> | 소유권이전등기 | • 소유권이전등기의 원인으로 주장된 계약서가 진정하지 않은 것으로 증명된 경우
• 전 소유자의 사망 후에 그 명의의 등기가 경료된 경우
• 전 소유명의자가 허무인인 경우
• 등기명의자가 매수인이 아님이 판명된 경우
• 등기부상의 공유지분의 합계 결과 분자가 분모를 초과하는 경우 |
> | 소유권보존등기 | • 건물 소유권보존등기의 명의자가 이를 신축한 것이 아닌 경우
• 보존등기 명의자가 부동산을 양수한 것이라고 주장하고 전 소유자는 양도사실을 부인하는 경우 |

  ⓑ **점유의 추정력과의 관계**: 점유의 추정력은 동산에 대해서만 적용, 등기된 부동산에는 적용되지 않음
② **공신력**: 등기에 공신력은 인정되지 않는다.

(2) 가등기의 효력

① **서설**: 가등기는 청구권 보전의 가등기와 담보가등기가 있다. 담보가등기인지 여부는 형식적으로 결정될 것이 아니고 거래의 실질과 당사자의 의사해석에 따라 결정될 문제이다.
② **요건**: 물권적 청구권을 보존하기 위해서는 할 수 없다.

⚡기출

01 등기가 원인 없이 말소된 경우, 그 회복등기가 마쳐지기 전이라도 말소된 등기의 명의인은 적법한 권리자로 ( ). 제21회

02 사망자 명의로 신청하여 이루어진 소유권이전등기는 특별한 사정이 없는 한 ( )의 등기이다. 제28회

⚡기출

03 건물 소유권보존등기의 명의자가 건물을 신축한 것이 아닌 경우, 소유권보존등기의 명의인이 부동산을 양수받은 것이라 주장하는데 전(前) 소유자가 양도사실을 부인하는 경우에는 ( )이 깨진다. 제23회

기출정답
01 추정된다
02 원인무효
03 등기의 추정력

③ 절차
　㉠ **가등기에 기한 본등기 절차**: 예컨대, 甲이 그 소유부동산에 대해 乙과 매매계약을 체결하고, 乙이 소유권이전청구권을 보전하기 위해 가등기를 한 후, 甲이 그 부동산을 丙에게 양도한 경우 乙은 현재의 등기명의인 丙이 아닌 甲에게 본등기를 청구하여야 하고, 그에 따라 본등기가 되면 丙의 등기는 등기관이 직권으로 말소한다.
　㉡ **가등기상의 권리의 이전(가등기의 가등기)**: 가등기상의 권리를 양도하는 경우 그 가등기에 대한 부기등기의 형식으로 경료할 수 있다.

④ 효력
　㉠ **본등기 후의 효력(본등기 순위보전의 효력)**: 본등기의 순위는 가등기의 순위에 따른다. 유의할 것은 물권변동은 본등기를 한 때에 발생한다.
　㉡ **본등기 전의 효력**: 가등기만으로는 아무런 실체법상 효력을 갖지 아니하므로, 중복된 소유권보존등기가 무효이더라도 가등기권리자는 그 말소를 청구할 권리가 없다. 가등기가 있다고 해서 소유권이전등기를 청구할 어떤 법률관계가 추정되는 것도 아니다.

기출

01 가등기된 소유권이전등기청구권은 타인에게 양도될 수 (　　). 제27회

02 가등기권리자는 가등기에 기하여 무효인 중복된 소유권보존등기의 말소를 구할 수 (　　). 제27회

03 소유권이전등기청구권 보전을 위한 가등기가 있는 경우, 소유권이전등기를 청구할 어떤 법률관계가 있다고 추정(　　). 제27회

제3절　동산물권의 변동

01 권리자로부터의 취득

> **제188조【동산물권양도의 효력】** ① 동산에 관한 물권의 양도는 그 동산을 인도하여야 효력이 생긴다.

양도인이 점유개정에 의하여 이중으로 양도한 경우, 양수인들 사이에 있어서는 먼저 현실의 인도를 받은 자가 소유권을 취득한다.

선생님 TIP
- 동산물권의 변동원인은 법률행위와 법률규정으로 나뉘는데, 후자는 주로 소유권의 취득에서 규정한다.
- 인도의 종류에는 현실의 인도, 간이인도, 점유개정, 목적물반환청구권의 양도가 있다.

기출정답
01 있다
02 없다
03 되지 않는다

02 선의취득

> **제249조 【선의취득】** 평온, 공연하게 동산을 양수한 자가 선의이며 과실 없이 그 동산을 점유한 경우에는 양도인이 정당한 소유자가 아닌 때에도 즉시 그 동산의 소유권을 취득한다.

🔥 기출
01 선의취득에 관한 민법 제249조는 (　　)에 준용한다. 제22회

(1) 서설
선의취득이란 그 양도인이 정당한 권리자가 아니더라도 양수인에게 그 동산에 대한 소유권 또는 질권의 취득을 인정하는 제도이다.

(2) 요건
① **객체**: 선의취득의 객체는 동산이다. 부동산은 선의취득의 대상이 될 수 없다.
　⊙ **금전**: 가치의 표상으로 유통되는 금전은 선의취득의 대상이 아니다. 다만, 단순한 물건으로서 거래되는 경우에는 선의취득에 관한 규정이 적용된다.
　ⓒ **등기·등록으로 공시되는 동산**: 선박·자동차·항공기·건설기계 등과 같이 등기·등록을 갖춘 동산은 법률상 부동산과 같이 취급되므로 선의취득의 대상이 될 수 없다.
　ⓒ **권리**: 권리는 물건이 아니기 때문에 제249조가 적용될 여지가 없다. 그런데 지시채권, 무기명채권에 관하여는 특별규정이 있다.
② **전주(양도인)에 관한 요건**
　⊙ **양도인이 점유하고 있을 것**: 점유보조자가 점유물을 처분한 경우에도 선의취득이 인정되어야 한다.
　ⓒ **양도인이 무권리자일 것**: 전주가 무권리자라 함은 '동산의 소유권 또는 처분권한이 없는 자'를 말한다.
③ **동산의 양도행위**: 양도인과 양수인 사이에 동산물권 취득에 관한 유효한 거래행위가 있어야 한다.
　⊙ **거래행위가 있을 것**: 동산의 경매도 선의취득이 인정된다. 상속·회사의 합병과 같은 포괄승계나 타인의 산림을 자기의 것으로 오신하여 벌채하는 것과 같은 사실행위에는 적용되지 않는다.
　ⓒ **거래행위가 유효할 것**: 거래 당사자에게 제한능력, 대리권의 흠결, 착오, 사기·강박 등의 사유가 있어 거래행위가 취소되거나 무효로 되는 경우에는 선의취득이 적용될 여지가 없다.

🔥 기출
02 동산을 경매로 취득하는 것은 선의취득을 위한 거래행위에 (　　). 제22회

기출정답
01 동산질권
02 해당한다

④ 양수인에 관한 요건
　㉠ 양수인이 평온·공연·선의·무과실로 점유를 취득할 것
　　ⓐ 취득자의 선의·무과실은 동산질권자가 입증하여야 한다.
　　ⓑ 선의·무과실은 물권적 합의가 먼저 행하여지면 인도된 때를, 인도가 먼저 행하여지면 물권적 합의가 이루어진 때를 기준으로 해야 한다.
　㉡ **양수인이 점유를 취득하였을 것**: 선의취득은 현실의 인도·간이인도·목적물반환청구권의 양도로 인정되나, 점유개정에 의한 선의취득은 부정된다.

(3) 효과

① **물권의 취득**: 선의취득에 의한 물권취득은 확정적이기 때문에 취득자가 임의로 선의취득효과를 거부하고 종전 소유자에게 동산을 반환받아갈 것을 요구할 수 없다.
② **선의취득의 성질**: 원시취득이다(통설). 따라서 종전 소유자에게 존재했던 제한은 선의취득과 더불어 소멸한다.

(4) 도품 및 유실물에 관한 특칙

① 동산이 도품이나 유실물인 때에는 피해자 또는 유실자는 도난 또는 유실한 날로부터 2년 내에 그 물건의 반환을 청구할 수 있다. 그러나 도품이나 유실물이 금전인 때에는 그러하지 아니하다.
② 양수인이 도품 또는 유실물을 경매나 공개시장에서 또는 동종류의 물건을 판매하는 상인에게서 선의로 매수한 때에는 피해자 또는 유실자는 양수인이 지급한 대가를 변상하고 그 물건의 반환을 청구할 수 있다.

⚡기출

01 (　　)에 의한 점유취득만으로는 선의취득이 인정되지 않는다. 　제22회

⚡기출

02 금전 아닌 유실물이 선의취득의 목적물인 경우, 유실자는 유실한 날로부터 (　　) 내에 그 물건의 반환을 청구할 수 있다. 　제22회

기출정답
01 점유개정
02 2년

제4절 물권의 소멸

01 목적물의 멸실

토지의 포락(浦落) 등 물건이 멸실되면 물권은 소멸한다. 그러나 담보물권은 가치적 변형물에 그 효력이 미친다.

02 소멸시효

소멸시효의 대상이 되는 물권은 지상권·지역권이다. 소멸시효가 완성되면 권리는 절대적으로 소멸하므로 등기의 말소를 기다리지 않고 그 효력이 생긴다.

03 물권의 포기

소유권·점유권의 포기는 상대방 없는 단독행위이나, 제한물권의 포기는 상대방 있는 단독행위이다. 따라서 부동산물권의 포기는 등기를 말소하여야 하며, 동산물권의 포기는 사실상 점유포기를 요한다.

04 혼동

(1) 의의

혼동은 물권과 채권의 공통된 소멸사유이다. 그 법적 성질은 사건이다.

(2) 소유권과 제한물권의 혼동

① 동일물에 대한 소유권과 제한물권이 동일인에게 귀속하는 경우에는 그 제한물권이 소멸하는 것이 원칙이다. 예컨대, 저당권자가 소유권을 취득한 경우에는 그 저당권은 혼동으로 소멸한다.
② 그러나 본인 또는 제3자의 이익을 위하여 그 제한물권을 존속시킬 필요가 있다고 인정되는 경우에는 혼동으로 소멸하지 않는다.

(3) 혼동에 의하여 소멸하지 않는 권리

점유권, 광업권

(4) 혼동의 효과

혼동에 의하여 물권은 절대적으로 소멸한다. 그러나 혼동의 원인이 부존재하거나, 원인행위가 무효 · 취소 · 해제 등으로 효력을 상실하는 때에는 소멸한 물권은 부활한다.

제3장 기본물권(점유권·소유권)

> 선생님 TIP
> 물권은 점유권과 본권으로 나뉜다. 물건을 사실상 지배하는 자에게 점유를 정당화시켜 주는 권리가 있는지를 묻지 않고 점유권을 인정한다.

제1절 점유권 〈빈출〉

01 점유

(1) 점유의 개념

> 제192조 【점유권의 취득과 소멸】 ① 물건을 사실상 지배하는 자는 점유권이 있다.
> ② 점유자가 물건에 대한 사실상의 지배를 상실한 때에는 점유권이 소멸한다. 그러나 제204조의 규정에 의하여 점유를 회수한 때에는 그러하지 아니하다.

> **암기 PLUS | 점유 여부**
> 1. 대지의 소유자로 등기한 자는 보통의 경우 등기할 때에 대지를 인도받아 점유를 얻은 것
> 2. 건물의 부지가 된 토지는 그 건물의 소유자가 점유

(2) 점유의 관념화

① 점유보조자

> 제195조 【점유보조자】 가사상, 영업상 기타 유사한 관계에 의하여 타인의 지시를 받아 물건에 대한 사실상의 지배를 하는 때에는 그 타인만을 점유자로 한다.

구분	점유보조자(제195조)	간접점유(제194조)
점유자	점유주만이 점유자	직접점유자, 간접점유자 모두 점유자
점유의 법률관계	점유보조관계(일정한 원인관계에 기해 점유주의 지시에 따라 물건을 사실상 지배하는 관계)	점유매개관계(일정한 원인관계에 기해 타인으로 하여금 물건을 점유케 하는 관계로서 간접점유자는 직접점유자에게 반환청구권을 가짐)

발생원인	㉠ 사법상 계약(가정부, 종업원 등) ㉡ 친족법상 관계 ㉢ 공법상 관계(국가와 공무원 등)	㉠ 지상권, 전세권, 질권, 임대차, 사용대차(제194조) ㉡ 기타의 계약, 법률규정, 국가 행위 등
법률관계의 성질	㉠ 종속관계 ㉡ 법인: 대표기관의 점유는 법인 자신의 점유, 대표기관 외의 점유는 점유보조자의 점유 ㉢ 물건에 대한 권리관계와 무관: 자기 물건에 대해서도 점유보조자로 될 수 있다. ㉣ 아내: 남편의 점유보조자 ×	㉠ 대등관계 ㉡ 중첩적 관계도 가능(임차물의 전대 등) ㉢ 반드시 유효한 법률관계임을 불요(무효인 법률관계라도 부당이득반환청구권이 있고 그 범위에서 간접점유가 인정될 수 있다)
효과	㉠ 점유보호청구권 인정 × ㉡ 자력구제권 인정 ○(단, 자신의 권리행사가 아니라 점유주의 권리를 대신 행사하는 것이다)	㉠ 점유보호청구권 인정 ○ ㉡ 자력구제권 인정 ×(통설)

② 간접점유

  ㉠ **의의**: 지상권, 전세권, 질권, 사용대차, 임대차, 임치 기타의 관계로 타인으로 하여금 물건을 점유하게 한 자는 간접으로 점유권이 있다.

  ㉡ **간접점유의 보호**: 청구권은 간접점유자도 이를 행사할 수 있다. 점유자가 점유의 침탈을 당한 경우에 간접점유자는 그 물건을 점유자에게 반환할 것을 청구할 수 있고, 점유자가 그 물건의 반환을 받을 수 없거나 이를 원하지 아니하는 때에는 자기에게 반환할 것을 청구할 수 있다.

③ **상속인의 점유**: 점유권은 상속인에 이전한다.

(3) 점유의 태양

① 자주점유 · 타주점유

  ㉠ 의의

> **암기 PLUS | 자주점유 · 타주점유의 구별실익**
>
> 취득시효(제245조 이하), 무주물선점(제252조), 점유자의 회복자에 대한 책임(제202조) 등

⚡ 기출

01 점유보조자에게는 점유보호청구권이 인정( ).
제19회

02 임치 기타의 관계로 타인으로 하여금 물건을 점유하게 한 자는 ( )으로 점유권이 있다. 제20회

⚡ 기출

03 ( )는 소유자와 동일한 지배를 사실상 행사하려는 의사를 가지고 하는 점유이다. 제28회

기출정답

01 되지 않는다
02 간접
03 자주점유

ⓒ 자주점유의 판단
ⓐ 권원의 성질이 객관적으로 분명하게 정해진 경우

- 소유의 의사 유무는 점유취득의 원인이 된 권원의 성질이나 점유와 관계가 있는 모든 사정에 의하여 외형적·객관적으로 결정되어야 한다.
- 매수인이 착오로 인접토지의 일부를 그가 매수·취득한 토지에 속하는 것으로 믿고서 점유하고 있다면 자주점유이다. 그러나 처분권한이 없는 자로부터 그 사실을 알면서 부동산을 취득하거나 무효임을 알면서 법률행위에 의하여 부동산을 취득하여 점유하게 된 때에는 소유의 의사로 점유한 것으로 볼 수 없다.

★ 암기 PLUS | 자주점유·타주점유 여부

자주점유	매수인(타인의 토지의 매매, 매매가 무효일지라도), 수증자, 절도범
타주점유	지상권자·전세권자·임차인(점유매개관계의 직접점유자)·질권자·수치인, 공유자 한 사람이 공유부동산 전부를 점유하고 있는 경우 다른 공유자의 지분비율의 범위, 명의수탁자, 타인의 토지 위에 분묘를 설치 또는 소유하는 자, 타인의 물건 관리자 등

ⓑ 점유권원의 성질이 분명하지 않은 경우

> **제197조 【점유의 태양】** ① 점유자는 소유의 의사로 선의, 평온 및 공연하게 점유한 것으로 추정한다.

- **자주점유의 추정**: 이러한 추정은 지적공부 등의 관리주체인 국가나 지방자치단체가 점유하는 경우에도 마찬가지로 적용된다. 점유자의 점유가 소유의 의사 없는 타주점유임을 주장하는 상대방에게 타주점유에 대한 입증책임이 있다. 그러므로 점유자가 매매, 증여 등과 같은 점유권원을 주장하였으나 설사 이것이 인정되지 않는 경우라 하더라도 자주점유의 추정이 번복되거나 그 점유권원의 성질상 타주점유가 된다고는 할 수 없다.

⚡기출

01 자주점유인지 여부는 점유취득의 원인이 된 권원의 성질이나 점유와 관계가 있는 모든 사정에 의하여 (　　)으로 결정되어야 한다.
제25회

⚡기출

02 공유자 1인이 공유부동산 전부를 점유하고 있더라도 특별한 사정이 없는 한 다른 공유자의 지분비율의 범위 내에서는 (　　)이다.
제28회

03 타인의 물건을 관리하기 위하여 한 점유는 점유권원의 성실상 (　　)이다.
제28회

04 점유자는 소유의 의사로 선의, 평온 및 공연하게 점유한 것으로 (　　)한다.
제21회

05 부동산의 점유자가 지적공부 등의 관리주체인 국가나 지방자치단체인 경우에도 (　　)된다.
제25회

기출정답
01 외형적·객관적
02 타주점유
03 타주점유
04 추정
05 자주점유로 추정

- **추정의 번복**: 점유자가 점유 개시 당시 소유권취득의 원인이 될 수 있는 법률행위 기타 법률요건 없이 그와 같은 법률요건이 없다는 사실을 잘 알면서 타인소유의 부동산을 무단점유한 것이 입증된 경우에도 소유의 의사가 있는 점유라는 추정은 깨어졌다. 그러나 등기를 수반하지 아니한 점유임이 밝혀졌다고 하여 이 사실만 가지고 바로 점유권원의 성질상 소유의 의사가 결여된 타주점유라고 할 수 없다.

ⓒ 전환
  ⓐ **자주점유로의 전환**: 새로운 권원에 의하여 다시 소유의 의사로 점유하거나 자기에게 점유시킨 자에게 소유의 의사가 있음을 표시하여야 한다. 상속은 새로운 권원이 아니며, 타주점유자가 그 명의로 소유권보존등기를 경료한 것만으로는 자주점유로 전환되었다고 볼 수 없다.
  ⓑ **타주점유로의 전환**: 피상속인의 부동산에 대해 경락허가결정이 있거나, 매매계약이 해제되거나, 부동산을 타인에게 매도하여 인도의무를 지는 매도인의 점유가 이에 해당한다.

> **판례 | 소유권이전등기말소등기청구소송에서 점유자의 패소와 타주점유로의 전환**
>
> 진정 소유자가 자신의 소유권을 주장하며 소유권이전등기등기의 말소등기청구소송을 제기하여 점유자의 패소로 확정되었다면, 그 점유자는 민법 제197조 제2항의 규정에 의하여 그 소송의 제기시부터는 토지에 대한 악의의 점유자로 간주되고, 또 점유자의 토지에 대한 점유는 패소판결 확정 후부터는 타주점유로 전환되었다(대판 2000.12.8, 2000다14934·14941).

② 하자 있는 점유 · 하자 없는 점유
  ㉠ 선의점유 · 악의점유

선의점유	본권이 없음에도 있는 것으로 믿고서 하는 점유	점유자의 선의는 추정되나, 선의의 점유자라도 본권에 관한 소에 패소한 때에는 그 소가 제기된 때로부터 악의의 점유자로 본다.
악의점유	본권이 없음을 알면서 또는 본권의 유무에 대해 의심을 가지면서 하는 점유	
구별실익	등기부취득시효, 선의취득, 과실수취권, 점유물의 멸실·훼손에 대한 책임	

기출

01 타주점유자가 그 명의로 소유권보존등기를 경료한 것만으로는 타주점유가 자주점유로 전환되지 (   ).
제28회

기출

02 선의의 점유자라도 본권에 관한 소에 패소한 때에는 그 (   )된 때로부터 악의의 점유자로 본다. 제22회

기출정답
01 않는다
02 소가 제기

ⓒ **과실 있는 점유 · 과실 없는 점유**: 취득시효, 선의취득 등에서 구별실익이 있다. 무과실은 추정되지 않으므로 무과실을 주장하는 자에게 증명책임이 있다.
ⓒ **평온점유 · 폭력점유 및 공연점유 · 은비점유**: 점유자의 과실취득, 선의취득 등에서 구별실익이 존재한다.

02 점유권의 취득과 소멸

(1) 점유권의 취득

> 제199조 【점유의 승계의 주장과 그 효과】 ① 점유자의 승계인은 자기의 점유만을 주장하거나 자기의 점유와 전 점유자의 점유를 아울러 주장할 수 있다.
> ② 전 점유자의 점유를 아울러 주장하는 경우에는 그 하자도 계승한다.

① **점유의 분리 · 병합의 선택**: 전 점유자의 점유가 타주점유라 하여도 점유자의 승계인이 자기의 점유만을 주장하는 경우에는 현 점유자의 점유는 자주점유로 추정된다.
② **상속의 경우**: 상속인은 새로운 권원에 의하여 자기 고유의 점유를 개시하지 않는 한 피상속인의 점유를 떠나 자기만의 점유를 주장할 수 없고, 선대의 점유가 타주점유인 경우 그 점유가 자주점유가 되기 위하여는 점유자가 소유자에 대하여 소유의 의사가 있는 것을 표시하거나 새로운 권원에 의하여 다시 소유의 의사로써 점유를 시작하여야 한다.

(2) 점유권의 소멸

> 제192조 【점유권의 취득과 소멸】 ② 점유자가 물건에 대한 사실상의 지배를 상실한 때에는 점유권이 소멸한다. 그러나 제204조의 규정에 의하여 점유를 회수한 때에는 그러하지 아니하다.

혼동 · 소멸시효 등은 점유권에는 적용되지 않는다.

⚡**기출**
01 매매로 인한 점유의 승계가 있는 경우, 전(前) 점유자의 점유가 타주점유라도 현(現) 점유자가 자기의 점유만을 주장하는 때에는 현(現) 점유자의 점유는 ( )로 추정된다. 제25회

기출정답
01 자주점유

03 점유권의 효력

(1) 권리의 추정

① **점유계속의 추정**

> **제198조 【점유계속의 추정】** 전후양시에 점유한 사실이 있는 때에는 그 점유는 계속한 것으로 추정한다.

동일인이 전후 양 시점에 점유한 것이 증명된 때에만 적용되는 것이 아니고 전후 양 시점의 점유자가 다른 경우에도 점유의 승계가 입증되는 한 점유계속은 추정된다.

② **권리적법의 추정**: 점유자가 점유물(동산 ○, 부동산 ×)에 대하여 행사하는 권리는 적법하게 보유한 것으로 추정한다.

(2) 점유자와 회복자의 관계

① **선의의 점유자의 과실취득권**

> **제201조 【점유자와 과실】** ① 선의의 점유자는 점유물의 과실을 취득한다.
> ② 악의의 점유자는 수취한 과실을 반환하여야 하며 소비하였거나 과실로 인하여 훼손 또는 수취하지 못한 경우에는 그 과실의 대가를 보상하여야 한다.
> ③ 전항의 규정은 폭력 또는 은비에 의한 점유자에 준용한다.

㉠ 선의의 점유자란 과실취득권을 포함하는 권원(소유권, 지상권, 임차권 등)이 있다고 오신한 점유자를 말하고 그와 같은 오신을 함에는 오신할 만한 근거가 있어야 한다.
㉡ 과실에는 천연과실, 법정과실뿐만 아니라 물건의 사용이익도 포함된다.
㉢ 선의점유자가 과실을 취득할 수 있는 범위에서 부당이득은 성립하지 않는다.
㉣ 매매계약이 취소된 경우, 선의의 매수인에게 제201조가 적용되어 과실취득권이 인정되는 이상, 선의의 매도인에게도 민법 제587조의 유추적용에 의하여 대금의 운용이익 내지 법정이자의 반환을 부정함이 형평에 맞다.
㉤ 계약해제의 효과로서의 원상회복의무의 범위는 이익의 현존 여부나 선의·악의에 불문하고 특단의 사유가 없는 한 받은 이익의 전부라고 할 것이다.
㉥ 일반 불법행위규정(제750조)의 적용이 배제되지 않는다.

⚡기출

01 전후양시에 점유한 사실이 있는 때에는 그 점유는 (　　)한 것으로 추정한다. 제22회

선생님 TIP

점유의 적법추정은 동산물권에만 적용된다.

⚡기출

02 점유자가 점유하고 있는 (　　)에 대하여 행사하는 권리는 적법하게 보유한 것으로 추정함이 원칙이다. 제22회

03 점유의 권리 적법추정에 관한 규정은 등기된 (　　)에는 적용되지 않는다. 제21회

04 폭력에 의한 점유자는 수취한 과실을 반환하여야 하며, 과실로 인하여 수취하지 못한 경우에는 그 과실의 (　　)하여야 한다. 제20회

기출정답
01 계속
02 동산
03 부동산
04 대가를 보상

⚡ 기출

01 선의의 타주점유자는 자신에게 책임 있는 사유로 점유물이 멸실되면 (　　)를 배상하여야 한다. 제26회

02 과실을 취득한 선의의 점유자는 회복자를 상대로 그 점유물에 대하여 지출한 (　　)의 상환을 청구할 수 없다. 제17회

03 점유자가 점유물에 유익비를 지출한 경우, (　　)의 선택에 좇아 그 지출금액이나 증가액의 상환을 청구할 수 있다. 제20회

② 점유물의 멸실·훼손에 대한 책임

분류		손해배상의 범위
선의점유	자주	현존이익 배상
	타주	손해 전부 배상
악의점유	자주·타주	

③ 비용상환청구권

> **제203조 【점유자의 상환청구권】** ① 점유자가 점유물을 반환할 때에는 회복자에 대하여 점유물을 보존하기 위하여 지출한 금액 기타 필요비의 상환을 청구할 수 있다. 그러나 점유자가 과실을 취득한 경우에는 통상의 필요비는 청구하지 못한다.
> ② 점유자가 점유물을 개량하기 위하여 지출한 금액 기타 유익비에 관하여는 그 가액의 증가가 현존한 경우에 한하여 회복자의 선택에 좇아 그 지출금액이나 증가액의 상환을 청구할 수 있다.
> ③ 전항의 경우에 법원은 회복자의 청구에 의하여 상당한 상환기간을 허여할 수 있다.

㉠ 점유자의 필요비 또는 유익비상환청구권은 점유자가 회복자로부터 점유물의 반환을 청구받거나 회복자에게 점유물을 반환한 때에 비로소 회복자에 대하여 행사할 수 있다.

㉡ 점유자의 회복자에 대한 유익비상환청구권은 점유자가 계약관계 등 적법하게 점유할 권리를 가지지 않아 소유자의 소유물반환청구에 응하여야 할 의무가 있는 경우에 성립되는 것이다.

㉢ 유치권이 성립한다. 다만, 유익비에 관하여 법원이 상당한 상환기간을 허여하면 유치권은 성립하지 않는다.

★ 암기 PLUS ┃ 비용상환청구권의 비교

구분	유익비상환청구권	필요비상환청구권
현존	가액의 증가가 현존	×
선택	회복자의 선택(지출금액이나 증가액 중에서)	×(지출금액)
허여	회복자의 청구로 상당한 상환기간 허여(유예)	×

기출정답
01 손해의 전부
02 통상의 필요비
03 회복자

(3) 점유보호청구권

① 점유물반환청구권

> **제204조【점유의 회수】** ① 점유자가 점유의 침탈을 당한 때에는 그 물건의 반환 및 손해의 배상을 청구할 수 있다.
> ② 전항의 청구권은 침탈자의 특별승계인에 대하여는 행사하지 못한다. 그러나 승계인이 악의인 때에는 그러하지 아니하다.
> ③ 제1항의 청구권은 침탈을 당한 날로부터 1년 내에 행사하여야 한다.

⊙ 절취·강취 등 점유의 침탈이 있어야 한다. 그러나 사기로 인해 물건을 인도하거나, 바람에 날려 이웃집에 넘어간 경우에는 점유물반환청구를 할 수 없다.

ⓒ 직접점유자가 임의로 점유를 양도하였다면 간접점유자의 의사에 반하더라도 간접점유자의 점유가 침탈된 경우라고 볼 수 없다.

ⓒ 침탈자의 선의의 특정승계인(예 매수인, 임차인 등)에 대하여는 반환을 청구할 수 없다. 선의의 특정승계인으로부터 다시 악의의 특정승계인에게 점유가 이전된 때에는 반환을 청구하지 못한다.

② 손해배상청구권은 불법행위의 요건을 갖추어야 한다.

◎ 1년의 제척기간은 재판 외에서 권리행사하는 것으로 족한 기간이 아니라 반드시 그 기간 내에 소를 제기하여야 하는 이른바 출소기간(出訴其間)으로 해석함이 상당하다.

★ 암기 PLUS Ⅰ 점유물반환청구권과 소유물반환청구권의 비교

구분	점유물반환청구권	소유물반환청구권
발생원인	• 점유의 침탈(절도·강도) ○ • 사기 ×	원인 불문(절도·강도 ○, 사기 ○)
상대방	• 침탈자·승계인 ○ • 선의의 특별승계인 ×	• 침탈자·승계인 ○ • 선의의 특별승계인 ○
행사기간	제척기간 1년(출소기간)	제한 없음

② 점유물방해제거청구권
점유자가 점유의 방해를 받은 때에는 그 방해의 제거 및 손해의 배상을 청구할 수 있는데, 청구권은 방해가 종료한 날로부터 1년 내에 행사하여야 한다. 이 경우 공사로 인하여 점유의 방해를 받은 경우에는 공사착수 후 1년을 경과하거나 그 공사가 완성한 때에는 방해의 제거를 청구하지 못한다.

⚡ 기출

01 점유물반환청구권의 행사기간은 ( )이다. 제19회

02 공사로 인하여 점유를 방해받은 경우, 공사착수 후 ( )을 경과하거나 그 공사가 완성한 때에는 방해의 제거를 청구하지 못한다. 제21회

기출정답
01 출소기간
02 1년

③ **점유물방해예방청구권**: 점유자가 점유의 방해를 받을 염려가 있는 때에는 그 방해의 예방 또는 손해배상의 담보를 청구할 수 있다.
④ **점유의 소와 본권의 소**: 점유권에 기인한 소와 본권에 기인한 소는 서로 영향을 미치지 아니한다. 점유권에 기인한 소는 본권에 관한 이유로 재판하지 못한다.

> ⚡ **기출**
> 01 점유권에 기한 소는 (　　)에 관한 이유로 재판하지 못한다. 제21회

제2절 소유권 〈빈출〉

> **선생님 TIP**
> 소유권은 사용·수익·처분할 수 있는 권리로서 완전한 물권이며, 제한물권과 구별된다.

01 부동산소유권의 범위

(1) 토지소유권의 경계와 범위

① **토지소유권의 경계**: 지적공부상의 경계에 의하여 확정된다. 그러나 지적공부에 등록된 토지의 경계가 기술적인 착오로 말미암아 진실한 경계선과 다르면 실제의 경계에 의한다.

② **토지소유권의 상하의 범위**
  ㉠ **의의**: 토지의 소유권은 정당한 이익있는 범위 내에서 토지의 상하에 미친다. 따라서 토사, 암석, 지하수, 온천수 등은 토지소유권의 범위에 포함된다.
  ㉡ **미채굴의 광물**: 미채굴의 광물은 법률상 토지의 구성부분이 되지 않고 따라서 토지소유권의 내용이 되지 않는다.
  ㉢ **지하수**: 지하수도 토지의 구성부분을 이루므로 토지소유자가 자유로이 사용할 수 있다. 그러나 기존의 지하수 이용자의 생활용수에 장해가 생기는 경우에는 위법하다.
  ㉣ **온천수**: 온천수는 그것이 용출되는 토지의 구성부분이지 독립한 물권의 객체가 아니며, 온천권이라는 관습법상의 물권은 인정되지 않는다.

(2) 상린관계

① **서설**
  ㉠ **규정의 성격**: 판례는 경계선부근의 건축 규정(제242조)과 지하시설 등에 관한 제한 규정(제244조)을 임의규정으로 보고 있다.

> ⚡ **기출**
> 02 토지를 구성하고 있는 (　　)은 특별한 경우를 제외하고는 토지와 분리하여 별도로 거래의 객체가 될 수 없다. 제25회
> 03 지하에 매장되어 있는 미채굴 광물인 금(金)에는 토지의 (　　)이 미치지 않는다. 제27회
> 04 지중(地中)에 있는 지하수는 (　　)의 범위에 포함된다. 제24회

> **기출정답**
> 01 본권
> 02 토석(土石)
> 03 소유권
> 04 토지소유권

ⓒ **적용범위**: 소유권에 관한 것이지만, 지상권 및 전세권에 준용된다. 부동산임차권에도 유추적용되어야 한다(통설).

② **생활방해의 금지**: 소음이 이웃 토지의 통상의 용도에 적당한 것인 때에는 이를 인용할 의무가 있다. 만일 수인의 한도를 넘는 경우에는 피해자는 토지의 소유자 또는 점유자에 대하여 적당한 조처 또는 방해의 제거·예방을 청구할 수 있다.

③ **주위토지통행권**

ⓐ **일반론**: 어느 토지와 공로(公路) 사이에 그 토지의 용도에 필요한 통로가 없는 경우에 그 토지소유자는 주위의 토지를 통행 또는 통로로 하지 아니하면 공로에 출입할 수 없거나 과다한 비용을 요하는 때에는 그 주위의 토지를 통행할 수 있고, 필요한 경우에는 통로를 개설할 수 있다. 그러나 이로 인한 손해가 가장 적은 장소와 방법을 선택하여야 한다. 통행권자는 통행지소유자의 손해를 보상하여야 한다.

ⓑ **분할, 일부양도와 주위토지통행권**: 분할로 인하여 공로에 통하지 못하는 토지가 있는 때에는 그 토지소유자는 공로에 출입하기 위하여 다른 분할자의 토지를 통행할 수 있다. 이 경우에는 보상의 의무가 없다. 위의 규정은 토지소유자가 그 토지의 일부를 양도한 경우에 준용한다.

④ **물에 관한 상린관계**: 자연유수의 승수의무란, 토지소유자는 다만 소극적으로 이웃 토지로부터 자연히 흘러오는 물을 막지 못한다는 것뿐이지, 적극적으로 그 자연유수의 소통을 유지할 의무까지 토지소유자로 하여금 부담케 하려는 것은 아니다.

> ⚡ **기출**
> 01 토지 주변의 소음이 사회통념상 수인한도를 넘지 않은 경우, 그 토지소유자는 소유권에 기하여 소음피해의 제거를 청구할 수 ( ). 제28회

> ⚡ **기출**
> 02 ( )로 인하여 공로에 통하지 못하는 토지가 있는 때에는 그 토지소유자는 공로에 출입하기 위하여 다른 분할자의 토지를 보상 없이 통행할 수 있다. 제28회
> 03 토지소유자가 부담하는 자연유수의 승수의무(承水義務)에는 ( )으로 그 자연유수의 소통을 유지할 의무가 포함되지 않는다. 제28회

02 소유권의 취득

1. **취득시효**

(1) **서설**

① **시효취득되는 권리**

취득시효 ○	소유권, 지상권, 분묘기지권, 계속되고 표현된 지역권, 질권, 광업권·어업권·지식재산권 등
취득시효 ×	저당권, 점유권·유치권

② **주체**: 권리능력 없는 사단·재단도 주체가 될 수 있다.

기출정답
01 없다
02 분할
03 적극적

③ 취득시효의 대상
  ㉠ **타인성 요부**: 자기소유의 부동산 또는 성명불상자의 소유물에 대해서도 시효취득을 인정할 수 있다.
  ㉡ **일필의 토지의 일부**: 시효취득을 인정한다.
  ㉢ **국유재산**: 행정재산은 공용폐지가 되지 않는 한 취득시효의 대상이 되지 못하지만, 일반재산(구 잡종재산)은 인정된다. 잡종재산일 당시에 취득시효가 완성되었더라도 행정재산으로 된 이상 소유권이전등기를 청구할 수 없다.
  ㉣ **공유지분**: 공유지분의 일부에 대한 시효취득도 가능하다. 한편, 집합건물의 공용부분은 취득시효에 의한 소유권취득의 대상이 될 수 없다.

(2) 부동산소유권의 취득시효

> **제245조 【점유로 인한 부동산소유권의 취득기간】** ① 20년간 소유의 의사로 평온·공연하게 부동산을 점유하는 자는 등기함으로써 그 소유권을 취득한다.
> ② 부동산의 소유자로 등기한 자가 10년간 소유의 의사로 평온·공연하게 선의이며 과실 없이 그 부동산을 점유한 때에는 소유권을 취득한다.

구분	요건	효과
점유 취득시효	• 점유: 20년간 • 자주·평온·공연한 점유	등기청구권의 취득
등기부 취득시효	• 등기 + 점유: 10년간 • 자주·평온·공연한 점유 + 선의·무과실	곧바로 소유권의 취득

① 점유취득시효에 의한 소유권취득 요건
  ㉠ 일정한 요건을 갖춘 점유
    ⓐ 직접점유뿐만 아니라 간접점유도 인정된다.
    ⓑ 평온·공연, 소유의 의사로 점유하면 충분하고 선의·무과실은 그 요건이 아니다.
  ㉡ 20년간의 점유(시효기간의 경과)
    ⓐ **등기부상 소유명의자가 변경된 경우**: 원칙적으로 시효취득의 기초가 되는 점유가 개시된 시점이 기산점이 되고, 당사자가 기산점을 임의로 선택할 수 없다.

ⓑ **등기부상 소유 명의자가 동일한 경우**: 시효취득자가 임의로 기산점을 선택할 수 있다. 점유승계가 이루어진 경우 전점유자가 점유를 개시한 이후의 임의의 시점을 그 기산점으로 삼을 수 있다.

ⓒ **등기**
  ⓐ **서언**: 취득시효기간의 완성만으로는 등기청구권이 발생할 뿐이고, 미등기부동산의 경우라고 하여 등기 없이도 점유자가 소유권을 취득한다고 볼 수 없다.
  ⓑ **등기청구의 상대방**: 취득시효 완성자는 시효완성 당시의 소유자를 상대로 등기청구를 하여야 한다. 따라서 등기가 무효라면, 시효취득자는 소유자를 대위하여 무효등기의 말소를 구하고 소유자를 상대로 취득시효 완성을 이유로 한 소유권이전등기를 구하여야 한다.
  ⓒ **등기청구권의 성질**: 채권적 청구권이다. 취득시효 완성자가 그 부동산에 대한 점유를 상실한 때로부터 10년간 이를 행사하지 않으면 소멸시효가 완성한다.
  ⓓ **시효취득과 등기 전의 법률관계**
    ㉮ **소유자가 취득시효 완성 이전에 제3자에게 부동산을 양도한 경우**: 시효취득자는 그 취득시효기간 완성 당시의 등기명의자에 대하여 그 소유권취득을 주장할 수 있다.
    ㉯ **소유자가 취득시효 완성 이후에 제3자에게 부동산을 양도한 경우 제3자와의 법률관계**: 점유자는 그 제3자에게 대항할 수 없는 것이고, 이 경우 제3자의 이전등기 원인이 점유자의 취득시효 완성 전의 것이라 하더라도 마찬가지이다. 제3자의 선의·악의는 묻지 않는다. 한편 제3자 앞으로의 소유권 변동시를 새로운 점유취득시효의 기산점으로 삼아 2차의 취득시효의 완성을 주장할 수 있다.

⚡기출

01 취득시효기간 중 계속해서 등기명의자가 동일한 경우, 점유개시 후 (   )을 시효기간의 기산점으로 삼을 수 있다. 제26회

02 미등기부동산에 대하여 점유취득시효가 완성된 경우에도 (   )를 하지 않는 한, 점유자는 소유권을 취득하지 못한다. 제18회

03 시효완성자는 (   )에 대하여 채권적 등기청구권을 가진다. 제26회

⚡기출

04 등기명의인 甲이 시효완성 사실을 모르고 제3자 丙에게 처분했다면, 시효취득이 완성된 乙은 甲에게 불법행위를 이유로 손해배상을 청구할 수 (   ). 제21회

기출정답
01 임의의 시점
02 등기
03 시효완성 당시의 진정한 소유자
04 없다

기출

01 취득시효의 완성을 알고 있는 소유자가 부동산을 선의의 제3자에게 처분하여 소유권이전등기를 마친 경우, 그 소유자는 시효완성자에게 ( )로 인한 손해배상책임을 진다. 제24회

02 시효완성 후 그에 따른 소유권이전등기 전에 소유자가 부동산을 처분하면 시효완성자에 대하여 채무불이행책임을 ( ). 제26회

기출

03 시효완성 당시의 점유자로부터 양수하여 점유를 승계한 현(現) 점유자는 전(前) 점유자의 시효완성의 효과를 주장하여 ( ) 자기에게로 소유권이전등기를 청구할 수 없다. 제25회

기출정답
01 불법행위
02 지지 않는다
03 직접

- 점유자와 취득시효 완성 당시의 소유자의 관계
  - **불법행위책임의 성부**: 취득시효를 주장하면서 소유권이전등기청구소송을 제기하여 그에 관한 입증까지 마쳤다면, 부동산소유자가 부동산을 제3자에게 처분하여 소유권이전등기를 넘겨줌으로써 소유권이전등기의무가 이행불능에 빠짐으로써 불법행위를 구성하며, 제3자가 부동산소유자의 이와 같은 불법행위에 적극가담하였다면 이는 사회질서에 반하는 행위로서 무효이다. 한편, 부동산소유자와 시효취득자 사이에 계약상의 채권·채무관계가 성립하는 것은 아니므로, 그 부동산을 처분한 소유자에게 채무불이행책임을 물을 수 없다.
  - **대상청구권의 문제**: 시효가 완성된 토지가 수용됨으로써 소유권이전등기의무가 이행불능이 된 경우에, 이행불능 전에 그 권리를 주장하였거나 등기청구권을 행사하였다면 대상청구권을 행사할 수 있다.
- **시효취득한 자로부터 점유를 승계한 자의 법적 지위**: 현 점유자는 전 점유자의 소유자에 대한 소유권이전등기청구권을 대위행사할 수 있을 뿐, 전 점유자의 취득시효 완성의 효과를 주장하여 직접 자기에게 소유권이전등기를 청구할 권원은 없다. 한편, 취득시효 완성으로 인한 소유권이전등기청구권의 양도의 경우에는 매매로 인한 소유권이전등기청구권에 관한 양도제한의 법리가 적용되지 않는다.

② 등기부취득시효의 특별요건
  ⊙ 점유
    ⓐ 평온·공연한 자주점유에 덧붙여 점유자의 선의·무과실이 요구된다.
    ⓑ 선의·무과실은 시효기간 내내 계속되어야 할 필요는 없으며, 점유를 개시한 때 갖추고 있으면 충분하다. 선의는 제197조 제1항에 의하여 추정되며, 시효취득을 주장하는 점유자가 무과실에 대한 입증책임을 진다.
  ⓒ 등기
    ⓐ 이중보존등기에서 선등기가 원인무효로 되지 않은 경우 후등기인 보존등기 또는 그에 터잡은 이전등기를 근거로 한 등기부취득시효는 부정된다.

ⓑ 피상속인 명의로 소유권이전등기가 10년 이상 경료되어 있는 이상 상속인은 등기부취득시효를 완성할 수 있다.
ⓒ **10년의 등기 및 점유**: 소유권을 취득하는 자는 10년간 반드시 그의 명의로 등기되어 있어야 하는 것은 아니고 앞 사람의 등기까지 아울러 그 기간 동안 부동산의 소유자로 등기되어 있으면 된다.

(3) 취득시효의 중단·정지와 취득시효이익의 포기

① **취득시효의 중단**: 소멸시효의 중단에 관한 규정이 취득시효에도 준용된다. 그러나 취득시효기간의 완성 전에 부동산에 압류 또는 가압류 조치가 이루어졌다고 하더라도 이로써 종래의 점유상태의 계속이 파괴되었다고는 할 수 없으므로 이는 취득시효의 중단사유가 될 수 없다.

② **취득시효이익의 포기**
㉠ 취득시효 완성 후의 포기를 인정한다.
㉡ 시효이익의 포기는 시효취득자가 취득시효 완성 당시의 진정한 소유자에게 하여야 한다.
㉢ 점유자가 시효기간 경과 후에 매수의사를 표시하였다고 하더라도 시효취득의 이익을 포기하였다고 볼 수 없다.

(4) 취득시효의 효과

> **제247조 【소유권취득의 소급효, 중단사유】** ① 전2조의 규정에 의한 소유권취득의 효력은 점유를 개시한 때에 소급한다.

① **권리의 취득**: 원시취득이므로, 각종 제한에 의하여 영향을 받지 아니하는 완전한 소유권을 취득한다. 다만, 취득시효의 완성 이후 시효취득자로서는 원소유자의 적법한 권리행사로 인한 현상의 변경이나 제한물권의 설정 등이 이루어진 그 토지의 사실상 혹은 법률상 현상 그대로의 상태에서 등기에 의하여 그 소유권을 취득하게 된다.
② **취득시효의 소급효**: 점유자가 소유권이전등기를 경료하지 못하였더라도 소유명의자는 부당이득반환청구를 할 수 없다. 그리고 그 부동산의 점유로 인한 손해의 배상을 청구할 수 없다.

⚡ 기출

01 부동산에 대한 압류 또는 가압류는 취득시효의 중단사유에 해당( ). 제26회

02 취득시효 완성자는 취득시효가 ( )에 시효이익을 포기할 수 있다. 제18회

⚡ 기출

03 취득시효에 의한 소유권 취득의 효력은 점유를 개시한 때로 ( )한다. 제26회

04 취득시효 완성 후 그로 인한 등기 전에 소유자가 저당권을 설정한 경우, 특별한 사정이 없는 한 시효완성자는 등기를 함으로써 저당권의 부담이 ( ) 소유권을 취득한다. 제24회

05 시효완성 당시의 소유자는 특별한 사정이 없는 한 시효완성자가 등기를 마치지 않았더라도 그에 대하여 부동산의 점유로 인한 부당이득반환청구를 할 수 ( ). 제25회

기출정답
01 하지 않는다
02 완성된 후
03 소급
04 있는
05 없다

2. 첨부

(1) 서설

> **판례** | 매도인에게 소유권이 유보된 자재를 매수인이 제3자 소유의 건물 건축에 사용하여 부합된 경우
>
> 제3자가 도급계약에 의하여 제공된 자재의 소유권이 유보된 사실에 관하여 과실 없이 알지 못한 경우라면 제3자가 그 자재의 귀속으로 인한 이익을 보유할 수 있는 법률상 원인이 있다고 봄이 상당하므로, 매도인으로서는 그에 관한 보상청구를 할 수 없다(대판 2009.9.24, 2009다15602).

(2) 부합

① **부동산에의 부합**: 부동산의 소유자는 그 부동산에 부합한 물건의 소유권을 취득한다. 그러나 타인의 권원에 의하여 부속된 것은 그러하지 아니하다.

  ㉠ 요건
   ⓐ 부동산에 부합하는 물건(부합물)은 동산은 물론 부동산도 포함된다.
   ⓑ 부합으로 인하여 소유권의 변동이 있기 위하여는 부착·결합이 일정한 정도에 이르러야 한다. 판례는 훼손하지 아니하면 분리할 수 없거나 분리에 과다한 비용을 요하는 경우는 물론 분리하게 되면 경제적 가치를 심히 감소시키는 경우도 포함한다.

  ㉡ 효과
   ⓐ 부합하는 물건의 가격이 부동산의 가격을 초과하는 경우라 할지라도 부동산의 소유자가 부합한 물건의 소유권을 취득한다. 한편 경매목적물로 평가되지 아니하였다고 할지라도 경락인은 부합된 증축부분의 소유권을 취득한다.
   ⓑ 다만, 부합한 물건이 타인의 권원에 의하여 부속된 때에는, 그것은 부속시킨 자의 소유로 된다. 또한 부속된 물건이 독립성이 있어야 한다. 따라서 부동산에 부합된 물건이 그 부동산과 일체를 이루는 부동산의 구성부분이 된 경우에는 그 물건의 소유권은 부동산의 소유자에게 귀속된다.

② **동산간의 부합**: 동산과 동산이 부합하여 훼손하지 아니하면 분리할 수 없거나 그 분리에 과다한 비용을 요할 경우에는 그 합성물의 소

유권은 주된 동산의 소유자에게 속한다. 부합한 동산의 주종을 구별할 수 없는 때에는 동산의 소유자는 부합 당시의 가액의 비율로 합성물을 공유한다.

(3) 혼화

동산간의 부합에 관한 규정은 동산과 동산이 혼화하여 식별할 수 없는 경우에 준용한다. 이에 관해서는 부합에 관한 규정이 준용된다.

(4) 가공

타인의 동산에 가공한 때에는 그 물건의 소유권은 원재료의 소유자에게 속한다. 그러나 가공으로 인한 가액의 증가가 원재료의 가액보다 현저히 다액인 때에는 가공자의 소유로 한다. 가공자가 재료의 일부를 제공하였을 때에는 그 가액은 위의 증가액에 가산한다.

> **선생님 TIP**
> 소유권에 기한 물권적 청구권은 제한물권에 준용된다. 점유보호청구권과 경합한다.

03 공동소유

(1) 총설

> **선생님 TIP**
> 물건의 공동소유에 대하여 소유권 외의 재산권을 수인이 공동으로 소유하는 것을 준공동소유라고 한다.

★ 암기 PLUS | 공유·합유·총유의 비교

구분	공유	합유	총유
인적 결합형태	× ⇨ 단순히 물건을 공동소유	조합	권리능력 없는 사단
성립	• 법률행위 • 법률의 규정	• 계약 • 법률의 규정: 신탁법·광업법	
지분	○ (지분처분의 자유 ○)	○ (지분처분의 자유 ×)	×
분할청구의 자유	○	× ⇨ 분할의 문제(공유 준용)	×
사용·수익	지분비율	계약	정관
처분·변경	전원의 동의	전원의 동의	총회의 결의(과반수)

관리	• 보존: 단독
	• 이용·개량행위:
	  지분의 과반수
		• 보존: 단독
		• 이용·개량행위:
		  조합원의 과반수
			총회의 결의(과반수)

부동산의 경우의 등기방식	공유자 전원의 명의로 등기하되, 그 지분을 기재한다.	합유자 전원의 명의로 등기하되, 합유의 취지를 기재하여야 한다.	권리능력 없는 사단 자체의 명의로 등기를 한다.

> **⚡기출**
> 01 합유자는 합유물의 분할을 청구하지 (   ). 제23회
> 02 총유물의 관리 및 처분은 (   )에 의한다. 제23회
>
> **기출정답**
> 01 못한다
> 02 사원총회의 결의

(2) 공유

① 공유지분

㉠ **지분의 비율**: 물건이 지분에 의하여 수인의 소유로 된 때에는 공유로 하며, 공유자의 지분은 균등한 것으로 추정한다. 공유자가 그 지분을 포기하거나 상속인 없이 사망한 때에는 그 지분은 다른 공유자에게 각 지분의 비율로 귀속한다.

> **판례 | 공유지분 포기의 법적 성질 등**
>
> 공유지분의 포기는 법률행위로서 상대방 있는 단독행위에 해당하므로, 부동산 공유자의 공유지분 포기의 의사표시가 다른 공유자에게 도달하더라도, 이후 민법 제186조에 의하여 등기를 하여야 공유지분 포기에 따른 물권변동의 효력이 발생한다(대판 2016.10.27, 2015다52978).

㉡ **지분처분의 자유**: 공유자는 그 지분을 처분할 수 있고 공유물 전부를 지분의 비율로 사용·수익할 수 있다. 각 공유자는 자유롭게 지분을 양도하고, 자기의 지분 위에 담보물권을 설정할 수 있다. 따라서 지분을 처분함에 다른 공유자의 동의를 요하지 않는다.

② 공유자간의 법률관계

㉠ 공유물의 사용·수익

> **판례 | 공유물의 사용·수익·관리에 관한 특약의 승계**
>
> 공유물의 관리에 관한 사항은 공유자의 지분의 과반수로써 결정하고, 공유물의 사용·수익·관리에 관한 공유자간의 특약은 특정승계인에게도 승계되나, 공유물에 관한 특약이 지분권자로서 사용·수익권을 사실상 포기하는 등으로 공유지분권의 본질적 부분을 침해하는 경우에는 특정승계인이 그러한 사실을 알고도 공유지분권을 취득하였다는 등 특별한 사정이 없는 한 특정승계인에게 당연히 승계된다고 볼 수 없다(대판 2012.5.24, 2010다108210).

⚡ 기출

01 공유자의 지분은 특별한 사정이 없는 한 ( )한 것으로 추정한다. 제23회

02 부동산 공유자가 자기 지분을 포기한 경우, 그 지분은 ( )를 하여야 다른 공유자에게 각 지분의 비율로 귀속된다. 제26회

03 부동산 공유자의 공유지분 포기에 따른 등기는 해당 지분에 관하여 다른 공유자 앞으로 ( )를 하는 형태가 되어야 한다. 제28회

04 공유자는 그 지분권을 다른 공유자의 동의 없이 담보로 제공할 수 ( ). 제27회

기출정답
01 균등
02 이전등기
03 소유권이전등기
04 있다

ⓛ **공유물의 관리 · 보존**: 공유물의 관리에 관한 사항은 공유자의 지분의 과반수로써 결정한다. 그러나 보존행위는 각자가 할 수 있다. 과반수의 지분을 가진 공유자가 그 공유물의 특정부분을 배타적으로 사용 · 수익하기로 정하는 것은 공유물의 관리방법으로서 적법하며, 다만 다수지분권자라 하여 나대지에 새로이 건물을 건축한다든지 하는 것은 '관리'의 범위를 넘는다.

ⓒ **공유물의 처분 · 변경**: 공유자는 다른 공유자의 동의 없이 공유물을 처분하거나 변경하지 못한다. 어떤 공유자가 다른 공유자의 동의 없이 공유물을 제3자에게 매도한 경우 자기의 지분을 넘는 범위에서 타인의 권리매매로서 유효이다. 그리고 그 매도부분 토지에 관한 소유권이전등기는 처분공유자의 공유지분 범위 내에서는 유효한 등기이다.

ⓔ **공유물에 관한 부담**: 공유자는 그 지분의 비율로 공유물의 관리비용 기타 의무를 부담한다. 공유자가 1년 이상 의무이행을 지체한 때에는 다른 공유자는 상당한 가액으로 지분을 매수할 수 있다.

③ **공유의 주장**

㉠ **지분의 대외적 주장**

ⓐ 제3자가 공유물을 불법점유하는 경우, 각 공유자는 단독으로 공유물 전부의 인도를 청구할 수 있다. 그리고 자기의 지분범위 안에서 단독으로 손해배상을 청구할 수 있다.

ⓑ 공유물의 소수지분권자가 공유물의 전부 또는 일부를 독점적으로 점유 · 사용하고 있는 경우, (공유물관리를 위한) 과반수지분권자의 공유물을 인도청구할 수 있으나 다른 소수지분권자는 그 인도를 청구할 수는 없다. 다만, 공유물에 대한 방해상태를 제거하거나 공동점유를 방해하는 행위의 금지 등을 청구할 수 있다. 그 자의 지분에 상응하는 부당이득을 하고 있다.

ⓒ 과반수지분권을 가진 자가 그 공유토지의 특정된 한 부분을 배타적으로 사용 · 수익할 것을 정하는 것은 공유물의 관리방법으로서 적법하다. 소수지분공유자는 부당이득반환청구를 할 수 있을 뿐이다.

⚡기출

01 과반수지분공유자 乙의 제3자 丙에 대한 임대행위는 X토지의 (　　)방법으로 적법하다. 제22회

02 공유자는 (　　) 없이 공유물을 처분하거나 변경하지 못한다. 제23회

⚡기출

03 공유자가 (　　) 이상 그 지분비율에 따른 공유물의 관리비용 등의 의무이행을 지체한 경우, 다른 공유자는 상당한 가액으로 그 지분을 매수할 수 있다. 제27회

04 공유물의 소수지분권자가 다른 공유자와 협의 없이 공유물의 일부를 독점적으로 점유 · 사용하고 있는 경우, 다른 소수지분권자는 공유물의 보존행위로서 공유물의 인도를 청구할 수 (　　). 제27회

05 공유물을 단독으로 점유하고 있는 소수지분권자는 공유물관리를 위한 과반수지분권자의 (　　)를 공유물의 사용수익권으로 거부할 수 없다. 제28회

기출정답
01 관리
02 다른 공유자의 동의
03 1년
04 없다
05 공유물인도청구

기출

01 과반수지분의 공유자로부터 제3자가 공유물의 사용·수익을 허락받아 그 공유물을 점유하고 있는 경우, 소수지분권자는 그 제3자에게 점유로 인한 부당이득반환청구를 할 수 (   ).
제25회

02 공유자 1인이 무단으로 공유물을 임대하고 보증금을 수령한 경우, 다른 공유자에게 지분비율에 상응하는 보증금액을 부당이득으로 반환(   ).
제26회

ⓓ 과반수지분의 공유자로부터 다시 그 특정부분의 사용·수익을 허락받은 제3자의 점유는 소수지분권자에 대하여도 법률상 원인 없이 이득을 얻고 있다고는 볼 수 없다.

ⓔ 공유자의 1인은 제3자 명의로 원인무효의 소유권보존등기가 경료되어 있는 경우 그 등기 전부의 말소를 구할 수 있으나, 단독 명의로 등기를 경료하고 있는 공유자에 대하여 그 공유자의 공유지분을 제외한 나머지 공유지분 전부에 관하여만 소유권보존등기 말소등기를 구할 수 있다.

ⓛ **공유관계의 대외적 주장**: 제3자가 공유물을 전부 점유하고 있거나 방해하고 있는 경우에, 각 공유자는 그의 지분에 기하여 단독으로 그 반환청구 또는 방해제거청구를 할 수 있다. 공유관계 자체에 기해서도 이를 할 수 있으며, 그때에는 공유자 전원이 공동으로 하여야 한다.

④ **공유물의 분할**
  ㉠ **공유물분할의 자유**

> **제268조 【공유물의 분할청구】** ① 공유자는 공유물의 분할을 청구할 수 있다. 그러나 5년 내의 기간으로 분할하지 아니할 것을 약정할 수 있다.
> ② 전항의 계약을 갱신한 때에는 그 기간은 갱신한 날로부터 5년을 넘지 못한다.
> ③ 전2항의 규정은 제215조, 제239조의 공유물에는 적용하지 아니한다.

ⓐ 구분소유 건물의 공용부분과 경계에 설치된 경계표·담·구거 등, 구분소유권의 목적인 건물의 사용에 필요한 범위 내의 대지는 법률상 분할이 금지되어 있다.

ⓑ 상호명의신탁(구분소유적 공유관계)은 공유물분할청구를 할 수 없고 명의신탁 해지를 원인으로 한 지분이전등기를 청구하여야 한다.

ⓒ 공유자의 공유물분할청구권은 공유관계에 수반되는 형성권이므로 공유관계가 존속하는 한 그 분할청구권만이 독립하여 시효로 소멸하지는 않는다.

기출

03 경계에 설치된 담이 상린자의 공유인 경우, 상린자는 공유를 이유로 공유물분할을 청구하지 (   ).
제28회

04 공유관계가 존속하는 한 공유물분할청구권은 독립하여 소멸시효에 (   ).
제24회

기출정답
01 없다
02 하여야 하는 것은 아니다
03 못한다
04 걸리지 않는다

ⓛ 분할의 방법

> **제269조 【분할의 방법】** ① 분할의 방법에 관하여 협의가 성립되지 아니한 때에는 공유자는 법원에 그 분할을 청구할 수 있다.
> ② 현물로 분할할 수 없거나 분할로 인하여 현저히 그 가액이 감손(減損)될 염려가 있는 때에는 법원은 물건의 경매를 명할 수 있다.

ⓐ 협의가 성립된 경우에는 일부 공유자가 분할에 따른 이전등기에 협조하지 않거나 분할에 관하여 다툼이 있더라도, 또다시 소로써 공유물분할청구를 할 수는 없다.

ⓑ 공유물분할청구의 소는 형성의 소로서 법원은 재량에 따라 합리적 방법으로 분할을 명할 수 있으며, 다른 공유자 전부를 공동피고로 하여야 한다.

ⓒ 분할의 효과

ⓐ **분할로 인한 담보책임**: 공유자는 다른 공유자가 분할로 인하여 취득한 물건에 대하여 그 지분의 비율로 매도인과 동일한 담보책임이 있다.

ⓑ 부동산의 일부 공유지분에 관하여 저당권이 설정된 후 부동산이 분할된 경우, 그 저당권은 분할된 각 부동산 위에 종전의 지분비율대로 존속하고, 저당권설정자 앞으로 분할된 부분에 당연히 집중되는 것은 아니다.

⚡ 기출

01 공유물분할의 조정절차에서 (   )에 의하여 조정조서가 작성되더라도 그 즉시 공유관계가 소멸하지는 않는다.　　　제26회

기출정답
01 협의

제4장 용익물권

선생님 TIP
용익물권은 물건의 사용가치를 지배하는 제한물권이며, 이에는 지상권, 지역권, 전세권이 있다.

기출
01 1필의 토지의 일부에 지상권을 설정할 수 (   ). 제22회

02 지상권설정등기 후 그 존속기간 중에는 지상물인 건물이 멸실되어도 지상권이 (   ). 제22회

03 지료없는 지상권은 (   ). 제27회

제1절 지상권

01 총설

(1) 지상권의 의의 및 법적 성질

① **의의**: 지상권자는 타인의 토지에 건물 기타 공작물이나 수목을 소유하기 위하여 그 토지를 사용하는 권리가 있다.

② **법적 성질**
  ㉠ 지상권의 객체인 토지는 1필의 토지 전부뿐만 아니라 일부에 대해서도 가능하다.
  ㉡ 현재 공작물이나 수목이 없더라도 지상권은 유효하게 성립하며, 또한 기존의 공작물이나 수목이 멸실하더라도 지상권은 계속 존속할 수 있다.
  ㉢ 타인의 토지 위에 물건을 보관하기 위해서 또는 타인의 토지상의 건물을 사용하기 위해서 지상권을 설정할 수는 없다.
  ㉣ 지료의 지급은 지상권의 성립요소는 아니다. 이 점은 전세권, 임대차와 다르다.

③ **지상권의 전용(담보목적의 지상권)**
  ㉠ 피담보채권이 변제 등으로 만족을 얻어 소멸한 경우는 물론이고 시효소멸한 경우에도 지상권은 피담보채권에 부종하여 소멸한다.
  ㉡ 지상권자에게 대항할 수 있는 권원이 없는 한 지상권자로서는 제3자에 대하여 목적토지 위에 건물을 축조하는 것을 중지하도록 요구할 수 있다.

기출정답
01 있다
02 소멸하지 않는다
03 인정된다

(2) 지상권과 임차권의 비교

> ★ **암기 PLUS │ 지상권과 임차권의 비교**
>
> | 구분 | 지상권 | 임차권 |
> |---|---|---|
> | 권리의 성질 | 용익물권(대세적) | 채권(대인적) |
> | 대항력 | 인정 | 부정
⇨ 등기된 임대차, 대항력 있는 주택·상가임대차 인정 |
> | 존속기간 | • 최장기간: 제한 없음(영구 ○)
• 최단기간: 지상물 종류에 따라 30·15·5년 | • 최장기간: 제한 없음(영구 ○)
• 최단기간: 제한 없음, 주택(2년)·상가(1년) 제한 있음
• 법정갱신: 인정 |
> | 처분의 자유 | 가능, 금지특약은 무효 | 양도·전대 위해서 임대인의 동의 필요 |
> | 대가 | • 지료는 지상권의 요소가 아님
• 지료 2년 연체시 소멸청구
• 지료증감청구권 | • 차임은 임차권의 요소
• 차임 2기(상가는 3기) 연체시 해지
• 차임증감청구권 |
> | 매수청구권 | • 지상권자의 지상물매수청구권
• 지상권설정자도 가짐 | • 토지임차인의 지상물매수청구권
• 건물임차인의 부속물매수청구권 |
> | 비용상환청구권 | 지상권자의 유익비상환청구권 인정, 필요비상환청구권 부정 | 임차인의 필요비·유익비상환청구권 인정 |

02 지상권의 취득

부동산의 소유자가 아닌 자라도 향후 해당 부동산에 지상권을 설정하여 줄 것을 내용으로 하는 계약을 체결할 수 있고, 단지 그 계약상 의무자는 향후 처분권한을 취득하거나 소유자의 동의를 얻어 해당 부동산에 지상권을 설정하여 줄 의무를 부담할 뿐이다.

03 지상권의 존속기간

(1) 설정행위로 존속기간을 정한 경우

> **제280조 【존속기간을 약정한 지상권】** ① 계약으로 지상권의 존속기간을 정하는 경우에는 그 기간은 다음 연한보다 단축하지 못한다.
> 1. 석조, 석회조, 연와조 또는 이와 유사한 견고한 건물이나 수목의 소유를 목적으로 하는 때에는 30년

2. 전호 이외의 건물의 소유를 목적으로 하는 때에는 15년
3. 건물 이외의 공작물의 소유를 목적으로 하는 때에는 5년
② 전항의 기간보다 단축한 기간을 정한 때에는 전항의 기간까지 연장한다.

> **암기 PLUS | 영구로 약정할 수 있는 권리**
>
> | 영구 ○ | 지상권 · 지역권 · 임차권(최장기간 제한 없음) |
> | --- | --- |
> | 영구 × | 전세권(최장기간 10년 제한 있음) |

(2) 설정행위로 존속기간을 정하지 않은 경우

계약으로 지상권의 존속기간을 정하지 아니한 때에는 그 기간은 최단 속기간으로 한다. 지상권설정 당시에 공작물의 종류와 구조를 정하지 아니한 때에는 지상권은 건물의 소유를 목적으로 한 것으로 본다.

(3) 계약의 갱신과 존속기간

① 지상권자의 갱신청구권

> **제283조【지상권자의 갱신청구권, 매수청구권】** ① 지상권이 소멸한 경우에 건물 기타 공작물이나 수목이 현존한 때에는 지상권자는 계약의 갱신을 청구할 수 있다.
> ② 지상권설정자가 계약의 갱신을 원하지 아니하는 때에는 지상권자는 상당한 가액으로 전항의 공작물이나 수목의 매수를 청구할 수 있다.

㉠ 지상권자의 지료연체를 이유로 토지소유자가 그 지상권소멸청구를 하여 이에 터잡아 지상권이 소멸된 경우에는 매수청구권이 인정되지 않는다.
㉡ 이 매수청구권은 형성권이므로 지상권자가 이를 행사하면 당시의 시가로 매매계약이 성립한다.

> **암기 PLUS | 지상물매수청구권을 갖는 권리자**
>
> 지상권자, 토지임차인, 토지전세권자, 지상권설정자

② **계약갱신과 존속기간**: 당사자가 계약을 갱신하는 경우에는 지상권의 존속기간은 갱신한 날로부터 최단존속기간보다 단축하지 못한다. 그러나 당사자는 이보다 장기의 기간을 정할 수 있다.

04 지상권의 효력

(1) 지상권자의 토지사용권

지상권자는 점유보호청구권을 가지며, 나아가 물권인 지상권의 실현이 방해되는 경우에는 지상권에 기한 물권적 청구권을 가진다. 그리고 지상권을 설정한 토지소유자는 불법점유자에 대하여 물권적 청구권을 행사할 수 있다.

(2) 지상권의 처분(투하자본의 회수)

> 제282조 【지상권의 양도, 임대】 지상권자는 타인에게 그 권리를 양도하거나 그 권리의 존속기간 내에서 그 토지를 임대할 수 있다.

⚡ 기출

01 지상권자는 타인에게 그 권리를 양도하거나 그 권리의 존속기간 내에서 그 토지를 임대할 수 (   ).

① **지상권의 양도 등**
  ㉠ 편면적 강행규정으로, 이를 금지하는 특약은 무효이다.
  ㉡ 지상권자는 지상권 위에 저당권을 설정할 수 있다.

📒 **암기 PLUS │ 처분의 자유 비교**

구분	지상권	전세권	임대차
처분의 자유	○ (금지특약은 무효)	○ (금지특약 가능)	× (양도·전대 ⇨ 임대인의 동의 필요)

② **지상물의 양도**: 지상권자는 지상권을 유보한 채 지상물 소유권만을 양도할 수도 있고, 지상물 소유권을 유보한 채 지상권만을 양도할 수도 있는 것이어서 지상권자와 그 지상물의 소유권자가 반드시 일치하여야 하는 것은 아니다.

(3) 지료지급의무

① **서설**: 지료는 지상권의 요소가 아니므로 당사자가 지료의 지급을 약정한 때에만 지상권자는 지료지급의무를 부담한다. 그리고 지료에 관한 약정은 등기하여야 제3자에게 대항할 수 있다.
② **지료증감청구권**: 지료가 토지에 관한 조세 기타 부담의 증감이나 지가의 변동으로 인하여 상당하지 아니하게 된 때에는 당사자는 그 증감을 청구할 수 있다.

기출정답

01 있다

③ 지료체납의 효과

> **제287조 【지상권소멸청구권】** 지상권자가 2년 이상의 지료를 지급하지 아니한 때에는 지상권설정자는 지상권의 소멸을 청구할 수 있다.
> **제288조 【지상권소멸청구와 저당권자에 대한 통지】** 지상권이 저당권의 목적인 때 또는 그 토지에 있는 건물, 수목이 저당권의 목적이 된 때에는 전조의 청구는 저당권자에게 통지한 후 상당한 기간이 경과함으로써 그 효력이 생긴다.

㉠ 소멸청구권은 통산하여 2년분 이상의 지료를 체납하면 인정된다. 연체된 지료가 2년 미만으로 된 경우에는 지상권설정자는 지상권의 소멸을 청구할 수 없다.
㉡ 지상권자의 지료지급연체가 토지소유권의 양도 전후에 걸쳐 이루어진 경우 토지양수인에 대한 연체기간이 2년이 되지 않는다면 양수인은 지상권소멸청구를 할 수 없다.
㉢ 당사자 사이에 지료에 관한 협의가 있었다거나 법원에 의하여 지료가 결정되었다는 아무런 입증이 없다면, 토지소유자의 지상권소멸청구는 이유가 없다.

05 지상권의 소멸

지상권이 소멸한 때에는 지상권자는 건물 기타 공작물이나 수목을 수거하여 토지를 원상에 회복하여야 한다. 이 경우에 지상권설정자가 상당한 가액을 제공하여 그 공작물이나 수목의 매수를 청구한 때에는 지상권자는 정당한 이유 없이 이를 거절하지 못한다.

암기 PLUS | 비용상환청구권의 인정 여부

구분	필요비상환청구권 (유지·수선의무)	유익비상환청구권
지상권·전세권	×	○
임대차	○	○

기출
01 지상권자가 ( ) 이상의 지료를 지급하지 아니한 때에는 지상권설정자는 지상권의 소멸을 청구할 수 있다.
제20회

기출정답
01 2년

06 특수지상권

(1) 구분지상권

① 지하 또는 지상의 공간은 상하의 범위를 정하여 건물 기타 공작물을 소유하기 위한 지상권의 목적으로 할 수 있다. 이 경우 설정행위로써 지상권의 행사를 위하여 토지의 사용을 제한할 수 있다.
② 구분지상권은 수목의 소유를 위하여는 설정할 수 없다.

(2) 분묘기지권

① 타인소유의 토지에 그 소유자의 승낙 없이 분묘를 설치한 자가 20년간 평온·공연하게 그 분묘의 묘지를 점유함으로써 분묘기지권을 시효취득한다.
② 분묘기지권은 등기 없이 취득한다.
③ 토지를 양도하면서 분묘를 이장하겠다는 특약을 하지 않음으로써 분묘기지권을 취득한 경우, 분묘기지권자는 분묘기지권이 성립한 때부터 지료를 지급할 의무가 있다.
④ 시효로 분묘기지권을 취득한 사람은 토지소유자가 분묘기지에 관한 지료를 청구하면 그 청구한 날부터의 지료를 지급하여야 한다.

> **기출**
> 01 (   )의 소유를 위한 구분지상권은 인정되지 않는다. 제27회

> **기출**
> 02 분묘기지권을 시효로 취득한 자는 토지소유자가 지료를 (   )로부터 지료지급 의무가 있다. 제26회

07 법정지상권

(1) 제305조(전세권)의 법정지상권

① 대지와 건물이 동일한 소유자에 속한 경우에 건물에 전세권을 설정한 때에는 그 대지소유권의 특별승계인은 전세권설정자에 대하여 지상권을 설정한 것으로 본다. 그러나 지료는 당사자의 청구에 의하여 법원이 이를 정한다.
② 위 ①의 경우에 대지소유자는 타인에게 그 대지를 임대하거나 이를 목적으로 한 지상권 또는 전세권을 설정하지 못한다.

(2) 제366조(저당권)의 법정지상권

① **의의 및 법적 성격**: 저당물의 경매로 인하여 토지와 그 지상건물이 다른 소유자에 속한 경우에는 토지소유자는 건물소유자에 대하여 지상권을 설정한 것으로 본다. 그러나 지료는 당사자의 청구에 의하여 법원이 이를 정한다. 제366조는 강행규정이므로 동조의 적용을 배제하는 당사자의 특약은 무효이다.

기출정답
01 수목
02 청구한 날

② 성립요건
㉠ 최선순위 저당권설정 당시 건물의 존재
ⓐ 미등기·무허가건물이어도 법정지상권은 인정된다.
ⓑ 저당권을 설정한 후 증·개축한 경우 또는 건물이 멸실되거나 철거된 후 재건축한 경우에도 법정지상권이 성립한다. 다만, 법정지상권의 내용은 구건물을 기준으로 한다.
ⓒ 공동저당권이 설정된 후 그 지상건물이 철거되고 새로 건물이 신축된 경우 그 신축건물을 위한 법정지상권은 성립하지 않는다.
㉡ 저당권설정 당시 토지와 건물의 소유자의 동일성
ⓐ 미등기건물을 그 대지와 함께 매수한 사람이 그 대지에 관하여만 소유권이전등기를 넘겨받고, 대지에 대하여 저당권을 설정하고 그 저당권의 실행으로 대지가 경매되어 다른 사람의 소유로 된 경우 법정지상권이 성립될 여지가 없다.
ⓑ 토지와 건물이 저당권설정 당시에 동일인의 소유에 속하였으면 족하고, 그 후 건물이 제3자에게 양도된 경우 법정지상권을 취득한다.
㉢ **저당권의 설정**: 토지와 건물의 어느 한쪽이나 또는 양자 위에 저당권이 설정되어야 한다.
㉣ **경매로 소유자가 달라질 것**: 저당권자의 신청으로 담보권실행경매(임의경매)가 된 경우이다. 판례는 강제경매가 행하여진 때는 관습법상 법정지상권의 성립을 인정한다.
③ 성립시기와 등기
㉠ **성립시기**: 경락매수인이 매각대금을 완납한 때이다.
㉡ 등기
ⓐ 법정지상권의 취득에 등기를 요하지 아니한다. 등기가 없더라도 토지소유자나 그로부터 토지를 양수한 제3자에 대하여도 법정지상권을 주장할 수 있다.
ⓑ 그러나 법정지상권을 취득한 건물소유자가 건물을 양도하는 경우, 제3자가 법정지상권을 전득하려면 건물양도인을 대위하여 토지소유자에게 지상권설정등기를 청구할 수 있다. 토지소유자는 법정지상권의 등기없는 전득자에 대하여 건물의 철거를 청구할 수 없다. 토지소유자는 법정지상권의 등기 없는 건물양수인에 대하여 임료 상당의 부당이득반환청구를 할 수 있다.

⚡ **기출**

01 미등기·무허가건물에도 관습상 (   )이 성립할 수 있다.   제21회

⚡ **기출**

02 법정지상권이 붙은 건물이 양도된 경우 특별한 사정이 없는 한 토지소유자는 건물의 양수인을 상대로 건물의 철거를 청구할 수 (   ).   제19회

기출정답
01 법정지상권
02 없다

(3) 관습법상의 법정지상권

① **의의**: 동일인에게 속하였던 토지와 건물 중 어느 하나가 매매 기타 원인으로 각각 소유자를 달리하게 된 때에 그 건물을 철거한다는 특약이 없으면 건물소유자가 당연히 취득하게 되는 지상권이다.

② **성립요건**

㉠ **토지와 건물이 동일인의 소유에 속할 것**

ⓐ 미등기건물을 그 대지와 함께 매도하였다면 비록 매수인에게 그 대지에 관하여만 소유권이전등기가 경료되어, 형식적으로 대지와 건물이 그 소유명의자를 달리하게 되었다 하더라도 매도인에게 관습상의 법정지상권을 인정할 이유가 없다.

ⓑ 처분 당시에 동일인의 소유에 속하면 된다. 그리고 토지 또는 그 지상건물의 소유권이 강제경매로 인하여 그 절차상의 매수인에게 이전된 경우 매각대금의 완납시가 아니라 그 압류의 효력이 발생하는 때, 가압류가 있고 그것이 본압류로 이행되어 경매절차가 진행된 경우에는, 애초 가압류가 효력을 발생하는 때, 나아가 압류나 그 압류에 선행한 가압류가 있기 이전에 저당권이 설정되어 있다가 그 후 강제경매로 인해 그 저당권이 소멸하는 경우에는, 그 저당권설정 당시를 기준으로 토지와 그 지상건물이 동일인에게 속하였는지에 따라 관습상 법정지상권의 성립 여부를 판단하여야 한다.

㉡ **토지와 건물이 매매 기타의 원인으로 소유자가 다르게 되었을 것**: 매매, 증여, 대물변제, 공유지 분할, 국세징수법에 의한 공매, 강제경매 등이다. 그러나 토지공유자 중의 1인이 공유토지 위에 건물을 소유하고 있다가 토지지분만을 전매한 경우, 환지처분의 경우에는 관습법상의 법정지상권을 인정하지 않는다.

㉢ **당사자 사이에 건물을 철거한다는 특약이 없을 것**: 대지와 건물의 소유자가 건물만을 양도하고 양수인과 대지에 대하여 임대차계약을 체결하였다면, 건물의 양수인은 대지에 관한 관습상의 법정지상권을 포기하였다고 본다.

⚡ 기출

01 甲으로부터 그 소유 대지와 미등기 지상건물을 양수한 乙이 대지에 관하여서만 소유권이전등기를 넘겨받은 상태에서 丙에게 대지를 매도하여 소유권을 이전한 경우, 乙은 관습상 법정지상권을 인정할 수 (   ).
제21회

02 토지와 그 지상건물이 처음부터 동일인 소유가 아니었더라도 그중 어느 하나를 (   ) 당시에 동일인 소유에 속했다면, 관습상 법정지상권이 성립할 수 있다.
제21회

03 국세징수법에 의한 공매로 인하여 대지와 건물의 소유자가 달라지는 경우에 관습상 법정지상권이 (   ).
제21회

04 건물만을 매수하면서 그 대지에 관한 임대차계약을 체결했다면, 특별한 사정이 없는 한 관습상 법정지상권을 (   )한 것으로 본다.
제21회

기출정답
01 없다
02 처분할
03 성립한다
04 포기

제2절 지역권

01 총설

(1) 서설

지역권자는 일정한 목적을 위하여 타인의 토지를 자기토지의 편익(便益)에 이용하는 권리가 있다.

(2) 지역권의 법적 성질

① **부종성**
  ㉠ 지역권은 요역지 소유권에 부종하여 이전하며 또는 요역지에 대한 소유권 이외의 권리의 목적이 된다. 그러나 다른 약정이 있는 때에는 그 약정에 의한다.
  ㉡ 지역권은 요역지와 분리하여 양도하거나 다른 권리의 목적으로 하지 못한다.

② **불가분성**
  ㉠ **공유관계, 일부양도와 불가분성**: 토지공유자의 1인은 지분에 관하여 그 토지를 위한 지역권 또는 그 토지가 부담한 지역권을 소멸하게 하지 못한다.
  ㉡ **취득과 불가분성**: 공유자의 1인이 지역권을 취득한 때에는 다른 공유자도 이를 취득한다. 점유로 인한 지역권취득기간의 중단은 지역권을 행사하는 모든 공유자에 대한 사유가 아니면 그 효력이 없다.
  ㉢ **소멸시효의 중단, 정지와 불가분성**: 요역지가 수인의 공유인 경우에 그 1인에 의한 지역권 소멸시효의 중단 또는 정지는 다른 공유자를 위하여 효력이 있다.

(3) 존속기간

영구적인 지역권의 설정을 인정한다.

⚡기출

01 토지공유자 1인은 그 지분에 관하여 그 토지를 위한 지역권 또는 그 토지가 부담한 지역권을 소멸하게 하지 (   ). 제18회

02 공유자의 1인이 지역권을 취득한 때에는 다른 공유자도 이를 (   ). 제18회

03 요역지가 수인의 공유인 경우에 그 1인에 의한 지역권 소멸시효의 중단 또는 정지는 다른 공유자를 위하여 효력이 (   ). 제18회

기출정답
01 못한다
02 취득한다
03 있다

02 지역권의 시효취득

> **제294조 【지역권 취득기간】** 지역권은 계속되고 표현된 것에 한하여 제245조의 규정을 준용한다.

(1) 통행지역권에 관하여 요역지의 소유자가 승역지상에 통로를 개설하여 승역지를 항시 사용하고 있다는 객관적인 상태가 제245조에 규정된 기간 계속된 사실이 있어야 한다. 요역지의 불법점유자는 시효취득할 수 없다.

(2) 요역지의 소유자는 승역지에 대한 도로 설치 및 사용에 의하여 승역지 소유자가 입은 손해를 보상하여야 한다.

제3절 전세권 (빈출)

01 총설

(1) 의의

① 전세권자는 전세금을 지급하고 타인의 부동산을 점유하여 그 부동산의 용도에 좇아 사용·수익하며, 그 부동산 전부에 대하여 후순위권리자 기타 채권자보다 전세금의 우선변제를 받을 권리가 있다. 농경지는 전세권의 목적으로 하지 못한다.

② 전세권은 그 성질상 용익물권적 성격과 담보물권적 성격을 겸비한 것으로서, 존속기간이 만료되면 용익물권적 권능은 전세권설정등기의 말소 없이도 당연히 소멸하고 담보물권적 권능의 범위 내에서 전세금의 반환시까지 그 전세권설정등기의 효력이 존속한다.

(2) 법적 성질

① **타 물권**: 전세권의 객체인 부동산은 1필의 토지 또는 1동의 건물의 일부라도 무방하다.

⚡기출

01 전세권은 용익물권적 성질과 ( ) 성질을 겸유하고 있다. 제21회

02 전세권이 갱신 없이 그 존속기간이 만료되면 전세권의 ( ) 권능은 전세권설정등기의 말소 없이도 당연히 소멸한다. 제25회

03 전세권은 1필의 토지의 ( )에도 설정될 수 있다. 제25회

기출정답
01 담보물권적
02 용익물권적
03 일부

② **용익물권**
㉠ 전세권의 핵심인 사용·수익권능을 배제하고 채권담보만을 위해 전세권을 설정하였다면, 물권법정주의에 반하여 이러한 전세권설정등기는 무효이다.
㉡ 상린관계의 규정이 준용되고, 전세권이 침해되는 경우에는 물권적 청구권이 인정된다.

③ **전세권(물권)**: 전세권은 물권이므로 상속성과 양도성이 있다. 그러나 전세권의 양도는 설정행위로 금지할 수 있으며, 그것을 등기하면 대항력이 생긴다.

④ **전세금**
㉠ **지급과 반환**: 전세금의 지급을 요소로 한다. 전세금의 지급이 반드시 현실적으로 수수되어야만 하는 것은 아니고 기존의 채권으로 전세금의 지급에 갈음할 수도 있다.
㉡ **전세금증감청구권**: 전세금증감청구권은 형성권이다(다수설).

⑤ **담보물권성**
㉠ 전세권자는 부동산 전부에 대하여 전세금의 우선변제를 받을 권리가 있고, 전세권설정자가 전세금의 반환을 지체한 때에는 전세권자는 전세권의 목적물을 경매청구할 수 있다.
㉡ 전세권은 담보물권이므로, 부종성·수반성·물상대위성·불가분성이 있다.

> **판례 | 전세권의 담보물권성**
> 전세권이 용익물권적 성격과 담보물권적 성격을 겸비하고 있다는 점 및 목적물의 인도는 전세권의 성립요건이 아닌 점 등에 비추어 볼 때, 당사자가 주로 채권담보의 목적으로 전세권을 설정하였고, 그 설정과 동시에 목적물을 인도하지 아니한 경우라 하더라도, 장차 전세권자가 목적물을 사용·수익하는 것을 완전히 배제하는 것이 아니라면, 그 전세권의 효력을 부인할 수는 없다(대판 1995.2.10, 94다18508).

02 전세권의 취득

(1) 취득사유

전세권은 전세권의 양도·상속에 의해서도 취득될 수 있다.

기출
01 전세목적물에 대한 사용·수익권능을 배제하고 채권담보만을 위해 설정한 전세권설정등기는 ( )이다. 제28회

기출
02 전세금은 반드시 현실적으로 수수되어야만 하는 것은 아니고, ( )으로 전세금의 지급에 갈음할 수 있다. 제21회

기출정답
01 무효
02 기존의 채권

(2) 설정계약에 의한 취득

전세권은 설정계약 및 등기에 의하여 취득된다. 목적부동산의 인도는 전세권설정행위의 성립요건이 아니다. 전세금의 지급은 전세권의 요소이므로 당사자의 물권적 합의와 등기 이외에 약정된 전세금의 지급이 있을 때에 비로소 전세권이 성립한다.

> **판례 | 전세권의 순위를 결정하는 기준(= 등기된 순서)**
>
> 전세권 존속기간이 시작되기 전에 마친 전세권설정등기도 특별한 사정이 없는 한 유효한 것으로 추정된다. 한편 전세권은 등기부상 기록된 전세권설정등기의 존속기간과 상관없이 등기된 순서에 따라 순위가 정해진다(대결 2018.1.25, 2017마1093).

기출
01 전세목적물의 인도는 전세권의 성립요건이 (   ).
제28회

03 전세권의 존속기간

(1) 설정계약에서 약정하는 경우

① 전세권의 존속기간은 10년을 넘지 못한다. 당사자의 약정기간이 10년을 넘는 때에는 이를 10년으로 단축한다.
② 건물에 대한 전세권의 존속기간을 1년 미만으로 정한 때에는 이를 1년으로 한다.
③ 전세권의 설정은 이를 갱신할 수 있다. 그 기간은 갱신한 날로부터 10년을 넘지 못한다.

기출
02 전세권자를 보호하기 위하여 건물에 대한 최단기간을 규정하고 있고, 전세권의 최장기간은 (   )년을 초과하지 못한다.
제16회

(2) 건물전세권의 법정갱신

건물의 전세권설정자가 전세권의 존속기간 만료 전 6월부터 1월까지 사이에 전세권자에 대하여 갱신거절의 통지 또는 조건을 변경하지 아니하면 갱신하지 아니한다는 뜻의 통지를 하지 아니한 경우에는 그 기간이 만료된 때에 전전세권과 동일한 조건으로 다시 전세권을 설정한 것으로 본다. 이 경우 전세권의 존속기간은 그 정함이 없는 것으로 본다. 전세권의 법정갱신은 법률의 규정에 의한 물권의 변동이므로 전세권자는 그 등기 없이도 전세권설정자나 그 목적물을 취득한 제3자에 대하여 그 권리를 주장할 수 있다.

기출
03 건물전세권이 법정갱신된 경우 전세권자는 갱신의 (   ) 전세목적물을 취득한 제3자에 대하여 자신의 권리를 주장할 수 있다.
제19회

기출정답
01 아니다
02 10
03 등기 없이도

(3) 설정계약에서 약정하지 않은 경우

전세권의 존속기간을 약정하지 아니한 때에는 각 당사자는 언제든지 상대방에 대하여 전세권의 소멸을 통고할 수 있고 상대방이 이 통고를 받은 날로부터 6월이 경과하면 전세권은 소멸한다.

04 전세권의 효력

(1) 전세권의 효력이 미치는 범위

① **건물전세권의 지상권·임차권에 대한 효력**
  ㉠ 타인의 토지에 있는 건물에 전세권을 설정한 때에는 전세권의 효력은 그 건물의 소유를 목적으로 한 지상권 또는 임차권에 미친다.
  ㉡ 전세권설정자는 전세권자의 동의 없이 지상권 또는 임차권을 소멸하게 하는 행위를 하지 못한다.

② **법정지상권**: 대지와 건물이 동일한 소유자에 속한 경우에 건물에 전세권을 설정한 때에는 그 대지소유권의 특별승계인은 전세권설정자에 대하여 지상권을 설정한 것으로 본다. 그러나 지료는 당사자의 청구에 의하여 법원이 이를 정한다.

(2) 전세권자의 권리·의무

① **사용·수익권**: 전세권이 성립한 후 전세목적물의 소유권이 이전된 경우 목적물의 신소유자는 직접적인 당사자가 되어 전세권이 소멸하는 때에 전세권자에 대하여 전세권설정자의 지위에서 전세금반환의무를 부담하게 된다.

② **전세권자의 현상유지·수선의무**: 전세권자는 목적물의 현상을 유지하고 그 통상의 관리에 속한 수선을 하여야 한다.

(3) 전세권의 처분

① **처분의 자유**: 전세권자는 전세권을 타인에게 양도 또는 담보로 제공할 수 있고, 그 존속기간 내에서 그 목적물을 타인에게 전전세 또는 임대할 수 있다. 그러나 설정행위로 이를 금지한 때에는 그러하지 아니하다.

⚡ 기출

01 타인의 토지에 있는 건물에 전세권을 설정한 경우, 전세권의 효력은 그 건물의 소유를 목적으로 한 지상권 또는 임차권에 (   ).
제21회

02 대지와 건물이 동일한 소유자에 속한 경우에 건물에 전세권을 설정한 때에는 그 대지소유권의 특별승계인은 (   )에 대하여 지상권을 설정한 것으로 본다.
제25회

03 전세권이 성립한 후 그 소멸 전에 신소유자의 소유권이 이전된 경우, 목적물의 (   )는 전세권이 소멸하는 때에 전세권자에 대하여 전세금반환의무를 부담한다.
제25회

04 (   )는 목적물의 현상을 유지하고 그 통상의 권리에 속한 수선을 하여야 한다.
제28회

05 전세권자는 특별한 사정이 없는 한 전세권설정자의 동의 없이 전세권을 타인에게 양도할 수 (   ). 제28회

기출정답
01 미친다
02 전세권설정자
03 신소유자
04 전세권자
05 있다

② **전세금반환청구권의 분리양도**
    ㉠ 전세권이 존속하는 동안은 전세금반환채권만을 전세권과 분리하여 확정적으로 양도하는 것은 허용되지 않으며, 다만 전세권 존속 중에는 장래에 그 전세권이 소멸하는 경우에 전세금반환채권이 발생하는 것을 조건으로 그 장래의 조건부채권을 양도할 수 있을 뿐이다.
    ㉡ 존속기간의 경과로서 담보물권적 권능만 남은 전세권은 그 피담보채권인 전세금반환채권과 함께 제3자에게 이를 양도할 수 있다.
③ **전전세**: 전세권의 목적물을 전전세 또는 임대한 경우에는 전세권자는 전전세 또는 임대하지 아니하였으면 면할 수 있는 불가항력으로 인한 손해에 대하여 그 책임을 부담한다.

05 전세권의 소멸

(1) 전세권의 소멸사유

① **전세권설정자의 소멸청구**
    ㉠ 전세권자가 전세권설정계약 또는 그 목적물의 성질에 의하여 정하여진 용법으로 이를 사용·수익하지 아니한 경우에는 전세권설정자는 전세권의 소멸을 청구할 수 있다.
    ㉡ 전세권설정자는 전세권자에 대하여 원상회복 또는 손해배상을 청구할 수 있다.
② **전세권의 소멸통고**
③ **목적부동산의 멸실**
    ㉠ **불가항력으로 인한 멸실**: 전세권의 목적물의 전부 또는 일부가 불가항력으로 인하여 멸실된 때에는 그 멸실된 부분의 전세권은 소멸한다.
    ㉡ **전세권자의 손해배상책임**: 전세권의 목적물의 전부 또는 일부가 전세권자에 책임있는 사유로 인하여 멸실된 때에는 전세권자는 손해를 배상할 책임이 있다.

(2) 전세권의 소멸효과

① 동시이행

㉠ 전세권이 소멸한 때에는 전세권설정자는 전세권자로부터 그 목적물의 인도 및 전세권설정등기의 말소등기에 필요한 서류의 교부를 받는 동시에 전세금을 반환하여야 한다.

㉡ 전세권자가 그 목적물을 인도하였다고 하더라도 전세권설정등기의 말소등기에 필요한 서류를 교부하거나 그 이행의 제공을 하지 아니하는 이상, 전세권설정자는 전세금의 반환을 거부할 수 있다.

> **★ 암기 PLUS │ 전세권저당권이 설정된 경우, 전세권이 기간만료로 소멸된 경우**
>
> 전세권의 존속기간이 만료되면 전세권은 소멸하므로 더 이상 전세권 자체에 대하여 저당권을 실행할 수 없게 되고, 이러한 경우에는 전세금반환채권에 대하여 압류 및 추심명령 또는 전부명령을 받거나 제3자가 전세금반환채권에 대하여 실시한 강제집행절차에서 배당요구를 하는 등의 방법으로 자신의 권리를 행사하여 비로소 전세권설정자에 대해 전세금의 지급을 구할 수 있다(대판 1999.9.17, 98다31301).

② 전세금의 우선변제권

㉠ 전세권자의 우선적 지위

ⓐ 대항력이 없는 일반채권자에 대해서는 언제나 우선한다. 그러나 대항력 있는 채권(예 등기있는 임차권, 주택임대차보호법·상가건물임대차보호법상 대항력을 갖춘 임차권 등)과 경합하는 경우에는 순위에 의하여 해결한다.

ⓑ 저당권과 경합하는 경우에는 배당순위자의 설정등기의 순위에 의하여 정하여진다. 전세권이 설정된 후에 성립한 저당권에 의한 경매의 경우에는 먼저 설정된 전세권은 소멸하지 않는다. 다만, 전세권자는 배당요구를 할 수 있고, 그 때에는 전세권은 매각으로 소멸한다.

ⓒ 전세권설정자가 파산하면 별제권을 갖는다.

㉡ 우선변제권의 실행방법

ⓐ 전세권설정자가 전세금의 반환을 지체한 때에는, 전세권자는 민사집행법의 정한 바에 의하여 전세권의 목적물의 경매를 청구할 수 있다.

⚡기출

01 전세권을 목적으로 한 저당권이 설정된 경우, 전세권의 존속기간이 만료되면 전세권 자체에 대하여 저당권을 실행할 수 (   ).

제23회

기출정답
01 없다

ⓑ 건물의 일부에 대하여 전세권이 설정되어 있는 경우 그 전세권자는 그 건물 전부에 대하여 전세금의 우선변제를 받을 권리가 있고, 전세권의 목적물이 아닌 나머지 건물부분에 대하여는 경매신청권은 없다.

③ **부속물수거권**

> **제316조 【원상회복의무, 매수청구권】** ① 전세권이 그 존속기간의 만료로 인하여 소멸한 때에는 전세권자는 그 목적물을 원상에 회복하여야 하며, 그 목적물에 부속시킨 물건은 수거할 수 있다. 그러나 전세권설정자가 그 부속물건의 매수를 청구한 때에는 전세권자는 정당한 이유 없이 거절하지 못한다.

④ **부속물매수청구권**

> **제316조 【원상회복의무, 매수청구권】** ① 전세권설정자가 그 부속물건의 매수를 청구한 때에는 전세권자는 정당한 이유 없이 거절하지 못한다.
> ② 전항의 경우에 그 부속물건이 전세권설정자의 동의를 얻어 부속시킨 것인 때에는 전세권자는 전세권설정자에 대하여 그 부속물건의 매수를 청구할 수 있다. 그 부속물건이 전세권설정자로부터 매수한 것인 때에도 같다.

⑤ **지상물매수청구권**: 토지임차인의 건물 기타 공작물의 매수청구권에 관한 제643조의 규정은 성질상 토지의 전세권에도 유추적용될 수 있다.

⑥ **유익비상환청구권**: 전세권자가 목적물을 개량하기 위하여 지출한 금액 기타 유익비에 관하여는 그 가액의 증가가 현존한 경우에 한하여 소유자의 선택에 좇아 그 지출액이나 증가액의 상환을 청구할 수 있다. 법원은 소유자의 청구에 의하여 상당한 상환기간을 허여할 수 있다.

⚡기출

01 토지임차인의 건물 기타 공작물의 매수청구권에 관한 민법 제643조의 규정은 토지의 전세권에도 유추적용될 수 (   ). 제25회

기출정답

01 있다

제5장 담보물권

기본서 p.550~596

선생님 TIP

담보물권은 물건의 교환가치를 지배하는 제한물권이며, 이에는 전형담보로서 유치권·질권·저당권과 비전형담보로서 가등기담보·양도담보 등이 있다.

제1절 총설

01 담보제도

📖 암기 PLUS | 전형담보의 비교

구분	유치권	질권	저당권
성립	• 법정담보물권 • 법률이 정한 일정한 요건을 갖추면 당연성립	• 약정담보물권 • 설정계약과 동산의 인도 또는 권리의 양도	• 약정담보물권 • 설정계약과 등기
목적물	물건(동산·부동산)과 유가증권	동산과 재산권	부동산과 지상권·전세권
본질적 효력	• 유치적 효력 • 점유를 요건으로 함	• 유치적 효력과 우선변제적 효력 • 점유를 요건으로 함	• 우선변제적 효력 • 점유를 요건으로 하지 않음
물상대위	부인	인정	인정
경매권	있음	있음	있음
간이변제충당권	법원의 허가를 얻어서 할 수 있음	법원의 허가를 얻어서 할 수 있음	없음

02 담보물권의 통유성

(1) 부종성

채권이 성립하지 않으면 담보물권이 성립하지 않고, 채권이 소멸하면 담보물권도 소멸한다.

(2) 수반성

① 수반성이란 피담보채권이 그 동일성을 유지하면서 상속·양도 기타의 이유로 이전하게 되면 담보물권도 역시 그에 따라서 이전하는 것을 말한다.

② 그러나 피담보채권의 처분이 있음에도 불구하고, 담보권의 처분이 따르지 않는 경우에는 채권양수인은 담보권이 없는 무담보의 채권을 양수한 것이 되고 채권의 처분에 따르지 않은 담보권은 소멸한다.

(3) 물상대위성

① 물상대위성이란 목적물이 그 교환가치를 구체화한 경우에 그 교환가치를 대표하는 것에 미친다는 성질을 말한다.
② 물상대위는 담보권의 가치성에 기한 것으로 질권·저당권에서 인정되며, 가치권성이 희박한 유치권은 물상대위성이 인정되지 않는다.

(4) 불가분성

불가분성이란 담보물권은 피담보채권 전부에 대한 변제가 있을 때까지 목적물 전부에 대하여 그 효력을 미친다는 성질을 말한다.

⚡ 기출

01 유치권에는 물상대위성이 인정( ). 제21회

제2절 유치권 〈빈출〉

01 총설

(1) 의의

타인의 물건 또는 유가증권을 점유한 자는 그 물건이나 유가증권에 관하여 생긴 채권이 변제기에 있는 경우에는 변제를 받을 때까지 그 물건 또는 유가증권을 유치할 권리가 있다.

선생님 TIP

유치권은 유치적 효력이 있으나, 우선변제적 효력과 물상대위성, 유치권에 기한 물권적 청구권이 인정되지 않는다.

(2) 유치권과 동시이행의 항변권

구분		유치권	동시이행의 항변권
본질	근거	공평의 원칙	
	법적 성질	물권	채권
발생상 차이	발생원인의 차이	쌍무계약에 한정되지 않는다.	쌍무계약에 기인한 채권
	채권·채무 사이의 견련관계	채권과 목적물 사이에 견련관계가 있어야 한다.	채권·채무 사이에 일정한 견련관계가 있어야 한다.

기출정답

01 되지 않는다

효과상 차이	본질적 내용	누구에 대해서나 주장할 수 있다(절대적 효력).	특정채권자에 대해서만 주장할 수 있다(상대적 효력).
	거절할 수 있는 급부 및 시기	특정한 목적물에 대한 인도거절권으로서 채무 전액에 대한 변제를 받을 때까지이다(불가분성).	일체의 채무이행을 거절할 수 있으며, 상대방이 이행을 하거나 제공이 있을 때까지 행사할 수 있다.
	경매권	인정된다.	인정되지 않는다.
	소송상의 효력	상환급부판결(원고일부승소판결)	
소멸상 차이	권리의 소멸	기본채권이 소멸하면 유치권도 소멸한다.	기본채권이 소멸하면 동시이행의 항변권도 소멸한다.
	기타	점유의 상실, 선관주의의무 위반, 상당한 담보의 제공 등의 특별한 소멸사유가 있다.	특별한 소멸사유가 없다.

(3) 유치권의 법적 성질

① 물권성

　㉠ 유치권은 채무자, 물건의 소유자·양수인, 경매에서의 매수인에 대하여도 행사할 수 있다.

　㉡ 유치권은 점유를 상실하면 유치권이 소멸하며, 유치물의 점유를 침탈당한 경우에는 점유물반환청구에 의하여 그 점유를 회복할 수밖에 없다.

② 담보물권성

　㉠ 유치권은 법정담보물권이다. 우선변제를 받는 것을 본체로 하는 것이 아니다.

　㉡ 유치권은 부종성·수반성·불가분성은 가지고 있으나, 물상대위성은 없다.

> **판례 | 유치권의 불가분성**
>
> 민법 제321조는 "유치권자는 채권 전부의 변제를 받을 때까지 유치물 전부에 대하여 그 권리를 행사할 수 있다."고 규정하고 있으므로, 유치물은 그 각 부분으로써 피담보채권의 전부를 담보하며, 이와 같은 유치권의 불가분성은 그 목적물이 분할가능하거나 수개의 물건인 경우에도 적용된다(대판 2007.9.7, 2005다16942).

⚡기출

01 유치권은 (　　)으로서, 당사자의 약정으로 그 성립을 배제할 수 있다. 제26회

02 유치권의 불가분성은 그 목적물이 분할가능하거나 수개의 물건인 경우에도 적용(　　). 제26회

기출정답

01 법정담보물권
02 된다

02 유치권의 성립요건

(1) 목적물
① **물건이나 유가증권**: 부동산유치권의 경우에는 등기를 필요로 하지 않고, 유가증권의 경우에도 배서가 필요하지 않다.
② **타인의 소유일 것**: 수급인에게 건물의 소유권이 있는 경우에 유치권은 부인된다.

> ⚡ **기출**
> 01 신축건물의 소유권이 (   )에게 인정되는 경우, 그 공사대금의 지급을 담보하기 위한 유치권은 성립하지 않는다.
> 제26회

(2) 채권과 목적물의 견련관계

> ★ **암기 PLUS Ⅰ** 채권과 목적물의 견련관계 여부
>
> | 견련관계 ○ | • 물건의 점유자가 물건에 필요비 또는 유익비를 지출한 경우
• 도급인의 소유인 신축된 건물의 수급인이 공사대금채권을 가지고 있는 경우
• 점유자가 타인의 동물로부터 공격을 받아 손해를 입은 경우 등 |
> |---|---|
> | 견련관계 × | • 임차인의 임차권·보증금반환청구권·권리금반환청구권과 목적물
• 부속물매수청구권과 임차목적물 사이
• 임대인의 채무불이행으로 인한 손해배상청구권과 임차목적물 사이
• 명의신탁자의 부당이득반환청구권과 부동산
• 건축자재대금채권과 건물 등 |
>
> ✚ 채권과 목적물 점유와의 견련관계 요부: 목적물에 관하여 채권을 가진 자가 후에 그 물건을 점유하게 된 때에도 유치권은 성립한다.

(3) 변제기가 도래한 채권의 존재
유익비상환청구권에 관하여 법원이 상당한 상환기간을 허여하면 유치권이 소멸된다.

(4) 타인의 물건 또는 유가증권의 점유
① **점유의 계속**
㉠ 유치권자가 목적물의 점유를 잃으면 유치권은 당연히 소멸한다.
㉡ 점유는 직접점유이든 간접점유이든 관계없다. 다만, 그 직접점유자가 채무자인 경우에는 유치권의 요건으로서의 점유에 해당하지 않는다.

> ⚡ **기출**
> 02 채권자가 채무자를 직접점유자로 하여 유치물을 간접점유하는 경우, 그 유치물에 대한 유치권은 (   ).
> 제25회

> **기출정답**
> 01 수급인
> 02 성립하지 않는다

② **적법한 점유**: 유치권은 그 점유가 불법행위로 인하여 개시된 경우만이 아니라 비용지출 당시에 점유자가 이를 점유할 권원이 없음을 알았거나 이를 알지 못함에 중대한 과실이 있는 경우에는 부정된다.

(5) 유치권배제특약의 부존재

① 유치권배제특약에 따른 효력은 특약의 상대방뿐 아니라 그 밖의 사람도 주장할 수 있다.
② 유치권배제특약에도 조건을 붙일 수 있다.

03 유치권의 효력

(1) 유치권자의 권리

① **목적물의 유치**
   ㉠ 인도거절의 상대방
      ⓐ 유치권은 물권이기 때문에 유치권자는 채무자뿐만 아니라 모든 사람에게 대항할 수 있다.
      ⓑ 부동산 경매의 경우 유치권자가 매수인에 대하여 그 부동산의 인도를 거절할 수 있다는 의미이지, 피담보채권의 변제를 청구할 수 없다.
      ⓒ 어느 부동산에 관하여 경매개시결정등기가 된 뒤에 비로소 민사유치권을 취득한 사람은 경매절차의 매수인에 대하여 그의 유치권을 주장할 수 없다. 경매개시결정등기가 되기 전에 이미 민사유치권을 취득한 사람은 그 취득에 앞서 저당권설정등기나 가압류등기 또는 체납처분압류등기가 먼저 되어 있다 하더라도 경매절차의 매수인에게 자기의 유치권으로 대항할 수 있다.
   ㉡ **유치권 행사의 효과**: 목적물인도청구의 소에 대하여 피고가 유치권을 주장하는 경우에 원고일부승소판결(상환이행판결)을 한다.

② **경매와 간이변제충당**
   ㉠ 유치권자는 채권의 변제를 받기 위하여 유치물을 경매할 수 있다.
   ㉡ 정당한 이유 있는 때에는 유치권자는 감정인의 평가에 의하여 유치물로 직접 변제에 충당할 것을 법원에 청구할 수 있다. 이 경우에는 유치권자는 미리 채무자에게 통지하여야 한다.

⚡기출
01 유치권배제특약이 있는 경우, 특약에 따른 효력은 특약의 상대방뿐 아니라 그 밖의 사람도 (   ). 제25회
02 유치권배제특약에는 조건을 붙일 수 (   ). 제28회

⚡기출
03 유치권자는 유치목적물을 경매로 매각받은 자에게 그 피담보채권의 변제를 청구할 수 (   ). 제21회

⚡기출
04 유치권자는 채권의 변제를 받기 위하여 유치물을 경매할 수 (   ). 제23회

기출정답
01 주장할 수 있다
02 있다
03 없다
04 있다

③ 과실수취권
　㉠ 유치권자는 유치물의 과실을 수취하여 다른 채권보다 먼저 그 채권의 변제에 충당할 수 있다. 그러나 과실이 금전이 아닌 때에는 경매하여야 한다.
　㉡ 과실은 먼저 채권의 이자에 충당하고 그 잉여가 있으면 원본에 충당한다.

④ 유치물사용권
　㉠ 유치권자는 채무자의 승낙없이 유치물의 사용·대여 또는 담보제공을 하지 못한다. 그러나 유치물의 보존에 필요한 사용은 그러하지 아니하다.
　㉡ 유치권자는 원칙적으로 유치물을 사용할 수 없다. 유치권자의 임대행위는 소유자의 처분권한을 침해하는 것으로서 소유자에게 그 임대의 효력을 주장할 수 없다.
　㉢ 유치권자가 유치물의 보존에 필요한 사용을 한 경우에도 특별한 사정이 없는 한 차임에 상당한 이득을 소유자에게 반환할 의무가 있다. 그러나 적법행위이므로 불법점유로 인한 손해배상책임은 없다.

⑤ 비용상환청구권
　㉠ 유치권자가 유치물에 관하여 필요비를 지출한 때에는 소유자에게 그 상환을 청구할 수 있다.
　㉡ 유치권자가 유치물에 관하여 유익비를 지출한 때에는 그 가액의 증가가 현존한 경우에 한하여 소유자의 선택에 좇아 그 지출한 금액이나 증가액의 상환을 청구할 수 있다. 그러나 법원은 소유자의 청구에 의하여 상당한 상환기간을 허여할 수 있다.
　㉢ 비용상환청구권에 의하여 유치권자는 다시 유치물 위에 유치권을 취득한다.

(2) 유치권자의 의무

① 유치권자는 선량한 관리자의 주의로 유치물을 점유하여야 한다.
② 유치권자는 채무자의 승낙없이 유치물의 사용·대여 또는 담보제공을 하지 못한다. 그러나 유치물의 보존에 필요한 사용은 그러하지 아니하다.
③ 유치권자가 ②의 규정에 위반한 때에는 채무자는 유치권의 소멸을 청구할 수 있다.

기출

01 유치권자는 금전을 유치물의 (　　)로 수취한 경우, 이를 피담보채권의 변제에 충당할 수 있다. 　제22회

기출

02 유치권자가 유치물에 관하여 필요비를 지출할 때에는 소유자에게 그 상환을 청구할 수 (　　). 　제23회

기출정답
01 과실
02 있다

04 유치권의 소멸

(1) 일반적 소멸사유

> **제326조 【피담보채권의 소멸시효】** 유치권의 행사는 채권의 소멸시효의 진행에 영향을 미치지 아니한다.

유치권은 목적물의 멸실·혼동·공용수용·포기 등 물권에 공통된 소멸사유에 의하여 소멸한다. 그 밖에 피담보채권의 소멸에 의해서도 소멸한다.

(2) 유치권에 특유한 소멸사유

> **제327조 【타담보 제공과 유치권소멸】** 채무자는 상당한 담보를 제공하고 유치권의 소멸을 청구할 수 있다.
> **제328조 【점유상실과 유치권소멸】** 유치권은 점유의 상실로 인하여 소멸한다.

점유를 침탈당한 경우 점유물반환청구권에 의하여 점유를 회복한 때에는 점유를 상실하지 않았던 것으로 되므로, 유치권도 처음부터 소멸하지 않았던 것이 된다.

기출
01 유치권의 행사는 피담보채권의 소멸시효의 진행에 영향을 ( ). 제25회

02 ( )는 상당한 담보를 제공하고 유치권의 소멸을 청구할 수 있다. 제23회
03 유치권은 점유의 상실로 인하여 ( )한다. 제23회

제3절 질권

01 총설

(1) 의의

질권이란 채권자가 채무의 변제를 받을 때까지 그 채권의 담보로서 채무자 또는 제3자로부터 인도받은 물건 또는 재산권을 유치함으로써 채무의 변제를 간접적으로 강제하다가, 변제가 없으면 그 매각대금으로부터 우선변제를 받을 수 있는 물권을 말한다.

선생님 TIP
- 질권은 유치적 효력·우선변제적 효력이 있다.
- 동산질권과 권리질권이 인정되며, 부동산질권은 인정되지 않는다.

기출정답
01 미치지 않는다
02 채무자
03 소멸

(2) 다른 담보물권과의 이동

구분	질권	저당권
법률적 작용	유치적 효력, 우선변제적 효력	우선변제적 효력
효력요건	목적물의 인도	등기
목적물	동산과 일정한 재산권	등기·등록 가능한 부동산, 지상권, 전세권, 입목, 선박, 자동차, 항공기, 중기 등
피담보채권의 범위	제한 없음	제한 있음
유담보·유질	원칙적 불허	허용
주된 기능	서민금융수단	서민금융 또는 투자의 수단

02 동산질권

(1) 동산질권의 성립

동산질권은 원칙적으로 질권설정계약에 의하여 성립하나, 예외적으로 법률의 규정에 의하여 성립하는 때도 있다.

① **질권설정계약**: 질권자는 피담보채권의 채권자에 한한다. 질권설정자는 피담보채권의 채무자인 것이 보통이나, 제3자도 가능하다. 물상보증인이 스스로 변제하거나 질권이 실행되어 질물의 소유권을 잃으면 채무자에 대한 구상권을 갖는다. 한편 물상보증인은 사전구상권을 행사할 수 없다.

② **목적동산의 인도**
   ㉠ 동산질권의 설정에서 요구되는 인도는 점유개정을 금지하고 있다.
   ㉡ 질권이 설정된 후 질물을 질권설정자에게 반환하면 그 질권은 소멸한다(다수설).

(2) 동산질권의 효력

① 동산질권의 효력이 미치는 범위
   ㉠ 목적물의 범위

> **제342조 【물상대위】** 질권은 질물의 멸실, 훼손 또는 공용징수로 인하여 질권설정자가 받을 금전 기타 물건에 대하여도 이를 행사할 수 있다. 이 경우에는 그 지급 또는 인도 전에 압류하여야 한다.

물상대위는 질권에 규정하고, 저당권에 준용하고 있다.

⚡기출

01 타인의 채무를 담보하기 위하여 질권을 설정한 자는 채무자에 대한 사전구상권을 행사할 수 (   ). 제24회

기출정답
01 없다

ⓒ 피담보채권의 범위

> **제334조 【피담보채권의 범위】** 질권은 원본, 이자, 위약금, 질권 실행의 비용, 질물보존의 비용 및 채무불이행 또는 질물의 하자로 인한 손해배상의 채권을 담보한다. 그러나 다른 약정이 있는 때에는 그 약정에 의한다.

제334조는 질권의 피담보채권의 범위를 저당권보다 넓게 규정하고 있다.

② **동산질권의 유치적 효력**: 질권자는 채권의 변제를 받을 때까지 질물을 유치할 수 있다. 그러나 자기보다 우선권이 있는 채권자에게 대항하지 못한다.

③ **동산질권의 우선변제적 효력**
ⓐ 질권설정자는 채무변제기 전의 계약으로 질권자에게 변제에 갈음하여 질물의 소유권을 취득하게 하거나 법률에 정한 방법에 의하지 아니하고 질물을 처분할 것을 약정하지 못한다.
ⓑ 질권의 실행은 원칙적으로 경매를 통하여 이루어져야 하는 것이 원칙이다. 따라서 변제기 전의 유질계약을 금지한다. 그러나 변제기 후의 유질계약은 유효하다(일종의 대물변제이다).

03 권리질권

1. 총설

① 질권은 재산권을 그 목적으로 할 수 있다. 그러나 부동산의 사용·수익을 목적으로 하는 권리는 그러하지 아니하다.
② 권리질권의 목적으로서 주요한 것은 채권, 주식 및 지식재산권이다.

2. 채권질권

(1) 채권질권의 설정방법

① **서언**: 권리질권의 설정은 법률에 다른 규정이 없으면 그 권리의 양도에 관한 방법에 의하여야 한다.

⚡ **기출**

01 양도할 수 없는 채권은 질권의 목적이 될 수 (   ).
제24회

기출정답
01 없다

② 개별적인 검토(각종의 채권에 관한 공시방법)
　㉠ 지명채권

> **제347조 【설정계약의 요물성】** 채권을 질권의 목적으로 하는 경우에 채권증서가 있는 때에는 질권의 설정은 그 증서를 질권자에게 교부함으로써 그 효력이 생긴다.
> **제348조 【저당채권에 대한 질권과 부기등기】** 저당권으로 담보한 채권을 질권의 목적으로 한 때에는 그 저당권등기에 질권의 부기등기를 하여야 그 효력이 저당권에 미친다.
> **제349조 【지명채권에 대한 질권의 대항요건】** ① 지명채권을 목적으로 한 질권의 설정은 설정자가 제450조의 규정에 의하여 제3채무자에게 질권설정의 사실을 통지하거나 제3채무자가 이를 승낙함이 아니면 이로써 제3채무자 기타 제3자에게 대항하지 못한다.
> ② 제451조의 규정은 전항의 경우에 준용한다.

　　ⓐ 지명채권의 입질은 질권설정의 합의와 채권증서가 있으면 그 증서를 교부하여야 한다. 임대차계약서는 위 채권증서에 해당하지 않는다.
　　ⓑ 담보가 없는 채권에 질권을 설정한 다음 그 채권을 담보하기 위해 저당권이 설정되었더라도, 제348조가 유추적용되어 저당권설정등기에 질권의 부기등기를 하지 않으면 질권의 효력이 저당권에 미친다고 볼 수 없다.
　㉡ **지시채권**: 지시채권을 질권의 목적으로 한 질권의 설정은 증서에 배서하여 질권자에게 교부함으로써 그 효력이 생긴다.
　㉢ **무기명채권**: 무기명채권을 목적으로 한 질권의 설정은 증서를 질권자에게 교부함으로써 그 효력이 생긴다.

(2) 채권질권의 효력

① 유치적 효력

> **제352조 【질권설정자의 권리처분제한】** 질권설정자는 질권자의 동의 없이 질권의 목적된 권리를 소멸하게 하거나 질권자의 이익을 해하는 변경을 할 수 없다.

　㉠ 질권설정자와 제3채무자가 질권의 목적된 권리를 소멸하게 하는 행위를 하였다고 하더라도 이는 질권자에 대한 관계에 있어 무효일 뿐이어서 특별한 사정이 없는 한 질권자 아닌 제3자가 그 무효의 주장을 할 수는 없다.

⚡기출

01 임대차보증금채권에 질권을 설정할 경우, 임대차계약서를 교부하지 않더라도 채권질권은 성립(　　). 제24회

02 무담보채권에 질권이 설정된 이후 그 채권을 담보하기 위하여 저당권이 설정되었다면 특별한 사정이 없는 한, 저당권은 질권의 목적이 될 수 (　　). 제26회

기출정답
01 한다
02 있다

> 기출
>
> 01 채권질권의 설정자가 그 목적인 채권을 양도하는 경우, 질권자의 동의는 필요 ( ).   제24회

ⓒ 질권의 목적인 채권의 양도행위는 제352조 소정의 질권자의 이익을 해하는 변경에 해당되지 않으므로 질권자의 동의를 요하지 아니한다.

② **우선변제적 효력**

> **제353조 【질권의 목적이 된 채권의 실행방법】** ① 질권자는 질권의 목적이 된 채권을 직접 청구할 수 있다.
> ② 채권의 목적물이 금전인 때에는 질권자는 자기채권의 한도에서 직접 청구할 수 있다.
> ③ 전항의 채권의 변제기가 질권자의 채권의 변제기보다 먼저 도래한 때에는 질권자는 제3채무자에 대하여 그 변제금액의 공탁을 청구할 수 있다. 이 경우에 질권은 그 공탁금에 존재한다.
> ④ 채권의 목적물이 금전 이외의 물건인 때에는 질권자는 그 변제를 받은 물건에 대하여 질권을 행사할 수 있다.

> 선생님 TIP
>
> 저당권은 우선변제적 효력이 있으며, 유치적 효력은 없다. 원칙적으로 약정담보물권이며, 예외적으로 법정저당권도 인정된다.

제4절 저당권 (빈출)

01 총설

> **제356조 【저당권의 내용】** 저당권자는 채무자 또는 제3자가 점유를 이전하지 아니하고 채무의 담보로 제공한 부동산에 대하여 다른 채권자보다 자기채권의 우선변제를 받을 권리가 있다.

02 저당권의 성립

(1) 저당권설정계약

① 계약의 당사자

> 기출
>
> 02 물상보증인은 채무자에게 사전구상권을 행사할 수 ( ).   제23회
>
> 03 저당권설정합의가 있더라도 ( )가 되지 않으면 저당권은 성립하지 않는다.   제18회
>
> **기출정답**
> 01 하지 않다
> 02 없다
> 03 저당권설정등기

> **암기 PLUS | 저당권설정계약의 당사자**
>
> | 저당권자 | • 원칙: 채권자(부종성 때문에)
• 예외: 제3자(3자 합의 및 채권이 그 제3자에게 실질적으로 귀속되었을 때) |
> |---|---|
> | 저당권 설정자 | • 채무자, 물상보증인(사전구상권은 인정되지 않음)
• 처분할 권리나 권한이 있어야 함 |

② **저당권의 설정등기**

> 📖 **판례 | 저당권등기가 불법말소된 후 부동산이 경매된 경우**
>
> 부동산에 관하여 근저당권설정등기가 경료되었다가 그 등기가 위조된 등기서류에 의하여 아무런 원인 없이 말소되었다는 사정만으로는 곧바로 근저당권이 소멸하는 것은 아니라고 할 것이지만, 부동산이 경매절차에서 경락되면 그 부동산에 존재하였던 근저당권은 당연히 소멸하는 것이다(대판 1998.10.2, 98다27197).

(2) 저당권의 객체(목적)

저당권은 목적물을 점유하지 않는 물권이므로 등기·등록할 수 있는 것만이 그 객체로 될 수 있다.

📑 암기 PLUS | 저당권의 객체

민법	• ○: 부동산, 부동산의 공유지분, 지상권, 전세권(전세권이 기간만료로 종료되면 저당권은 당연히 소멸) • ×: 1필의 토지의 일부
특별법	등기된 선박, 광업권, 어업권, 댐사용권, 공장재단, 광업재단, 자동차, 항공기, 건설기계, 입목등기가 이루어진 입목 등

⚡ **기출**

01 1필 토지의 일부분에 대한 (　　)설정은 허용되지 않는다. 제15회

02 지상권, 전세권, 등기된 입목, 광업권은 저당권의 객체가 될 수 (　　). 제26회

03 등록된 자동차는 (　　)의 목적물이 될 수 있다. 제25회

(3) 피담보채권

① 저당권의 피담보채권은 대개 금전채권이지만 그 밖의 채권이라도 무방하다. 이와 같은 채권의 경우에는 저당권설정등기를 신청할 때에 신청서에 그 채권의 가격을 기재하여 등기하여야 한다.

② 수개의 채권 또는 채권의 일부도 저당권의 피담보채권으로 될 수 있다. 즉, 채권자가 다른 수개의 채권도 저당권의 피담보채권으로 될 수 있는데, 수인의 채권자가 저당권을 준공유한다.

(4) 법정저당권·부동산공사수급인의 저당권설정청구권

① **법정저당권**: 토지임대인이 변제기를 경과한 최후 2년의 차임채권에 의하여 그 지상에 있는 임차인 소유의 건물을 압류한 때에는 저당권과 동일한 효력이 있다. 법정저당권의 성립시기는 압류등기를 한 때이다.

기출정답

01 저당권
02 있다
03 저당권

② **부동산공사수급인의 저당권설정청구권**: 부동산공사의 수급인은 보수에 관한 채권을 담보하기 위하여 그 부동산을 목적으로 한 저당권의 설정을 청구할 수 있다. 도급인이 수급인의 청구에 응하여 등기를 함으로써 비로소 저당권이 성립한다.

03 저당권의 효력

1. 저당권의 효력이 미치는 범위

(1) 목적물의 범위

① 목적물
  ㉠ 저당부동산: 저당권의 효력이 저당권의 객체에 미침은 당연하다. 그 목적물의 범위는 목적물의 소유권이 미치는 범위와 대체로 일치한다.
  ㉡ 부합물·종물·종된 권리

> **제358조 【저당권의 효력의 범위】** 저당권의 효력은 저당부동산에 부합된 물건과 종물에 미친다. 그러나 법률에 특별한 규정 또는 설정행위에 다른 약정이 있으면 그러하지 아니하다.

  ⓐ 부합·종물로 된 시기가 저당권설정 전인가 후인가는 묻지 않는다.
  ⓑ 기존건물에 대한 경매절차에서 경매목적물로 평가되지 아니하였다고 할지라도 경락인은 부합된 증축부분의 소유권을 취득한다.
  ⓒ '종된 권리'도 종물에 준하여 취급된다. 따라서 건물에 저당권을 설정한 때에는, 저당권의 효력은 그 건물의 소유를 목적으로 한 토지의 지상권·전세권, 임차권에도 미친다. 또 구분건물의 전유부분에 설정된 저당권의 효력은 그 전유부분의 소유자가 나중에 취득한 대지사용권에도 미친다.

  ㉢ 과실

> **제359조 【과실에 대한 효력】** 저당권의 효력은 저당부동산에 대한 압류가 있은 후에 저당권설정자가 그 부동산으로부터 수취한 과실 또는 수취할 수 있는 과실에 미친다. 그러나 저당권자가 그 부동산에 대한 소유권, 지상권 또는 전세권을 취득한 제3자에 대하여는 압류한 사실을 통지한 후가 아니면 이로써 대항하지 못한다.

⚡ **기출**

01 저당권의 효력은 원칙적으로 저당부동산에 부합된 물건과 종물에 (   ). 제23회

02 저당권이 설정된 건물이 증축된 경우, 그 증축부분이 (   )을 갖지 못하는 이상 저당권은 그 증축부분에도 효력이 미친다. 제21회

03 건물에 대한 저당권의 효력은 특별한 사정이 없는 한 그 건물에 (   )인 건물의 소유를 목적으로 하는 지상권에도 미친다. 제28회

기출정답
01 미친다
02 독립성
03 종된 권리

저당부동산에 대한 압류가 있으면 압류 이후의 저당권설정자의 저당부동산에 관한 차임채권 등에도 저당권의 효력이 미친다.

  ㉣ **물상대위**
   ⓐ 저당권은 저당물의 멸실·훼손 또는 공용징수로 인하여 저당권설정자가 받을 금전 기타 물건에 대해서도 행사할 수 있다. 그 지급 또는 인도 전에 압류하여야 한다.
   ⓑ 대위목적물은 '목적물의 멸실·훼손 또는 공용징수로 인하여 저당권설정자가 받을 금전 기타의 물건'이다. 예컨대 보험금청구권, 손해배상청구권, 보상금청구권 등이다. 한편 목적물의 교환가치가 구체화한 경우(예 차임·매매대금 등)라도 담보권자(저당권자)가 목적물에 추급할 수 있다면 물상대위는 인정되지 않는다. 저당권의 목적토지가 공익사업을 위한 토지 등의 취득 및 보상에 관한 법률에 따라 협의취득된 경우에는, 그것이 사법상의 매매계약이고 공용징수가 아니므로 저당권자는 보상금청구권에 대하여 물상대위를 할 수 없다.
   ⓒ 제3채권자가 압류하여 그 금전 또는 물건이 특정된 이상 저당권자가 스스로 이를 압류하지 않더라도 물상대위권을 행사하여 일반채권자보다 우선변제를 받을 수 있다.

(2) 피담보채권의 범위(저당권에 의하여 담보되는 채권의 범위)

> **제360조【피담보채권의 범위】** 저당권은 원본, 이자, 위약금, 채무불이행으로 인한 손해배상 및 저당권의 실행비용을 담보한다. 그러나 지연배상에 대하여는 원본의 이행기일을 경과한 후의 1년분에 한하여 저당권을 행사할 수 있다.

① **제360조**: 제360조의 범위는 질권에서 보다 좁다. 저당권은 질권과 같이 점유를 수반하는 것이 아니므로 저당물의 보존비용이나 저당물의 하자로 인한 손해배상은 담보하지 않는다.

질권과 저당권의 피담보채권 비교

구분	원본·이자·위약금	실행비용	손해(지연)배상	보존비용	하자배상
질권	○	○	○	○	○
저당권	○ (등기 필요)	○ (등기 불요)	○ (1년분, 등기 불요)	×	×

⚡기출

01 저당권의 효력은 저당부동산에 대한 압류 이( )의 저당권설정자의 저당부동산에 관한 차임채권에도 영향을 미친다. 제23회

⚡기출

02 제3자가 저당목적물의 변형물을 이미 압류한 경우, 저당권자는 스스로 압류하지 않더라도 물상대위권을 행사할 수 ( ). 제21회

03 저당물의 보존비용, 저당물의 하자로 인한 손해배상은 저당권의 효력이 미치는 피담보채권의 범위에 속( ). 제27회

기출정답
01 후
02 있다
03 하지 않는다

② **피담보채권의 범위**
　㉠ **원본**: 원본의 채권액, 변제기, 지급장소는 등기사항이다.
　㉡ **이자**: 이자약정이 있는 때에는 등기해야 한다. 이자채권은 저당권에 의해 무제한으로 담보된다.
　㉢ **위약금**: 위약금의 특약이 있고 등기가 되어 있으면 저당권에 의하여 담보된다.
　㉣ **손해배상청구권**: 근저당권은 '지연배상'도 최고액 한도 내에서 모두 담보된다(다수설). 지연배상은 채무불이행이 있으면 법률상 당연히 발생하는 것이므로 그 등기를 요하지 않는다.
　㉤ **저당권 실행 비용**: 저당권은 이러한 비용도 등기할 필요 없이 담보한다.

2. **우선변제적 효력**
(1) **저당권자가 피담보채권의 변제를 받는 모습**

> ★ **암기 PLUS | 저당권자가 피담보채권의 변제를 받는 모습**
>
> | 저당권에 기하여 우선변제를 받는 경우 | 저당권자가 경매를 실행하여 변제받는 경우 다른 권리자가 실행한 경매에서의 배당참가 |
> |---|---|
> | 일반채권자로서 변제를 받는 경우 | 저당부동산의 매각대금으로부터 변제받지 못한 잔액 채권 |

⚡**기출**
01 저당권자는 피담보채권의 변제를 받기 위해 저당물의 경매를 청구할 수 (　　).
제25회

(2) **저당권자의 우선순위**
① **일반채권자에 대한 관계**: 저당권은 일반채권자에 우선한다. 다만, 주택임대차보호법 또는 상가건물임대차보호법상 대항요건과 확정일자를 갖춘 임차인, 소액보증금의 일정액에 관하여 다른 담보권자의 경매신청 등기 전에 대항요건을 갖춘 임차인, 근로관계 소멸시 최종 3월분의 임금과 최종 3년간의 퇴직금 및 재해보상금 등은 저당권에 우선한다.
② **전세권에 대한 관계**: 전세권과 저당권의 순위는 등기의 선후에 의하여 결정된다.
③ **유치권에 대한 관계**: 유치권과 저당권은 우열의 문제가 발생하지 않는다. 그러나 유치권자는 채권의 변제를 받을 때까지 목적물을 유치할 수 있으므로 사실상 우선변제를 받게 된다.

기출정답
01 있다

④ **저당권 상호간의 순위**: 각 저당권의 설정등기의 선후에 따라서 우선변제의 순위가 결정된다. 다만, 순위승진의 원칙에 의하여 선순위저당권이 소멸하면 후순위저당권은 그 순위가 승진한다.
⑤ **국세우선권과의 관계**: 국세 또는 지방세는 그 법정기일 전에 설정된 저당권에 우선해서 징수하지 못한다. 그러나 당해세는 언제나 저당권에 우선한다.
⑥ **파산채권자에 대한 관계**: 저당부동산의 소유자가 파산한 때에는 저당권자는 별제권을 행사할 수 있다.

3. 저당권과 용익관계

(1) 총설

① **저당권설정자의 용익권능**: 저당권자는 목적물의 교환가치만을 파악하므로, 저당권을 설정한 후에도 설정자가 목적물을 계속 점유하여 사용·수익한다.
② **저당권과 제3자의 대항력 있는 용익권의 관계**: 용익권과 저당권의 우열은 물권 성립의 선후에 의해 결정된다.

(2) 법정지상권

저당물의 경매로 인하여 토지와 그 지상건물이 다른 소유자에 속한 경우에는 토지소유자는 건물소유자에 대하여 지상권을 설정한 것으로 본다. 그러나 지료는 당사자의 청구에 의하여 법원이 이를 정한다.

(3) 저당토지 위의 건물에 대한 일괄경매권

> **제365조 【저당지상의 건물에 대한 경매청구권】** 토지를 목적으로 저당권을 설정한 후 그 설정자가 그 토지에 건물을 축조한 때에는 저당권자는 토지와 함께 그 건물에 대하여도 경매를 청구할 수 있다. 그러나 그 건물의 경매대가에 대하여는 우선변제를 받을 권리가 없다.

① 제365조는 토지를 목적으로 하는 저당권이 설정된 후, 설정자가 그 토지에 건물을 축조하여 소유하고 있는 경우에는 저당권자는 토지와 함께 그 건물에 대해서도 경매를 청구할 수 있다.
② 저당권설정자로부터 저당토지에 대한 용익권을 설정받은 자가 그 토지에 건물을 축조한 경우라도 그 후 저당권설정자가 그 건물의 소유권을 취득한 경우에는 저당권자는 토지와 함께 그 건물에 대하여 경매를 청구할 수 있다.

⚡기출

01 건물이 없는 토지에 저당권을 설정한 후 저당권설정자가 건물을 신축한 경우, 저당권자는 토지와 함께 그 건물에 대하여 경매를 청구할 수 (   ). 제16회

02 저당권설정자로부터 저당토지에 대해 용익권을 설정받은 자가 그 지상에 건물을 신축한 후 저당권설정자가 그 건물의 (   )을 취득한 경우, 저당권자는 토지와 건물에 대해 일괄경매를 청구할 수 있다. 제26회

기출정답
01 있다
02 소유권

③ 일괄경매권은 권리이지 의무가 아니므로, 저당권자는 자신의 자유로운 선택에 따라 토지만에 대하여 경매를 신청하거나 토지·건물을 일괄하여 경매를 청구할 수 있다.

(4) 제3취득자의 지위

① **경매인의 자격**: 저당물의 소유권을 취득한 제3자도 경매인이 될 수 있다.
② **제3취득자의 변제**: 저당부동산에 대하여 소유권, 지상권 또는 전세권을 취득한 제3자는 저당권자에게 그 부동산으로 담보된 채권을 변제하고 저당권의 소멸을 청구할 수 있다.
  ㉠ **의의**: 근저당부동산에 대하여 후순위근저당권을 취득한 자는 제3취득자에 해당하지 않는다.
  ㉡ **제3취득자가 변제하여야 할 채무의 범위**: 지연이자는 원본의 이행기일을 경과한 후의 1년분만을 변제하면 된다. 근저당에서는 그 확정된 피담보채무를 채권최고액의 범위 내에서 변제하고 근저당권의 소멸을 청구할 수 있다.
③ **제3취득자의 비용상환청구권**: 저당물의 제3취득자가 그 부동산의 보존·개량을 위하여 필요비 또는 유익비를 지출한 때에는 저당물의 경매대가에서 우선상환을 받을 수 있다.

4. 저당권의 침해에 대한 구제

(1) 물권적 청구권

저당권자는 저당목적물의 침해가 있는 때에는 방해의 제거나 예방을 청구할 수 있다. 저당목적물을 저당권자 자신에게 반환할 것을 청구할 수는 없다.

(2) 손해배상청구권

① 저당권의 목적물의 침해로 채권의 완전한 만족을 얻을 수 없는 때에는 저당권자는 침해자에 대하여 불법행위를 이유로 손해배상을 청구할 수 있다.
② 손해배상청구권은 담보물보충청구권과는 선택적 행사의 대상이 되지만, 즉시변제청구권과는 함께 행사할 수 있다.

기출

01 저당부동산의 제3취득자는 그 부동산에 대한 저당권 실행을 위한 경매절차에서 매수인이 될 수 ( ).
제25회

02 저당부동산에 대하여 전세권을 취득한 제3자는 저당권자에게 ( )을 변제하고 저당권의 소멸을 청구할 수 있다.
제23회

03 등기된 금액을 초과하는 원본, 원본의 이행기일 경과 후 1년분을 넘는 지연배상은 저당권의 효력이 미치는 피담보채권의 범위에 속( ).
제27회

기출

04 저당권의 침해가 있는 경우에 저당권자는 방해의 제거를 청구할 수 ( ).
제16회

기출정답
01 있다
02 그 부동산으로 담보된 채권
03 하지 않는다
04 있다

(3) 채무자에 대한 특별 효과

① **담보물보충청구권**: 저당권설정자의 책임 있는 사유로 인하여 저당물의 가액이 현저히 감소된 때에는 저당권자는 저당권설정자에 대하여 그 원상회복 또는 상당한 담보제공을 청구할 수 있다. 담보물보충청구권을 행사하는 경우에는 손해배상청구권이나 기한의 이익상실로 인한 즉시변제청구권은 행사할 수 없다.

② **기한의 이익의 상실로 인한 즉시변제청구권**: 채무자는 채무자가 담보를 손상·감소 또는 멸실하게 한 때, 채무자가 담보제공의 의무를 이행하지 아니한 때에는 기한의 이익을 주장하지 못한다. 채권자는 즉시 변제를 청구할 수 있으며, 채권자는 곧 저당권을 실행할 수 있다.

04 저당권의 처분 및 소멸

(1) 저당권의 처분

저당권은 그 담보한 채권과 분리하여 타인에게 양도하거나 다른 채권의 담보로 하지 못한다.

(2) 저당권의 소멸

저당권으로 담보한 채권이 시효의 완성 기타 사유로 인하여 소멸한 때에는 저당권도 소멸한다.

05 특수한 저당권

(1) 공동저당

> **제368조【공동저당과 대가의 배당, 차순위자의 대위】** ① 동일한 채권의 담보로 수개의 부동산에 저당권을 설정한 경우에 그 부동산의 경매대가를 동시에 배당하는 때에는 각 부동산의 경매대가에 비례하여 그 채권의 분담을 정한다. ② 전항의 저당부동산 중 일부의 경매대가를 먼저 배당하는 경우에는 그 대가에서 그 채권전부의 변제를 받을 수 있다. 이 경우에 그 경매한 부동산의 차순위저당권자는 선순위저당권자가 전항의 규정에 의하여 다른 부동산의 경매대가에서 변제를 받을 수 있는 금액의 한도에서 선순위자를 대위하여 저당권을 행사할 수 있다.

⚡기출

01 ( )의 책임 있는 사유로 저당물의 가액이 현저히 감소된 경우, 저당권자는 저당권설정자에 대하여 상당한 담보제공을 청구할 수 있다. 제16회

⚡기출

02 저당권은 그 담보한 채권과 분리하여 타인에게 양도하거나 다른 채권의 담보로 ( ). 제23회

03 저당권으로 담보한 채권이 시효의 완성으로 ( )한 때에는 저당권도 소멸한다. 제28회

04 채무자 소유의 여러 부동산에 공동저당권을 설정한 경우, 그 경매대가를 동시에 배당하는 때에는 각 부동산의 ( )하여 그 채권의 분담을 정한다. 제19회

기출정답
01 저당권설정자
02 하지 못한다
03 소멸
04 경매대가에 비례

> **암기 PLUS | 공동저당의 경우 채무자와 물상보증인의 관계 – 물상보증인 우선**
>
> | 동시배당의 경우 | 채무자 소유부동산의 경매대가에서 우선적으로 배당을 하고, 부족분이 있는 경우에 한하여 물상보증인 소유부동산의 경매대가에서 추가로 배당한다. |
> |---|---|
> | 이시배당의 경우 | ① 채무자 소유부동산에 대하여 먼저 경매된 경우, 후순위 저당권자는 대위하여 물상보증인 소유의 부동산에 대하여 저당권을 행사할 수 없다.
② 물상보증인 소유부동산이 먼저 경매된 경우, 물상보증인은 변제자대위에 의하여 공동저당권을 대위취득, 후순위저당권자는 물상대위를 할 수 있다. |

(2) 근저당

① **서설**
　㉠ **의의**: 저당권은 그 담보할 채무의 최고액만을 정하고 채무의 확정을 장래에 보류하여 이를 설정할 수 있다. 이 경우에는 그 확정될 때까지의 채무의 소멸 또는 이전은 저당권에 영향을 미치지 아니한다. 이 경우에는 채무의 이자는 최고액 중에 산입한 것으로 본다.
　㉡ **근저당권의 특질**: 근저당권은 엄격한 부종성이 요구되지 않는다. 그리하여 피담보채권이 확정되기 전에 그것이 일시적으로 소멸하더라도 근저당권은 소멸하지 않는다.

② **근저당권의 성립**: 이 등기에는 근저당이라는 취지, 채권의 최고액 및 채무자를 등기하여야 한다. 근저당권의 존속기간이나 거래관계의 결산기에 관한 약정은 등기하지 않더라도 근저당권의 성립에는 영향이 없다.

③ **근저당권의 효력 – 근저당권으로 담보되는 범위**
　㉠ **최고액과 제360조**
　　ⓐ 원본, 이자, 위약금과 채무불이행으로 인한 손해배상, 저당권의 실행비용 등이 채권최고액의 범위 내에서 담보된다. 다만, 지연손해금은 1년분에 한정할 필요가 없으며, 경매비용은 최고액에 포함되지 않는다.
　　ⓑ 근저당권의 최고액이란 근저당권의 담보목적물로부터 우선변제를 받을 수 있는 한도액을 말한다.

⚡기출

01 근저당권의 경우 피담보채무의 이자는 채권최고액에 포함(　). 제22회

02 저당권과 달리 근저당권은 채권최고액을 정하여 (　) 하여야 한다. 제22회

기출정답
01 된다
02 등기

ⓒ 채무자의 채무액이 근저당 채권최고액을 초과하는 경우, 채무자 겸 근저당권설정자는 채권전액의 변제가 있을 때까지 채무 일부의 변제로써 위 근저당권의 말소를 청구할 수 없다. 그러나 물상보증인이나 제3취득자는 채권의 최고액만을 변제하면 근저당권설정등기의 말소청구를 할 수 있다.

ⓛ **담보되는 채권의 확정**

> ★ **암기 PLUS ㅣ 근저당권의 피담보채권의 확정**
>
> | 확정시기 | 결산기의 도래, 근저당권의 존속기간의 만료, 계약이 해지 또는 해제되는 때, 근저당권자가 경매를 신청하는 때, 후순위 근저당권자가 경매를 신청한 경우 선순위 근저당권의 피담보채권은 경락인이 경락대금을 완납한 때 등 |
> |---|---|
> | 효과 | • 보통의 저당권으로 전환
• 확정된 이후에 새로운 거래관계에서 발생한 원본채권은 담보되지 않지만, 확정 전에 발생한 원본채권에 관하여 확정 후에 발생하는 이자나 지연손해금 채권은 여전히 담보됨 |

(3) 근저당권의 변경

① **채무·채무자의 변경**
   ㉠ 피담보채무가 확정되기 전이라면 채무의 범위나 또는 채무자를 변경할 수 있는 것이고, 변경 후의 범위에 속하는 채권이나 채무자에 대한 채권만이 당해 근저당권에 의하여 담보된다.
   ㉡ 피담보채무의 범위 또는 채무자를 변경할 때 이해관계인의 승낙을 받을 필요가 없다.

② **근저당권의 양도**
   ㉠ 피담보채권이 확정된 후에 일부의 채권이 양도되고 근저당권에 관하여 준공유등기를 하면, 근저당권은 채권자들에 의하여 준공유하게 된다.
   ㉡ 근저당권의 피담보채권이 확정되기 전에 그 채권의 일부를 양도하거나 대위변제한 경우 근저당권이 양수인이나 대위변제자에게 이전할 여지는 없다.

⚡ **기출**

01 확정된 피담보채무액이 채권최고액을 초과할 경우, 근저당권설정자인 채무자는 (   )를 변제하여야만 근저당권의 말소를 청구할 수 있다. 제22회

⚡ **기출**

02 근저당권의 피담보채권이 확정되기 전에 발생한 원본채권에 관하여 확정 후에 발생하는 이자나 지연손해금 채권은 채권최고액의 범위 내에서 근저당권에 의하여 (   ). 제21회

03 근저당권을 설정한 이후 피담보채권이 확정되기 전에 근저당설정자와 근저당권자의 합의로 채무자를 추가할 경우에는 특별한 사정이 없는 한, 이해관계인의 승낙을 받을 필요가 (   ). 제26회

04 채권자는 피담보채권이 확정되기 전에 그 채권의 일부를 양도한 경우, 근저당권이 양수인에게 이전(   ). 제22회

기출정답
01 초과된 채무액 전체
02 담보된다
03 없다
04 할 여지가 없다

MEMO

2026 해커스 주택관리사(보)
7일완성 핵심요약집
house.Hackers.com

제 3 편

채권총론

제 1 장 채권의 목적
제 2 장 채권의 효력
제 3 장 다수당사자의 채권관계
제 4 장 채권양도와 채무인수
제 5 장 채권의 소멸

제1장 채권의 목적

기본서 p.610~620

선생님 TIP

법률행위의 효력요건인 확정성, 실현가능성, 적법성, 사회적 타당성은 채권의 목적의 요건에도 공통된다. 고용계약에서는 보호의무가 계약의 내용이 되며, 판례는 숙박업자, 병원 등의 보호의무를 인정한다.

제1절 일반론

제373조 【채권의 목적】 금전으로 가액을 산정할 수 없는 것이라도 채권의 목적으로 할 수 있다.

제2절 목적에 의한 채권의 종류

01 특정물채권

(1) 선관주의로 목적물보존의무

제374조 【특정물인도채무자의 선관의무】 특정물의 인도가 채권의 목적인 때에는 채무자는 그 물건을 인도하기까지 선량한 관리자의 주의로 보존하여야 한다.

① 선관주의는 일반적 채무자가 부담하는 주의의무의 기본원칙이며, 선관의무를 다하였는지 여부에 대한 증명책임은 채무자가 진다.
② 자기재산과 동일한 주의의무는 무상수치인의 경우, 친권자가 그 자(子)의 법률행위에 대한 대리권이나 재산관리권을 행사하는 경우, 상속인의 상속재산관리의무에서 인정된다.

(2) 목적물인도의무

① **목적물의 현상인도**: 채무자는 이행기의 현상대로 그 물건을 인도하여야 한다.
② **변제장소**: 채권성립 당시에 그 물건이 있던 장소에서 하여야 한다.

02 종류채권

① 채권의 목적을 종류로만 지정한 경우에 법률행위의 성질이나 당사자의 의사에 의하여 품질을 정할 수 없는 때에는 채무자는 중등품질의 물건으로 이행하여야 한다.
② 채무자가 이행에 필요한 행위를 완료하거나 채권자의 동의를 얻어 이행할 물건을 지정한 때에는 그때로부터 그 물건을 채권의 목적물로 한다.

03 금전채권

(1) 금종채권

채권의 목적이 어느 종류의 통화로 지급할 것인 경우에 그 통화가 변제기에 강제통용력을 잃은 때에는 채무자는 다른 통화로 변제하여야 한다.

(2) 외국금전채권(외화채권)

> 제377조 【외화채권】 ① 채권의 목적이 다른 나라 통화로 지급할 것인 경우에는 채무자는 자기가 선택한 그 나라의 각 종류의 통화로 변제할 수 있다.
> ② 채권의 목적이 어느 종류의 다른 나라 통화로 지급할 것인 경우에 그 통화가 변제기에 강제통용력을 잃은 때에는 그 나라의 다른 통화로 변제하여야 한다.
> 제378조 【동전】 채권액이 다른 나라 통화로 지정된 때에는 채무자는 지급할 때에 있어서의 이행지의 환금시가에 의하여 우리나라 통화로 변제할 수 있다.

환산시기는 '지급할 때'의 의미에 관하여 이행기가 아니라 현실로 이행하는 때이다.

(3) 금전채무불이행의 특칙

> 제397조 【금전채무불이행에 대한 특칙】 ① 금전채무불이행의 손해배상액은 법정이율에 의한다. 그러나 법령의 제한에 위반하지 아니한 약정이율이 있으면 그 이율에 의한다.
> ② 전항의 손해배상에 관하여는 채권자는 손해의 증명을 요하지 아니하고 채무자는 과실 없음을 항변하지 못한다.

① 금전채권은 이행불능·위험부담은 생각할 수 없고, 이행지체가 성립할 뿐이다.

⚡기출

01 금전채무불이행의 경우, 채무자는 과실 없음을 항변할 수 ( ). 제24회

기출정답

01 없다

② 금전채무불이행의 경우, 채권자가 손해의 발생과 손해액을 증명할 필요는 없다. 그렇다고 하여 그에 대한 주장책임까지 면제되는 것은 아니다.

04 이자채권

(1) 이율
① 법정이율의 경우 민사에서는 연 5푼, 상사에서는 연 6푼이다.
② 소비대차에서 변제기 후의 이자약정이 없는 경우 특별한 의사표시가 없는 한 변제기가 지난 후에도 당초의 약정이자를 지급하기로 한 것으로 보는 것이 당사자의 의사이다.

(2) 이자채권

암기 PLUS | 기본적 이자채권과 지분적 이자채권

구분	원본채권과의 관계
기본적 이자채권	원본채권에 종속(부종성). 즉, 그 발생·소멸·처분에서 원본채권과 운명을 같이한다.
지분적 이자채권	원본채권에 대해 독립된 존재로서 종속성이 약하다. 즉, 원본채권과 분리·양도·변제할 수 있으며, 시효로 인하여 소멸되기도 하는 등 어느 정도 독립성을 갖는다. 단, 원본채권이 먼저 시효소멸하면 지분적 이자채권은 당연히 소멸한다.

05 선택채권

(1) 선택에 의한 특정
① **선택권자**: 채권의 목적이 수개의 행위 중에서 선택에 좇아 확정될 경우에 다른 법률의 규정이나 당사자의 약정이 없으면 선택권은 채무자에게 있다.
② **선택권의 이전**
  ㉠ 당사자 일방이 선택권을 가지는 경우
    ⓐ 선택권 행사의 기간이 있는 경우에 선택권자가 그 기간 내에 선택권을 행사하지 아니하는 때에는 상대방은 상당한 기간을 정하여 그 선택을 최고할 수 있고, 선택권자가 그 기간 내에 선택하지 아니하면 선택권은 상대방에게 있다.

⚡ **기출**

01 원본채권이 양도된 경우, ( ) 이자채권은 그 이자채권도 양도한다는 의사표시가 없는 한 당연히 양도되지는 않는다. 제26회

02 선택권에 관하여 법률의 규정이나 당사자의 약정이 없으면 선택권은 ( )에게 있다. 제25회

03 선택권 행사의 기간이 있는 경우에 선택권자가 그 기간 내에 선택권을 행사하지 아니하는 때에는 상대방은 상당한 기간을 정하여 그 선택을 ( )할 수 있고, 선택권자가 그 기간 내에 선택하지 아니하면 선택권은 상대방에게 있다. 제25회

기출정답
01 이미 변제기에 도달한
02 채무자
03 최고

ⓑ 선택권 행사의 기간이 없는 경우에 채권의 기한이 도래한 후 상대방이 상당한 기간을 정하여 그 선택을 최고하여도 선택권자가 그 기간 내에 선택하지 아니할 때에도 선택권은 상대방에게 있다.

ⓒ **제3자가 선택권을 가지는 경우**
  ⓐ 선택할 제3자가 선택할 수 없는 경우에는 선택권은 채무자에게 있다.
  ⓑ 제3자가 선택하지 아니하는 경우에는 채권자나 채무자는 상당한 기간을 정하여 그 선택을 최고할 수 있고, 제3자가 그 기간 내에 선택하지 아니하면 선택권은 채무자에게 있다.

③ **선택권의 행사**
  ㉠ **당사자의 선택권 행사**: 채권자나 채무자가 선택하는 경우에는 그 선택은 상대방에 대한 의사표시로 하며, 의사표시는 상대방의 동의가 없으면 철회하지 못한다.
  ㉡ **제3자의 선택권 행사**: 제3자가 선택하는 경우에는 그 선택은 채무자 및 채권자에 대한 의사표시로 한다. 의사표시는 채권자 및 채무자의 동의가 없으면 철회하지 못한다.

④ **선택의 효과**: 선택의 효력은 그 채권이 발생한 때에 소급한다. 그러나 제3자의 권리를 해하지 못한다.

(2) 급부불능에 의한 특정

① 채권의 목적으로 선택할 수개의 행위 중에 처음부터 불능한 것이나 또는 후에 이행불능하게 된 것이 있으면 채권의 목적은 잔존한 것에 존재한다.

② 선택권 없는 당사자의 과실로 인하여 이행불능이 된 때에는 위 ①의 규정을 적용하지 아니한다.

⚡**기출**

01 채권의 목적으로 선택할 여러 개의 행위 중에 당사자의 과실 없이 처음부터 불능한 것이 있으면 채권의 목적은 (　　)에 존재한다.
제25회

기출정답
01 잔존한 것

제2장 채권의 효력

기본서 p.624~662

제1절 채무불이행 빈출

01 서설

(1) 채무불이행의 의의

채무자가 채무의 내용에 좇은 이행을 하지 아니한 때에는 채권자는 손해배상을 청구할 수 있다. 그러나 채무자의 고의나 과실 없이 이행할 수 없게 된 때에는 그러하지 아니하다.

(2) 채무불이행의 요건

① 객관적 요건
  ㉠ **채무의 내용에 좇은 이행이 행해지지 않고 있을 것**: 이행지체, 이행불능, 불완전이행
  ㉡ **위법성 요건**: 동시이행항변권 등의 위법성 조각사유가 없으면 위법하다고 평가되는 소극적인 요건이다.

② 주관적 요건
  ㉠ 귀책사유
    ⓐ **채무자에게 귀책사유(고의·과실)가 있을 것**: 채무자 자신의 고의·과실 외에 이행보조자의 고의·과실도 포함된다.
    ⓑ **증명책임**: 채무자는 자기에게 귀책사유 없음을 증명할 책임이 있다.
    ⓒ **면책특약의 효력**: 당사자 사이에 채무자 또는 이행보조자의 책임을 면하는 내용의 특약도 유효하다.
  ㉡ **채무자에게 책임능력이 있을 것**: 행위의 위법한 결과와 책임을 인식할 수 있어야 한다.

선생님 TIP

채권의 대내적 효력으로 채권자의 채무자에 대한 효력으로 청구력과 급부보유력(1차적 효력), 강제이행과 손해배상청구(2차적 효력)가 인정되며, 채무자의 채권자에 대한 효력으로는 채권자지체가 있다. 채권의 대외적 효력은 책임재산보전제도로 채권자대위권과 채권자취소권이 있으며, 제3자에 의한 채권침해가 논의된다.

기출

01 채무자는 (   )가 없으면 민법 제390조의 채무불이행에 따른 손해배상책임을 지지 않는다. 제27회

기출정답

01 귀책사유

(3) 이행보조자 등의 고의·과실(제391조)

> **제391조【이행보조자의 고의·과실】** 채무자의 법정대리인이 채무자를 위하여 이행하거나 채무자가 타인을 사용하여 이행하는 경우에는 법정대리인 또는 피용자의 고의나 과실은 채무자의 고의나 과실로 본다.

① 이행보조자는 채무자의 의사 관여 아래 채무이행행위에 속하는 활동을 하는 사람이면 족하고 반드시 채무자의 지시 또는 감독을 받는 관계에 있어야 하는 것은 아니므로, 그가 채무자에 대하여 종속적 또는 독립적인 지위에 있는가는 문제되지 않는다.

② 이행보조자는 채권자에 대하여 채무불이행책임을 지지 않지만, 불법행위의 책임을 질 수는 있다. 이 경우 채무자가 채권자에 대해서 지는 책임과는 부진정연대채무관계에 있다.

기출
01 채무자의 법정대리인이 채무자를 위하여 채무를 이행하는 경우, 법정대리인의 고의나 과실은 채무자의 고의나 과실로 (   ). 제27회

타인의 행위에 대한 책임의 비교

구분	면책가능성	행위자책임	구상권
법인의 불법행위책임 (제35조)	부정 (무과실책임)	대표기관도 책임 ○ (부진정연대책임)	○
이행보조자책임 (제391조)	부정 (무과실책임)	이행보조자는 불법행위책임 ○ (부진정연대책임)	○
사용자책임 (제756조)	긍정 (과실책임)	피용자도 책임 ○ (부진정연대책임)	○ (신의칙에 의한 제한)

02 채무불이행의 유형별 검토

1. 이행지체

(1) 서론

이행지체란 채무의 이행이 가능함에도 불구하고 채무자가 그에게 책임 있는 사유로 이행을 하지 않고 이행기를 도과하는 채무불이행의 유형이다.

기출정답
01 본다

(2) 요건

> **제387조 【이행기와 이행지체】** ① 채무이행의 확정한 기한이 있는 경우에는 채무자는 기한이 도래한 때로부터 지체책임이 있다. 채무이행의 불확정한 기한이 있는 경우에는 채무자는 기한이 도래함을 안 때로부터 지체책임이 있다.
> ② 채무이행의 기한이 없는 경우에는 채무자는 이행청구를 받은 때로부터 지체책임이 있다.
>
> **제388조 【기한의 이익의 상실】** 채무자는 다음 각 호의 경우에는 기한의 이익을 주장하지 못한다.
> 1. 채무자가 담보를 손상, 감소 또는 멸실하게 한 때
> 2. 채무자가 담보제공의 의무를 이행하지 아니한 때

⚡ 기출

01 채무이행의 불확정한 기한이 있는 경우에는 채무자는 기한이 도래함을 ( ) 지체책임이 있다. 제27회

02 채무이행의 기한이 없는 경우, 채무자는 ( ) 지체책임이 있다. 제21회

03 동시이행관계에 있는 채무의 이행기가 도래하였더라도 상대방이 ( )을 하지 않는 한 이행지체가 성립하지 않는다. 제21회

이행기와 소멸시효의 기산점

구분	이행지체	소멸시효 기산점
확정기한부 채무	① **원칙**: 기한이 도래한 다음 날 ② **예외** 　㉠ 지시·무기명채권: 증권제시 및 이행청구시 　㉡ 채권자 협력(추심)이 필요한 채무: 협력하여 이행최고시 　㉢ 쌍무계약상 채무이행(동시이행): 상대방의 이행제공	기한이 도래한 때
불확정기한부 채무	기한의 도래 안 다음 날 또는 최고받은 다음 날부터(예 건물 준공 후 공부정리가 완료되는 즉시 소유권을 이전하기로 한 것, 중도금 지급기일을 1층 골조공사 완료시로 정한 것)	기한이 객관적으로 도래한 때
기한이 없는 채무	① **원칙**: 이행청구(최고)받은 다음 날부터(예 부당이득반환채무, 금전채무의 지연손해금채무, 저당권이 설정된 부동산 매도인의 담보책임에 기한 손해배상채무) ② **예외** 　㉠ 반환시기의 약정이 없는 소비대차: 최고로부터 상당기간 경과시 　㉡ 불법행위: 불법행위시(판례·통설)	① **원칙**: 채권 성립시 ② **예외** 　㉠ 청구 또는 해지통고를 한 후 일정기간이나 상당한 기간이 경과한 후에 청구할 수 있는 채권은 청구나 해지통고를 할 수 있는 때로부터 소정의 유예기간이 경과한 때

기출정답
01 안 때로부터
02 이행청구를 받은 다음 날부터
03 이행제공

	ⓒ 채권양수인이 이행의 소를 제기 후 채권양도통지를 한 경우: 통지가 도달된 날의 다음 날부터	ⓒ 불법행위는 특칙 있으며, 채무불이행은 채무불이행이 발생한 때로부터 진행(판례)
기한의 이익 상실 채무	① 채무자는 기한의 이익을 주장하지 못한다. 채권자의 청구가 있음에도, 채무의 이행이 없으면 이행지체가 된다. 파산선고시에 변제기에 이른다. ② 기한의 이익 상실사유 　㉠ 법정사유: 제388조, 채무자회생법 　㉡ 약정사유(기한이익 상실의 특약) 　　ⓐ 정지조건부 기한이익 상실의 특약: 사유발생시에 전부 지체 　　ⓑ 형성권적 기한이익 상실의 특약: 전부 이행청구시 전부 지체	기한이익 상실의 특약이 있는 경우 ① 정지조건부 기한이익 상실의 특약: 사유발생시에 전부 소멸시효 진행(판례) ② 형성권적 기한이익 상실의 특약: 각 변제기의 도래시마다 순차로 소멸시효가 진행하고, 채권자가 전액의 변제를 구하는 취지의 의사를 표시한 경우에 전액에 대하여 그때부터 소멸시효가 진행한다(판례).
이행거절	바로 채무불이행	

(3) 효과

① **손해배상**
　㉠ **지연배상**: 채권자는 지연배상과 함께 본래 채무의 이행도 청구할 수 있다.
　㉡ **전보배상**: 채무자가 채무의 이행을 지체한 경우에 채권자가 상당한 기간을 정하여 이행을 최고하여도 그 기간 내에 이행하지 아니하거나 지체 후의 이행이 채권자에게 이익이 없는 때에는 채권자는 수령을 거절하고 이행에 갈음한 손해배상을 청구할 수 있다.
　㉢ **책임의 가중**: 채무자는 자기에게 과실이 없는 경우에도 그 이행지체 중에 생긴 손해를 배상하여야 한다. 그러나 채무자가 이행기에 이행하여도 손해를 면할 수 없는 경우에는 그러하지 아니하다.
② **이행의 강제**: 채권의 강제력인 소구력·집행력이 인정된다.

⚡기출

01 채무자는 자기에게 (　　) 이 없는 경우에도 원칙적으로 이행지체 중에 생긴 손해를 배상하여야 한다. 제21회

기출정답

01 과실

③ **계약의 법정해제권**: 채권자가 상당한 기간을 정하여 이행을 최고하였는데 그 기간 내에 이행이 없으면 그는 계약을 해제할 수 있다.

2. **이행불능**

(1) **의의**

이행불능이란 채권이 성립한 후에 채무자에게 책임있는 사유로 이행할 수 없게 된 것을 말한다.

(2) **요건**

① **채권관계의 성립 이후에 이행이 불능으로 되었을 것**
  ㉠ 계약 당시에 이미 채무의 이행이 불가능했다면, 제535조에서 정한 계약체결상의 과실책임이 문제될 뿐이다.
  ㉡ 매도인이 그 매매부동산을 제3자에게 이중양도하고 그 이전등기를 경료한 때는 매도인의 매수인에 대한 소유권이전등기의무는 이행불능이다.

② **채무자의 귀책사유에 기할 것**: 채무자의 귀책사유가 없는 경우 위험부담의 문제이다.

③ **이행불능이 위법할 것**

(3) **효과**

① **전보배상청구권**: 채무의 일부불능이 전부불능으로 다루어지는 경우, 채권자는 이행이 가능한 부분의 급부를 청구할 수는 없고, 채무 전부의 이행에 갈음하는 손해배상을 청구하거나 계약 전부를 해제할 수 있을 뿐이다.

② **계약해제권**: 채권자는 이행기가 도래하기 전이라도 최고 없이 계약을 해제할 수 있다. 자기의 채무의 이행의 제공을 할 필요도 없다.

③ **대상청구권**
  ㉠ 대상청구권은 이행불능이 되는 사정의 결과로 채무자가 이익(예 수용보상금청구권, 손해배상청구권, 보험금청구권 등)을 취득하는 경우에 채권자가 채무자에 대하여 그 이익을 청구할 수 있는 권리이다.
  ㉡ 이행불능의 효과로서 해석상 대상청구권을 부정할 이유는 없다.

03 손해배상

(1) 총설

구분		채무불이행	불법행위
공통점		① 제763조에 의한 준용: 손해배상의 범위, 손해배상의 방법(금전배상주의), 과실상계, 손해배상자의 대위 ② 해석상 당연 공통: 손익상계, 중간이익공제, 과실책임주의, 위자료(불법행위에는 명문규정이 있으나, 통설·판례는 채무불이행에는 해석상 제390조의 손해에 포함된다고 한다)	
차이점	고의·과실의 증명책임	채무자(피고)	피해자(채권자 내지 원고)
	제3자에 의한 책임	이행보조자의 과실에 대한 채무자의 책임: 채무자의 면책가능성은 없다. 타인의 과책에 대한 책임이다.	피용자의 불법행위에 대한 사용자의 책임: 사용자의 면책가능성 있다(중간책임). 사용자 자신의 과책에 대한 책임이다.
	소멸시효	일반원칙 적용	3년, 10년의 특칙 적용
	실화책임에 관한 법률의 적용 여부	부적용	적용
	연대책임	규정 없음	공동불법행위의 경우 발생
	상계	제한 없음	가해자의 수동채권으로 하는 상계의 금지
	태아의 지위	손해배상청구권의 주체가 안 됨	손해배상청구권의 주체가 됨
	배상액 경감청구	경감청구 불가	법원에 경감청구 가능

(2) 손해의 분류

① **재산적 손해와 비재산적 손해**: 이는 침해행위의 결과로서 발생하는 손해이다. 불법행위 중에는 비재산적인 손해배상을 인정하는 명문규정이 있다.

> **판례 |** 채무불이행으로 인하여 재산적 손해가 발생한 경우 위자료를 인정하기 위한 요건
>
> 계약상 채무불이행으로 인하여 재산적 손해가 발생한 경우, 재산적 손해의 배상만으로는 회복될 수 없는 정신적 고통을 입었다는 특별한 사정이 있고, 상대방이 이와 같은 사정을 알았거나 알 수 있었을 경우에 한하여 정신적 고통에 대한 위자료를 인정할 수 있다(대판 2007.1.11, 2005다67971).

② **적극적 손해와 소극적 손해**: 재산적 손해는 '적극적 손해'와 '소극적 손해'로 나뉜다. 적극적 손해는 통상의 손해로, 소극적 손해는 특별 손해로 되는 수가 많다.

③ **이행이익의 손해와 신뢰이익의 손해**: 신뢰이익의 손해는 계약이 무효라는 것을 알았더라면 입지 않았을 손해이다. 채무불이행의 경우에는 원칙적으로 이행이익을 배상하여야 한다.

(3) 손해배상청구권

① **손해배상청구권자**: 채무불이행으로 인한 손해배상청구권자는 원칙적으로 계약 당사자만이며, 제3자는 손해배상청구권이 없다. 다만, 제3자를 위한 계약의 수익자는 낙약자에 대하여 손해배상을 청구할 수 있다.

> **판례 |** 손해배상청구권자
>
> 숙박업자가 숙박계약상의 고객보호의무를 다하지 못하여 투숙객이 사망한 경우, 숙박계약의 당사자가 아닌 그 투숙객의 근친자가 그 사고로 인하여 정신적 고통을 받았다 하더라도 숙박업자의 그 망인에 대한 숙박계약상의 채무불이행을 이유로 위자료를 청구할 수는 없다(대판 2000.11.24, 2000다38718·38725).

② **손해배상청구권의 성질**: 채무불이행으로 인한 손해배상청구권은 본래의 채권과 동일성을 가진다. 따라서 본래의 채권이 시효로 소멸하면 손해배상채권도 함께 소멸하며, 시효기간은 본래의 채권의 성질에 의하여 결정된다. 한편, 채무불이행으로 인한 손해배상청구권의 소멸시효는 채무불이행시로부터 진행한다.

(4) 손해배상의 방법

> **제394조 【손해배상의 방법】** 다른 의사표시가 없으면 손해는 금전으로 배상한다.

여기서 금전은 우리나라의 통화를 가리키는 것이다.

(5) 손해배상의 범위

① **통상손해 · 특별손해**

> **제393조 【손해배상의 범위】** ① 채무불이행으로 인한 손해배상은 통상의 손해를 그 한도로 한다.
> ② 특별한 사정으로 인한 손해는 채무자가 그 사정을 알았거나 알 수 있었을 때에 한하여 배상의 책임이 있다.

특별손해는 예외적으로 배상책임을 진다. 채무자의 예견가능성 유무의 판단시기는 채무의 이행기이다.

② **손해배상액의 산정기준 시기**
  ㉠ 이행불능으로 입는 손해액은 원칙적으로 그 이행불능이 될 당시의 목적물의 시가상당액이고, 이행불능 당시 그와 같은 특별한 사정을 알았거나 알 수 있었을 때에 한하여 그 등귀한 가격에 의한 손해배상을 청구할 수 있다.
  ㉡ 이행지체에 의한 전보배상청구에 있어서, 원칙적으로 최고하였던 상당한 기간이 경과한 당시의 시가에 의하여야 한다. 그리고 채무자의 이행거절로 인한 채무불이행에서의 손해액 산정은 이행거절 당시의 급부목적물의 시가를 표준으로 해야 한다.

(6) 손해배상의 범위에 관한 특수문제

① **손익상계**: 채무불이행이나 불법행위 등이 채권자 또는 피해자에게 손해를 생기게 하는 동시에 이익을 가져다 준 경우에는 공평의 관념상 그 이익은 당사자의 주장을 기다리지 아니하고 손해를 산정함에 있어서 공제되어야만 하는 것이다.

② **과실상계**
  ㉠ **의의**: 채무불이행에 관하여 채권자에게 과실이 있는 때에는 법원은 직권으로 손해배상의 책임 및 그 금액을 정함에 이를 참작하여야 한다. 불법행위에도 준용된다.

⚡기출

01 특별한 사정으로 인한 손해는 채무자가 그 사정을 ( )에 한하여 배상의 책임이 있다. 제27회

⚡기출

02 채무불이행에 관해 채권자에게 과실이 있는 경우, 법원은 ( )으로 손해배상의 책임 및 그 금액을 정함에 이를 참작하여야 한다. 제24회

기출정답
01 알았거나 알 수 있었을 때
02 직권

ⓒ 요건
  ⓐ 채무불이행의 성립 자체에 과실이 있는 경우뿐만 아니라, 손해의 발생 또는 확대에 과실이 있는 경우도 포함된다.
  ⓑ 불법행위에 있어서 가해자의 과실은 의무위반이라는 강력한 과실인데 반하여 과실상계상의 피해자의 과실은 사회통념상 요구되는 약한 부주의를 가리킨다.
  ⓒ 채권자의 수령보조자의 과실을 채권자의 과실과 동일시하며, 불법행위의 경우에는 피해자측 과실이론이 인정된다.

ⓒ 효과
  ⓐ 법원은 직권으로 채권자의 과실유무를 조사하여야 한다(직권조사사항). 과실상계 사유에 관한 사실인정이나 비율을 정하는 것은 사실심의 전권사항에 속한다.
  ⓑ 판례는 과실상계를 한 후에 손익상계를 한다.

ⓔ 적용범위

(유추)적용되는 경우	적용되지 않는 경우
ⓐ 신체에 대한 가해행위로 인한 손해의 확대에 피해자 자신의 심인적 요인 내지 체질적인 소인이 기여한 때 ⓑ 채무불이행이 발생할 가능성이 높다는 사실을 예견하고서도 대비책을 마련하지 않은 상태에서 비용을 지출한 경우 ⓒ **불법행위의 피해자가 손해경감조치의무를 불이행하여 손해가 확대된 경우**: 불법행위로 인한 피해자가 일반적으로 용인될 수 있는 수술을 받으면 노동능력 상실 정도를 감소시킬 수 있는데도 수술을 받지 않은 경우, 법적 조치를 취했으면 손해의 확대를 막을 수 있었음에도 그러한 조치를 취하지 않은 경우	ⓐ **채무내용에 따른 본래의 급부의 이행을 구하는 경우**: 정기예탁금 반환청구, 표현대리가 성립한 경우의 본인에 대한 이행청구, 손해담보계약에서의 담보의무자의 책임, 연대보증인에 대한 보증채무의 이행청구 ⓑ 수령지체의 경우 ⓒ 매도인 및 수급인의 하자담보책임 ⓓ 피해자의 부주의를 이용하여 고의로 불법행위를 저지른 자가 바로 그 피해자의 부주의를 이유로 자신의 책임을 감하여 달라고 주장하는 경우 ⓔ 손해배상액을 예정한 경우 ⓕ 해제로 인한 원상회복의무의 경우

(7) 손해배상액의 예정

① **의의**

> **제398조 【배상액의 예정】** ① 당사자는 채무불이행에 관한 손해배상액을 예정할 수 있다.
> ② 손해배상의 예정액이 부당히 과다한 경우에는 법원은 적당히 감액할 수 있다.
> ③ 손해배상액의 예정은 이행의 청구나 계약의 해제에 영향을 미치지 아니한다.
> ④ 위약금의 약정은 손해배상액의 예정으로 추정한다.
> ⑤ 당사자가 금전이 아닌 것으로써 손해배상에 충당할 것을 예정한 경우에도 전4항의 규정을 준용한다.

손해배상액의 예정은 채무불이행을 정지조건으로 하며, 원채권관계에 종속한다.

② **손해배상액 예정의 요건**
  ㉠ 손해가 발생한 후에 하는 손해배상액의 합의는 화해계약에 불과하다.
  ㉡ 강행법규 위반이 되어서는 안 된다.

③ **손해배상액 예정의 효과**
  ㉠ **예정배상액청구의 요건**
    ⓐ 채권자는 채무불이행 사실만 증명하면 손해의 발생 및 그 액을 증명하지 아니하고 예정배상액을 청구할 수 있다.
    ⓑ 채무자는 자신의 귀책사유가 없음을 주장·증명함으로써 예정배상액의 지급책임을 면할 수 있다.
  ㉡ **배상액청구의 범위**
    ⓐ 채무불이행으로 인하여 입은 통상손해는 물론 특별손해까지도 예정액에 포함되고 채권자의 손해가 예정액을 초과한다 하더라도 초과부분을 따로 청구할 수 없다.
    ⓑ 손실배상액을 예정한 경우에는 과실상계를 적용할 것이 아니다.
  ㉢ **예정배상액의 감액**
    ⓐ 금전채무에 관하여 이행지체에 대비한 지연손해금 비율을 따로 약정한 경우에 이는 일종의 손해배상액의 예정으로서 제398조에 의한 감액의 대상이 된다.
    ⓑ 법원이 감액을 한 경우 손해배상액의 예정에 관한 약정 중 감액부분에 해당하는 부분은 처음부터 무효이다.

④ 위약금
  ㉠ 위약금은 당사자 사이에 특별한 약정이 없는 한 손해배상액의 예정으로 추정된다. 따라서 위약벌임을 주장하는 자에게 위약벌 약정이었다는 사실에 대한 증명책임이 있다.
  ㉡ 위약벌의 약정은 제398조 제2항을 유추적용하여 그 액을 감액할 수는 없고, 다만 약정된 벌이 과도하게 무거울 때에는 그 일부 또는 전부가 공서양속에 반하여 무효로 된다.
  ㉢ 계약금은 특약이 있는 경우 위약금으로 기능한다. 계약금은 다른 약정이 없는 한 해약금으로 추정한다.

(8) 손해배상자의 대위
채권자가 그 채권의 목적인 물건 또는 권리의 가액 전부를 손해배상으로 받은 때에는 채무자는 그 물건 또는 권리에 관하여 당연히 채권자를 대위한다.

04 강제이행

(1) 서설
① 채무자가 임의로 채무를 이행하지 아니한 때에는 채권자는 그 강제이행을 법원에 청구할 수 있다. 그러나 채무의 성질이 강제이행을 하지 못할 것인 때에는 그러하지 아니하다.
② 채무가 법률행위를 목적으로 한 때에는 채무자의 의사표시에 갈음할 재판을 청구할 수 있고, 채무자의 일신에 전속하지 아니한 작위를 목적으로 한 때에는 채무자의 비용으로 제3자에게 이를 하게 할 것을 법원에 청구할 수 있다.
③ 채무가 부작위를 목적으로 한 경우에 채무자가 이에 위반한 때에는 채무자의 비용으로써 그 위반한 것을 제각하고 장래에 대한 적당한 처분을 법원에 청구할 수 있다.
④ 위 ③의 규정은 손해배상의 청구에 영향을 미치지 아니한다.

⚡기출
01 위약벌의 성질을 가지는 계약금이 부당하게 과도한 경우 법원은 손해배상액의 예정에 관한 규정을 유추적용하여 그 액을 감액할 수 (   ).   제23회
02 채권자가 그 채권의 목적인 물건의 가액 (   )를 손해배상으로 받은 경우, 채무자는 그 물건의 소유권을 취득한다.   제24회

⚡기출
03 채무자의 일신에 전속하지 아니한 작위를 목적으로 한 경우, 채무자가 이를 이행하지 않으면 채권자는 채무자의 비용으로 (   )에게 이를 하게 할 것을 법원에 청구할 수 있다.   제27회

기출정답
01 없다
02 전부
03 제3자

(2) 채무의 종류와 강제이행의 모습

채무의 종류			사례	강제이행의 방법
	주는 채무		주택명도, 금전채무, 연금증서반환채무 등	직접강제
작위채무	하는 채무	대체적 작위채무	건물철거, 물건운송 등	대체집행
		부대체적 작위채무	유아인도채무(다수설), 법인재산목록작성의무, 증권에서의 서명의무 등. 다만 채무자의 의사만으로 할 수 없는 채무(제3자의 동의 요하거나 비용이 과다한 경우), 현대의 문화관념이나 인격존중의 이념에 반하는 경우(부부간 동거의무, 고용채무의 강제), 자유의사를 억압하면 채무를 실현할 수 없는 채무(예술가의 작품제작의무)에서는 채권자는 손해배상 기타의 구제방법에 의존할 수밖에 없다.	간접강제. 단, 간접강제란 채무자에게 벌금을 과하거나 구금 기타의 수단으로 채무자에게 심리적 압박을 가하여 채권의 내용을 실현하려는 것으로서 최후수단적 성격을 지니는바, 직접강제 내지 대체집행이 가능하다면 간접강제는 허용되지 않는다.
		의사표시를 해야 할 채무	법인등기를 신청할 채무, 채권양도의 통지, 주총소집의 통지 등	대용판결
부작위채무				부작위 자체의 관철을 위해서는 간접강제. 다만 의무위반에 따른 결과의 제거는 대체집행

제2절 채권자지체

01 채권자지체의 요건

> **제400조 【채권자지체】** 채권자가 이행을 받을 수 없거나 받지 아니한 때에는 이행의 제공 있는 때로부터 지체책임이 있다.

(1) 채권자의 수령 또는 협력을 필요로 하는 채무일 것

예컨대 부작위채무, 의사표시를 하여야 할 채무 등의 경우에는 채권자지체가 성립할 여지가 없다.

(2) 채무의 내용에 좇은 이행의 제공이 있을 것

변제제공의 요건을 갖춰야 한다.

(3) 채권자의 수령거절 또는 수령불능

채권자지체의 성립에 채권자의 귀책사유는 요구되지 않는다.

02 채권자지체의 효과

(1) 제401조 내지 제403조

① **주의의무의 경감**: 채권자지체 중에는 채무자는 고의 또는 중대한 과실이 없으면 불이행으로 인한 모든 책임이 없다.
② **이자의 정지**: 채권자지체 중에는 이자 있는 채권이라도 채무자는 이자를 지급할 의무가 없다.
③ **증가된 보관비용 등의 채권자 부담**: 채권자지체로 인하여 그 목적물의 보관 또는 변제의 비용이 증가된 때에는 그 증가액은 채권자의 부담으로 한다.
④ **쌍무계약에 있어서 위험의 이전**: 쌍무계약의 경우 채권자지체 중 쌍방의 귀책사유 없이 급부가 불능이 된 경우 대가위험은 채권자에게 이전되어 채무자는 반대급부청구권을 상실하지 않는다.

(2) 손해배상청구권 및 해제권의 인정 여부

채무불이행책임과 마찬가지로 손해배상이나 계약 해제를 주장할 수는 없다.

제3절 책임재산의 보전 〈빈출〉

01 채권자대위권

1. 의의

> **제404조 【채권자대위권】** ① 채권자는 자기의 채권을 보전하기 위하여 채무자의 권리를 행사할 수 있다. 그러나 일신에 전속한 권리는 그러하지 아니하다.
> ② 채권자는 그 채권의 기한이 도래하기 전에는 법원의 허가 없이 전항의 권리를 행사하지 못한다. 그러나 보존행위는 그러하지 아니하다.

채권자대위권은 소송법상의 권리가 아니고 실체법상의 권리이며, 구체적으로는 일종의 법정재산관리권이라고 한다.

2. 채권자대위권의 요건

(1) 피보전채권에 관한 요건

① 피보전채권의 존재

  ㉠ 채권자의 채권이 보전에 적합한 것이면 발생원인이 어떠하든, 채권뿐만 아니라 청구권, 형성권도 포함된다. 판례에 의하면 물권적 청구권, 토지거래허가신청절차의 협력의무의 이행청구권, 수임인이 위임인에 대하여 가지는 자기에 갈음하여 변제하게 할 수 있는 권리(대변제청구권)는 피보전채권이 될 수 있다. 반면 이혼으로 인한 재산분할청구권은 협의 또는 심판에 의하여 그 구체적 내용이 형성되기 전에는 피보전채권이 될 수 없다.

  ㉡ 채무자의 제3채무자에 대한 채권보다 먼저 성립해 있을 필요도 없으며, 제3채무자에게까지 대항할 수 있는 것임을 요하는 것도 아니다.

  ㉢ 채권자대위소송에서 피보전채권이 존재하는지 여부는 소송요건으로서 법원의 직권조사사항이며, 당사자적격의 문제이다. 이 요건이 결여되면 채권자대위소송은 부적법하여 각하된다. 이와 달리 피대위권리가 부존재하는 경우에는 청구가 기각된다.

② 채권보전의 필요성

  ㉠ **채권이 금전채권인 경우**

    ⓐ 금전채권의 경우에는 채무자의 무자력이 요구되고, 증명책임은 채권자가 진다. 무자력의 판단시점은 사실심변론종결시이다.

⚡기출

01 이혼으로 인한 재산분할청구권은 그 구체적 내용이 심판에 의해 명확하게 확정되었다면 (   )의 피보전채권이 될 수 있다. 제23회

기출정답

01 채권자대위권

ⓑ 그러나 양 채권이 그 발생원인에 있어서 직접적인 관련성이 있으면 채무자의 무자력을 요건으로 하지 않는다.
　ⓒ 채권이 특정채권인 경우
　　　ⓐ 특정채권의 경우에는 채무자의 무자력은 요구되지 않는다.
　　　ⓑ 첫째 유형은 채권자에 의한 채무자의 등기청구권의 대위행사이다. 두 번째 유형은 임차인에 의한 임대인의 임차지 침해자에 대한 방해제거청구권 또는 방해예방청구권의 대위행사이다.
　ⓒ 채권보전의 필요성이 없는 경우에 법원이 취해야 할 조치: 소가 부적법하므로 법원으로서는 이를 각하하여야 한다.
③ **피보전채권의 이행기가 도래하였을 것**: 예외적으로 법원의 허가를 얻거나 보존행위(예 시효중단·보존등기 등)를 하는 경우에는 이행기가 도래할 필요가 없다.

(2) 대위의 객체에 관한 요건

① **피대위권리의 존재와 일신전속권이 아닐 것(비전속권)**

> **암기 PLUS | 채권자대위권의 목적으로 되는 권리인지 여부**
>
> | 구분 | 피대위권리 여부 |
> | --- | --- |
> | ○
(재산권) | • 채권적 청구권에 한하지 않으며, 물권적 청구권, 취소권·해제권·해지권 등 형성권, 채권자대위권·채권자취소권, 소멸시효완성의 원용권, 토지거래허가구역 내의 토지매매에서 신청절차협력의무의 이행청구권
• 소송행위(소의 제기, 강제집행신청, 청구이의의 소, 제3자이의의 소, 가처분명령의 취소신청 등) |
> | ×
(비재산권) | • 신분권(유류분반환청구권), 인격권
• 개별적 소송행위(공격방어방법의 제출, 상소나 재심의 소제기, 이의신청 등) |

② **채무자가 스스로 그의 권리를 행사하지 않고 있을 것(불행사)**
　㉠ 채무자가 자신의 권리를 행사하지 않고 있으면 족하고 이에 대한 채무자의 귀책사유를 요하지 않는다. 채무자가 대위행사에 반대하더라도 대위권 행사가 가능하다.
　㉡ 채무자가 그의 권리 행사에 착수한 이상, 채권자는 대위권을 행사할 수 없다.

⚡기출

01 채권자가 채무자에 대한 소유권이전등기청구권을 보전하기 위하여 채무자의 제3자에 대한 소유권이전등기청구권을 대위행사하는 경우, 채무자의 무자력은 그 요건이 ( ). 제23회

02 채권자는 피보전채권의 이행기가 도래하기 전이라도 피대위채권의 시효중단을 위해서 채무자를 대위하여 제3채무자에게 이행청구를 할 수 ( ). 제23회

기출정답
01 아니다
02 있다.

3. 채권자대위권의 행사

(1) 행사의 방법

① 채권자는 채무자의 이름이 아니라 자기의 이름으로 제3채무자를 상대로 재판상, 재판 외에서 채권자대위권을 행사할 수 있다. 채권자대위권의 행사는 채무자가 그 행사를 반대하는 경우에도 가능하다. 이러한 경우에 채권자와 채무자 사이에 위임에 준하는 법정채권관계가 성립하고, 채권자는 채무자의 권리를 대위행사함에 있어서 선량한 관리자의 주의의무를 부담한다.

② 채권자가 채무자에게 인도할 것을 청구할 수 있음은 물론, 직접 자기에게 인도할 것을 청구할 수도 있다. 이러한 법리는 등기청구권을 대위행사하는 때에도 마찬가지이다.

(2) 행사의 범위

① 채권자는 채무자의 재산을 관리하는 행위로서 대위권을 행사할 수 있을 뿐, 처분행위로서의 대위권의 행사를 할 수는 없다.

② 채권자는 채무자 자신이 주장할 수 있는 사유의 범위 내에서 주장할 수 있을 뿐 자기와 제3채무자 사이의 독자적인 사정에 기한 사유를 주장할 수는 없다.

(3) 행사의 통지

① **대위의 통지와 처분권의 제한**

채권자가 보전행위 이외의 권리를 행사한 때에는 채무자에게 통지하여야 하고, 채무자가 통지를 받은 후에는 그 권리를 처분하여도 이로써 채권자에게 대항하지 못한다. 대위권 행사의 통지가 없더라도 채무자가 대위권 행사의 사실을 알고 있었다면, 통지가 있었던 것과 마찬가지의 효과가 생긴다.

② **대위채권자에 대한 제3채무자의 항변**

㉠ 대위권 행사의 통지 또는 고지가 있기 전에는 제3채무자가 채무자에 대하여 발생한 사유를 가지고 채권자에게 대항할 수 있다. 통지 이후에는 채무자가 처분권을 상실하므로 제3채무자는 채무자가 그 권리를 소멸시키는 행위(예 채무면제, 채권포기, 채권양도, 합의해제)를 하더라도 이를 가지고 채권자에게 대항할 수는 없다.

ⓒ 한편 채권자가 채무자에게 통지를 하거나 채무자가 채권자의 대위권 행사 사실을 안 경우에는, 채무자의 처분행위가 금지될 뿐 관리보존행위까지 금지되는 것은 아니므로, 채무자에 대한 변제, 상계 또는 동시이행의 항변 등을 이유로 제3채무자는 대위채권자에게 대항할 수 있다.

③ **제3채무자의 항변과 그 한계**
ⓐ 제3채무자는 채무자에 대하여 가지는 모든 항변(**예** 권리소멸, 상계, 동시이행, 무효의 항변)으로 대항할 수 있다. 그러나 채무자가 채권자에 대하여 가지는 항변으로 대항할 수 없다.
ⓒ 채권자가 대위행사하는 채권의 소멸시효가 완성된 경우 이를 원용할 수 있는 자는 원칙적으로 시효이익을 직접 받는 채무자뿐이므로 채권자대위소송의 제3채무자는 이를 행사할 수 없다.

4. 채권자대위권 행사의 효과

(1) 효과의 귀속

실체법상 효과는 직접 채무자에게 귀속되어 전 채권자의 공동담보로 된다. 채권자의 채무자에 대한 채권과 채무자의 채권자에 대한 인도채권이 상계적상에 있다면, 상계로 '사실상'의 우선변제를 받을 수 있다.

> **판례 |** 채권자대위소송의 제기로 인한 소멸시효 중단의 효력이 채무자에게 미치는지 여부(적극)
>
> 채권자대위권 행사의 효과는 채무자에게 귀속되는 것이므로 채권자대위소송의 제기로 인한 **소멸시효 중단의 효과 역시 채무자에게 생긴다**(대판 2011.10.13, 2010다80930).

(2) 비용상환청구권

채권자와 채무자는 일종의 법정위임의 관계에 있으므로 채권자는 채무자에게 그 비용의 상환을 청구할 수 있다.

(3) 채권자대위소송의 기판력

판결의 효력이 그 당사자인 대위채권자와 제3채무자에게 미침은 당연하다. 채무자가 채권자 대위권에 의한 소송이 제기된 사실을 알았을 경우에는 그 판결의 효력은 채무자에게 미친다.

02 채권자취소권

(1) 총설
① **의의**: 채무자가 채권자를 해함을 알고 재산권을 목적으로 한 법률행위를 한 때에는 채권자는 그 취소 및 원상회복을 법원에 청구할 수 있다.
② **법적 성질**
  ㉠ 채권자취소권은 소송법상의 권리가 아니고, 실체법상의 권리이다. 채권자취소권은 반드시 재판상 행사하여야 하지만, 이는 권리행사의 방법에 지나지 않는다.
  ㉡ 채권자취소권은 채무자의 사해행위를 취소하고 아울러 채무자의 일반재산으로부터 일탈된 재산의 반환을 구하는 권리이다(절충설 또는 결합설).

(2) 요건
① **피보전채권의 존재**
  ㉠ **피보전채권의 성질**
    ⓐ 채권자취소권의 피보전채권은 원칙적으로 금전채권이어야 한다.
    ⓑ 특정물에 대한 소유권이전등기청구권을 보전하기 위하여는 채권자취소권을 행사할 수 없다. 부동산의 이중매매에서, 제1양수인은 자신의 소유권이전등기청구권 보전을 위하여 양도인과 제3자 사이에서 이루어진 이중양도행위에 대하여 채권자취소권을 행사할 수 없다.
    ⓒ 물적 담보(예 저당권)가 설정되어 있는 경우에는 그 담보물로부터 우선변제받을 액을 공제한 나머지 채권액에 대하여만 채권자취소권이 인정된다.
  ㉡ **피보전채권의 성립시기**
    ⓐ 채권자취소권의 피보전채권은 사해행위를 목적으로 하는 원인행위 이전에 발생되어 있어야 하는 것이 원칙이다. 따라서 채권자의 채권이 사해행위 이전에 성립한 이상 사해행위 이후에 양도되었다고 하더라도 양수인은 채권자취소권을 행사할 수 있다.

⚡기출

01 부동산 이중매매가 이루어진 경우 제1매수인은 채권자취소권을 행사할 수 ( )
제16회

기출정답
01 없다

　　　　ⓑ 예외적으로, 그 사해행위 당시에 이미 채권 성립의 기초가 되는 법률관계가 발생되어 있고, 가까운 장래에 그 법률관계에 터잡아 채권이 성립되리라는 점에 대한 고도의 개연성이 있으며, 실제로 가까운 장래에 그 개연성이 현실화되어 채권이 성립된 경우에는 그 채권도 채권자취소권의 피보전채권이 될 수 있다.
　　ⓒ **피보전채권의 이행기가 되었어야 하는지 여부**: 채권이 이행기에 있을 것이 요구되지 않는다. 취소채권자의 채권이 정지조건부 채권이라 하더라도 특별한 사정이 없는 한 채권자취소권을 행사할 수 있다.
② **사해행위(객관적 요건)**
　㉠ **채무자의 재산상 법률행위**
　　ⓐ 채무자의 법률행위가 통정허위표시인 경우에도 채권자취소권의 대상이 되고, 한편 채권자취소권의 대상으로 된 채무자의 법률행위라도 통정허위표시의 요건을 갖춘 경우에는 무효이다. 채무자의 재산을 감소시키는 것이라면 준법률행위(최고, 채권양도의 통지, 시효중단을 위한 채무승인)나 법률상 의사표시가 있었던 것으로 다루어지는 경우(법정추인, 추인거절)도 포함된다.
　　ⓑ 혼인·입양·인지 등과 같은 신분행위와 상속의 포기는 제406조 제1항에서 정하는 '재산권에 관한 법률행위'에 해당하지 아니하여 사해행위취소의 대상이 되지 못한다.
　　ⓒ 그러나 채무자가 협의이혼을 하면서 배우자에게 상당한 정도를 넘는 과대한 재산분할을 하는 특별한 사정이 있는 경우에는 상당한 부분을 초과하는 부분에 대하여 취소할 수 있고, 채무자가 상속재산의 협의분할을 하면서 재산분할 결과가 구체적 상속분에 상당하는 정도에 미달하는 과소한 경우에는 미달한 부분에 한하여 취소할 수 있다.
　㉡ **채권자를 해하는 법률행위**: 채무자의 무자력을 의미한다. 채무초과의 사실은 사해행위시를 기준으로 판단하여야 한다. 그리고 사실심변론종결시까지 무자력이 계속되어야 한다.

⚡기출

01 정지조건부 채권은 특별한 사정이 없는 한, 채권자취소권 행사의 피보전채권이 될 수 (　　). 제17회

기출정답
01 있다

ⓒ 행위유형에 따른 사해성의 검토

> **암기 PLUS | 사해행위 여부에 대한 구체적 검토**
>
> | 구분 | | 내용 |
> |---|---|---|
> | 변제 | | 변제는 사해행위가 되지 않는다(통설·판례). 다만 일부채권자와 통모하여 다른 채권자를 해할 의사로 변제한 경우에는 사해행위가 성립한다. |
> | 대물변제 | | 대물변제는 원칙적으로 사해행위로 되지 않으나, 정당하지 않은 가액으로 행해지거나 특정채권자와 통모하여 채권자를 해할 목적으로 한 대물변제는 사해행위가 된다. |
> | 담보의 부담 | 물적 담보의 부담 | 원칙적으로 사해행위가 아니다. 채무초과의 상태에 있는 자가 자신의 유일한 부동산을 채권자 중의 한사람에게 담보로 제공하면 사해행위이다. |
> | | 인적 담보의 부담 | 채무자가 보증채무나 연대채무를 부담하는 행위는 사해행위이다. |
> | 부동산의 매각 기타 양도 | | 채무자가 자기의 유일한 재산인 부동산을 매각하여 소비하기 쉬운 금전으로 바꾸거나 타인에게 무상으로 이전하여 주는 행위는 특별한 사정(채무변제, 공조·공과지출 등)이 없는 한 채권자에 대하여 사해행위가 된다. |

③ 악의(주관적 요건)

> **암기 PLUS | 악의의 증명책임**
>
> | 구분 | 증명책임 |
> |---|---|
> | 채무자 | 채권자 |
> | 수익자 또는 전득자 | 수익자 또는 전득자(수익자의 선의에 과실이 있는지 여부는 문제되지 않음) |

(3) 채권자취소권의 행사(상대적 무효설에 따라)

① **행사의 방법**: 채권자취소권은 채권자가 자기의 이름으로 수익자 또는 전득자를 피고로 하여 재판상 행사하여야 한다. 채무자를 상대로 그 소송을 제기할 수는 없다.

기출

01 채권자취소권은 수익자 또는 전득자를 상대로 (   )하여야 한다. 제22회

기출정답

01 재판상 행사

② **채권자취소권의 행사범위**
  ㉠ **취소의 범위**: 취소의 범위는 사해행위 당시의 취소채권자의 채권액이 기준이다.
  ㉡ **원상회복의 방법**: 채권자는 원칙적으로 목적물 자체의 반환을 청구하여야 하며, 예외적으로 거래관념상 원물반환이 불가능하거나 현저히 곤란한 경우에는 가액을 반환하여야 한다.

> ⚡ **기출**
> 01 채권자취소권 행사에 따른 원상회복은 ( )이 원칙이다. 제22회

(4) 채권자취소권 행사의 효과

① **취소의 효과(상대적 무효설)**: 사해행위취소의 효력은 소송의 당사자인 채권자와 수익자 또는 채권자와 전득자 사이에만 발생한다.

② **우선변제**

> **제407조 【채권자취소의 효력】** 전조의 규정에 의한 취소와 원상회복은 모든 채권자의 이익을 위하여 그 효력이 있다.

  ㉠ 채권자가 회복된 재산으로부터 우선변제를 받을 권리는 없다.
  ㉡ 다만, 취소채권자가 인도받아 상계적상에 있을 때 상계함으로써 사실상 우선변제를 받을 수 있다.

(5) 채권자취소권의 소멸

① 채권자는 취소원인을 안 날로부터 1년, 법률행위 있은 날로부터 5년 내에 취소권을 행사하여야 한다. 이 기간은 제척기간이고, 법원이 직권으로 조사할 수 있다.
② '채권자가 취소원인을 안 날'은 채권자가 채권자취소권의 요건을 안 날, 즉 채무자가 채권자를 해함을 알면서 사해행위를 하였다는 사실을 알게 된 날을 의미한다.
③ '법률행위가 있은 날'이란 법률행위가 실제로 이루어진 날을 의미한다. 가등기에 기하여 본등기가 경료된 경우, 사해행위 요건의 구비 여부는 가등기의 원인된 법률행위 당시를 기준으로 하여 판단하여야 한다.
④ 사해행위 취소청구가 정하여진 기간 안에 제기되었다면 원상회복의 청구는 그 기간이 지난 뒤에도 할 수 있다.

기출정답
01 원물반환

제3장 다수당사자의 채권관계

기본서 p.668~693

제1절 분할채권관계

01 의의

> **제408조 [분할채권관계]** 채권자나 채무자가 수인인 경우에 특별한 의사표시가 없으면 각 채권자 또는 각 채무자는 균등한 비율로 권리가 있고 의무를 부담한다.

분할채권관계는 하나의 가분급부에 대하여 채권자 또는 채무자가 다수 존재하는 경우에 성립한다. 우리 민법의 원칙이다.

02 성립

★ 암기 PLUS | 다수당사자의 채권관계의 성립

구분		성립
분할채권관계 (급부가 가분인 때)	분할 채권	① 공유물에 대한 불법점유자에 대하여 지분비율의 범위 내에서 공유자의 손해배상청구권 또는 부당이득금반환청구권 ② 2인의 공동매수인 각자가 그 2분의 1의 지분권에 기해 가지는 소유권이전등기청구권
	분할 채무	① 공동불법행위자 중 1인이 전체 채무를 변제한 때에 나머지 공동불법행위자들이 부담하는 구상채무 　+ 주의: 구상권자에게 과실이 없을 경우에는 부진정연대채무 ② 금전채무를 상속한 공동상속인들의 책임
불가분채무		① 건물의 공유자가 공동으로 건물을 임대하고 보증금을 수령한 경우 그 보증금반환채무, 채권적인 전세계약에 있어서 전세물건의 소유자가 공유자일 경우 그 전세계약과 관련하여 받은 전세금반환채무

선생님 TIP

다수당사자의 채권관계는 하나의 급부를 중심으로 채권자 또는 채무자의 일방 또는 쌍방이 2인 이상인 채권관계를 총칭하는 개념이다. 다수당사자의 채권관계로는 분할채권관계, 불가분채권관계, 연대채무, 보증채무가 있다. 학설은 연대채권과 부진정연대채무의 개념을 인정한다.

⚡ 기출

01 공유자들이 공유물의 무단점유자에게 가지는 차임 상당의 부당이득반환채권은 특별한 사정이 없는 한 (　　)에 해당한다. 　제26회

기출정답

01 분할채권

⚡ 기출

01 건물을 공동으로 상속한 상속인들의 건물철거의무, 자동차를 공유하는 매도인들의 매수인에 대한 자동차인도의무, 임대목적물을 공유하고 있는 공동임대인의 보증금반환채무, 공유토지에 수목이 부합되어 이익을 얻은 토지공유자들의 제3자에 대한 부당이득반환채무는 (   )에 해당한다. 제27회

02 공동임차인의 임대인에 대한 임차물반환의무는 (   )이다. 제27회

불가분채무	② 수인 공동의 점유·사용으로 말미암아 부담하게 되는 부당이득반환채무, 수인이 무단으로 토지를 점유한 경우 그들이 소유자에게 부담하는 부당이득반환 채무, 공유자가 공유물에 대한 관계에서 법률상 원인 없이 이득을 얻고 그로 인하여 제3자에게 손해를 입힌 경우에 그 이득을 반환할 의무, 대지사용권이 없는 전유부분의 공유자의 대지지분 소유자에 대한 부당이득반환채무 ③ 공동상속인들의 건물철거의무
연대채무	① 법인의 목적범위 외의 행위로 인하여 타인에게 손해를 가한 경우에 그 사항의 의결에 찬성하거나 그 의결을 집행한 사원·이사 기타 대표자의 연대책임 ② 공동사용차주의 연대채무 ③ 공동임차인의 연대채무 ④ 부부의 일상가사대리행위로 인한 채무의 연대책임
부진정연대채무	① 피용자가 사무집행에 관하여 불법행위를 한 경우에 피용자의 불법행위로 인한 손해배상의무와 사용자의 손해배상의무 ② 법인의 대표기관이 그 직무에 관하여 불법행위를 한 경우에 법인의 손해배상의무와 이사 개인의 손해배상의무 ③ 이행보조자 등의 과책에 기한 채무자의 채무불이행책임과 이행보조자 등의 불법행위책임 ④ 책임무능력자의 불법행위에 대한 법정감독의무자와 대리감독자의 손해배상의무 ⑤ 공동불법행위에 기한 가해자들의 손해배상채무

제2절 불가분채권관계

01 의의

① 채권의 목적이 그 성질 또는 당사자의 의사표시에 의하여 불가분인 경우에, 채권자가 수인인 때에는 각 채권자는 모든 채권자를 위하여 이행을 청구할 수 있고, 채무자는 모든 채권자를 위하여 각 채권자에게 이행할 수 있다.
② 불가분채권이나 불가분채무가 가분채권 또는 가분채무로 변경된 때에는 각 채권자는 자기부분만의 이행을 청구할 권리가 있고, 각 채무자는 자기부담부분만을 이행할 의무가 있다.

기출정답
01 불가분채무
02 연대채무

02 효력

① 모든 채권자에게 효력이 있는 사항을 제외하고는 불가분채권자 중 1인의 행위나 1인에 관한 사항은 다른 채권자에게 효력이 없다.
② 불가분채권자 중의 1인과 채무자간에 경개나 면제 있는 경우에 채무 전부의 이행을 받은 다른 채권자는 그 1인이 권리를 잃지 아니하였으면 그에게 분급할 이익을 채무자에게 상환하여야 한다.

당사자 1인에게 생긴 사유의 효력

구분		절대적 효력	상대적 효력
불가분 채권 관계	불가분 채권	이행청구(이행지체, 시효중단)와 이행(변제, 변제의 제공, 채권자지체, 공탁)	절대효 사유를 제외한 나머지 사유(경개, 면제, 대물변제, 상계 등)
	불가분 채무	변제(변제의 제공, 채권자지체), 대물변제, 공탁은 절대효	절대효 사유를 제외한 나머지 사유(상계, 경개, 면제, 채무의 승인 등), 이행청구(이행지체, 시효중단)는 상대효(다수설)
연대채무		㉠ 일체형 절대효 사유: 변제(변제의 제공, 채권자지체), 대물변제, 공탁, 이행청구(이행지체, 시효중단), 경개, 상계 ㉡ 부담부분형 절대효 사유: 면제, 혼동, 소멸시효의 완성	절대효 사유를 제외한 나머지 사유(이행청구에 의하지 않은 시효중단의 효과 등)
부진정연대채무		변제, 대물변제, 공탁, 상계(통설·판례)	나머지는 모두 상대효 사유
보증채무		㉠ 주채무자에게 생긴 사유 ㉡ 보증인에게 생긴 사유 중 변제, 대물변제, 공탁, 상계와 같이 채권을 만족시키는 사유	보증인에게 생긴 사유

제3절 연대채무

01 총설

(1) 의의

수인의 채무자가 채무전부를 각자 이행할 의무가 있고 채무자 1인의 이행으로 다른 채무자도 그 의무를 면하게 되는 때에는 그 채무는 연대채무로 한다.

(2) 법적 성질

① **복수채무성**: 어느 연대채무자에 대한 법률행위의 무효나 취소의 원인은 다른 연대채무자의 채무에 영향을 미치지 아니한다.
② **각 채무의 전부급부의무**: 급부는 가분이더라도 각 채무자의 채무는 전부의 급부이어야 할 것을 본질로 한다.
③ **연대채무자간의 결합관계**: 결합관계의 내용에 관하여, 판례는 각 채무자의 채무가 주관적으로 공동의 목적에 의하여 연결되어 있다는 주관적 공동관계설이다.

02 효력

(1) 대외적 효력

채권자는 어느 연대채무자에 대하여 채무의 전부나 일부의 이행을 청구할 수 있고 또는 동시나 순차로 모든 연대채무자에 대하여 채무의 전부나 일부의 이행을 청구할 수 있다.

(2) 연대채무자 1인에게 생긴 사유의 효력

① 절대적 효력사유
　㉠ **변제, 대물변제, 공탁**: 당연히 절대적 효력이 인정된다.
　㉡ **이행청구**: 어느 연대채무자에 대한 이행청구는 다른 연대채무자에게도 효력이 있다.
　㉢ **경개**: 어느 연대채무자와 채권자간에 채무의 경개가 있는 때에는 채권은 모든 연대채무자의 이익을 위하여 소멸한다.

ㄹ. **상계**: 어느 연대채무자가 채권자에 대하여 채권이 있는 경우에 그 채무자가 상계한 때에는 채권은 모든 연대채무자의 이익을 위하여 소멸한다. 상계할 채권이 있는 연대채무자가 상계하지 아니한 때에는 그 채무자의 부담부분에 한하여 다른 연대채무자가 상계할 수 있다.
ㅁ. **면제**: 어느 연대채무자에 대한 채무면제는 그 채무자의 부담부분에 한하여 다른 연대채무자의 이익을 위하여 효력이 있다.
ㅂ. **혼동**: 어느 연대채무자와 채권자간에 혼동이 있는 때에는 그 채무자의 부담부분에 한하여 다른 연대채무자도 의무를 면한다.
ㅅ. **소멸시효**: 어느 연대채무자에 대하여 소멸시효가 완성한 때에는 그 부담부분에 한하여 다른 연대채무자도 의무를 면한다.
ㅇ. **채권자지체**: 어느 연대채무자에 대한 채권자의 지체는 다른 연대채무자에게도 효력이 있다.
② **상대적 효력사유**: 어느 연대채무자에 관한 사항은 다른 연대채무자에게 효력이 없다.

(3) 대내적 효력

① **출재채무자의 구상권**
  ㉠ **부담부분**: 연대채무자의 부담부분은 균등한 것으로 추정한다.
  ㉡ **구상권의 성립요건**
    ⓐ **공동면책과 자기의 출재**: 출재가 없는 면제나 시효완성 등은 구상권을 발생시키지 않는다. 또한 공동면책이 요건이므로 사전구상권은 인정되지 않는다.
    ⓑ **부담부분과의 관계**: 자기부담부분 이하의 출재일 경우에도 채무의 부담비율에 따라 구상권을 행사할 수 있다. 참고로 공동보증 및 공동불법행위자들은 자기부담부분 이상의 면책이 있어야 한다.
  ㉢ **구상권의 범위**
    ⓐ 다른 채무자의 부담부분을 한도로 하여 출재액을 구상할 수 있다. 따라서 출재액이 채무액을 넘는 경우에는 채무액까지만, 반대로 출재액이 채무액보다 적은 때에는 실제의 출재액이 구상액이 된다.

ⓑ 공동면책액과 '면책된 날 이후의 법정이자 및 피할 수 없는 비용 기타 손해배상'이 구상액에 포함된다. 이는 수탁보증인의 주채무자에 대한 구상권의 범위와 일치하고, 또한 분별의 이익이 없는 보증인의 타 보증인에 대한 구상권의 범위와도 일치하며, 공동불법행위의 경우 유추적용된다.

② **구상권의 제한**
  ㉠ 어느 연대채무자가 다른 연대채무자에게 통지하지 아니하고 변제 기타 자기의 출재로 공동면책이 된 경우에 다른 연대채무자가 채권자에게 대항할 수 있는 사유가 있었을 때에는 그 부담부분에 한하여 이 사유로 면책행위를 한 연대채무자에게 대항할 수 있고, 그 대항사유가 상계인 때에는 상계로 소멸할 채권은 그 연대채무자에게 이전된다.
  ㉡ 어느 연대채무자가 변제 기타 자기의 출재로 공동면책되었음을 다른 연대채무자에게 통지하지 아니한 경우에 다른 연대채무자가 선의로 채권자에게 변제 기타 유상의 면책행위를 한 때에는 그 연대채무자는 자기의 면책행위의 유효를 주장할 수 있다.

③ **구상권의 확장**
  ㉠ 연대채무자 중에 상환할 자력이 없는 자가 있는 때에는 그 채무자의 부담부분은 구상권자 및 다른 자력이 있는 채무자가 그 부담부분에 비례하여 분담한다. 그러나 구상권자에게 과실이 있는 때에는 다른 연대채무자에 대하여 분담을 청구하지 못한다.
  ㉡ 상환할 자력이 없는 채무자의 부담부분을 분담할 다른 채무자가 채권자로부터 연대의 면제를 받은 때에는 그 채무자의 분담할 부분은 채권자의 부담으로 한다.

03 부진정연대채무

> **판례**
>
> 1. 금액이 다른 채무가 서로 부진정연대 관계에 있을 때 다액채무자가 일부 변제를 하는 경우
>   변제로 인하여 먼저 소멸하는 부분은 다액채무자가 단독으로 채무를 부담하는 부분으로 보아야 한다(대판 2018.3.22, 2012다74236 전합).
> 2. 부진정연대채무자 중 1인이 행한 상계의 효력
>   부진정연대채무자 중 1인이 자신의 채권자에 대한 반대채권으로 상계를 한 경우에도 채권은 변제, 대물변제 또는 공탁이 행하여진 경우와 동일하게 현실적으로 만족을 얻어 그 목적을 달성하는 것이므로, 그 **상계로 인한 채무소멸의 효력은 소멸한 채무 전액에 관하여 다른 부진정연대채무자에 대하여도 미친다**고 보아야 한다(대판 2010.9.16, 2008다97218 전합).

기출

01 부진정연대채무자 1인에 대한 이행의 청구는 다른 부진정연대채무자에 대하여 시효중단의 효력이 (   ). 제23회

제4절 보증채무

01 의의

(1) 개념

보증인은 주채무자가 이행하지 아니하는 채무를 이행할 의무가 있다. 보증은 장래의 채무에 대하여도 할 수 있다.

(2) 법적 성질

① **채무의 독립성**: 주채무자에 대한 확정판결에 의하여 주채무의 소멸시효기간이 10년으로 연장된 상태에서 주채무를 보증한 경우, 보증채무에 대하여는 성질에 따라 보증인에 대한 채권이 민사채권인 경우에는 10년, 상사채권인 경우에는 5년의 소멸시효기간이 적용된다.

② **주채무와 동일성**: 보증채무의 내용은 주채무의 내용과 동일하다.

③ **부종성**
   ㉠ 주채무에 대한 소멸시효가 완성된 경우에는 시효완성 사실로써 주채무가 당연히 소멸되므로 보증채무의 부종성에 따라 보증채무 역시 당연히 소멸된다.
   ㉡ 주채무의 내용에 변경이 생기면 보증채무의 내용도 변경된다.

기출

02 주채무가 민사채무이고 보증채무는 상행위로 인한 것일 경우, 보증채무는 (   )의 소멸시효에 걸린다. 제21회

기출정답

01 없다
02 5년

④ **수반성**: 주채무에 대한 채권이 이전하는 때에는 원칙적으로 보증인에 대한 채권도 이전한다. 보증인에 대한 채권만을 이전하기로 하는 특약은 무효이다.
⑤ **보충성**: 채권자는 보증인에 대하여 자유롭게 청구할 수 있되, 보증인은 최고·검색의 항변권을 가진다는 의미에 지나지 않는다. 그런데 연대보증에 있어서는 보충성이 없다.

02 성립 - 보증계약

(1) 보증계약의 체결

> **제428조의2 【보증의 방식】** ① 보증은 그 의사가 보증인의 기명날인 또는 서명이 있는 서면으로 표시되어야 효력이 발생한다. 다만, 보증의 의사가 전자적 형태로 표시된 경우에는 효력이 없다.
> ② 보증채무를 보증인에게 불리하게 변경하는 경우에도 제1항과 같다.
> ③ 보증인이 보증채무를 이행한 경우에는 그 한도에서 제1항과 제2항에 따른 방식의 하자를 이유로 보증의 무효를 주장할 수 없다.

① 보증채무는 채권자와 보증인간의 '보증계약'에 의해 성립한다.
② 보증계약은 무상·편무·낙성·요식의 계약이다. '보증인의 서명'은 원칙적으로 보증인이 직접 자신의 이름을 쓰는 것을 의미하지만, '보증인의 기명날인'은 타인이 이를 대행하는 방법으로 하여도 무방하다.
③ 채권자는 보증계약을 체결할 때 보증계약의 체결 여부 또는 그 내용에 영향을 미칠 수 있는 주채무자의 채무 관련 신용정보를 보유하고 있거나 알고 있는 경우에는 보증인에게 그 정보를 알려야 한다.

(2) 보증채무의 성립에 관한 요건

① **주채무에 관한 요건**
㉠ 보증채무가 성립하려면 주채무가 존재하여야 한다.
㉡ 보증은 장래의 채무에 대하여도 할 수 있다. 여기의 장래의 채무에는 장래의 특정의 채무뿐만 아니라 장래의 불특정의 채무도 포함된다. 근보증의 경우, 보증하는 채무의 최고액을 서면으로 특정하여야 한다.

⚡ **기출**
01 보증인의 보증의사를 표시하기 위한 '기명날인'은 타인이 이를 대행하는 방법으로 할 수 (   ). 제26회

⚡ **기출**
02 장래의 채무에 대한 보증계약은 효력이 (   ). 제27회

기출정답
01 있다
02 있다

② 보증인에 관한 요건
　㉠ **보증인의 조건**: 채무자가 보증인을 세울 의무가 있는 경우에는 그 보증인은 행위능력 및 변제자력이 있는 자로 하여야 한다. 보증인이 변제자력이 없게 된 때에는 채권자는 보증인의 변경을 청구할 수 있으며 채권자가 보증인을 지명한 경우에는 그러하지 아니한다.
　㉡ **타담보의 제공**: 채무자는 다른 상당한 담보를 제공함으로써 보증인을 세울 의무를 면할 수 있다.

03 보증기간

보증인보호를 위한 특별법에 의하면, 보증기간은 원칙적으로 당사자의 약정에 의하여 정하여지나, 약정이 없는 때에는 그 기간이 3년으로 된다.

04 보증채무의 내용

(1) 보증채무의 급부내용(목적)

원칙적으로 보증채무의 목적인 급부는 주채무와 동일한 것이어야 한다.

(2) 보증채무의 범위

① **목적·형태상의 부종성**: 보증인의 부담이 주채무의 목적이나 형태보다 중한 때에는 주채무의 한도로 감축한다.
② **보증채무의 범위**
　㉠ 보증채무는 주채무의 이자, 위약금, 손해배상 기타 주채무에 종속한 채무를 포함한다.
　㉡ 보증인은 그 보증채무에 관한 위약금 기타 손해배상액을 예정할 수 있다.
　㉢ 보증인은 특별한 사정이 없는 한 채무자가 채무불이행으로 인하여 부담하여야 할 손해배상채무와 원상회복의무에 관하여도 보증책임을 진다.

⚡ 기출

01 채무자가 보증인을 세울 의무가 있는 경우, 채권자가 보증인을 지명하지 않은 한 그 보증인은 (　　)이 있는 자로 하여야 한다. 　제19회

⚡ 기출

02 보증인의 보증채무는 주채무의 위약금이나 손해배상을 (　　). 　제28회

03 보증인은 그 보증채무에 관한 위약금 기타 손해배상액을 예정할 수 (　　). 　제26회

기출정답
01 행위능력 및 변제자력
02 포함한다
03 있다

> ★ **암기 PLUS Ⅰ 담보물권의 피담보채권의 범위와 보증채무의 범위, 수탁보증인의 구상권의 범위 비교**
>
> | 질권 | 원본, 이자, 위약금, 질권실행의 비용, 질물보존의 비용 및 채무불이행 또는 질물의 하자로 인한 손해배상채권 |
> |---|---|
> | 저당권 | 원본, 이자, 위약금, 저당권의 실행비용, 채무불이행으로 인한 손해배상채권(지연배상 1년분) |
> | 보증채무 | 주채무, 이자, 위약금, 손해배상, 종속한 채무 |
> | 수탁보증인의 구상권 | 출재액, 법정이자, 필요비(피할 수 없는 비용), 기타 손해배상·연대채무와 같음 |

05 보증채무의 효력

(1) 대외적 효력

　① **채권자의 이행청구**: 채권자는 주채무자와 보증인에게 동시에 또는 순차로 채무의 이행을 청구할 수 있다.

　② **보증인의 권리**

　　㉠ 부종성에 기한 권리

　　　ⓐ **주채무자 항변권의 행사**

> 제433조 【보증인과 주채무자항변권】 ① 보증인은 주채무자의 항변으로 채권자에게 대항할 수 있다.
> ② 주채무자의 항변포기는 보증인에게 효력이 없다.

　　　　주채무가 시효로 소멸한 때 보증인도 그 시효소멸을 원용할 수 있으며, 주채무자가 시효이익을 포기하더라도 보증인에게는 그 효력이 없다.

　　　ⓑ **주채무자 상계권의 행사**: 보증인은 주채무자의 채권에 의한 상계로 채권자에게 대항할 수 있다.

　　　ⓒ **채무이행의 거절**: 주채무자가 채권자에 대하여 취소권 또는 해제권이나 해지권이 있는 동안은 보증인은 채권자에 대하여 채무의 이행을 거절할 수 있다.

⚡ **기출**

01 보증채무에서 주채무자의 기한이익의 포기는 (　　)에게 효력이 미치지 아니한다. 제26회

02 주채무자의 항변포기는 보증인에게 효력이 (　　). 제28회

03 보증인은 주채무자의 채권에 의한 상계로 채권자에게 대항할 수 (　　). 제28회

기출정답
01 보증인
02 없다
03 있다.

ⓒ **보충성에 기한 권리(최고·검색의 항변권)**
  ⓐ **보증인의 최고·검색의 항변**: 채권자가 보증인에게 채무의 이행을 청구한 때에는 보증인은 주채무자의 변제자력이 있는 사실 및 그 집행이 용이할 것을 증명하여 먼저 주채무자에게 청구할 것과 그 재산에 대하여 집행할 것을 항변할 수 있다. 그러나 보증인이 주채무자와 연대하여 채무를 부담한 때에는 그러하지 아니하다.
  ⓑ **최고·검색의 해태의 효과**: 보증인의 항변에 불구하고 채권자의 해태로 인하여 채무자로부터 전부나 일부의 변제를 받지 못한 경우에는 채권자가 해태하지 아니하였으면 변제받았을 한도에서 보증인은 그 의무를 면한다.
  ⓒ 보증인이 연대보증을 한 경우, 최고·검색의 항변권을 행사할 수 없다.

(2) 주채무자 또는 보증인에게 생긴 사유의 효력
  ① **주채무자에게 생긴 사유의 효력**
    ㉠ **주채무의 소멸**: 주채무가 소멸하면, 소멸사유를 불문하고 보증채무도 소멸한다.
    ㉡ **주채무에 관한 채권양도**: 주채무자에 관한 채권이 양도되는 경우에 보증인에 대한 채권도 당연히 양수인에게 이전된다. 그 양도를 가지고 보증인에게 대항하기 위해서는 주채무자에 대한 대항요건을 구비하는 것으로 족하며, 별도로 보증인에게 그 채권양도를 통지하거나 또는 보증인의 승낙을 요하지 않는다.
    ㉢ **주채무에 대한 시효중단**: 주채무자에 대한 시효중단은 보증인에 대하여도 효력이 있다. 채권자와 주채무자 사이의 확정판결에 의하여 주채무가 확정되어 그 소멸시효기간이 10년으로 연장되었다 할지라도, 채권자와 연대보증인 사이에 있어서 연대보증채무의 소멸시효기간은 여전히 종전의 소멸시효기간에 따른다.
  ② **보증인에게 생긴 사유의 효력**: 보증인에게 생긴 사유는 원칙적으로 주채무자에 대하여 영향을 미치지 않는다(상대적 효력). 다만, 변제, 대물변제, 공탁, 상계와 같이 채권을 만족시키는 사유는 당연히 절대적 효력을 발생시킨다.

⚡기출

01 주채무자에 대한 시효의 중단은 보증인에 대하여 그 효력이 ( ). 제26회

기출정답
01 있다

(3) 대내적 효력 - 보증인과 주채무자 사이의 구상관계

① 수탁보증인과 그 외의 보증인의 구상관계 비교

구분	수탁보증인	그 외의 보증인
법률관계	위임관계	㉠ 부탁받지 않은 보증인은 사무관리 ㉡ 주채무자의 의사에 반한 보증인은 부당이득
구상권의 범위	출재액과 면책된 날 이후의 법정이자 및 피할 수 없는 비용 기타 손해배상	㉠ 주채무자의 부탁이 없는 보증인: 그 당시에 이익을 받은 한도 ㉡ 주채무자의 의사에 반하는 보증인: 현존이익의 한도
사전구상권	사전구상권의 인정	사전구상권의 불인정
통지의무	보증인(⇨ 주채무자)의 사전·사후(2번) 통지의무 주채무자(⇨ 보증인)의 (사후)면책통지의무 있음	주채무자(⇨ 보증인)의 (사후)면책통지의무 없음

⚡기출

01 채무자의 (   ) 보증인이 된 자의 구상권은 면책된 날 이후의 법정이자 및 피할 수 없는 비용 기타 손해배상을 포함한다. 제26회

② 수탁보증인의 구상권

㉠ 사후구상

> 제441조 【수탁보증인의 구상권】 ① 주채무자의 부탁으로 보증인이 된 자가 과실 없이 변제 기타의 출재로 주채무를 소멸하게 한 때에는 주채무자에 대하여 구상권이 있다.
> ② 제425조 제2항의 규정은 전항의 경우에 준용한다.

㉡ 사전구상

> 제442조 【수탁보증인의 사전구상권】 ① 주채무자의 부탁으로 보증인이 된 자는 다음 각 호의 경우에 주채무자에 대하여 미리 구상권을 행사할 수 있다.
> 1. 보증인이 과실 없이 채권자에게 변제할 재판을 받은 때
> 2. 주채무자가 파산선고를 받은 경우에 채권자가 파산재단에 가입하지 아니한 때
> 3. 채무의 이행기가 확정되지 아니하고 그 최장기도 확정할 수 없는 경우에 보증계약 후 5년을 경과한 때
> 4. 채무의 이행기가 도래한 때
> ② 전항 제4호의 경우에는 보증계약 후에 채권자가 주채무자에게 허여한 기한으로 보증인에게 대항하지 못한다.

기출정답

01 부탁으로

> **제443조【주채무자의 면책청구】** 전조의 규정에 의하여 주채무자가 보증인에게 배상하는 경우에 주채무자는 자기를 면책하게 하거나 자기에게 담보를 제공할 것을 보증인에게 청구할 수 있고 또는 배상할 금액을 공탁하거나 담보를 제공하거나 보증인을 면책하게 함으로써 그 배상의무를 면할 수 있다.

보증의 경우에 선급청구권을 인정하는 것은 보증채무의 취지에 맞지 않으므로, 예외적으로 제442조에서 사전구상권을 인정한다. 사전구상에 대한 주채무자의 보호를 위해 제443조의 항변권을 인정한다.

판례 | 수탁보증인의 사전구상권

1. **주채무자에 대한 사전구상권을 자동채권으로 하는 상계의 허용 여부**
   수탁보증인이 주채무자에 대하여 가지는 민법 제442조의 사전구상권에는 민법 제443조 소정의 이른바 면책청구권이 항변권으로 부착되어 있는 만큼 이를 자동채권으로 하는 상계는 허용될 수 없다(대판 2004. 5.28, 2001다81245).

2. **사전구상권을 행사하는 수탁보증인의 법적 지위**
   수탁보증인이 사전구상권을 행사하여 사전구상금을 수령하였다면, 보증인은 이를 선량한 관리자의 주의로서 위탁사무인 주채무자의 면책에 사용하여야 할 의무가 있다(대판 2002.11.26, 2001다833).

　ⓒ **구상권의 범위**: 수탁보증인의 구상권의 범위는 연대채무자와 같으며, 면책된 날 이후의 법정이자 및 피할 수 없는 비용 기타의 손해배상을 포함한다.

③ **복수의 주채무자가 있는 경우의 구상권**

> **제447조【연대, 불가분채무의 보증인의 구상권】** 어느 연대채무자나 어느 불가분채무자를 위하여 보증인이 된 자는 다른 연대채무자나 다른 불가분채무자에 대하여 그 부담부분에 한하여 구상권이 있다.

부진정연대채무에서도 마찬가지이다.

06 특수한 보증

(1) 연대보증

연대보증이란 보증인이 채권자에 대하여 주채무자와 연대하여 채무를 부담한다. 일반보증과 다른 점은 보충성 및 이에 따른 최고·검색의 항변권이 인정되지 않는 점과 분별의 이익이 없다는 점이다.

(2) 공동보증

① 공동보증인의 채권자에 대한 관계(분별의 이익)

> **제439조【공동보증의 분별의 이익】** 수인의 보증인이 각자의 행위로 보증채무를 부담한 경우에도 제408조의 규정을 적용한다.

특별한 의사표시가 없으면 각 보증인은 주채무를 균등한 비율로 분할한 부분에 대해서만 보증채무를 부담한다. 이를 분별의 이익이라고 한다.

② 공동보증인 사이의 구상권

> **제448조【공동보증인간의 구상권】** ① 수인의 보증인이 있는 경우에 어느 보증인이 자기의 부담부분을 넘은 변제를 한 때에는 제444조의 규정을 준용한다.
> ② 주채무가 불가분이거나 각 보증인이 상호연대로 또는 주채무자와 연대로 채무를 부담한 경우에 어느 보증인이 자기의 부담부분을 넘은 변제를 한 때에는 제425조 내지 제427조의 규정을 준용한다.

연대채무와 보증채무의 법적 성질

구분	부종성	보충성	분별의 이익
연대채무	×	×	×
보증채무	○ (보증채무는 모두 부종성이 있음)	○	×
공동보증		○	○
연대보증		×	× (수인의 연대보증인이 있는 경우)
보증연대		○	×

(3) 계속적 보증(근보증)

① **피담보채무의 범위 및 한도액**: 당사자는 보증하는 채무의 최고액을 서면으로 특정하여야 하며, 채무의 최고액을 서면으로 특정하지 아니한 보증계약은 효력이 없다.

② **보증기간과 해지권**: 판례는 회사의 요구로 부득이 계속적 거래로 인한 회사의 채무에 대하여 연대보증인이 된 이사가 그 후 회사로부터 퇴사한 것이라면, 사정변경을 이유로 연대보증계약을 해지할 수 있다고 판단한다. 한편 보증계약이 해지되면 보증인은 해지 이후에 발생한 채무에 대하여는 보증책임을 부담하지 않는다. 그러나 계속적 거래가 종료되거나 그 밖의 사유로 주채무 내지 구상금채무가 확정된 경우라면 보증인으로서는 더 이상 사정변경을 이유로 보증계약을 해지할 수 없다.

③ **상속의 제한**: 보증한도액이 정해진 계속적 보증계약의 경우에는 보증인이 사망하면 상속인들이 보증인의 지위를 승계한다고 보아야 할 것이나, 보증기간과 보증한도액의 정함이 없는 계속적 보증계약의 경우에는 보증인이 사망하면 보증인의 지위가 상속인에게 상속된다고 할 수 없고 다만, 기왕에 발생된 보증채무는 상속된다.

기출

01 불확정한 다수의 채무에 대하여 보증하는 경우, 보증하는 채무의 최고액을 (   ) 하여야 한다. 제19회

기출정답

01 서면으로 특정

제4장 채권양도와 채무인수

제1절 채권양도 〈빈출〉

선생님 TIP
채권양도와 채무인수는 계약관계 중 채권과 채무만을 대상으로 하여 그 동일성을 유지하면서 채권의 양도와 채무의 인수라는 측면에서 정한 것이다.

01 서설

(1) 의의

① 채권양도란 채권자(양도인)와 양수인의 계약으로 채권의 동일성을 유지하면서 채권을 이전하는 것을 말한다. 채권의 이전은 법률규정(예 제399조의 배상자대위, 제481조의 변제에 의한 대위), 법원의 명령(전부명령), 유언에 의하여서도 일어나지만, 그 경우는 채권양도라고 하지 않는다.

② 기존 채권이 제3자에게 이전된 경우 이를 채권의 양도로 볼 것인가 또는 경개로 볼 것인가는 특별한 사정이 없는 한 동일성을 상실하는 의사를 표시하였다고는 볼 수 없으므로 일반적으로 채권의 양도로 본다.

(2) 채권양도의 법적 성질

지명채권의 양도는 이른바 준물권행위 내지 처분행위의 성질을 가지므로, 그것이 유효하기 위하여는 양도인이 그 채권을 처분할 수 있는 권한을 가지고 있어야 한다.

(3) 채권양도의 일반적 효과

채권양도의 효과는 원칙적으로 양도인과 양수인 사이의 계약내용에 의하여 구체적으로 결정된다. 양도되는 채권은 동일성이 유지되면서 이전된다.

(4) 채권양도의 모습

① **매매·증여를 목적으로 하는 양도**: 이는 보통의 경우이다.
② **다른 채권을 담보할 목적으로 하는 양도**: 채권양도만 있으면 바로 원래의 채권이 소멸한다고 볼 수는 없고, 채권자가 양도받은 채권을 변제받은 때에 비로소 그 범위 내에서 채무자가 면책된다.

02 지명채권의 양도

> **제449조 【채권의 양도성】** ① 채권은 양도할 수 있다. 그러나 채권의 성질이 양도를 허용하지 아니하는 때에는 그러하지 아니하다.
> ② 채권은 당사자가 반대의 의사를 표시한 경우에는 양도하지 못한다. 그러나 그 의사표시로써 선의의 제3자에게 대항하지 못한다.

1. 지명채권의 양도성

(1) 원칙

지명채권도 재산권으로서 양도성을 가진다. 조건부·기한부 채권도 양도할 수 있으며, 장래 성립할 채권도 양도할 수 있다. 근로자의 임금채권은 그 양도를 금지하는 법률의 규정이 없으므로 이를 양도할 수 있다. 임차보증금반환채권, 가압류된 채권도 이를 양도하는데 아무런 제한이 없다.

(2) 양도성의 제한

① **채권의 성질에 의한 제한**: 주채권과 분리하여 보증채권만을 양도하기로 하는 약정은 그 효력이 없다. 전세권이 존속하는 동안은 전세금반환채권만을 전세권과 분리하여 확정적으로 양도하는 것은 허용되지 않는다.

② **당사자의 의사표시에 의한 제한(양도금지특약)**
 ㉠ 양도금지특약을 위반하여 채권을 제3자에게 양도한 경우에 채권 양수인이 양도금지특약이 있음을 알았거나 중대한 과실로 알지 못하였다면 채권 이전의 효과가 생기지 아니한다. 선의의 양수인으로부터 다시 채권을 양수한 전득자는 선의·악의를 불문하고 채권을 유효하게 취득한다.
 ㉡ 양도금지의 특약이 있는 사실에 관하여 채권자의 선의·악의를 불문하고 압류·전부명령의 효력에 영향이 없다. 한편 그 전부채권자로부터 다시 그 채권을 양수한 자가 그 특약의 존재를 알았거나 중대한 과실로 알지 못하였다고 하더라도 채무자는 위 특약을 근거로 삼아 채권양도의 무효를 주장할 수 없다.

⚡기출

01 채권자가 채무자와의 양도금지특약에 반하여 매매대금채권을 양도하였는데, 양수인이 그 특약을 (　　)로 알지 못하였다면 양수인은 채무자를 상대로 그 양수금의 지급을 청구할 수 있다.
제26회

기출정답
01 경과실

> **기출**
>
> **01** 집합채권의 양도가 양도금지특약을 위반하여 무효인 경우, 채무자는 일부 개별 채권을 특정하여 추인할 수 (   ). 제26회

> **판례 | 무효인 채권양도행위의 추인**
>
> 악의 또는 중과실로 채권양수를 받은 후 채무자가 그 양도에 대하여 승낙을 한 때에는 채무자의 사후승낙에 의하여 무효인 채권양도행위가 추인되어 유효하게 되며 이 경우 다른 약정이 없는 한 소급효가 인정되지 않고 양도의 효과는 승낙시부터 발생한다. 이른바 집합채권의 양도가 양도금지특약을 위반하여 무효인 경우 채무자는 **일부 개별 채권을 특정하여 추인**하는 것이 가능하다(대판 2009.10.29, 2009다47685).

③ **법률에 의한 제한**: 소송행위를 하게 하는 것을 주목적으로 채권양도 등이 이루어진 경우, 신탁법 제7조가 유추적용되므로 무효라고 할 것이다.

2. 지명채권양도의 대항요건

(1) 대항요건의 필요성

① 지명채권의 양도는 양도인이 채무자에게 통지하거나 채무자가 승낙하지 아니하면 채무자 기타 제3자에게 대항하지 못한다.

② 통지나 승낙은 확정일자 있는 증서에 의하지 아니하면 채무자 이외의 제3자에게 대항하지 못한다.

(2) 채무자에 대한 대항요건

> **제451조【승낙, 통지의 효과】** ① 채무자가 이의를 보류하지 아니하고 전조의 승낙을 한 때에는 양도인에게 대항할 수 있는 사유로써 양수인에게 대항하지 못한다. 그러나 채무자가 채무를 소멸하게 하기 위하여 양도인에게 급여한 것이 있으면 이를 회수할 수 있고 양도인에 대하여 부담한 채무가 있으면 그 성립되지 아니함을 주장할 수 있다.
> ② 양도인이 양도통지만을 한 때에는 채무자는 그 통지를 받은 때까지 양도인에 대하여 생긴 사유로써 양수인에게 대항할 수 있다.
>
> **제452조【양도통지와 금반언】** ① 양도인이 채무자에게 채권양도를 통지한 때에는 아직 양도하지 아니하였거나 그 양도가 무효인 경우에도 선의인 채무자는 양수인에게 대항할 수 있는 사유로 양도인에게 대항할 수 있다.
> ② 전항의 통지는 양수인의 동의가 없으면 철회하지 못한다.

기출정답

01 있다

① 통지·승낙의 요건
  ㉠ 채무자에 대한 통지
    ⓐ 채권양도의 통지란 양도인이 채무자에 대해 채권양도가 있었다는 사실을 알리는 행위로서 관념의 통지에 해당하고, 양수인에 의한 통지는 대항력을 갖지 않으며, 양수인이 채권자 대위권을 행사하여 통지할 수 없다. 그러나 양도인이 사자를 통하여 하거나 대리인으로 하여금 하게 하여도 무방하다.
    ⓑ 채권양도의 통지는 채권양도와 동시에 또는 사후에 행하여야 하고, 사전통지는 원칙적으로 허용될 수 없다.
    ⓒ 채권양도의 통지는 채무자에게 도달됨으로써 효력이 발생하는 것이고, 여기서 도달이라 함은 사회통념상 상대방이 통지의 내용을 알 수 있는 객관적 상태에 놓여졌다고 인정되는 상태를 가리킨다.
    ⓓ 양도의 통지는 철회할 수 없는 것이 원칙이다. 그러나 양도의 통지를 하였으나 아직 양도하지 않은 경우와 양도를 하였으나 그 양도가 무효인 경우에는 양도인은 '양수인의 동의'를 얻어 철회할 수 있다.

> **기출**
>
> **01** 채권양도의 통지는 양도인이 하는 것이 원칙이지만, 양수인이 양도인의 대리인으로서 양도통지를 한 것은 효력이 (   ). 제26회

📎 판례 | 채권양도의 통지

1. **채권양도의 통지 후 양도계약이 해제된 경우**
   지명채권의 양도계약이 해제된 경우에, **양도인이 그 해제를 이유로 다시 원래의 채무자에 대하여 양도채권으로 대항하려면 양수인이 채무자에게 위와 같은 해제사실을 통지**하여야 한다(대판 1993.8.27, 93다17379).

2. **해지 등으로 효력이 소멸하여 채권이 양도인에게 복귀한 경우**
   양수인은 그 양도의무계약의 해지로 인하여 양도인에 대하여 부담하는 **원상회복의무**(이는 계약의 효력불발생에서의 원상회복의무 일반과 마찬가지로 부당이득반환의무의 성질을 가진다)**의 한 내용으로 채무자에게 이를 통지할 의무를 부담**한다(대판 2011.3.24, 2010다100711).

기출정답
01 있다

ⓒ 채무자의 승낙
  ⓐ 채권양도의 승낙이란 관념의 통지로서, 채무자가 양도인 또는 양수인에게 할 수 있다.
  ⓑ 채권양도의 승낙은 사전승낙도 유효하며, 승낙에는 이의의 유보뿐만 아니라 조건을 붙일 수도 있다.

② 통지·승낙의 효과
  ㉠ 통지의 효력
    ⓐ **동일성의 유지**: 채무자는 통지를 받은 때까지 양도인에 대하여 생긴 사유, 즉 채무 부존재, 소멸 등의 항변을 양수인에게도 할 수 있다. 그 결과 채무자는 변제 기타 사유로 채권이 소멸하였다는 항변, 동시이행의 항변, 채무의 불성립·무효·취소·계약해제의 항변을 할 수 있다.
    상계항변도 같다. 즉, 아직 상계적상에 있지 않더라도 그 후에 상계적상에 이르면 채무자는 양수인에 대하여 상계로 대항할 수 있다. 그러나 통지 이후에 생긴 사유로는 양수인에게 대항할 수 없다.
    ⓑ **양도통지와 금반언**: 채권의 가장양도 등의 경우에 통지를 받은 선의의 채무자는 양수인에의 변제 등의 사유로 양도인에 대항할 수 있다.
  ㉡ 승낙의 효력
    ⓐ 이의를 유보한 승낙을 한 경우에 대하여 민법은 아무런 규정을 두고 있지 않다. 그 효력이 통지를 한 경우와 동일하게 인정하려는 취지이다.
    ⓑ 이의를 유보하지 않은 승낙, 채무자는 양도인에게 대항할 수 있는 사유로써 양수인에게 대항하지 못한다. 이는 소위 공신의 원칙을 정한 것으로서, 양수인이 '악의 또는 중과실'의 경우에 해당하면 채무자의 승낙 당시까지 양도인에 대하여 생긴 사유로써 양수인에게 대항할 수 있다.

⚡ 기출

01 채무자가 채권양도에 관하여 이의를 보류하지 않고 승낙하였으나 그 전에 양도인의 채권과 상계적상에 있는 채권을 가지고 있었다면, 이러한 사정을 알고 있었던 양수인의 양수금 지급청구에 대하여 채무자는 상계로 대항할 수 (   ). 제26회

기출정답
01 있다

(3) 제3자에 대한 대항요건

① 대항요건의 내용

  ㉠ **확정일자 있는 증서에 의한 통지·승낙**: 확정일자 없는 증서에 의한 양도통지나 승낙 후에 그 증서에 확정일자를 얻은 경우 그 일자 이후에는 제3자에 대한 대항력을 취득하는 것인바, 원본이 아닌 사본에 확정일자를 갖추었다 하더라도 아무런 차이가 없다.

  ㉡ **대항하지 못한다**: 양도된 채권이 이미 변제 등으로 소멸한 경우에는 그 후에 그 채권에 관한 채권압류 및 추심명령이 송달되더라도 그 채권압류 및 추심명령은 존재하지 아니하는 채권에 대한 것으로서 무효이고, 위와 같은 대항요건의 문제는 발생될 여지가 없다.

② 채권의 이중양도의 경우의 우열

  ㉠ **이중의 채권양도 중 한 양수인만 확정일자 있는 증서에 의한 대항요건을 갖춘 경우**: 확정일자 있는 증서에 의한 통지를 한 채권양수인만이 채권양수에 의한 적법한 채권자가 된다.

  ㉡ **제1양도·제2양도 모두 단순한 통지인 경우**: 제450조 제1항의 원칙규정에 돌아가 통지가 채무자에게 도달한 일시의 선후에 따라 그 우열을 정해야 한다.

  ㉢ **제1양도·제2양도 모두 확정일자 있는 증서에 의한 통지인 경우**: 판례는 확정일자 있는 양도통지가 채무자에게 도달한 일시의 선후에 의해 결정한다.

> **⚡기출**
>
> 01 채권이 이중으로 양도되고, 두 양도 모두 확정일자 있는 증서로 통지된 경우, 양수인 상호간의 우열은 양도통지가 채무자에게 ( )한 일시의 선후에 의하여 결정된다. 제19회

📖 판례 | 채권이 이중으로 양도된 경우의 양수인 상호간의 우열

[1] 채권이 이중으로 양도된 경우의 양수인 상호간의 우열은 통지 또는 승낙에 붙여진 확정일자의 선후에 의하여 결정할 것이 아니라, **채권양도에 대한 채무자의 인식, 즉 확정일자 있는 양도통지가 채무자에게 도달한 일시 또는 확정일자 있는 승낙의 일시의 선후에 의하여 결정**하여야 할 것이고, 이러한 법리는 **채권양수인과 동일 채권에 대하여 가압류명령을 집행한 자 사이의 우열을 결정하는 경우에 있어서도 마찬가지**이다.

[2] 채권양도 통지와 채권가압류결정 정본이 같은 날 도달되었는데 그 선후관계에 대하여 달리 입증이 없으면 동시에 도달된 것으로 추정한다 [대판 1994.4.26, 93다24223(전합)].

기출정답

01 도달

제2절 채무인수 〈빈출〉

01 면책적 채무인수의 요건

(1) 채무의 이전성

채무는 원칙적으로 이전성이 인정된다. 조건부 또는 장래의 채무이더라도 인정된다.

(2) 인수계약의 당사자

① **채권자 · 채무자 · 인수인의 3면계약**: 계약자유의 원칙상, 채권자 · 채무자 · 인수인 사이의 3면계약으로 행해질 수 있다.

② **채권자와 제3자**

> 제453조 【채권자와의 계약에 의한 채무인수】 ① 제3자는 채권자와의 계약으로 채무를 인수하여 채무자의 채무를 면하게 할 수 있다. 그러나 채무의 성질이 인수를 허용하지 아니하는 때에는 그러하지 아니하다.
> ② 이해관계 없는 제3자는 채무자의 의사에 반하여 채무를 인수하지 못한다.

③ **채무자와 제3자**
  ㉠ **채무자와의 계약에 의한 채무인수**: 제3자가 채무자와의 계약으로 채무를 인수한 경우에는 채권자의 승낙에 의하여 그 효력이 생긴다. 채권자의 승낙 또는 거절의 상대방은 채무자나 제3자이다.
  ㉡ **승낙 여부의 최고**: 제3자나 채무자는 상당한 기간을 정하여 승낙 여부의 확답을 채권자에게 최고할 수 있다. 채권자가 그 기간 내에 확답을 발송하지 아니한 때에는 거절한 것으로 본다.
  ㉢ **채무인수의 철회, 변경**: 제3자와 채무자간의 계약에 의한 채무인수는 채권자의 승낙이 있을 때까지 당사자는 이를 철회하거나 변경할 수 있다.
  ㉣ **채무인수의 소급효**: 채권자의 채무인수에 대한 승낙은 다른 의사표시가 없으면 채무를 인수할 때에 소급하여 그 효력이 생긴다. 그러나 제3자의 권리를 해하지 못한다.

⚡ **기출**

01 채무인수에 있어서 이해관계(   ) 제3자는 채무자의 의사에 반하여 채무를 인수할 수 없다. 제21회

⚡ **기출**

02 제3자와 채무자 사이의 계약에 의한 채무인수를 채권자가 승낙한 경우, 당사자는 채무인수의 의사표시를 철회할 수 (   ). 제21회

03 제3자가 채무자와의 계약으로 채무를 인수한 경우, 채권자가 이를 승낙하면 특별한 사정이 없는 한 채무를 인수한 때로 (   ) 그 효력이 생긴다. 제21회

기출정답
01 없는
02 없다
03 소급하여

02 채무인수의 효과

(1) 채무의 이전

채무인수로 인해 채무는 그 동일성을 유지하면서 전채무자로부터 인수인에게 이전한다. 이로써 전채무자는 채무를 면하고 인수인이 이를 부담한다.

> **판례 | 채무인수와 소멸시효기간 및 소멸시효의 중단**
>
> 인수채무가 원래 5년의 상사시효의 적용을 받던 채무라면 그 소멸시효의 기간은 여전히 5년의 상사시효의 적용을 받는다. 다만, 그 소멸시효기간은 채무인수와 동시에 이루어진 소멸시효 중단사유, 즉 채무승인에 따라 채무인수일로부터 새로이 진행된다(대판 1999.7.9, 99다12376).

(2) 항변권의 이전

> **제458조 【전 채무자의 항변사유】** 인수인은 전 채무자의 항변할 수 있는 사유로 채권자에게 대항할 수 있다.

종된 권리나 항변권은 그대로 이전된다. 그러나 취소권, 해제권, 상계권 등은 계약 당사자가 갖는 권리이므로 이전하지 않는다.

(3) 담보·보증의 존속 여부

전 채무자의 채무에 대한 보증이나 제3자가 제공한 담보는 채무인수로 인하여 소멸한다. 그러나 보증인이나 제3자가 채무인수에 동의한 경우에는 그러하지 아니하다.

03 채무인수와 유사한 제도

(1) 병존적 채무인수

① **의의**: '중첩적 채무인수'라고도 한다. 단순한 채권행위 내지 의무부담행위에 지나지 않는다. 채무인수가 병존적인가 면책적인가가 명확하지 않을 경우에는 병존적인 것으로 본다.

② **요건**
  ㉠ **채무의 대상**: 채무는 인수인에 의해서도 이행될 수 있는 성질의 것이어야 한다.

⚡ 기출

01 인수인은 전(前) 채무자의 항변할 수 있는 사유로 채권자에게 대항할 수 (   ).
제21회

02 전(前) 채무자의 채무에 대한 보증이나 제3자가 제공한 담보는 채무인수가 있더라도 원칙적으로 소멸(   ).
제21회

기출정답
01 있다
02 한다

㉡ **인수계약의 당사자**: '채권자·채무자·인수인'의 3면계약으로 할 수 있다. 또한 '채권자와 인수인'의 계약으로 할 수 있다. 면책적 채무인수와는 달리 채무자의 의사에 반해서도 유효하게 성립할 수 있다. '채무자와 인수인'의 계약으로도 가능한데, 이때의 계약은 채권자로 하여금 직접 채권을 취득하게 하는 제3자를 위한 계약이다. 채권자의 수익의 의사표시는 인수인에 대하여 채권을 취득하기 위한 요건이다. 채권자의 수익의 의사표시가 없는 한 이행인수가 있을 뿐이다.

③ **효과**: 인수인은 종전의 채무와 동일한 채무를 부담한다. 채무자와 인수인은 원칙적으로 주관적 공동관계가 있는 연대채무관계에 있고, 주관적 공동관계가 없는 경우에는 부진정연대관계에 있는 것으로 보아야 한다.

(2) 이행인수

① 인수인은 채무자의 채무를 변제하는 등으로 면책시킬 의무를 부담하지만, 채권자에 대한 관계에서 직접 이행의무를 부담하게 되는 것은 아니다.

② 채권자는 인수인에 대하여 이행을 청구할 수 없고, 여전히 채무자에 대해서만 이행을 청구할 수 있을 뿐이다.

채무자와 인수인의 계약에 의한 채무인수

구분	채권자의 행위	채무자	인수인(채권자에 대하여)
면책적 채무인수	채권자의 승낙	채무 소멸	인수인만 채무부담
병존적 채무인수	수익의 의사표시	채무 존속	채무자와 함께(연대 / 부진정연대) 채무부담
이행인수	×	채무 존속	인수인은 채무부담 ×

제5장 채권의 소멸

기본서 p.718~746

제1절 변제 〈빈출〉

01 변제의 방법

(1) 변제의 당사자 – 변제자와 변제수령자

① 제3자의 변제

> **제469조【제3자의 변제】** ① 채무의 변제는 제3자도 할 수 있다. 그러나 채무의 성질 또는 당사자의 의사표시로 제3자의 변제를 허용하지 아니하는 때에는 그러하지 아니하다.
> ② 이해관계 없는 제3자는 채무자의 의사에 반하여 변제하지 못한다.

이해관계 없는 제3자가 채무자의 의사에 반하여 할 수 있는지 여부

보증계약	면책적 채무인수	병존적 채무인수	변제
○	×	○	×

② 채권의 준점유자에 대한 변제

> **제470조【채권의 준점유자에 대한 변제】** 채권의 준점유자에 대한 변제는 변제자가 선의이며 과실 없는 때에 한하여 효력이 있다.

  ㉠ 준점유자가 스스로 채권자라고 하여 채권을 행사하는 경우뿐만 아니라 채권자의 대리인이라고 하면서 채권을 행사하는 때에도 채권의 준점유자에 해당한다.
  ㉡ 변제자의 선의·무과실은 변제의 유효를 주장하는 자가 증명하여야 한다.

③ **영수증소지자에 대한 변제**: 영수증을 소지한 자에 대한 변제는 그 소지자가 변제를 받을 권한이 없는 경우에도 효력이 있다. 그러나 변제자가 그 권한 없음을 알았거나 알 수 있었을 경우에는 그러하지 아니하다.

선생님 TIP

채권의 목적달성에 의한 채권이 소멸하는 것으로서 변제, 대물변제, 공탁, 상계가 있다. 그 밖의 소멸원인으로 경개, 면제, 혼동이 있다. 변제는 사실행위이고, 혼동은 사건이며, 대물변제와 경개는 계약이며, 상계와 면제는 단독행위이다.

⚡ 기출

01 법률상 이해관계 (　　) 제3자는 채무자의 의사에 반하여 변제할 수 없다.　제24회

02 법률상 이해관계 (　　) 제3자는 특별한 사정이 없는 한, 채무자의 의사에 반하여 변제할 수 있다.　제22회

03 채권의 준점유자에 대한 변제는 변제자가 (　　) 때에 한하여 효력이 있다.　제24회

⚡ 기출

04 영수증소지자가 변제를 받을 권한이 없음을 변제자가 알면서도 변제한 경우에는 변제로서의 효력이 (　　).　제24회

기출정답
01 없는
02 있는
03 선의이며 과실 없는
04 없다

(2) 변제의 목적물

① **특정물인도채무**: 특정물의 인도가 채권의 목적인 때에는 채무자는 이행기의 현상대로 그 물건을 인도하여야 한다.

② **불특정물인도채무**

> **제463조 【변제로서의 타인의 물건의 인도】** 채무의 변제로 타인의 물건을 인도한 채무자는 다시 유효한 변제를 하지 아니하면 그 물건의 반환을 청구하지 못한다.
>
> **제465조 【채권자의 선의소비, 양도와 구상권】** ① 전2조의 경우에 채권자가 변제로 받은 물건을 선의로 소비하거나 타인에게 양도한 때에는 그 변제는 효력이 있다.
> ② 전항의 경우에 채권자가 제3자로부터 배상의 청구를 받은 때에는 채무자에 대하여 구상권을 행사할 수 있다.

제463조는 채무자만이 그 물건의 반환을 청구할 수 없다는 것에 불과할 뿐 채무자가 아닌 다른 권리자까지 그 물건의 반환을 청구할 수 없다는 취지는 아니다.

(3) 변제의 장소와 시기

① **변제의 장소**

㉠ 채무의 성질 또는 당사자의 의사표시로 변제장소를 정하지 아니한 때에는 특정물의 인도는 채권성립 당시에 그 물건이 있던 장소에서 하여야 한다.

㉡ 특정물인도 이외의 채무변제는 채권자의 현주소에서 하여야 한다. 그러나 영업에 관한 채무의 변제는 채권자의 현영업소에서 하여야 한다.

② **변제의 시기**: 당사자의 특별한 의사표시가 없으면 변제기 전이라도 채무자는 변제할 수 있다. 그러나 상대방의 손해는 배상하여야 한다.

(4) 변제의 제공

① **변제제공의 방법**

> **제460조 【변제제공의 방법】** 변제는 채무내용에 좇은 현실제공으로 이를 하여야 한다. 그러나 채권자가 미리 변제받기를 거절하거나 채무의 이행에 채권자의 행위를 요하는 경우에는 변제준비의 완료를 통지하고 그 수령을 최고하면 된다.

⚡ 기출

01 특정물의 인도가 채권의 목적인 때에는 채무자는 (　　) 현상대로 그 물건을 인도하여야 한다. 제22회

02 채무의 변제로 타인의 물건을 인도한 채무자는 다시 (　　)를 하면 그 물건의 반환을 청구할 수 있다. 제22회

03 채무자가 채무의 변제로 인도한 (　　)의 물건을 채권자가 선의로 소비한 경우에 채권은 소멸한다. 제24회

⚡ 기출

04 채무의 성질 또는 당사자의 의사표시로 변제장소를 정하지 아니한 경우 특정물의 인도는 (　　)에 그 물건이 있던 장소에서 하여야 한다. 제22회

기출정답
01 이행기의
02 유효한 변제
03 타인
04 채권성립 당시

★ 암기 PLUS | 변제제공의 방법

현실제공	채무내용에 좇은 현실제공으로 하는 것이 원칙
구두제공	채권자가 미리 변제받기를 거절하거나 채무의 이행에 채권자의 행위를 요하는 경우
구두제공도 요하지 않는 경우	변제를 수령하지 않을 의사가 명백한 경우, 분할적 또는 회귀적 급부채무에서 전회의 수령거절

② 변제제공의 효과
  ㉠ 채무불이행책임의 면제

> **제461조 【변제제공의 효과】** 변제의 제공은 그때로부터 채무불이행의 책임을 면하게 한다.

변제의 제공이 있더라도 급부결과가 실현되지 않은 이상 채무는 존속한다. 물건의 인도나 금전의 지급채무를 면하기 위하여 변제공탁을 할 수 있다.

  ㉡ **채권자지체의 성립 여부**: 채권자지체는 변제제공만으로는 성립하지 않는다.
  ㉢ **쌍무계약에 있어서 상대방의 동시이행항변권의 상실**: 이때 변제의 제공은 계속되어야 한다.

(5) 변제의 비용과 증거

① **변제의 비용**: 변제비용은 다른 의사표시가 없으면 채무자의 부담으로 한다. 그러나 채권자의 주소이전 기타의 행위로 인하여 변제비용이 증가된 때에는 그 증가액은 채권자의 부담으로 한다.

② 변제의 증거
  ㉠ **영수증청구권**: 변제자는 변제를 받는 자에게 영수증을 청구할 수 있다.
  ㉡ **채권증서반환청구권**: 채권증서가 있는 경우에 변제자가 채무전부를 변제한 때에는 채권증서의 반환을 청구할 수 있다. 채권이 변제 이외의 사유로 전부 소멸한 때에도 같다.

기출

01 지명채권증서의 반환과 변제는 동시이행관계에 (   ).
제24회

> **암기 PLUS | 변제의 증거**
>
> | 구분 | 영수증청구권 | 채권증서반환청구권 |
> | --- | --- | --- |
> | 일부 변제 | ○ | ×(전부 변제 ○) |
> | 동시이행관계 | ○ | ×(변제가 선이행의무) |

02 변제의 효과

(1) 채무가 다수인 경우의 효과 – 변제충당

① **합의충당(계약에 의한 충당)**
  ㉠ 변제충당에 관한 제476조 내지 제479조의 규정은 임의규정이다. 특히 제479조의 비용, 이자, 원본의 순서에 의한 충당의 규정도 합의로 달리 정할 수 있다.
  ㉡ 담보권 실행을 위한 경매는 합의충당, 지정충당이 허용되지 않고, 법정충당의 방법에 의하여야 한다.

② **지정변제충당**

> **제476조 【지정변제충당】** ① 채무자가 동일한 채권자에 대하여 같은 종류를 목적으로 한 수개의 채무를 부담한 경우에 변제의 제공이 그 채무 전부를 소멸하게 하지 못하는 때에는 변제자는 그 당시 어느 채무를 지정하여 그 변제에 충당할 수 있다.
> ② 변제자가 전항의 지정을 하지 아니할 때에는 변제받는 자는 그 당시 어느 채무를 지정하여 변제에 충당할 수 있다. 그러나 변제자가 그 충당에 대하여 즉시 이의를 한 때에는 그러하지 아니하다.
> ③ 전2항의 변제충당은 상대방에 대한 의사표시로써 한다.

기출

02 변제충당은 (   )의 순서에 의한다.
제28회

  ㉠ 채무자가 한 개 또는 수개의 채무에 관하여 원본 이외에 이자 및 비용채무의 전부를 소멸시키기에 충분하지 않은 급부를 한 경우에는 '비용 ⇨ 이자 ⇨ 원본'의 순서로 충당해야 한다.
  ㉡ 비용 상호간, 이자 상호간, 그리고 원본 상호간에 있어서는 법정충당의 순서를 정한 제477조가 준용된다.

기출정답

01 있지 않다
02 비용, 이자, 원본

③ 법정충당

> **제477조 【법정변제충당】** 당사자가 변제에 충당할 채무를 지정하지 아니한 때에는 다음 각 호의 규정에 의한다.
> 1. 채무중에 이행기가 도래한 것과 도래하지 아니한 것이 있으면 이행기가 도래한 채무의 변제에 충당한다.
> 2. 채무전부의 이행기가 도래하였거나 도래하지 아니한 때에는 채무자에게 변제이익이 많은 채무의 변제에 충당한다.
> 3. 채무자에게 변제이익이 같으면 이행기가 먼저 도래한 채무나 먼저 도래할 채무의 변제에 충당한다.
> 4. 전2호의 사항이 같은 때에는 그 채무액에 비례하여 각 채무의 변제에 충당한다.

변제자가 주채무자인 경우에 보증인이 있는 채무와 보증인이 없는 채무, '물상보증인이 제공한 물적 담보가 있는 채무와 그러한 담보가 없는 채무 사이'에 변제이익의 점에서 차이가 없다.

(2) 변제에 의한 대위(변제자대위)

① 의의
  ㉠ 변제에 의한 대위란 제3자가 채무자에 대해 갖게 되는 구상권을 확보하기 위하여, 변제 등으로 소멸하게 될 채권자의 채권 및 담보권을 변제자와 채무자 사이의 관계에서 그대로 존속시키면서 구상권자가 행사할 수 있도록 하는 제도이다.
  ㉡ 변제로 인한 대위는 변제받은 채권자의 채권 및 이에 부속된 권리가 법률상 당연히 변제한 제3자에게 이전되는 것이므로, 채권양도가 아니다. 변제자 등이 어느 것을 행사하느냐는 자유이다.

② 요건
  ㉠ **채권의 존재와 변제 기타 원인으로 채무자의 채무를 면하게 할 것**
  ㉡ **변제자가 채무자에 대해 구상권을 가질 것**: 변제자가 채무자에 대해 구상권을 갖지 못하는 경우, 변제자대위는 성립하지 않는다.
  ㉢ **법정대위변제 또는 임의대위변제가 있을 것**

> **제480조 【변제자의 임의대위】** ① 채무자를 위하여 변제한 자는 변제와 동시에 채권자의 승낙을 얻어 채권자를 대위할 수 있다.
> ② 전항의 경우에 제450조 내지 제452조의 규정을 준용한다.

⚡기출

01 변제할 정당한 이익이 있는 자는 ( ) 채권자를 대위한다. 제28회

> **제481조【변제자의 법정대위】** 변제할 정당한 이익이 있는 자는 변제로 당연히 채권자를 대위한다.

③ **효과**

㉠ **대위자ㆍ채무자 사이의 효과:** 채권자를 대위한 자는 자기의 권리에 의하여 구상할 수 있는 범위에서 채권 및 그 담보에 관한 권리를 행사할 수 있다. 권리행사는 다음 규정에 의하여야 한다.

> ⓐ 보증인은 미리 전세권이나 저당권의 등기에 그 대위를 부기하지 아니하면 전세물이나 저당물에 권리를 취득한 제3자에 대하여 채권자를 대위하지 못한다.
> ⓑ 제3취득자는 보증인에 대하여 채권자를 대위하지 못한다.
> ⓒ 제3취득자 중의 1인은 각 부동산의 가액에 비례하여 다른 제3취득자에 대하여 채권자를 대위한다.
> ⓓ 자기의 재산을 타인의 채무의 담보로 제공한 자가 수인인 경우에는 ⓒ의 규정을 준용한다.
> ⓔ 자기의 재산을 타인의 채무의 담보로 제공한 자와 보증인간에는 그 인원수에 비례하여 채권자를 대위한다. 그러나 자기의 재산을 타인의 채무의 담보로 제공한 자가 수인인 때에는 보증인의 부담부분을 제외하고 그 잔액에 대하여 각 재산의 가액에 비례하여 대위한다. 이 경우에 그 재산이 부동산인 때에는 ⓐ의 규정을 준용한다.

㉡ **일부의 대위:** 채권의 일부에 대하여 대위변제가 있는 때에는 대위자는 그 변제한 가액에 비례하여 채권자와 함께 그 권리를 행사한다. 채무불이행을 원인으로 하는 계약의 해지 또는 해제는 채권자만이 할 수 있고, 채권자는 대위자에게 그 변제한 가액과 이자를 상환하여야 한다.

㉢ **채권자의 담보상실, 감소행위와 법정대위자의 면책:** 제481조의 규정에 의하여 대위할 자가 있는 경우에, 채권자의 고의나 과실로 담보가 상실되거나 감소된 때에는, 대위할 자는 그 상실 또는 감소로 인하여 상환을 받을 수 없는 한도에서 그 책임을 면한다.

기출정답
01 변제로 당연히

제2절 대물변제

> **제466조 【대물변제】** 채무자가 채권자의 승낙을 얻어 본래의 채무이행에 갈음하여 다른 급여를 한 때에는 변제와 같은 효력이 있다.

대물변제는 요물계약이므로, 그 다른 급부를 현실적으로 하여야 한다. 따라서 다른 급부가 부동산소유권 이전인 때에는 등기가 마쳐져야 한다.

제3절 공탁

01 서론

① 공탁은 금전·유가증권 기타의 물건을 공탁소에 임치하는 것이다. 제487조 이하에서 정하는 공탁은 채권의 소멸원인으로서의 '변제공탁'을 의미한다.
② 공탁은 국가기관인 공탁소에 변제의 목적물을 임치함으로써 이루어지게 되는데, 판례는 변제공탁은 공탁공무원의 수탁처분과 공탁물보관자의 공탁물수령으로 그 효력이 발생하여 채무소멸의 효과를 가져오는 것이고, 채권자에 대한 공탁통지나 채권자의 수익의 의사표시가 있는 때에 공탁의 효력이 생기는 것이 아니라고 하여 공법관계설을 따른다(공법상의 임치관계).

02 공탁의 요건

(1) 공탁원인의 존재

> **제487조 【변제공탁의 요건, 효과】** 채권자가 변제를 받지 아니하거나 받을 수 없는 때에는 변제자는 채권자를 위하여 변제의 목적물을 공탁하여 그 채무를 면할 수 있다. 변제자가 과실 없이 채권자를 알 수 없는 경우에도 같다.

(2) 공탁의 당사자

공탁을 하는 자는 변제자(채무자, 제3자 포함)이다. 공탁을 받는 자는 채무이행지의 공탁소이다. 채권자는 공탁의 당사자가 아니며, 그 효과를 받는 제3자에 지나지 않는다.

(3) 공탁의 내용

① 공탁의 내용은 채무의 내용에 좇은 것이어야 한다.
② 일부공탁은 특별한 사정이 있는 경우를 제외하고는 채권자가 이를 수락하지 않는 한 그에 상응하는 효력을 발생할 수 없다.
③ 채권자에게 반대급부 또는 기타의 조건의 이행의무가 없음에도 불구하고 채무자가 이를 조건으로 공탁한 때에는, 채권자가 이를 수락하지 않는 한 그 공탁은 효력이 없다.

(4) 공탁의 절차

공탁을 하려는 자는 공탁통지서를 첨부하여 공탁서를 공탁공무원에게 제출하여야 한다.

03 공탁의 효과

(1) 채권의 소멸

채무는 공탁이 있을 때에 소멸하지만 변제자가 공탁물을 회수한 때에는 채무는 소급하여 소멸하지 않은 것으로 된다.

(2) 채권자의 공탁물출급청구권

① **성질**

> **제491조【공탁물수령과 상대의무이행】** 채무자가 채권자의 상대의무이행과 동시에 변제할 경우에는, 채권자는 그 의무이행을 하지 아니하면 공탁물을 수령하지 못한다.

② **채권자의 이의유보**: 공탁 원인이 없이 공탁을 한 것은 무효이지만, 채권자가 이의 없이 수령한 경우 그 공탁은 유효하고 채무는 소멸한다.

제4절 상계

01 상계의 요건

(1) 상계적상

> **제492조 【상계의 요건】** ① 쌍방이 서로 같은 종류를 목적으로 한 채무를 부담한 경우에 그 쌍방의 채무의 이행기가 도래한 때에는 각 채무자는 대등액에 관하여 상계할 수 있다. 그러나 채무의 성질이 상계를 허용하지 아니할 때에는 그러하지 아니하다.
> ② 전항의 규정은 당사자가 다른 의사를 표시한 경우에는 적용하지 아니한다. 그러나 그 의사표시로써 선의의 제3자에게 대항하지 못한다.

① **채권이 대립하고 있을 것(쌍방이 채권을 가지고 있을 것)**: 단, 예외가 있다. 즉, 상계할 채권이 있는 연대채무자가 상계하지 아니한 때에는 그 채무자의 부담부분에 한하여 다른 연대채무자가 상계할 수 있고, 보증인은 주채무자의 채권에 의한 상계로 채권자에게 대항할 수 있다.
② **쌍방의 채권이 동종의 목적일 것**: 소송비용청구권은 소송상 발생하는 권리이기는 하나 사법상의 청구권이므로 수동채권으로 될 수 있다. 벌금채권도 상계의 자동채권으로 될 수 있다.
③ **쌍방의 채권이 변제기에 있을 것**: 민법은 쌍방의 채권이 모두 변제기에 있을 것을 요구한다. 그러나 반드시 수동채권의 변제기가 도래할 필요는 없다.
④ **채권의 성질이 상계를 허용하는 것일 것**: 자동채권에 항변권이 붙은 경우에도 상계는 허용되지 않는다. 수탁보증인의 주채무자에 대한 사전구상권에는 주채무자의 항변권이 부착되어 있으므로 이를 가지고 상계할 수 없다. 반면 수동채권에 항변권이 붙어 있더라도 상계하는 것은 무방하다.
⑤ **상계가 금지된 채권이 아닐 것**

(2) 상계적상의 현존

> 제495조 【소멸시효 완성된 채권에 의한 상계】 소멸시효가 완성된 채권이 그 완성 전에 상계할 수 있었던 것이면 그 채권자는 상계할 수 있다.

상계적상의 현존에 대한 예외이다. 그리고 제척기간이 경과한 채권에 대하여도 유추적용되어야 한다.

02 상계의 금지

(1) 당사자의 의사표시에 의한 금지
상계금지의 의사표시는 선의의 제3자에게 대항할 수 없다.

(2) 법률에 의한 금지
'수동채권'에 대해서는 법률로써 상계를 금지하는 것으로 규정한다.

상계의 가부

구분	자동채권	수동채권
질권이 설정된 채권	○	×
압류가 금지된 채권	○	×
고의(중과실 ×)의 불법행위로 인한 손해배상채권	○	×
지급이 금지된 채권	○	×
항변권이 붙은 채권	×	○
변제기 미도래의 채권	×	○

03 상계의 방법

상계는 상대방에 대한 의사표시로 한다. 이 의사표시에는 조건 또는 기한을 붙이지 못한다.

04 상계의 효과

상계의 의사표시는 각 채무가 상계할 수 있는 때에 대등액에 관하여 소멸한 것으로 본다.

제5절 기타 채권의 일반적 소멸원인

01 경개

> **제500조 【경개의 요건, 효과】** 당사자가 채무의 중요한 부분을 변경하는 계약을 한 때에는 구채무는 경개로 인하여 소멸한다.

① 경개는 당사자의 합의에 의하여 성립하는 계약이며, 신채권을 성립시키고 구채권을 소멸시키는 처분행위이다. 경개의 경우에 신채권이 성립하기는 하나, 구채권과 신채권 사이에는 동일성이 인정되지 않는다.
② 경개는 따로 이행의 문제를 남기지 않기 때문에, 경개에 의하여 성립된 신채무의 불이행을 이유로 경개계약을 해제한다는 것은 생각할 수 없다.

02 면제

> **제506조 【면제의 요건, 효과】** 채권자가 채무자에게 채무를 면제하는 의사를 표시한 때에는 채권은 소멸한다. 그러나 면제로써 정당한 이익을 가진 제3자에게 대항하지 못한다.

① 면제는 채권자가 채무자에 대한 일방적 의사표시로 채무를 소멸시키는 단독행위이다.
② 면제는 준물권행위로서 처분행위이며, 결국 채권의 포기에 지나지 않는다.

03 혼동

> **제507조 【혼동의 요건, 효과】** 채권과 채무가 동일한 주체에 귀속한 때에는 채권은 소멸한다. 그러나 그 채권이 제3자의 권리의 목적인 때에는 그러하지 아니하다.

혼동은 채권과 채무가 동일인에게 귀속하는 사실로서, 사건이다. 예컨대 채권자가 채무자를 상속하거나 채무자가 채권을 양수한 경우에 혼동이 일어난다. 이때에는 채권(채무)은 소멸한다.

MEMO

2026 해커스 주택관리사(보)
7일완성 핵심요약집
house.Hackers.com

제 4 편

채권각론

제1장 계약총론
제2장 계약각론
제3장 부당이득
제4장 불법행위

제1장 계약총론

기본서 p.754~787

제1절 계약법 총설

01 전형계약·비전형계약

민법 제3편 제2장 제2절부터 제15절까지 규정되어 있는 15가지의 계약을 전형계약이라고 하며, 채권계약 가운데 그 외의 계약을 비전형계약이라고 한다.

전형계약의 종류

구분	쌍무/편무	유상/무상	낙성/요물	요식 여부	생전/사인	계속/일시
증여	편무	무상	낙성	불요식	생전/사인	일시
매매	쌍무	유상			생전	일시
교환	쌍무	유상				일시
소비대차	편/쌍	무/유				계속
사용대차	편무	무상				계속
임대차	쌍무	유상				계속
고용	쌍무	유상				계속
도급	쌍무	유상				일시
여행	쌍무	유상				계속
현상광고	편무	유상	요물			일시
위임	편/쌍	무/유	낙성			계속
임치	편/쌍	무/유				계속
조합	쌍무	유상				계속
종신정기금	편/쌍	무/유				계속
화해	쌍무	유상				일시

02 쌍무계약·편무계약

쌍무계약은 그 성립·이행·존속에서 상호견련성을 가진다. 민법은 이 중 이행상의 견련성은 '동시이행의 항변권'으로, 존속상의 견련성은 '위험부담'으로 규정하는데, 편무계약에서는 위 규정이 적용되지 않는 점에서 구별된다.

선생님 TIP

- 민법은 제4편에서 채권의 발생원인 가운데 4가지, 즉 계약, 사무관리, 부당이득, 불법행위를 규정하고 있다. 발생원인에 따라서 약정채권과 법정채권으로 나눠지며, 사무관리는 시험범위가 아니다.
- 계약법은 총칙과 각칙으로 나누어진다. 넓은 의미의 계약은 당사자의 합의를 뜻하는 것으로서 채권계약, 물권계약, 준물권계약, 친족법상의 계약 등을 포함한다. 좁은 의미의 계약은 채권계약을 말하며, 계약자유의 원칙이 적용된다.

⚡기출

01 여행계약, 현상광고, 조합, 종신정기금은 전형계약이지만, 사무관리는 전형계약이 (   ). 제19회

02 증여, 매매, 도급, 위임은 전형계약이지만, 부당이득은 전형계약이 (   ). 제24회

기출정답
01 아니다
02 아니다

03 유상계약 · 무상계약

① 쌍무 · 편무계약이 '채무'의 상호의존성을, 유상 · 무상계약은 '출연'의 상호의존성을 개념표지로 한다. 현상광고는 편무계약이기는 하지만, 광고자의 보수지급과 응모자의 지정행위의 완료는 서로 그 출연이 대가적 의존관계에 있으므로 유상계약이 된다.
② 매매는 전형적인 유상계약이며, 다른 유상계약에 관하여는 원칙적으로 '매매에 관한 규정'이 준용되는 점에서, 그 준용이 없는 무상계약과 구별된다.

04 낙성계약 · 요물계약

전형계약 중에서 요물계약에 속하는 것은 '현상광고'뿐이나, 그 외 대물변제, 계약금계약 등이 있다.

05 요식계약 · 불요식계약

계약자유의 원칙은 방식의 자유를 기초로 하고 있다는 점에서 계약은 원칙적으로 불요식계약이다.

06 예약 · 본계약

예약이란 장래 일정한 본계약을 체결할 것을 약정하는 채권계약이다. 민법은 매매계약의 예약은 일방예약으로 추정하고 있으며, 이에 관한 규정은 다른 유상계약에 준용된다.

제2절 계약의 성립 〈빈출〉

01 계약의 성립요건으로서의 합의

① 민법은 계약 성립의 모습으로서 청약에 대한 승낙, 의사실현, 교차청약의 세 가지를 인정하지만, 어느 것이든 '합의'를 필요로 하는 점에서 공통된다.
② 합의가 성립하기 위해서는 의사표시의 내용적 일치(객관적 합치)와 의사표시의 상대방에 대한 일치(주관적 합치)가 있어야 한다.
③ 무의식적 불합의가 있으면, 착오의 문제는 더 이상 따질 필요가 없다.

02 일반계약의 성립

1. 청약과 승낙에 의한 계약의 성립

(1) 청약

① 청약의 의의
   ㉠ **개념**: 청약은 상대방의 승낙과 결합하여 일정한 내용의 계약을 성립시킬 것을 목적으로 하는 일방적·확정적 의사표시이다.
   ㉡ **청약자와 상대방**: 불특정다수인에 대한 청약도 유효하다(예 자동판매기의 설치).
   ㉢ **청약의 확정성(청약의 유인과 구별)**: 구인광고, 음식의 메뉴, 물품판매광고, 상품목록의 배부, 기차 등의 시간표의 게시, 상가분양광고 및 분양계약 체결시의 설명, 하도급계약을 체결하려는 교섭당사자가 견적서를 제출하는 행위 등은 청약의 유인이다.

② 청약의 효력
   ㉠ 청약의 효력발생시기
      ⓐ 청약은 상대방 있는 의사표시이므로 상대방에게 도달한 때부터 그 효력이 생긴다.
      ⓑ 청약이 발신된 뒤 상대방에게 도달하기 전에 '사망하거나 제한능력자가 되어도' 청약의 효력에는 영향이 없다.
   ㉡ **청약의 승낙적격(실질적 효력)**: 승낙기간을 정한 경우에는 그 기간, 기간을 정하지 않은 경우에는 상당한 기간이 경과한 후에 비로소 청약은 승낙적격을 상실한다.
   ㉢ **청약의 구속력(형식적 효력)**: 계약의 청약은 철회하지 못한다. 그러나 청약이 상대방에게 도달하기 전에는 청약자가 이를 철회할 수 있다. 청약의 구속력은 청약자가 처음부터 철회권을 유보한 경우에는 인정되지 않는다.

(2) 승낙

① 승낙의 의의
   ㉠ **승낙의 자유**: 청약자가 미리 정한 기간 내에 이의를 하지 아니하면 승낙한 것으로 간주한다는 뜻을 청약시 표시하였다고 하더라도 이는 상대방을 구속하지 않는다.

⚡ **기출**
01 청약이 상대방에게 도달하여 그 효력이 발생하면 청약자는 임의로 이를 (   ) 하지 못한다. 제24회

기출정답
01 철회

- ⓒ **승낙의 상대방**: 승낙은 특정의 청약자에 대하여 하여야 한다(주관적 합치). 불특정다수인에 대한 승낙이란 있을 수 없다.
- ⓒ **변경을 가한 승낙**: 승낙자가 청약에 대하여 조건을 붙이거나 변경을 가하여 승낙한 때에는 그 청약의 거절과 동시에 새로 청약한 것으로 본다.

② **승낙의 효력**
  ㉠ **승낙기간(승낙적격)**
    ⓐ **승낙기간을 정한 경우**
      - 승낙의 기간을 정한 계약의 청약은 청약자가 그 기간 내에 승낙의 통지를 받지 못한 때에는 그 효력을 잃는다.
      - 승낙의 통지가 기간 후에 도달한 경우에 보통 그 기간 내에 도달할 수 있는 발송인 때에는 청약자는 지체 없이 상대방에게 그 연착의 통지를 하여야 한다. 그러나 그 도달 전에 지연의 통지를 발송한 때에는 그러하지 아니하다.
      - 청약자가 지연의 통지를 하지 아니한 때에는 승낙의 통지는 연착되지 아니한 것으로 본다.
    ⓑ **승낙기간을 정하지 않은 경우**: 승낙의 기간을 정하지 아니한 계약의 청약은 청약자가 상당한 기간 내에 승낙의 통지를 받지 못한 때에는 그 효력을 잃는다.
    ⓒ **연착된 승낙의 효력**: 연착된 승낙은 청약자가 이를 새 청약으로 볼 수 있다.
  ㉡ **청약의 거절 등**: 계약은 역시 불성립으로 되며, 청약이 거절되면서 이전의 청약이 효력을 잃게 되므로, 이전의 청약에 대하여 동의를 표시하여도 그것만으로 계약은 성립하지 않는다.

③ **승낙의 효력 발생과 계약의 성립시기**: 격지자간의 계약은 승낙의 통지를 발송한 때에 성립한다.

2. 의사실현에 의한 계약의 성립

청약자의 의사표시나 관습에 의하여 승낙의 통지가 필요하지 아니한 경우에는 계약은 승낙의 의사표시로 인정되는 사실이 있는 때에 성립한다.

⚡기출

01 승낙은 청약과 달리 ( )에 대하여는 할 수 없다.
　　제16회

⚡기출

02 승낙기간을 정한 청약은 청약자가 ( ) 내에 승낙의 통지를 받지 못한 때에는 그 효력을 잃는다. 제22회

03 승낙의 연착 통지를 하여야 할 청약자가 연착의 통지를 ( ) 계약이 성립한다. 제22회

04 승낙의 기간을 정하지 아니한 계약의 청약은 청약자가 ( ) 내에 승낙의 통지를 받지 못한 때에는 그 효력을 잃는다. 제18회

05 청약자는 연착된 승낙을 ( )으로 볼 수 있다. 제22회

06 격지자간의 계약은 승낙의 통지를 ( )한 때에 성립한다. 제24회

07 청약자의 의사표시에 의하여 승낙의 통지가 필요 없는 경우, 계약은 승낙의 의사표시로 인정되는 ( )이 있는 때에 성립한다. 제24회

기출정답
01 불특정인
02 그 기간
03 하지 않으면
04 상당한 기간
05 새로운 청약
06 발송
07 사실

3. 교차청약에 의한 계약성립

당사자간에 동일한 내용의 청약이 상호 교차된 경우에는 양 청약이 상대방에게 도달한 때에 계약이 성립한다. 두 청약이 동시에 도달하지 않는 때에는 후의 청약이 상대방에게 도달한 때에 계약이 성립한다.

⚡ 기출

01 당사자간에 동일한 내용의 청약이 상호 교차된 경우에는 양 청약이 상대방에게 (　　)한 때에 계약이 성립한다. 제24회

03 계약체결상의 과실책임

> **제535조【계약체결상의 과실】** ① 목적이 불능한 계약을 체결할 때에 그 불능을 알았거나 알 수 있었을 자는 상대방이 그 계약의 유효를 믿었음으로 인하여 받은 손해를 배상하여야 한다. 그러나 그 배상액은 계약이 유효함으로 인하여 생길 이익액을 넘지 못한다.
> ② 전항의 규정은 상대방이 그 불능을 알았거나 알 수 있었을 경우에는 적용하지 아니한다.

(1) 계약체결상의 과실책임의 요건

① 목적이 원시적 불능으로 무효이어야 한다. 매매에서 일부불능이 있는 경우에는 제574조 및 제580조에 의한 담보책임이 생길 뿐이다.
② 상대방은 목적의 불능으로 인해 손해를 입어야 하고, 그 불능의 사실에 관해 선의·무과실이어야 한다.

⚡ 기출

02 계약이 원시적·객관적 전부불능인 경우, 그 계약은 (　　)이다. 제23회

(2) 개별적인 경우들

① **착오의 경우**: 착오를 이유로 취소한 경우, 과실이 있다고 하더라도 제109조가 중과실이 없는 착오자의 취소를 허용하고 있는 이상 위법하다고 할 수 없어 불법행위책임이 생기지 않는다.
② **계약교섭을 중단한 경우**

> 🔍 **판례 | 계약교섭의 부당한 파기에 대한 책임**
>
> 1. 어느 일방이 교섭단계에서 계약이 확실하게 체결되리라는 정당한 기대 내지 신뢰를 부여하여 상대방이 그 신뢰에 따라 행동하였음에도 상당한 이유 없이 **계약의 체결을 거부하여** 손해를 입혔다면 이는 신의성실의 원칙에 비추어 볼 때 **계약자유원칙의 한계를 넘는 위법한 행위로서 불법행위를 구성한다**(대판 2004.5.28, 2002다32301).

기출정답
01 도달
02 무효

2. 계약교섭의 부당한 중도파기가 불법행위를 구성하는 경우 그러한 불법행위로 인한 손해는 **계약이 유효하게 체결된다고 믿었던 것에 의하여 입었던 손해 즉, 신뢰손해에 한정된다**고 할 것이고, 계약교섭의 당사자가 계약체결이 좌절되더라도 어쩔 수 없다고 생각하고 지출한 비용, 예컨대 경쟁입찰에 참가하기 위하여 지출한 제안서, 견적서 작성비용 등은 여기에 포함되지 아니한다(대판 2003.4.11, 2001다53059).

제3절 계약의 효력 (빈출)

01 쌍무계약의 효력

(1) 동시이행의 항변권

> **제536조 【동시이행의 항변권】** ① 쌍무계약의 당사자 일방은 상대방이 그 채무이행을 제공할 때까지 자기의 채무이행을 거절할 수 있다. 그러나 상대방의 채무가 변제기에 있지 아니하는 때에는 그러하지 아니하다.
> ② 당사자 일방이 상대방에게 먼저 이행하여야 할 경우에 상대방의 이행이 곤란할 현저한 사유가 있는 때에는 전항 본문과 같다.

① 성립요건
  ㉠ 동일한 쌍무계약에 기한 대가적 의미 있는 채무의 존재
    ⓐ 쌍방이 서로 채무를 지더라도, 그 채무가 다른 법률상의 원인에 의해 발생한 경우에는 동시이행의 항변권은 인정되지 않는다.

> **판례 | 부동산매매의 동시이행관계**
>
> 매도인의 소유권이전등기의무·인도의무와 매수인의 잔대금지급의무는 동시이행의 관계에 있는 것이 원칙이다(대판 2000.11.28, 2000다8533). 매매목적 부동산에 지상권이 설정되어 있고 가압류등기가 되어 있는 경우에는 매도인은 이와 같은 등기를 말소하여 완전한 소유권이전등기를 해 주어야 한다(대판 1991.9.10, 91다6368).

⚡기출

01 가압류등기가 있는 부동산매매에서 매도인의 소유권이전등기의무 및 가압류등기의 말소의무와 매수인의 대금지급의무는 동시이행관계에 (   ). 제23회

기출정답

01 있다

ⓑ 채권양도·채무인수·상속, 채권이 전부된 경우 등으로 당사자가 변경되어도 채권관계의 동일성은 유지되므로 동시이행관계는 존속한다. 채권에 대하여 압류 및 추심명령이 있는 경우에는 동시이행의 항변권을 상실하지 않는다. 이행불능에 갈음한 손해배상채권과 반대급부채권 사이에 동시이행관계는 존속한다. 그러나 경개의 경우에는 그 동일성이 상실되므로 동시이행관계는 소멸한다.

ⓒ **상대방의 채무가 변제기에 있을 것**

ⓐ 일방 당사자가 선이행의무를 부담하더라도 타방 당사자의 채무의 이행이 곤란할 정도의 현저한 사유가 있는 경우에는 동시이행의 항변권을 갖는다. 이를 불안의 항변권이라고 한다.

ⓑ 매수인이 선이행하여야 할 중도금지급을 하지 아니한 채 잔대금지급일을 경과한 경우에는 매수인의 중도금 및 이에 대한 지급일 다음 날부터 잔대금지급일까지의 지연손해금과 잔대금의 지급채무는 매도인의 소유권이전등기의무와 동시이행관계에 있다.

ⓒ **상대방이 이행 또는 그 제공을 하지 않고 이행을 청구할 것**: 당사자 일방이 이행의 제공을 하였음에도 상대방이 수령지체에 빠진 경우, 그 이행의 제공이 계속되지 않는 한 상대방이 가진 동시이행의 항변권은 소멸하지 않는다.

② **효과**

㉠ **이행거절권능(행사효: 본질적 효력)**

ⓐ 동시이행의 항변권은 상대방이 채무를 이행하거나 이행의 제공을 할 때까지 자기채무의 이행을 거절할 수 있다(이른바 연기적 항변권). 법원도 그 주장이 없는 한 이 항변권의 존재를 고려할 필요 없이 상대방의 청구를 인용하여야 한다.

ⓑ 소송에서 원고의 청구에 대하여 피고가 적법하게 동시이행의 항변권을 행사한 경우, "피고는 원고로부터 그 의무의 이행을 받음과 동시에(또는 상환으로) 자기의무를 이행하라."는 취지의 판결(상환이행판결, 원고일부승소판결)을 받게 된다.

ⓒ 부수적 효과(항변권 존재의 효력)
  ⓐ **이행지체책임의 면제**: 존재 자체로 이행지체책임은 발생하지 않는다. 이것이 이른바 당연효(또는 존재효)이다.
  ⓑ **상계의 금지**: 동시이행항변권이 붙어 있는 채권을 자동채권으로 하여 상계하지 못한다.
③ 제536조의 준용 및 유추적용

법률에서 준용하는 경우	㉠ 전세권이 소멸한 때에 전세권자의 목적물인도 및 전세권설정등기 말소의무와 전세권설정자의 전세금반환의무 ㉡ 계약해제로 인한 쌍방의 원상회복의무 ㉢ 매도인의 담보책임으로서 계약을 해제한 경우의 쌍방의 원상회복의무 ㉣ 수급인의 하자보수의무와 도급인의 보수지급의무 ㉤ 종신정기금계약의 해제에 따른 쌍방의 채무 ㉥ 가등기담보에서 청산금 지급과 부동산에 대한 본등기 및 인도
해석상 인정되는 경우	㉠ 계약이 무효 또는 취소된 경우에 당사자 상호간의 반환의무 ㉡ 변제와 영수증 교부 ㉢ 원인채무의 지급 확보를 위해 어음·수표가 교부된 경우에 그 어음·수표의 반환의무와 원인채무의 변제 ㉣ 임대차계약이 만료된 경우에 임차인이 임차물을 인도할 의무와 임대인의 보증금반환의무 ㉤ 화물자동차의 지입계약이 종료된 경우 지입회사의 지입차량에 대한 소유권이전등록절차 이행의무와 지입차주의 연체된 관리비 등의 지급의무 ㉥ 부동산매매계약에 있어 매수인이 부가가치세를 부담하기로 약정한 경우 특별한 사정이 없는 한 부가가치세를 포함한 매매대금 전부와 부동산의 소유권이전등기의무 ㉦ 민법 제571조에 의한 해제의 경우에 매도인의 손해배상의무와 매수인의 목적물 및 그 사용이익의 반환의무 ㉧ 토지임차인이 그 지상건물의 매수청구권을 행사한 경우에 임대인의 건물대금지급의무와 임차인의 건물인도의무 ㉨ 구분소유적 공유관계가 해소되는 경우 공유지분권자 상호간의 지분이전등기의무

기출

01 채권담보의 목적으로 마쳐진 가등기의 말소의무와 피담보채무의 변제의무, 주택 임대인과 임차인 사이의 임대차보증금반환의무와 임차권등기명령에 의해 마쳐진 임차권등기의 말소의무는 (　　)에 있지 않다.

제23회

동시이행관계의 부인	㉠ 변제(선이행)와 채권증서의 반환 ㉡ 채권담보의 목적으로 저당권설정등기·소유권이전등기 또는 가등기 및 그에 기한 본등기를 한 경우에 채무변제(선이행의무)와 등기말소 ㉢ 주택임대인의 임차보증금반환의무는 주택임대차보호법 제3조의3에 의한 임차권등기말소의무보다 선이행의무 ㉣ 근저당권 실행을 위한 경매가 무효가 된 경우, 낙찰자의 채무자에 대한 소유권이전등기말소의무와 근저당권자의 낙찰자에 대한 배당금반환의무 ㉤ 토지거래허가구역 내의 거래에서 토지거래허가신청절차 협력의무(선이행)와 매수인의 매매대금지급의무

(2) 위험부담

① 서설
　㉠ 위험부담은 쌍무계약의 당사자 일방의 채무가 채무자의 책임 없는 사유로 후발적 불능이 되어 소멸한 경우에 그에 대응하는 상대방 채무의 운명은 어떻게 되느냐의 문제이다.
　㉡ 위험부담에 관한 제537조와 제538조는 임의규정이다.

② 채무자 위험부담주의 원칙

> **제537조【채무자 위험부담주의】** 쌍무계약의 당사자 일방의 채무가 당사자 쌍방의 책임 없는 사유로 이행할 수 없게 된 때에는 채무자는 상대방의 이행을 청구하지 못한다.

　㉠ 채무자의 반대급부청구권이 소멸한다. 따라서 채무자가 이미 반대급부를 전부 혹은 일부 이행받았다면 이는 부당이득으로서 상대방에게 반환되어야 한다.
　㉡ 채권자가 대상청구권을 행사하면 상대방에 대하여 반대급부를 이행할 의무가 있다.

기출

02 쌍무계약의 당사자 일방의 채무가 당사자 쌍방의 책임 없는 사유로 이행할 수 없게 된 때에는 채무자는 상대방이 이행을 청구(　　).

제24회

(3) 예외적인 채권자주의

① 쌍무계약의 당사자 일방의 채무가 채권자의 책임 있는 사유로 이행할 수 없게 된 때에는, 채무자는 상대방의 이행을 청구할 수 있다. 채권자의 수령지체 중에 당사자 쌍방의 책임 없는 사유로 이행할 수 없게 된 때에도 같다.

기출

03 채권자의 수령지체 중에 당사자 쌍방의 책임 없는 사유로 채무자의 이행이 불능이 된 경우, 채무자는 채권자에게 이행을 청구할 수 (　　).

제23회

기출정답
01 동시이행관계
02 하지 못한다
03 있다

② 채무자는 자기의 채무를 면함으로써 이익을 얻은 때에는 이를 채권자에게 상환하여야 한다.

02 제3자를 위한 계약

1. 총설

(1) 의의

① 계약에 의하여 당사자 일방이 제3자에게 이행할 것을 약정한 때에는 그 제3자는 채무자에게 직접 그 이행을 청구할 수 있다.
② 제3자의 권리는 그 제3자가 채무자에 대하여 계약의 이익을 받을 의사를 표시한 때에 생긴다.

(2) 제3자를 위한 계약에 있어서 3면관계

> **암기 PLUS | 기본관계·대가관계에 흠이 있을 경우의 영향**
>
> | 구분 | 제3자를 위한 계약 | 수익자에게 대항 가부 |
> | --- | --- | --- |
> | 기본관계의 흠 | 영향 ○ | 대항 ○ |
> | 대가관계의 흠 | 영향 × | 대항 ×(이행거절 ×) |

> **판례 | 제3자를 위한 계약에서 대가관계의 의미**
>
> 제3자를 위한 계약의 체결 원인이 된 요약자와 제3자(수익자) 사이의 법률관계(이른바 대가관계)의 효력은 **제3자를 위한 계약 자체는 물론 그에 기한 요약자와 낙약자 사이의 법률관계(이른바 기본관계)의 성립이나 효력에 영향을 미치지 아니하므로** 낙약자는 요약자와 수익자 사이의 법률관계에 기한 항변으로 수익자에게 대항하지 못하고, 요약자도 대가관계의 부존재나 효력의 상실을 이유로 자신이 기본관계에 기하여 낙약자에게 부담하는 채무의 이행을 거부할 수 없다(대판 2003.12.11, 2003다49771).

2. 성립요건

> **암기 PLUS | 제3자를 위한 계약인지 여부**
>
> 1. 변제를 위한 공탁(제487조), 채무자와 인수인간의 병존적 채무인수는 제3자를 위한 계약이지만, 이행인수·면책적 채무인수·계약인수는 아니다.
> 2. 태아나 '설립 중의 법인'을 위한 계약도 가능하다.

3. 법률효과

(1) 수익자에 대한 효력

① **수익자의 권리취득**
  ㉠ 수익의 의사표시는 수익자가 권리를 취득하기 위한 요건이며, 제3자를 위한 계약의 성립요건은 아니다.
  ㉡ 수익의 의사표시는 낙약자(채무자)에 대하여 하여야 한다.

② **수익자의 지위**
  ㉠ **수익의 의사표시 이전**: 수익의 의사표시를 할 수 있는 수익자의 지위는 형성권이며, 특별히 정한 바가 없으면 10년의 제척기간에 걸린다. 다만, 낙약자가 상당한 기간을 정하여 수익 여부의 확답을 최고하였으나, 그 기간 내에 확답을 받지 못한 때에는 수익자가 수익을 거절한 것으로 본다.
  ㉡ **수익의 의사표시 이후**

> **제541조 【제3자의 권리의 확정】** 제539조의 규정에 의하여 제3자의 권리가 생긴 후에는 당사자는 이를 변경 또는 소멸시키지 못한다.

  ⓐ **제3자의 권리의 확정**: 다만, 계약 당사자가 수익자의 권리가 발생한 후에도 그것을 변경 또는 소멸시킬 수 있음을 미리 보류하였거나, 제3자의 동의가 있으면 제3자의 권리가 변경 또는 소멸될 수 있다.
  ⓑ **낙약자의 채무불이행시 수익자의 지위**: 수익자는 낙약자에게 직접 그 이행을 청구할 수 있을 뿐만 아니라 손해배상청구권을 가지는 반면, 계약의 당사자가 아니므로 해제권이나 해제를 원인으로 한 원상회복청구권을 가지지 못한다. 특별한 사정이 없는 한 낙약자가 이미 제3자에게 급부한 것이 있더라도 낙약자는 계약해제 등에 기한 원상회복 또는 부당이득을 원인으로 제3자를 상대로 그 반환을 구할 수 없다.
  ⓒ **그 밖의 제3자의 지위**: 제3자의 사기에 의한 의사표시의 경우 수익자는 제3자로 취급된다(다수설). 그러나 수익자는 그 계약에서 권리를 직접 취득하므로, 제3자 보호규정(제107조 내지 제110조)에서 말하는 제3자에는 해당하지 않는다. 판례는 수익자는 계약해제의 소급효가 제한되는 제3자에 해당한다고 한다.

(2) 요약자(채권자)에 대한 효력

① **제3자가 취득한 권리에 대한 요약자의 지위**: 요약자는 제3자를 위한 계약의 당사자로서 원칙적으로 제3자의 권리와는 별도로 낙약자에 대하여 제3자에게 급부를 이행할 것을 요구할 수 있는 권리를 가진다.

② **요약자의 계약상 지위**: 낙약자의 채무불이행이 있는 경우에 요약자가 단독으로 해제할 수 있으며, 수익자의 동의는 필요하지 않다.

(3) 낙약자(채무자)에 대한 효력

> **제542조 【채무자의 항변권】** 채무자는 제539조의 계약에 기한 항변으로 그 계약의 이익을 받을 제3자에게 대항할 수 있다.

제4절 계약의 해제·해지 〈빈출〉

01 계약의 해제

1. 서설

(1) 해제의 의의

> **판례 | 약정해제권과 법정해제권의 관계: 경합**
>
> 계약 당사자 중 어느 일방에 대한 약정해제권의 유보 또는 위약벌에 관한 특약의 유무 등은 채무불이행으로 인한 법정해제권의 성립에 아무런 영향을 미칠 수 없다(대결 1990.3.27, 89다카14110).

(2) 해제와 구별되는 제도 - 해제계약(합의해제)

① 계약의 합의해제는 명시적·묵시적으로 이루어질 수 있으며, 계약이 일부 이행된 경우에는 그 원상회복에 관하여도 의사가 일치되어야 할 것이다.

② 해제계약은 그 법적 성질이 계약인 점에서 단독행위인 해제와 구별되며, 해제에 관한 제543조 이하의 규정이 적용되지 않는다. 즉, 채무불이행으로 인한 손해배상을 청구할 수 없다. 반환할 금전에 그 받은 날로부터의 이자를 가하여야 할 의무가 있는 것은 아니다.

⚡ 기출

01 일부 이행된 계약의 묵시적 합의해제가 인정되기 위해서는 그 ( )에 관하여도 의사가 일치되어야 한다. 제25회

02 계약의 해제에 관한 민법 제543조 이하의 규정은 합의해제에는 원칙적으로 적용( ). 제25회

03 합의해제의 경우, 손해배상에 대한 특약 등의 사정이 없으면 채무불이행으로 인한 손해배상을 청구할 수 ( ). 제23회

기출정답

01 원상회복
02 되지 않는다
03 없다

기출

01 당사자 사이에 별도의 약정이 없는 한, 합의해지로 인하여 반환할 금전에는 그 받은 날로부터 이자를 더하여 지급할 의무가 (   ). 제26회

02 (   )을 이유로 계약을 해제하기 위해서는 그로 인하여 계약의 목적을 달성할 수 없거나 특별한 약정이 있어야 한다. 제27회

03 당사자 일방이 이행을 제공하더라도 상대방이 그 채무를 이행하지 아니할 것이 객관적으로 명백한 경우, 그 일방은 이행의 제공 없이 계약을 해제할 수 (   ). 제22회

③ 다만, 계약의 해제는 제3자의 권리를 해하지 못하는데, 이것은 합의해제의 경우에도 마찬가지이다.

2. 법정해제

(1) 해제권의 발생

① 서언
  ㉠ 법정해제권 발생의 요건인 채무불이행이 있다고 하기 위해서는 부수적 채무불이행만으로는 그 요건이 갖추어졌다고 볼 수 없다.
  ㉡ 유동적 무효상태에서는 채무불이행을 이유로 한 해제 및 손해배상의 청구가 불가능하다.

② 이행지체의 경우

> **제544조【이행지체와 해제】** 당사자 일방이 그 채무를 이행하지 아니하는 때에는 상대방은 상당한 기간을 정하여 그 이행을 최고하고 그 기간 내에 이행하지 아니한 때에는 계약을 해제할 수 있다. 그러나 채무자가 미리 이행하지 아니할 의사를 표시한 경우에는 최고를 요하지 아니한다.

  ㉠ 최고기간이 상당하지 않더라도 상당한 기간이 경과한 때 해제권이 발생한다. 이 점은 최고기간을 정하지 않은 경우에도 마찬가지이다.
  ㉡ 과다최고를 하였어도 그 최고는 본래 급부하여야 할 수량의 범위내에서 해제권을 발생시킨다.

기출

04 채무자의 책임 있는 사유로 이행불능이 된 경우, 채권자는 이행기를 기다리지 않고, (   ) 없이 계약을 해제할 수 있다. 제15회

05 정기행위의 경우, 채권자는 이행의 (   ) 없이 계약을 해제할 수 있다. 제28회

⭐ 암기 PLUS ㅣ 최고가 필요하지 않은 경우

이행거절	• 채권자는 '자기채무의 이행제공 없이', '이행기 전이라도 이행의 최고 없이 계약을 해제'할 수 있다. • 이행거절의 의사표시가 적법하게 철회된 경우 이행을 최고해야 해제할 수 있다.
정기행위	최고 없이 계약을 해제할 수 있다. ⇨ 해제의 의사표시는 필요

③ 이행불능의 경우

> **제546조【이행불능과 해제】** 채무자의 책임 있는 사유로 이행이 불능하게 된 때에는 채권자는 계약을 해제할 수 있다.

기출정답
01 없다
02 부수적 채무의 불이행
03 있다
04 최고
05 최고

㉠ 이행불능의 경우에 이행제공에 관한 최고는 아무런 의미가 없으며, 그 이행의 제공을 할 필요도 없다. 이행기가 도래하기 전이라도 불능으로 된 시점에 해제권이 발생한다.

㉡ 매도인의 매매목적물에 관한 소유권이전의무가 이행불능이 되었다고 할지라도, 그 이행불능이 매수인의 귀책사유에 의한 경우에는 매수인은 계약을 해제할 수 없다.

④ 불완전이행의 경우

> **판례 | 불완전이행에 기한 해제권 발생의 요건으로서 최고**
>
> 수임인이 위임계약상의 채무를 제대로 이행하지 아니하였다 하여 위임인이 언제나 최고 없이 바로 그 채무불이행을 이유로 하여 위임계약을 해제할 수 있는 것은 아니고, 아직도 수임인이 위임계약상의 채무를 이행하는 것이 가능하다면 위임인은 수임인에 대하여 상당한 기간을 정하여 그 이행을 최고하고, 수임인이 그 기간 내에 이를 이행하지 아니할 때에 한하여 계약을 해제할 수 있다(대판 1996.11.26, 96다27148).

(2) 해제권의 행사

① 행사의 방법

> **제543조 【해지, 해제권】** ① 계약 또는 법률의 규정에 의하여 당사자의 일방이나 쌍방이 해지 또는 해제의 권리가 있는 때에는 그 해지 또는 해제는 상대방에 대한 의사표시로 한다.
> ② 전항의 의사표시는 철회하지 못한다.

해제의 의사표시는 원칙적으로 조건을 붙이지 못한다. 다만, 최고를 하면서 일정한 기간 내에 이행하지 않으면 해제의 의사표시가 없더라도 계약의 효력이 상실되는 것으로 보겠다는 의사표시는 유효하다. 그리고 해제는 소급효가 있기 때문에 기한을 붙이는 것은 무의미하다.

② 해제의 불가분성

> **제547조 【해지, 해제권의 불가분성】** ① 당사자의 일방 또는 쌍방이 수인인 경우에는 계약의 해지나 해제는 그 전원으로부터 또는 전원에 대하여 하여야 한다.
> ② 전항의 경우에 해지나 해제의 권리가 당사자 1인에 대하여 소멸한 때에는 다른 당사자에 대하여도 소멸한다.

기출

01 소유권이전등기의무의 이행불능을 이유로 매매계약을 해제하기 위해서는 그와 동시이행관계에 있다고 하더라도 그 (   )을 할 필요도 없다. 제26회

02 매도인의 매매목적물에 관한 소유권이전의무가 매수인의 귀책사유만으로 이행불능이 된 경우, 매수인은 그 이행불능을 이유로 계약을 해제할 수 (   ). 제22회

기출

03 해지 또는 해제의 의사표시는 도달된 후에는 (   )할 수 없다. 제26회

04 해제의 의사표시에는 원칙적으로 (   )을 붙이지 못한다. 제23회

05 당사자의 일방 또는 쌍방이 수인인 경우, 해제권이 당사자 1인에 대하여 소멸한 때에는 다른 당사자에 대하여도 (   )한다. 제27회

기출정답
01 이행의 제공
02 없다
03 철회
04 조건과 기한
05 소멸

(3) 해제의 효과

① **해제의 효과에 관한 이론구성**: 계약을 해제하면 직접적으로 계약이 소급하여 소멸하는 효과가 발생한다.

② **해제의 구체적 효과**

　㉠ 계약의 구속으로부터 해방

　　ⓐ 계약의 소급적 실효
　　　• 계약상 의무의 이행을 구하는 경우 계약을 위반한 당사자도 당해 계약이 상대방의 해제로 소멸되었음을 들어 그 이행을 거절할 수 있다.
　　　• 계약의 해제로 채권행위·물권행위의 효력도 소급적으로 소멸하기 때문에 해제로 인하여 이전되었던 물권은 당연히 복귀된다.

　　ⓑ 제3자의 보호
　　　• 제3자는 등기, 인도 등으로 권리를 취득한 사람을 말하는 것인바, 매수인과 매매예약을 체결한 후 그에 기한 소유권이전청구권 보전을 위한 가등기를 마친 사람도 제3자에 포함된다. 제3자의 선의·악의는 묻지 않는다.
　　　• 그리고 계약해제로 인한 원상회복등기 등이 이루어지기 이전에 계약해제 사실을 '몰랐던' 제3자에 대하여는 계약해제를 주장할 수 없다.

제3자에 해당 ○	• 해제된 계약에 의하여 채무자의 책임재산이 된 계약의 목적물을 가압류한 가압류 채권자 • 甲이 乙과의 교환계약에 의하여 취득한 토지를 丙이 甲으로부터 전득하고 자신 앞으로 바로 소유권이전등기를 마친 丙 • 대항요건을 갖춘 임차인
제3자에 해당 ×	• 계약상의 채권을 양수한 자나 그 채권 자체를 압류 또는 전부한 채권자 • 양수한 채권을 피보전권리로 하여 처분금지 가처분 결정을 받은 채권자 • 해제에 의하여 소멸되는 계약상의 채권을 양도받은 양수인이나 그 채권의 가압류채권자 • 토지를 매도하였다가 대금지급을 받지 못하여 그 매매계약을 해제한 경우에 있어 그 토지 위에 신축된 건물의 매수인 • 계약 당사자의 권리의 포괄승계인, 제3자를 위한 계약의 수익자

⚡ **기출**

01 일방 당사자의 계약위반을 이유로 계약이 해제된 경우, 계약을 위반한 당사자도 당해 계약이 상대방의 해제로 소멸되었음을 들어 그 이행을 (　　)할 수 있다.
　　　　　　　제27회

⚡ **기출**

02 매도인은 매매계약에 의하여 채무자의 책임재산이 된 부동산을 계약해제 전에 가압류한 채권자에 대하여 해제의 소급효로 대항할 수 (　　). 제23회

03 계약이 해제된 경우, 계약해제 이전에 해제로 인하여 소멸되는 채권을 양수한 자는 제3자로서 보호(　　). 제21회

기출정답
01 거절
02 없다
03 되지 않는다

ⓒ 원상회복의무

> **제548조 【해제의 효과, 원상회복의무】** ① 당사자 일방이 계약을 해제한 때에는 각 당사자는 그 상대방에 대하여 원상회복의 의무가 있다. 그러나 제3자의 권리를 해하지 못한다.
> ② 전항의 경우에 반환할 금전에는 그 받은 날로부터 이자를 가하여야 한다.

ⓐ 원상회복의무의 법적 성질
- 계약을 해제하면 그 급부의 보유자는 부당이득반환의무를 부담한다. 다만, 반환 범위에 관하여는 제548조 제1항이 적용되어 이익의 현존 여부나 청구인의 선의·악의를 불문하고 특단의 사유가 없는 한 받은 이익의 전부이다.
- 원칙적으로 보증인의 책임이 원상회복의무에도 미친다.

ⓑ 원상회복의 내용
- 과실은 반환되어야 하며, 선의점유자의 과실수취권에 관한 규정의 적용은 없다.
- 원물반환이 불가능한 경우에는 그 가액을 반환하여야 한다.
- 계약의 해제로 인한 원상회복청구권의 소멸시효는 해제시, 즉 원상회복청구권이 발생한 때부터 진행한다.

ⓒ 손해배상의무

> **제551조 【해지, 해제와 손해배상】** 계약의 해지 또는 해제는 손해배상의 청구에 영향을 미치지 아니한다.

ⓐ 채무불이행을 이유로 계약해제와 아울러 손해배상을 청구하는 경우에 이행이익의 배상을 구하는 것이 원칙이지만, 신뢰이익의 배상을 구할 수도 있다.
ⓑ 채무불이행을 이유로 계약을 해제하더라도 원칙적으로 손해배상액의 예정은 실효되지 않고, 손해배상액의 예정에 따라 배상액을 정해야 한다.

⚡ 기출

01 해제로 인한 원상회복의무는 부당이득반환의무의 성질을 가지고, 그 반환의무의 범위는 선의·악의를 불문하고 특단의 사유가 없는 한 받은 이익 (   )이다.
제23회

⚡ 기출

02 계약의 해제로 인한 원상회복청구권의 소멸시효는 (   )부터 진행한다.
제23회

03 이행지체를 이유로 한 계약의 해제는 손해배상의 청구에 영향을 (   ).
제21회

기출정답

01 전부
02 해제한 때
03 미치지 않는다

(4) 해제권의 소멸

① **일반적 소멸원인**
  ㉠ 해제권의 행사기간의 정함이 없는 경우 해제권은 형성권이므로 10년의 제척기간에 걸린다.
  ㉡ 채권자가 해제권을 취득한 후 장기간 이를 행사하지 않음으로써 신의성실의 원칙에 의하여 해제권은 실효된다.

② **해제권에 특유한 소멸원인**

> **제553조【훼손 등으로 인한 해제권의 소멸】** 해제권자의 고의나 과실로 인하여 계약의 목적물이 현저히 훼손되거나 이를 반환할 수 없게 된 때 또는 가공이나 개조로 인하여 다른 종류의 물건으로 변경된 때에는 해제권은 소멸한다.

3. 약정해제

법정해제권에 관한 그 행사방법, 효과, 해제권의 소멸 등에 관한 민법의 규정은 약정해제권에도 적용된다(통설). 다만, 손해배상청구는 채무불이행을 전제로 하는 것이므로, 약정해제에는 원칙적으로 그 적용이 없다.

02 계약의 해지

당사자 일방이 계약을 해지한 때에는 계약은 장래에 대하여 그 효력을 잃는다.

제2장 계약각론

기본서 p.794~848

제1절 매매 〈빈출〉

01 매매 일반

제563조【매매의 의의】 매매는 당사자 일방이 재산권을 상대방에게 이전할 것을 약정하고 상대방이 그 대금을 지급할 것을 약정함으로써 그 효력이 생긴다.

매매계약은 쌍무·유상계약이며, 낙성·불요식계약이다. 특히 매매에 관한 규정은 다른 유상계약에 준용된다.

02 매매의 성립

(1) 당사자의 합의

① 매매는 낙성계약이므로 매도인의 재산권이전과 매수인의 대금지급에 관한 합의만 있으면 성립한다.
② 매매의 목적물과 대금은 보통 계약체결 당시에 특정되나, 사후에라도 구체적으로 특정할 수 있는 방법과 기준이 정해져 있으면 충분하다.

(2) 매매의 일방예약

제564조【매매의 일방예약】 ① 매매의 일방예약은 상대방이 매매를 완결할 의사를 표시하는 때에 매매의 효력이 생긴다.
② 전항의 의사표시의 기간을 정하지 아니한 때에는 예약자는 상당한 기간을 정하여 매매완결 여부의 확답을 상대방에게 최고할 수 있다.
③ 예약자가 전항의 기간 내에 확답을 받지 못한 때에는 예약은 그 효력을 잃는다.

① 예약완결권의 법적 성질
  ㉠ 매매예약의 완결권은 일방의 의사표시만으로 매매를 성립시키는 점에서 형성권에 속한다.

선생님 TIP

계약각칙은 증여·매매·교환, 소비대차·사용대차·임대차, 고용·도급·여행·현상광고·위임·임치, 조합·종신정기금·화해 등 15개의 전형계약으로 이루어져 있으나, 시험범위는 매매·임대차·도급·위임이다.

⚡기출

01 매매계약은 쌍무·유상의 계약( ). 제21회

⚡기출

02 매매의 일방예약은 예약완결권자가 매매를 완결( )하는 때에 매매의 효력이 생긴다. 제27회

기출정답

01 이다
02 의사를 표시

> **기출**
>
> **01** 매매예약완결의 의사표시 전에 목적물이 멸실된 경우, 매매예약완결의 의사표시를 하여도 매매의 효력은 발생( ). 제27회
>
> **02** 예약목적물인 부동산을 인도받은 경우라도, 예약완결권은 제척기간의 경과로 인하여 소멸( ). 제27회

  Ⓘ 목적물이 멸실 기타의 사유로 예약완결권의 행사가 이행불능이 된 경우에는 예약완결권을 행사할 수 없고, 이행불능 이후에 상대방이 매매예약완결의 의사표시를 하여도 매매의 효력이 생기지 아니한다.

 ② **예약완결권의 존속기간**: 매매예약의 완결권은 일종의 형성권으로서 당사자 사이에 행사기간을 약정한 때에는 그 기간 내에, 약정이 없는 때에는 예약이 성립한 때부터 10년 내에 이를 행사하여야 하고, 그 기간을 지난 때에는 상대방이 예약목적물인 부동산을 인도받은 경우라도 예약완결권은 제척기간의 경과로 인하여 소멸한다.

(3) 계약금

 ① **의의**

  Ⓙ 계약금계약은 요물계약이므로 계약금의 잔금 또는 전부를 지급하지 아니하는 한 계약금계약은 성립하지 않으며, 당사자가 임의로 주계약을 해제할 수는 없다.

  Ⓚ 계약금계약은 주된 계약에 부수하여 행해지는 종된 계약이다. 따라서 주된 계약이 무효·취소되거나 채무불이행을 이유로 해제된 때에는 계약금계약도 무효로 된다.

> **기출**
>
> **03** 해약금(민법 제565조)으로서의 계약금계약은 ( )이다. 제22회
>
> **04** 계약금계약은 하나의 독립한 요물계약으로서 주계약이 취소되면 계약금계약도 ( )로 된다. 제23회
>
> **05** 당사자가 계약금의 전부를 나중에 지급하기로 약정한 경우, 교부자가 이를 지급하지 않으면 상대방은 채무불이행을 이유로 계약금약정을 ( )할 수 있다. 제23회

> 🔍 **판례** | 계약금의 전부나 일부를 지급하지 않은 경우
>
> 1. 계약금계약은 금전 기타 유가물의 교부를 요건으로 하므로 **단지 계약금을 지급하기로 약정만 한 단계에서는 아직 계약금으로서의 효력, 즉 위 민법 규정에 의해 계약해제를 할 수 있는 권리는 발생하지 않는다고** 할 것이다. 따라서 당사자가 계약금의 일부만을 먼저 지급하고 잔액은 나중에 지급하기로 약정하거나 계약금 전부를 나중에 지급하기로 약정한 경우, 교부자가 계약금의 잔금이나 전부를 약정대로 지급하지 않으면 **상대방은 계약금지급의무의 이행을 청구하거나 채무불이행을 이유로 계약금약정을 해제할 수 있고, 나아가 위 약정이 없었더라면 주계약을 체결하지 않았을 것이라는 사정이 인정된다면 주계약도 해제할 수도 있을 것이나, 교부자가 계약금의 잔금 또는 전부를 지급하지 아니하는 한 계약금계약은 성립하지 아니하므로 당사자가 임의로 주계약을 해제할 수는 없다** 할 것이다(대판 2008.3.13, 2007다73611).

기출정답
01 하지 않는다
02 한다
03 요물계약
04 무효
05 해제

2. 계약금 일부만 지급된 경우 수령자가 매매계약을 해제할 수 있다고 하더라도 해약금의 기준이 되는 금원은 '실제 교부받은 계약금'이 아니라 '약정 계약금'이라고 봄이 타당하므로, 매도인이 계약금의 일부로서 지급받은 금원의 배액을 상환하는 것으로는 매매계약을 해제할 수 없다(대판 2015.4.23, 2014다231378).

② **계약금의 법적 성질**: 계약금은 증약금 · 해약금(추정), 특약이 있을 때 위약금의 성질을 가진다. 그 계약금은 해약금으로서의 성질과 손해배상 예정으로서의 성질을 겸하고 있고, 계약금이 손해배상예정액으로서 과다하다면 감액부분은 반환되어야 한다.

③ **해약금에 의한 해제**

> **제565조【해약금】** ① 매매의 당사자 일방이 계약 당시에 금전 기타 물건을 계약금, 보증금 등의 명목으로 상대방에게 교부한 때에는 당사자간에 다른 약정이 없는 한 당사자의 일방이 이행에 착수할 때까지 교부자는 이를 포기하고 수령자는 그 배액을 상환하여 매매계약을 해제할 수 있다.
> ② 제551조의 규정은 전항의 경우에 이를 적용하지 아니한다.

㉠ 요건

ⓐ 매수인에 의한 중도금의 지급이나 매도인에 의한 매매목적물의 인도는 이행의 착수에 해당한다. 그러나 매도인이 매수인에 대하여 매매계약의 이행을 최고하고 매매잔대금의 지급을 구하는 소송을 제기한 것, 토지거래허가신청을 하여 허가를 받은 경우는 이행에 착수한 것으로 볼 수 없다. 매도인이 매매계약의 이행에는 전혀 착수한 바가 없다 하더라도 매수인이 중도금을 지급하여 이미 이행에 착수한 이상 매수인은 계약금을 포기하고 매매계약을 해제할 수 없다.

ⓑ 당사자가 채무의 이행기 전에는 착수하지 아니하기로 하는 특약을 하는 등 특별한 사정이 없는 한 이행기 전에 이행에 착수할 수 있다.

ⓒ 계약금의 수령자는 그 배액을 상환하면서 계약을 해제할 수 있으며, 제공만 하면 되므로 상대방이 이를 수령하지 않는다고 하여 공탁까지 할 필요는 없다.

ⓒ 효과
  ⓐ 당사자가 이행에 착수하기 전에만 행사할 수 있으므로 원상회복의 문제는 발생하지 않는다. 또한 해제에 의한 손해배상청구권도 생기지 않는다.
  ⓑ 계약금의 수수가 법정해제권의 발생·행사·효과에 영향을 주지 않는다.

(4) 매매계약 비용의 부담
매매계약에 관한 비용은 당사자 쌍방이 균분하여 부담한다.

03 매매의 효력

1. 매도인의 재산권이전의무
매도인은 매수인에 대하여 매매의 목적이 된 권리를 이전하여야 하며, 매수인은 매도인에게 그 대금을 지급하여야 한다. 쌍방의무는 특별한 약정이나 관습이 없으면 동시에 이행하여야 한다.

(1) 매도인의 재산권이전의무
매매목적 부동산에 가압류등기 등이 되어 있는 경우에는 매도인은 이와 같은 등기도 말소하여 완전한 소유권이전등기를 해주어야 한다.

(2) 과실수취권

> **제588조 【과실의 귀속, 대금의 이자】** 매매계약 있은 후에도 인도하지 아니한 목적물로부터 생긴 과실은 매도인에게 속한다. 매수인은 목적물의 인도를 받은 날로부터 대금의 이자를 지급하여야 한다. 그러나 대금의 지급에 대하여 기한이 있는 때에는 그러하지 아니하다.

① 매매목적물이 인도되지 않은 과실은 매도인에게 귀속되는 것이므로 매수인은 인도의무의 지체로 인한 손해배상금의 지급을 구할 수 없다.
② 매매목적물의 인도 전이라도 매수인이 매매대금을 완납한 때에는 그 이후의 과실수취권은 매수인에게 귀속된다.

⚡기출

01 해약금에 관한 규정에 의해 계약을 해제한 경우, 당사자 상호간에는 그 해제에 따른 손해배상의무를 부담( ). 제23회

02 매매계약에 관한 비용은 당사자 쌍방이 ( )하여 부담한다. 제28회

⚡기출

03 매수인이 매매대금을 모두 지급하였다면 특별한 사정이 없는 한, 그 이후의 과실수취권은 ( )에게 귀속된다. 제22회

기출정답
01 하지 않는다
02 균분
03 매수인

2. 매도인의 담보책임

(1) 서설

> **⭐ 암기 PLUS | 담보책임과 채무불이행책임의 일반적 차이**
>
> | 내용 | | 담보책임 | 채무불이행책임 |
> |---|---|---|---|
> | 성립요건 | | 하자에 대한 매도인의 귀책사유를 요건으로 하지 않는 무과실책임이다. | 채무자의 고의·과실을 전제로 채무의 내용에 좇은 이행을 하지 못한 경우에 책임이 인정되는 과실책임이다. |
> | 매수인의 선의·악의 | | 매수인의 하자에 대한 선의·악의는 담보책임의 효과 내지 내용에 영향을 미친다. | 채권자의 선의·악의는 책임 발생이나 내용에 아무런 영향을 주지 않으며, 단지 채권자의 과실은 손해배상의 범위를 산정하는 데 참작(과실상계)될 뿐이다. |
> | 내용 | 일반 | 손해배상, 계약해제, 대금감액청구 및 완전물급부청구권 | 손해배상, 계약해제, 강제이행 |
> | | 계약해제 | 계약해제는 계약의 목적을 달성할 수 없는 경우에 최고 없이 인정된다. | 계약해제가 인정되기 위해서는 채무자의 귀책사유에 기한 채무불이행이 있어야 하며, 이행지체의 경우 최고가 있어야 한다. |
> | | 손해배상 | 매수인이 선의인 경우에만 손해배상청구권이 인정된다(예외: 제576조). | 손해가 발생한 경우 채권자의 선의·악의를 구분하지 않고 손해배상청구권이 인정되며, 그 범위는 제393조에 의해 정해진다. |
> | 권리행사 기간 | | 권리행사에 있어서 1년 또는 6월의 제척기간의 제한을 받는다(제570조, 제576조, 제577조의 경우에는 제척기간이 없다). | 통상의 소멸시효에 따른 권리행사의 제한을 받는다. |

> **판례**
>
> 1. 채무불이행책임과 제580조의 하자담보책임의 경합
>   토지매도인이 성토작업을 기화로 다량의 폐기물을 은밀히 매립하고 그 위에 토사를 덮은 다음 도시계획사업을 시행하는 공공사업시행자와 사이에서 정상적인 토지임을 전제로 협의취득절차를 진행하여 이를 매도함으로써 매수자로 하여금 그 토지의 폐기물처리비용 상당의 손해를 입게 하였다면 매도인은 이른바 **불완전이행**으로서 **채무불이행**으로 인한 손해배상책임을 부담하고, 이는 하자 있는 토지의 매매로 인한 민법 제580조 소정의 하자담보책임과 **경합적**으로 인정된다(대판 2004.7.22, 2002다51586).
>
> 2. 매매목적물의 하자로 인한 확대손해를 배상받기 위한 요건
>   매매목적물의 하자로 인한 확대손해에 대하여 매도인에게 배상책임을 지우기 위해서는 하자 없는 목적물을 인도하지 못한 **의무위반**사실 외에 그러한 의무위반에 대하여 매도인에게 **귀책사유**가 있어야 한다(대판 2003.7.22, 2002다35676).

(2) 매도인의 담보책임

① 권리의 하자에 대한 담보책임

㉠ 매매의 목적인 권리의 전부가 타인에게 속하는 경우

> **제569조 【타인의 권리의 매매】** 매매의 목적이 된 권리가 타인에게 속한 경우에는 매도인은 그 권리를 취득하여 매수인에게 이전하여야 한다.
>
> **제570조 【동전 - 매도인의 담보책임】** 전조의 경우에 매도인이 그 권리를 취득하여 매수인에게 이전할 수 없는 때에는 매수인은 계약을 해제할 수 있다. 그러나 매수인이 계약 당시 그 권리가 매도인에게 속하지 아니함을 안 때에는 손해배상을 청구하지 못한다.

손해배상의 범위는 이행이익에 미친다. 배상액의 산정은 불능 당시의 시가에 의할 것이다. 매수인이 선의인데 과실이 있는 때에는 매도인의 배상금액을 산정함에 있어서 이를 참작하여야 한다.

⚡기출

01 타인소유에 속하는 목적물에 대한 매매계약은 (   )이다. 제16회

02 타인의 권리매매에서 매도인이 그 권리를 취득하여 매수인에게 이전할 수 없는 경우, 계약 당시에 그 사실을 안 매수인은 계약을 해제할 수 (   ). 제21회

03 매매의 목적이 된 권리가 타인에게 속하여 매도인이 그 권리를 취득한 후 매수인에게 이전할 수 없는 때에는 매수인이 계약 당시 그 권리가 매도인에게 속하지 아니함을 알았다면 손해배상을 청구할 수 (   ). 제26회

기출정답
01 유효
02 있다
03 없다

> **⭐ 암기 PLUS ㅣ 매수인의 선의·악의 여부에 따른 담보책임**

매수인	담보책임
선의	원칙적으로 하자에 대하여 매수인이 선의인 때 담보책임을 물을 수 있다.
악의	악의의 매수인은 담보책임을 물을 수 없으나, 예외적으로 전부타인권리매매에서 계약해제권, 일부타인권리매매에서 대금감액청구권, 저당권 행사로 인한 담보책임은 물을 수 있다.

ⓒ 매매목적인 권리의 일부가 타인에게 속하는 경우

> **제572조 【권리의 일부가 타인에게 속한 경우와 매도인의 담보책임】** ① 매매의 목적이 된 권리의 일부가 타인에게 속함으로 인하여 매도인이 그 권리를 취득하여 매수인에게 이전할 수 없는 때에는 매수인은 그 부분의 비율로 대금의 감액을 청구할 수 있다.
> ② 전항의 경우에 잔존한 부분만이면 매수인이 이를 매수하지 아니하였을 때에는 선의의 매수인은 계약 전부를 해제할 수 있다.
> ③ 선의의 매수인은 감액청구 또는 계약해제 외에 손해배상을 청구할 수 있다.
>
> **제573조 【전조의 권리행사의 기간】** 전조의 권리는 매수인이 선의인 경우에는 사실을 안 날로부터, 악의인 경우에는 계약한 날로부터 1년 내에 행사하여야 한다.

손해배상범위는 이행이익상당액이다.

> **⭐ 암기 PLUS ㅣ 담보책임의 제척기간**

1년	권리의 하자
6월	물건의 하자
×	전부타인권리매매, 저당권 행사

ⓒ 매매목적물의 수량부족 또는 일부멸실의 경우

> **제574조 【수량부족, 일부멸실의 경우와 매도인의 담보책임】** 전2조의 규정은 수량을 지정한 매매의 목적물이 부족되는 경우와 매매목적물의 일부가 계약 당시에 이미 멸실된 경우에 매수인이 그 부족 또는 멸실을 알지 못한 때에 준용한다.

ⓐ '수량을 지정한 매매'란 당사자가 매매의 목적인 특정물이 일정한 수량을 가지고 있다는 데 주안을 두고 대금도 그 수량을 기준으로 정한 경우를 말한다. 아파트분양계약은 수량지정매매에 해당한다.

ⓑ 부동산매매계약에 있어서 실제면적이 계약면적에 미달하는 경우, 일반 부당이득반환청구를 하거나 그 부분의 원시적 불능을 이유로 제535조가 규정하는 계약체결상의 과실에 따른 책임의 이행을 구할 수 없다.

> ★ **암기 PLUS | 담보책임의 내용**
>
> | 공통 | 계약해제권 · 손해배상청구권 |
> |---|---|
> | 일수 | 대금감액청구권: 일부타인권리매매, 수량부족 · 일부멸실 |
> | 종류매매 | 완전물급부청구권: 계약해제 또는 손해배상청구를 하지 아니하고 하자 없는 물건을 청구 |

ⓔ **매매의 목적인 권리의 용익권능이 제한되는 경우**

ⓐ 매매의 목적물이 지상권, 지역권, 전세권, 질권 또는 유치권의 목적이 된 경우에 매수인이 이를 알지 못한 때에는 이로 인하여 계약의 목적을 달성할 수 없는 경우에 한하여 매수인은 계약을 해제할 수 있다. 기타의 경우에는 손해배상만을 청구할 수 있다.

ⓑ 권리는 매수인이 그 사실을 안 날로부터 1년 내에 행사하여야 한다.

ⓜ **저당권 또는 전세권 행사로 소유권의 미취득 및 상실하는 경우**

> **제576조 【저당권, 전세권의 행사와 매도인의 담보책임】** ① 매매의 목적이 된 부동산에 설정된 저당권 또는 전세권의 행사로 인하여 매수인이 그 소유권을 취득할 수 없거나 취득한 소유권을 잃은 때에는 매수인은 계약을 해제할 수 있다.
> ② 전항의 경우에 매수인의 출재로 그 소유권을 보존한 때에는 매도인에 대하여 그 상환을 청구할 수 있다.
> ③ 전2항의 경우에 매수인이 손해를 받은 때에는 그 배상을 청구할 수 있다.
> **제577조 【저당권의 목적이 된 지상권, 전세권의 매매와 매도인의 담보책임】** 전조의 규정은 저당권의 목적이 된 지상권 또는 전세권이 매매의 목적이 된 경우에 준용한다.

⚡ **기출**

01 매매목적물이 전세권의 목적이 된 경우, ( )의 매수인은 이로 인하여 계약의 목적을 달성할 수 없으면 계약을 해제할 수 있다. 제21회

⚡ **기출**

02 매매의 목적부동산에 설정된 저당권 행사로 매수인이 그 소유권을 취득할 수 없는 경우, 저당권 설정 사실에 관하여 악의의 매수인은 그 입은 손해배상을 청구할 수 ( ). 제26회

기출정답
01 선의
02 있다

매수인이 저당권의 피담보채무 또는 전세금반환채무를 인수하거나 그 이행을 인수하는 것이 보통이므로 이러한 경우에는 제576조가 적용되지 않는다.

② **물건의 하자에 대한 담보책임**

> **제580조 【매도인의 하자담보책임】** ① 매매의 목적물에 하자가 있는 때에는 제575조 제1항의 규정을 준용한다. 그러나 매수인이 하자 있는 것을 알았거나 과실로 인하여 이를 알지 못한 때에는 그러하지 아니한다.
> ② 전항의 규정은 경매의 경우에 적용하지 아니한다.
>
> **제581조 【종류매매와 매도인의 담보책임】** ① 매매의 목적물을 종류로 지정한 경우에도 그 후 특정된 목적물에 하자가 있는 때에는 전조의 규정을 준용한다.
> ② 전항의 경우에 매수인은 계약의 해제 또는 손해배상의 청구를 하지 아니하고 하자 없는 물건을 청구할 수 있다.
>
> **제582조 【전2조의 권리행사기간】** 전2조에 의한 권리는 매수인이 그 사실을 안 날로부터 6월 내에 행사하여야 한다.

㉠ 건축을 목적으로 매매된 토지에 대하여 건축허가를 받을 수 없어 건축이 불가능한 경우, 법률적 제한 내지 장애 역시 매매목적물의 하자에 해당한다. 다만 위와 같은 하자의 존부는 매매계약 성립시를 기준으로 판단한다.

㉡ 매도인의 하자담보책임은 법이 특별히 인정한 무과실책임으로서 여기에 과실상계 규정이 준용될 수는 없다 하더라도, 하자 발생 및 그 확대에 가공한 매수인의 잘못을 참작하여 손해배상의 범위를 정함이 상당하다.

㉢ 이러한 매수인의 권리는 매수인이 그 사실을 안 날부터 6월 내에 행사하여야 한다. 매도인의 하자담보책임에 관한 매수인의 권리행사기간은 재판상 또는 재판 외의 권리행사기간이고 재판상 청구를 위한 출소기간은 아니다.

> **판례 | 하자담보에 기한 매수인의 손해배상청구권에 대한 제척기간과 소멸시효**
>
> 민법 제582조의 제척기간 규정으로 인하여 소멸시효 규정의 적용이 배제된다고 볼 수 없으며, **매수인이 매매목적물을 인도받은 때부터 소멸시효가 진행한다**(대판 2011.10.13, 2011다10266).

⚡기출

01 특정물매매의 경우 목적물에 하자가 있더라도 악의의 매수인은 계약을 해제할 수 (   ). 제22회

02 매매목적물에 하자가 있다는 사실을 과실로 알지 못한 매수인은 매도인에 대하여 하자담보책임을 물을 수 (   ). 제28회

03 (   )의 하자에 대한 담보책임규정은 경매에는 (   ). 제18회

04 종류매매의 경우 인도된 목적물에 하자가 있는 때에는 선의·무과실의 매수인은 계약의 해제 또는 손해배상을 청구(   ) 하자 없는 물건을 청구할 수 있다. 제22회

⚡기출

05 특정물 매도인의 하자담보책임에 기한 매수인의 손해배상청구권은 특별한 사정이 없는 한, 그 목적물을 (   )부터 소멸시효가 진행한다. 제22회

기출정답
01 없다
02 없다
03 물건, 적용되지 않는다
04 하지 않고
05 인도받은 때

③ **채권의 매도인의 담보책임**
  ㉠ 채권의 매도인이 채무자의 자력을 담보한 때에는 매매계약 당시의 자력을 담보한 것으로 추정한다.
  ㉡ 변제기에 도달하지 아니한 채권의 매도인이 채무자의 자력을 담보한 때에는 변제기의 자력을 담보한 것으로 추정한다.

④ **경매에 있어서의 매도인의 담보책임**

> **제578조 【경매와 매도인의 담보책임】** ① 경매의 경우에는 경락인은 전8조의 규정에 의하여 채무자에게 계약의 해제 또는 대금감액의 청구를 할 수 있다.
> ② 전항의 경우에 채무자가 자력이 없는 때에는 경락인은 대금의 배당을 받은 채권자에 대하여 그 대금전부나 일부의 반환을 청구할 수 있다.
> ③ 전2항의 경우에 채무자가 물건 또는 권리의 흠결을 알고 고지하지 아니하거나 채권자가 이를 알고 경매를 청구한 때에는 경락인은 그 흠결을 안 채무자나 채권자에 대하여 손해배상을 청구할 수 있다.

  ㉠ 경매목적물의 하자란 그 목적물에 권리의 하자가 존재하는 경우의 하자를 말한다. 물건 자체의 하자에 대해서는 담보책임을 인정하지 않는다.
  ㉡ 경매절차 자체가 무효라면 채무자나 채권자의 담보책임은 인정될 여지가 없으며, 배당채권자에 대하여 부당이득반환청구권을 행사할 수 있을 뿐이다.

⑤ **관련 문제**
  ㉠ **담보책임과 동시이행**: 제536조의 규정은 제572조 내지 제575조, 제580조 및 제581조의 경우에 준용한다.
  ㉡ **담보책임 면제의 특약**: 매도인은 전15조에 의한 담보책임을 면하는 특약을 한 경우에도 매도인이 알고 고지하지 아니한 사실 및 제3자에게 권리를 설정 또는 양도한 행위에 대하여는 책임을 면하지 못한다.

3. **매수인의 의무 – 대금지급의무**

(1) **대금지급기일**

매매의 당사자 일방에 대한 의무이행의 기한이 있는 때에는 상대방의 의무이행에 대하여도 동일한 기한이 있는 것으로 추정한다.

⚡ **기출**

01 변제기에 이르지 않은 채권의 매도인이 채무자의 자력을 담보한 경우, (   )의 자력을 담보한 것으로 추정한다. 제26회

⚡ **기출**

02 무효인 강제경매절차를 통하여 하자 있는 권리를 경락받은 자는 경매의 채무자나 채권자에게 담보책임을 물을 수 (   ). 제22회

⚡ **기출**

03 매도인은 담보책임 면제의 특약을 한 경우에도 제3자에게 권리를 설정 또는 양도한 행위에 대하여는 책임을 면(   ). 제21회

04 매매의 당사자 일방에 대한 의무이행의 기한이 있는 때에는 상대방의 의무이행에 대하여도 (   ) 기한이 있는 것으로 추정한다. 제28회

기출정답
01 변제기
02 없다
03 하지 못한다
04 동일한

(2) 대금지급장소

매매의 목적물의 인도와 동시에 대금을 지급할 경우에는 그 인도장소에서 이를 지급하여야 한다.

(3) 대금의 이자

매매계약 있은 후에도 인도하지 아니한 목적물로부터 생긴 과실은 매도인에게 속한다. 매수인은 목적물의 인도를 받은 날로부터 대금의 이자를 지급하여야 한다. 그러나 대금의 지급에 대하여 기한이 있는 때에는 그러하지 아니하다.

(4) 대금지급거절권

① **권리주장자가 있는 경우와 대금지급거절권**: 매매의 목적물에 대하여 권리를 주장하는 자가 있는 경우에 매수인이 매수한 권리의 전부나 일부를 잃을 염려가 있는 때에는 매수인은 그 위험의 한도에서 대금의 전부나 일부의 지급을 거절할 수 있다. 그러나 매도인이 상당한 담보를 제공한 때에는 그러하지 아니하다.
② **대금공탁청구권**: 위 ①의 경우에 매도인은 매수인에 대하여 대금의 공탁을 청구할 수 있다.

> ⚡ 기출
>
> 01 매매목적물의 인도와 동시에 대금을 지급할 경우에는 ( )에서 이를 지급하여야 한다. 제28회

제2절 임대차 〈빈출〉

01 총설

(1) 서설

> **제618조【임대차의 의의】** 임대차는 당사자 일방이 상대방에게 목적물을 사용·수익하게 할 것을 약정하고 상대방이 이에 대하여 차임을 지급할 것을 약정함으로써 그 효력이 생긴다.

① 임대차는 쌍무·유상·낙성·불요식의 계약이다.
② 임대인이 그 목적물에 대한 소유권 기타 이를 임대할 권한이 있을 것을 성립요건으로 하지 않는다.

기출정답
01 그 인도장소

(2) 임대차의 존속기간

① **존속기간을 약정한 경우**

㉠ **최장기간의 제한**: 임대차기간을 영구로 정한 약정은 계약자유의 원칙에 의하여 허용된다.

㉡ **최단기간의 제한**: 민법은 최단기간의 제한이 없다. 주택임대차보호법 제4조는 주거용 건물인 경우 최단 2년, 상가건물임대차보호법 제9조는 최단 1년을 보장한다.

② **임대차의 갱신**

㉠ **계약에 의한 갱신**

ⓐ **원칙**: 합의에 의해 임대차기간이 연장되면 제3자가 제공했던 담보는 소멸한다.

ⓑ **존속기간 갱신의 강제**: 토지임대차의 기간이 만료한 경우에, 건물·수목 기타 지상시설이 현존한 때에는 임차인은 계약의 갱신을 청구할 수 있다. 이는 청구권이므로 임대인이 그에 응하여 갱신계약을 체결하여야 갱신의 효과가 생긴다.

㉡ **묵시의 갱신(법정갱신)**

ⓐ 임대차기간이 만료한 후 임차인이 임차물의 사용·수익을 계속하는 경우에 임대인이 상당한 기간 내에 이의를 하지 아니한 때에는 전임대차와 동일한 조건으로 다시 임대차한 것으로 본다. 그러나 당사자는 기간의 약정이 없는 임대차의 해지통고에 의하여 해지의 통고를 할 수 있다.

ⓑ 전임대차에 대하여 제3자가 제공한 담보는 기간의 만료로 인하여 소멸한다.

③ **존속기간을 약정하지 않은 경우**

㉠ **기간의 약정 없는 임대차의 해지통고**

ⓐ 임대차기간의 약정이 없는 때에는 당사자는 언제든지 계약해지의 통고를 할 수 있다.

ⓑ 상대방이 통고를 받은 날로부터 다음의 기간이 경과하면 해지의 효력이 생긴다.

- 토지, 건물 기타 공작물: 임대인이 해지를 통고한 경우에는 6월, 임차인이 해지를 통고한 경우에는 1월
- 동산: 5일

ⓒ **기간의 약정 있는 임대차의 해지통고**: 임대차기간의 약정이 있는 경우에도 당사자 일방 또는 쌍방이 그 기간 내에 해지할 권리를 보류한 때에는 위 ⓒ의 규정을 준용한다.

02 임대차의 효력

1. 임대인의 의무

(1) 목적물을 사용·수익하게 할 의무

> **제623조【임대인의 의무】** 임대인은 목적물을 임차인에게 인도하고 계약존속 중 그 사용·수익에 필요한 상태를 유지하게 할 의무를 부담한다.
> **제624조【임대인의 보존행위, 인용의무】** 임대인이 임대물의 보존에 필요한 행위를 하는 때에는 임차인은 이를 거절하지 못한다.
> **제625조【임차인의 의사에 반하는 보존행위와 해지권】** 임대인이 임차인의 의사에 반하여 보존행위를 하는 경우에 임차인이 이로 인하여 임차의 목적을 달성할 수 없는 때에는 계약을 해지할 수 있다.

임차인이 비용을 들이지 아니하고도 손쉽게 고칠 수 있을 정도의 사소한 것이어서 임차인의 사용·수익을 방해할 정도의 것이 아니라면 임대인은 수선의무를 부담하지 않는다.

(2) 비용상환의무

> **제626조【임차인의 상환청구권】** ① 임차인이 임차물의 보존에 관한 필요비를 지출한 때에는 임대인에 대하여 그 상환을 청구할 수 있다.
> ② 임차인이 유익비를 지출한 경우에는 임대인은 임대차 종료시에 그 가액의 증가가 현존한 때에 한하여 임차인의 지출한 금액이나 그 증가액을 상환하여야 한다. 이 경우에 법원은 임대인의 청구에 의하여 상당한 상환기간을 허여할 수 있다.

① 제626조는 임의규정이므로 당사자의 약정으로 임차인이 그 비용상환청구권을 포기하는 것은 유효하다. 판례는 임차인에게 임차건물의 개축·변조를 허용하면서 목적물 반환시에는 임차인이 일체의 비용을 부담하여 원상복구를 하기로 약정한 경우에 관하여, 그 약정은 유익비상환청구권을 미리 포기하는 취지의 특약으로 이해한다.
② 비용상환의 청구는 임대인에게 목적물을 반환한 후 6월 내에 행사하여야 하며, 이 기간은 제척기간이다.
③ 필요비는 지출한 '즉시' 그 상환을 청구할 수 있으며, 상환청구할 수 있는 범위도 가액이 현존하는지 여부에 관계없이 지출비용 전액에 미친다.

⚡기출

01 (   )은 다른 약정이 없는 한 임대기간 중 X토지를 사용·수익에 필요한 상태로 유지할 의무를 부담한다. 제25회

02 임대인이 임대물의 (   )에 필요한 행위를 하는 때에는 임차인은 이를 거절하지 못한다. 제22회

⚡기출

03 임대인은 (   )의 선택에 따라 지출한 금액이나 가치증가액을 상환하여야 한다. 제21회

04 임대인에게 비용상환을 요구하지 않기로 (   )한 경우, 임차인은 유익비상환을 청구할 수 없다. 제21회

05 유익비상환청구권은 임대인이 (   )로부터 6개월 내에 행사하여야 한다. 제21회

기출정답
01 임대인
02 보존
03 임대인
04 약정
05 목적물을 반환받은 날

④ 법원은 임대인을 위하여 그의 청구에 따라 유익비의 상환에 상응하는 기간을 허용할 수 있는바, 이 경우 임차인은 임차물에 대한 유치권을 행사할 수 없다.

(3) 임대인의 보호의무

숙박계약은 일종의 일시사용을 위한 임대차계약으로서 숙박업자는 신의칙상의 보호의무를 부담한다. 한편 통상의 임대차관계에 있어서는 보호의무까지 부담한다고 볼 수 없다.

2. 임차인의 권리

(1) 임차권

① **민법에서의 대항력**

㉠ **임대차의 등기**: 부동산임차인은 당사자간에 반대약정이 없으면 임대인에 대하여 그 임대차등기절차에 협력할 것을 청구할 수 있다. 부동산임대차를 등기한 때에는 그때부터 제3자에 대하여 효력이 생긴다.

㉡ **건물등기 있는 차지권의 대항력**: 건물의 소유를 목적으로 한 토지임대차는 이를 등기하지 아니한 경우에도 임차인이 그 지상건물을 등기한 때에는 제3자에 대하여 임대차의 효력이 생긴다. 건물이 임대차기간만료 전에 멸실 또는 후폐한 때에는 ㉠의 효력을 잃는다.

② **특별법에서의 대항력**

㉠ **주택임대차보호법에서의 대항력**: 주택의 임대차에서는 등기가 없는 경우에도 임차인이 주택의 인도를 받고 주민등록을 마친 때(전입신고)에는 그 다음날부터 제3자에 대하여 효력이 생긴다.

㉡ **상가건물임대차보호법에서의 대항력**: 상가건물임차권에 대한 등기가 없더라도 임차인이 건물의 인도와 사업자등록을 신청한 때에는 그 다음날부터 제3자에 대하여 대항할 수 있다(동법 제3조).

(2) 건물임차인의 부속물매수청구권

> **제646조 【임차인의 부속물매수청구권】** ① 건물 기타 공작물의 임차인이 그 사용의 편익을 위하여 임대인의 동의를 얻어 이에 부속한 물건이 있는 때에는 임대차의 종료시에 임대인에 대하여 그 부속물의 매수를 청구할 수 있다.
> ② 임대인으로부터 매수한 부속물에 대하여도 전항과 같다.

⚡기출

01 임차인이 지상건물을 (　　) 하면, X토지에 대한 임차권등기를 하지 않았더라도 임차인은 X토지에 대한 임차권으로 제3자에게 대항할 수 있다. 　제25회

기출정답
01 등기

> **제647조 【전차인의 부속물매수청구권】** ① 건물 기타 공작물의 임차인이 적법하게 전대한 경우에 전차인이 그 사용의 편익을 위하여 임대인의 동의를 얻어 이에 부속한 물건이 있는 때에는 전대차의 종료시에 임대인에 대하여 그 부속물의 매수를 청구할 수 있다.
> ② 임대인으로부터 매수하였거나 그 동의를 얻어 임차인으로부터 매수한 부속물에 대하여도 전항과 같다.

① 일시사용을 위한 임대차에는 적용되지 않는다.
② 부속물이란 건물에 부수된 물건으로 임차인 소유에 속하고 건물의 구성부분이 되지 아니한 것으로 건물에 객관적 편익을 가져오게 하는 독립한 물건을 의미하며, 오로지 건물임차인의 특수한 목적에 사용하기 위하여 부속된 것일 때에는 부속물이 아니다.

비용상환청구권 · 부속물매수청구권

구분		비용상환청구권	부속물매수청구권
의의	독립성	구성부분(부합된 물건)	독립한 물건(독립성)
	권리의 성격	제626조 부당이득반환청구권의 특칙	형성권
	규정의 성격	임의규정	편면적 강행규정
요건	주체	(토지 및 건물) 임차인 모두	건물 기타 공작물의 임차인
	동의 또는 매수 요부	제한 없다.	임대인의 동의를 얻어 부속한 물건 또는 임대인으로부터 매수한 부속물에 한한다.
	시기 및 종료사유 요부	필요비는 지출한 때 즉시, 유익비는 임대차 종료시 가액의 증가가 현존한 때에 임대인의 선택에 의한다. 채무불이행은 문제되지 않는다.	임대차 종료시에 인정되나, 채무불이행에 기한 해지의 경우에는 인정하지 않는다(판례).
효과	행사	필요비는 지출비용 전액, 유익비는 실제지출액과 가치증가액 중 임대인의 선택에 의하여 상환한다.	부속물매수청구권은 형성권으로, 매수청구의 의사표시만으로 매매 유사의 법률관계가 성립한다(동시이행).
	유치권 성립 여부	성립 가능. 유익비의 경우 법원에 의한 상당한 상환기간의 허여가 있으면 유치권 성립 불가	성립불가(판례), 동시이행의 항변권 인정
	포기 가부	가능(임의규정)	불가(강행규정)

⚡ 기출

01 부속물이 건물의 구성부분으로 (　　)을 갖추지 못한 경우에는 부속물매수청구의 대상이 될 수 없다.
제15회

기출정답
01 독립성

행사기간	⊙ 제척기간: 임차인이 임대인에게 목적물을 반환한 후 6월 내 행사 ⓒ 소멸시효: 필요비는 지출한 때부터 소멸시효가 진행하고, 유치권을 행사할 수 있다. 유익비는 임대차가 종료한 때부터 진행하며, 상환기간 허여가 있으면 유치권을 행사할 수 없다.	-

(3) 토지임차인의 지상물매수청구권

⚡ **기출**

01 임대차가 존속기간의 만료로 종료되는 경우, 토지임차인 乙이 식재한 사과나무들이 존재하는 때, 乙은 임대인 甲에게 (　　)할 수 있다.
제22회

> **제643조【임차인의 갱신청구권, 매수청구권】** 건물 기타 공작물의 소유 또는 식목, 채염, 목축을 목적으로 한 토지임대차의 기간이 만료한 경우에 건물, 수목 기타 지상시설이 현존한 때에는 제283조의 규정을 준용한다.

① 토지임차인은 1차로 임대인을 상대로 계약의 갱신을 청구할 수 있고, 임대인이 이를 거절한 때에는 2차로 임차인은 상당한 가액으로 그 지상시설의 매수를 청구할 수 있다.

② 기간의 정함이 없는 토지임대차계약에 대해 임대인이 해지통고를 한 때에는 임차인은 곧바로 지상물의 매수를 청구할 수 있다. 반면 토지임차인의 채무불이행으로 임대인이 임대차계약을 해지한 때에는 임차인이 지상물의 매수청구도 할 수 없다.

③ 건물에 저당권이 설정되어 있더라도 매수청구권을 행사할 수 있다. 이 경우에 그 건물의 매수가격은 시가상당액을 의미하고, 여기에서 근저당권의 채권최고액이나 피담보채무액을 공제한 금액을 매수가격으로 정할 것은 아니다.

④ 임차인 소유건물이 제3자 소유의 토지 위에 걸쳐서 건립되어 있는 경우에는 임차지상에 서 있는 건물부분 중 구분소유의 객체가 될 수 있는 부분에 한하여 임차인에게 매수청구가 허용된다.

⑤ 이 매수청구권은 지상시설의 소유자만이 행사할 수 있고, 따라서 건물을 신축한 토지임차인이 그 건물을 타인에게 양도한 경우에는 그 임차인은 매수청구권을 행사할 수 없다. 그리고 상대방은 원칙적으로 임차권 소멸 당시의 토지소유자인 임대인이다.

기출정답

01 갱신을 청구

> **판례 | 지상물매수청구권자**
>
> 종전 임차인으로부터 미등기 무허가건물을 매수하여 점유하고 있는 임차인은 특별한 사정이 없는 한 소유권을 취득하지 못하였다 하더라도 임대인에 대하여 **지상물매수청구권을 행사할 수 있는 지위에 있다**(대판 2013. 11.28, 2013다48364·48371).

ⓖ 지상물매수청구권은 형성권으로서, 임차인의 그 행사만으로 지상물에 관해 임대인과 임차인 사이에 시가에 의한 매매 유사의 법률관계가 성립한다. 임차인은 임대인의 건물인도청구에 대하여 대금지급과의 동시이행을 주장할 수 있다.

ⓗ 지상물매수청구권에 관한 제643조는 편면적 강행규정으로서, 이에 위반하는 약정으로서 임차인에게 불리한 것은 무효이다.

3. 임차인의 의무

(1) 차임지급의무

① **일반론**

   ㉠ 임대인의 필요비상환의무는 임차인의 차임지급의무와 서로 대응하는 관계에 있으므로, 임차인은 지출한 필요비 금액의 한도에서 차임의 지급을 거절할 수 있다.

   ㉡ 차임지급의 시기에 관하여 특약이 없는 경우에 동산, 건물 및 대지의 임대차에서는 매월 말에, 그 밖의 토지임대차에서는 매년 말에 지급하여야 한다. 그러나 수확기가 있는 것의 임대차에서는 그 수확 후 지체 없이 지급하여야 한다.

   ㉢ 수인이 공동으로 임대차를 하는 경우 그들 임차인은 연대하여 이상의 의무를 부담한다.

② **차임의 증감청구**

   ㉠ 제627조의 차임감액청구권(일부멸실과 감액청구)

   > **제627조 【일부멸실 등과 감액청구, 해지권】** ① 임차물의 일부가 임차인의 과실 없이 멸실 기타 사유로 인하여 사용·수익할 수 없는 때에는 임차인은 그 부분의 비율에 의한 차임의 감액을 청구할 수 있다.
   > ② 전항의 경우에 그 잔존부분으로 임차의 목적을 달성할 수 없는 때에는 임차인은 계약을 해지할 수 있다.

   이 차임감액청구권은 형성권이다. 그리고 제627조는 편면적 강행규정이다.

⚡기출

01 ( ) 있는 토지임차권의 경우, 임차권 소멸 후 그 토지가 제3자에게 양도되더라도 토지임차인은 신소유자에 대하여 지상물매수청구권을 행사할 수 있다. 제18회

⚡기출

02 토지의 차임지급시기에 대한 관습 또는 다른 약정이 없으면 임차인은 임대인에게 ( )에 차임을 지급하여야 한다. 제22회

기출정답
01 대항력
02 매년 말

ⓛ **제628조의 차임증감청구권(사정변경에 의한 차임증감청구)**
   ⓐ 이 차임증감청구권은 형성권이며, 차임의 증액을 청구하였을 때에 당사자 사이에 협의가 성립되지 아니하여 법원이 결정해주는 차임은 증액청구의 의사표시를 한 때에 소급하여 그 효력이 생기는 것이므로, 특별한 사정이 없는 한 증액된 차임에 대하여는 법원 결정시가 아니라 증액청구의 의사표시가 상대방에게 도달한 때를 이행기로 보아야 한다.
   ⓑ 제628조는 편면적 강행규정이며, 이에 위반하는 약정으로 임차인에게 불리한 것은 무효이다. 그러나 차임부증액의 특약은 유효라고 할 것이나, 판례는 차임부증액의 특약이 있더라도 제628조에 의하여 차임증액청구를 할 수 있다고 한다.

③ **차임지급의 연체와 해지**

> **제640조【차임연체와 해지】** 건물 기타 공작물의 임대차에는 임차인의 차임 연체액이 2기의 차임액에 달하는 때에는 임대인은 계약을 해지할 수 있다.
> **제641조【동전】** 건물 기타 공작물의 소유 또는 식목, 채염, 목축을 목적으로 한 토지임대차의 경우에도 전조의 규정을 준용한다.

여기의 2기는 연속할 필요가 없으며, 연체한 차임의 합산액이 2기분에 달하면 된다.

④ **차임채권을 위한 법정담보물권**
   ⓛ **임차지의 부속물, 과실 등에 대한 법정질권**: 토지임대인이 임대차에 관한 채권에 의하여 임차지에 부속 또는 그 사용의 편익에 공용한 임차인의 소유동산 및 그 토지의 과실을 압류한 때에는 질권과 동일한 효력이 있다.
   ⓛ **임차지상의 건물에 대한 법정저당권**: 토지임대인이 변제기를 경과한 최후 2년의 차임채권에 의하여 그 지상에 있는 임차인소유의 건물을 압류한 때에는 저당권과 동일한 효력이 있다.
   ⓒ **임차건물 등의 부속물에 대한 법정질권**: 건물 기타 공작물의 임대인이 임대차에 관한 채권에 의하여 그 건물 기타 공작물에 부속한 임차인소유의 동산을 압류한 때에는 질권과 동일한 효력이 있다.

⚡ **기출**

01 건물소유를 위한 토지임대차의 경우, 임차인의 차임 연체액이 (　　)의 차임액에 이른 때에는 임대인은 계약을 해지할 수 있다. 제25회

⚡ **기출**

02 임대인이 변제기를 경과한 최후 2년의 차임채권에 의하여 임차인 소유의 Y건물을 압류한 때에는 (　　)과 동일한 효력이 있다. 제25회

기출정답
01 2기
02 저당권

(2) 임차물보관 및 목적물반환의무

① 임차물보관의무
  ㉠ 임차인은 계약의 종료로 목적물을 반환할 때까지 선량한 관리자의 주의로써 임차물을 보관하여야 한다.
  ㉡ 임차물이 수선을 요하거나 임차물에 대하여 권리를 주장하는 자가 있으면 임차인은 지체 없이 이를 임대인에게 통지하여야 하지만, 임대인이 이미 이를 알고 있는 경우에는 그렇지 않다.

② 임차물반환의무
  ㉠ 임차인의 원상회복의무는 임대차가 종료한 경우이면, 설사 임대인의 귀책사유로 중도에 해지된 때에도 인정된다.
  ㉡ 임대인 또는 그 승낙을 받은 제3자가 임차건물부분에서 다시 영업허가를 받는 데 방해가 되지 않도록 임차인은 임차건물부분에서의 영업허가에 대하여 폐업신고절차를 이행할 의무가 있다.

4. 임차권의 양도와 임차물의 전대

(1) 서설

① 의의 및 법적 성질
  ㉠ 임차권의 양도는 임차권의 동일성을 유지하면서 임차권을 임차인이 제3자에게 이전하는 처분계약이다. 준물권계약의 성질을 가진다.
  ㉡ 임차물의 전대는 임차인이 제3자(전차인)에게 임차물을 사용·수익하게 하는 채권계약이다.

② 무단양도 및 전대의 금지

> **제629조 【임차권의 양도, 전대의 제한】** ① 임차인은 임대인의 동의 없이 그 권리를 양도하거나 임차물을 전대하지 못한다.
> ② 임차인이 전항의 규정에 위반한 때에는 임대인은 계약을 해지할 수 있다.

  ㉠ 임차건물에서 동거하면서 가구점을 함께 경영하는 임차인의 처가 임차권을 양수한 경우 임대인에 대한 배신적 행위라고 인정할 수 없는 특별한 사정이 있는 경우에는 해지권은 발생하지 않는다.
  ㉡ 임차권의 양도를 준물권계약으로 보면, 동의는 임대인 기타 제3자에 대한 대항요건으로서의 의미를 가진다.

ⓒ 제629는 강행규정이 아니므로 양도 및 전대에 있어서 임대인의 동의를 요하지 않는다는 특약은 유효하다. 또한 건물임차인이 건물의 소부분을 타인에게 사용하게 하는 경우에는 임대인의 동의를 요하지 않는다.

(2) 임대인의 동의 없는 양도의 법률관계

① 양도계약은 양도인과 양수인 사이에서는 유효하여 임차권을 취득하고, 임차인은 임대인의 동의를 얻을 의무를 부담한다.
② 양수인의 점유는 임대인에게는 불법점유이고, 따라서 임대인은 양수인에게 소유물반환청구권을 행사할 수 있다.
③ 임대차계약이 존속하는 한도 내에서는 제3자에게 불법점유를 이유로 한 차임상당손해배상청구나 부당이득반환청구를 할 수 없다.

(3) 임대인의 동의 있는 양도·전대의 법률관계

① **임차권의 양도의 경우**: 임차인이 임대차계약에 따라 가지는 권리와 의무는 포괄적으로 양수인에게 이전된다. 다만 임차인의 연체차임채무나 기타 손해배상채무, 임대차 보증금반환채권은 특약이 없는 한 양수인에게 이전하지 않는다.
② **임차물의 전대의 경우**

> 제630조 【전대의 효과】 ① 임차인이 임대인의 동의를 얻어 임차물을 전대한 때에는 전차인은 직접 임대인에 대하여 의무를 부담한다. 이 경우에 전차인은 전대인에 대한 차임의 지급으로써 임대인에게 대항하지 못한다.
> ② 전항의 규정은 임대인의 임차인에 대한 권리행사에 영향을 미치지 아니한다.

㉠ **임대인·임차인(전대인) 사이**: 전대차가 성립하여도, 임대인과 임차인 사이의 종전 임대차계약은 계속 유지된다.
㉡ **임대인·전차인 사이**
ⓐ 전차인은 임대인에게는 권리를 갖지 않으며, 임대인에 대하여 직접 의무를 부담한다. 즉, 편면적 의무규정이다. 이 경우 전차인은 전대차계약으로 전대인에 대하여 부담하는 의무 이상으로 임대인에게 의무를 지지 않고, 동시에 임대차계약으로 임차인이 임대인에 대하여 부담하는 의무 이상으로 임대인에게 의무를 지지 않는다.

⚡ **기출**

01 임대인의 동의가 있는 전대차에서, 전차인은 전대차계약으로 전대인에 대하여 부담하는 의무 이상으로 임대인에게 의무를 (　　) 동시에 임대차계약으로 임차인이 임대인에 대하여 부담하는 의무 이상으로 임대인에게 의무를 지지 않는다. 제27회

02 임대인의 동의가 있는 전대차에서, 전차인은 전대차의 차임지급시기 (　　) 전대인에게 차임을 지급한 것으로 임대인에게 대항할 수 있다. 제27회

기출정답
01 지지 않고
02 이후

ⓑ 이 경우에 전차인은 전대인에 대한 차임의 지급으로써 임대인에게 대항할 수 없다. 전차인이 임대인에게 대항할 수 없는 차임의 범위는 전대차계약상의 차임지급시기를 기준으로 하여 그 전에 전대인에게 지급한 차임에 한정되고, 그 이후에 지급한 차임으로는 임대인에게 대항할 수 있다.

ⓒ **전차인 보호를 위한 특별규정**
  ⓐ **전차인의 권리의 확정**: 임차인이 임대인의 동의를 얻어 임차물을 전대한 경우에는 임대인과 임차인의 합의로 계약을 종료한 때에도 전차인의 권리는 소멸하지 아니한다.
  ⓑ **해지통고의 통지**

> **제638조 【해지통고의 전차인에 대한 통지】** ① 임대차약정이 해지의 통고로 인하여 종료된 경우에 그 임대물이 적법하게 전대되었을 때에는 임대인은 전차인에 대하여 그 사유를 통지하지 아니하면 해지로써 전차인에게 대항하지 못한다.
> ② 전차인이 전항의 통지를 받은 때에는 제635조 제2항의 규정을 준용한다.

제640조에 의해 임차인의 차임연체액이 2기의 차임액에 달함에 따라 임대인이 임대차계약을 해지하는 경우에는 전차인에 대하여 그 사유를 통지하지 않더라도 해지로써 전차인에게 대항할 수 있다.

  ⓒ **임대청구권 · 매수청구권**: 건물 기타 공작물의 소유 또는 식목, 채염, 목축을 목적으로 한 토지임차인이 적법하게 그 토지를 전대한 경우에 임대차 및 전대차의 기간이 동시에 만료되고 건물, 수목 기타 지상시설이 현존한 때에는 전차인은 임대인에 대하여 전전대차와 동일한 조건으로 임대할 것을 청구할 수 있다.
  ⓓ **부속물매수청구권**: 건물 기타 공작물의 임차인이 적법하게 전대한 경우에 전차인이 그 사용의 편익을 위하여 임대인의 동의를 얻어 이에 부속한 물건이 있는 때에는 전대차의 종료시에 임대인에 대하여 그 부속물의 매수를 청구할 수 있다. 임대인으로부터 매수하였거나 그 동의를 얻어 임차인으로부터 매수한 부속물에 대하여도 같다.

⚡기출

01 임대인의 동의가 있는 전대차에서, 임대차계약이 해지의 통고로 인하여 종료된 경우, 임대인은 전차인에 대하여 그 사유를 (   )하지 아니하면 해지로써 전차인에게 대항하지 못한다.
제27회

⚡기출

02 임대인의 동의가 있는 전대차에서, (   )전차인은 임대차 및 전대차의 기간이 동시에 만료되고 건물이 현존하는 경우, 특별한 사정이 없는 한 임대인에 대하여 이전 전대차와 동일한 조건으로 임대할 것을 청구할 수 있다.
제27회

기출정답
01 통지
02 토지

03 보증금

① 임대차가 종료되어 목적물을 반환받을 때, 임대인의 모든 채권액이 보증금으로부터 당연히 공제된다.
② 임대차계약의 존속 중에 임차인이 차임지급을 지체하거나 건물을 훼손한 경우에, 임대인은 보증금에서 충당할 수도 있고 임차인에게 청구할 수도 있다.
③ 임대인의 보증금반환의무는 임차인의 임차물반환의무와 동시이행관계에 있다. 판례는 임차인이 동시이행의 항변권에 기하여 목적물을 점유하고 사용·수익한 경우, 그 점유는 불법점유라고 할 수 없어 그로 인한 손해배상책임을 지지 않지만, 사용·수익으로 인하여 얻은 실질적 이득은 부당이득으로서 이를 임대인에게 반환할 것이라고 한다.

제3절 도급 빈출

01 도급 일반

> **제664조 【도급의 의의】** 도급은 당사자 일방이 어느 일을 완성할 것을 약정하고, 상대방이 그 일의 결과에 대하여 보수를 지급할 것을 약정함으로써 그 효력이 생긴다.

① 도급은 쌍무·유상·낙성·불요식계약이다.
② 이른바 제작물공급계약은 제작·공급하여야 할 물건이 대체물인 경우에는 매매에 관한 규정이 적용되지만, 부대체물인 경우에는 도급의 성질을 띠게 된다.

⚡ 기출
01 부대체물을 제작하여 공급하기로 하는 계약은 (   )의 성질을 갖는다. 제25회

02 도급의 효력

1. 수급인의 의무

(1) 일의 완성의무 및 완성물인도의무

① 일을 완성할 의무
  ㉠ 도급계약에 있어 일의 완성에 관한 주장·증명책임은 일의 결과에 대한 보수의 지급을 청구하는 수급인에게 있다.

기출정답
01 도급

> **판례 | 수급인이 공사완공의무를 거절할 수 있는 경우**
>
> 도급인이 계약상 의무를 부담하는 공사 기성부분에 대한 공사대금 지급의무를 지체하고 있고, 수급인이 공사를 완공하더라도 도급인이 공사대금의 지급채무를 이행하기 곤란한 현저한 사유가 있는 경우에는 수급인은 그러한 사유가 해소될 때까지 자신의 공사완공의무를 거절할 수 있다(대판 2005.11.25, 2003다60136).

      ⓛ 도급계약은 일의 완성이라는 결과를 목적으로 하는 것이므로, 반대특약이 없는 한 제3자를 사용해도 무방하다. 제3자의 고의 또는 과실에 대하여 수급인은 책임을 진다.

      ⓒ 지체상금에 관한 약정은 수급인이 그와 같은 일의 완성을 지체한 데 대한 손해배상액의 예정이다. 지체상금을 청구하려면 수급인에게 귀책사유가 있어야 한다. 그리고 도급계약의 보수 일부를 선급하기로 하는 특약이 있는 경우, 수급인은 그 제공이 있을 때까지 일의 착수를 거절할 수 있고, 도급인이 선급금 지급을 지체한 기간만큼은 수급인이 지급하여야 하는 지체상금의 발생기간에서 공제되어야 한다.

      ⓔ 공사도급계약상 도급인의 지체상금채권과 수급인의 공사대금채권은 특별한 사정이 없는 한 동시이행의 관계에 있다고 할 수 없다.

② 완성물인도의무
    ⓛ **서설**: 목적물의 인도는 도급인이 목적물을 검사한 후 목적물이 계약내용대로 완성되었음을 명시적 또는 묵시적으로 시인하는 것까지 포함하는 의미이다. 즉, 검수(檢收)를 의미한다.

    ⓒ **완성물의 소유권 귀속**
      ⓐ 일반적으로 자기의 노력과 재료를 들여 건물을 건축한 사람은 그 건물의 소유권을 원시취득하고, 다만 완성된 건물의 소유권을 도급인에게 귀속시키기로 합의한 것으로 보여질 경우에는 그 건물의 소유권은 도급인에게 원시적으로 귀속된다.
      ⓑ 건축주의 사정으로 건축공사가 중단된 시점에 사회통념상 독립한 건물이라고 볼 수 있는 정도의 형태와 구조를 갖춘 경우가 아닌 한 이를 인도받아 자기의 비용과 노력으로 완공한 자가 그 건물의 원시취득자가 된다.

기출

01 공사도급계약의 경우, 특별한 사정이 없는 한 수급인은 ( )를 사용하여 일을 완성할 수 있다. 제27회

02 도급계약의 보수(報酬) 일부를 선급하기로 하는 특약이 있는 경우, 수급인은 그 제공이 있을 때까지 일의 착수를 거절할 수 ( ). 제25회

03 보수 일부를 선급하기로 하는 특약이 있는 경우, 도급인이 선급금 지급을 지체한 기간만큼은 수급인이 지급하여야 하는 지체상금의 발생기간에서 공제( ). 제27회

기출정답
01 제3자
02 있다
03 된다

(2) 담보책임

① **의의 및 법적 성질**: 수급인의 담보책임의 법적 성질은 무과실책임이다. 도급계약에 따라 완성된 목적물에 하자가 있는 경우, 수급인의 하자담보책임과 채무불이행책임은 별개의 권원에 의하여 경합적으로 인정된다.

② **책임의 요건**

㉠ **하자가 도급인의 제공한 재료 또는 지시에 기인한 경우의 면책**: 수급인의 담보책임은 목적물의 하자가 도급인이 제공한 재료의 성질 또는 도급인의 지시에 기인한 때에는 적용하지 아니한다. 그러나 수급인이 그 재료 또는 지시의 부적당함을 알고 도급인에게 고지하지 아니한 때에는 그러하지 아니하다.

㉡ **담보책임면제의 특약**: 수급인은 담보책임이 없음을 약정한 경우에도 알고 고지하지 아니한 사실에 대하여는 그 책임을 면하지 못한다.

③ **책임의 내용**

> **제667조【수급인의 담보책임】** ① 완성된 목적물 또는 완성 전의 성취된 부분에 하자가 있는 때에는 도급인은 수급인에 대하여 상당한 기간을 정하여 그 하자의 보수를 청구할 수 있다. 그러나 하자가 중요하지 아니한 경우에 그 보수에 과다한 비용을 요할 때에는 그러하지 아니하다.
> ② 도급인은 하자의 보수에 갈음하여 또는 보수와 함께 손해배상을 청구할 수 있다.
> ③ 전항의 경우에는 제536조의 규정을 준용한다.

㉠ **하자의 보수**

ⓐ 하자가 중요하지 않고 그 보수에 과다한 비용을 요하는 경우에는 도급인은 보수를 청구하지 못한다. 이 경우에는 하자의 보수나 하자의 보수에 갈음하는 손해배상을 청구할 수는 없고, 하자로 인하여 입은 손해의 배상만을 청구할 수 있다.

ⓑ 도급인의 하자보수청구권과 손해배상청구권은 수급인의 공사대금채권과 동시이행관계에 있다. 이때 거절할 수 있는 보수는 하자 및 손해에 상응하는 금액에 한정된다.

㉡ **손해배상**

ⓐ 하자보수에 갈음한 손해배상청구권은 하자가 발생하여 보수가 필요한 시점에 성립한다.

⚡기출

01 하자보수에 관한 담보책임이 없음을 약정한 경우에 수급인이 하자에 관하여 알고서 고지하지 아니한 사실에 대하여 담보책임이 (   ).
제26회

⚡기출

02 완성된 목적물의 하자가 중요하지 않은 경우, 그 보수(補修)에 과다한 비용을 요할 때에는 하자의 보수(補修)를 청구할 수 (   ).
제26회

기출정답
01 있다
02 없다

ⓑ 수급인의 손해배상의무와 도급인의 보수지급의무는 동시이행의 관계에 있다. 나아가 하자확대손해로 인한 수급인의 손해배상채무와 도급인의 공사대금채무도 동시이행관계에 있는 것으로 본다.

> **판례 | 수급인의 하자담보책임과 도급인의 과실참작**
>
> 수급인의 하자담보책임에 관한 민법 제667조는 법이 특별히 인정한 무과실책임으로서 여기에 민법 제396조의 **과실상계 규정이 준용될 수는 없다** 하더라도 담보책임이 민법의 지도이념인 공평의 원칙에 입각한 것인 이상 **하자 발생 및 그 확대에 가공한 도급인의 잘못을 참작**하여 손해배상의 범위를 정함이 상당하다(대판 1990.3.9, 88다카31866).

ⓒ **계약의 해제**: 도급인이 완성된 목적물의 하자로 인하여 계약의 목적을 달성할 수 없는 때에는 계약을 해제할 수 있다. 그러나 건물 기타 토지의 공작물에 대하여는 그러하지 아니하다. 그러나 토지의 공작물이 완성되기 전에는 채무불이행의 일반원칙에 따라서 해제할 수 있다.

> **판례 | 건축공사의 진척 후 도급계약의 해제**
>
> 건축공사도급계약에 있어서는 공사 도중에 계약이 해제되어 미완성부분이 있는 경우, **완성된 부분이 도급인에게 이익이 되는 때에는 도급계약은 미완성부분에 대해서만 실효**되어, 도급인은 인도받은 건물에 대하여 **상당한 보수를 지급**하여야 할 의무가 있다(대판 1997.2.25, 96다43454).

④ **담보책임의 제척기간**: 제670조의 하자담보책임에 관한 제척기간은 재판상 또는 재판 외의 권리행사기간이며, 재판상 청구를 위한 출소기간이 아니다.

2. 도급인의 의무

(1) 보수지급의무

① **보수의 지급시기**: 보수는 그 완성된 목적물의 인도와 동시에 지급하여야 한다. 그러나 목적물의 인도를 요하지 아니하는 경우에는 그 일을 완성한 후 지체 없이 지급하여야 한다.

기출

01 하자확대손해로 인한 수급인의 손해배상채무와 도급인의 공사대금채무는 동시이행관계가 인정( ). 제27회

02 완성된 건물에 하자가 있는 경우, 계약목적을 달성할 수 없더라도 도급인은 계약을 해제할 수 ( ). 제21회

03 수급인의 완성물 인도의무와 도급인의 보수지급의무는 원칙적으로 ( )에 있다. 제21회

기출정답
01 된다
02 없다
03 동시이행관계

⚡ 기출

01 목적물의 인도를 요하지 않는 경우, 보수(報酬)는 수급인이 (　　) 지급하여야 한다. 　제26회

02 완성된 주택을 도급인이 원시취득한 경우, 수급인은 보수를 지급받을 때까지 그 주택에 대하여 (　　)을 행사할 수 있다. 　제24회

03 부동산공사의 수급인은 보수(報酬)에 관한 채권을 담보하기 위하여 그 부동산을 목적으로 한 (　　)을 갖는다. 　제26회

② 보수지급의무의 담보
　㉠ **수급인의 유치권**: 수급인이 완성물을 점유하고 있는 동안에는 보수의 완급을 받을 때까지 유치권이 인정된다.
　㉡ **부동산공사수급인의 저당권설정청구권**

> **제666조 【수급인의 목적부동산에 대한 저당권설정청구권】** 부동산공사의 수급인은 전조의 보수에 관한 채권을 담보하기 위하여 그 부동산을 목적으로 한 저당권의 설정을 청구할 수 있다.

저당권은 도급인과의 저당권설정의 합의와 등기가 있어야 성립한다. 하수급인도 저당권설정청구권을 가진다.

(2) 검수의무

도급인은 목적물을 검사한 후 그 목적물이 계약내용대로 완성되었음을 명시적 또는 묵시적으로 시인하는 검수의무가 있다.

03 도급의 종료

(1) 도급인의 해제

수급인이 일을 완성하기 전에는 도급인은 손해를 배상하고 계약을 해제할 수 있다.

⚡ 기출

04 수급인이 일을 완성 (　　)에는 도급인은 손해를 배상하고 계약을 해제할 수 있다. 　제26회

05 도급인이 파산산고를 받은 때에는 파산관재인은 도급계약을 (　　)할 수 있다. 　제27회

06 도급인의 파산선고로 수급인이 계약을 해제한 경우, 수급인은 도급인에 대하여 계약해제로 인한 손해배상을 청구할 수 (　　). 제24회

(2) 도급인의 파산

① 도급인이 파산선고를 받은 때에는 수급인 또는 파산관재인은 계약을 해제할 수 있다. 이 경우에는 수급인은 일의 완성된 부분에 대한 보수 및 보수에 포함되지 아니한 비용에 대하여 파산재단의 배당에 가입할 수 있다.
② 각 당사자는 상대방에 대하여 계약해제로 인한 손해의 배상을 청구하지 못한다.

기출정답
01 일을 완성한 후 지체 없이
02 유치권
03 저당권설정청구권
04 하기 전
05 해제
06 없다

제4절 위임

01 서설

> **제680조 【위임의 의의】** 위임은 당사자 일방이 상대방에 대하여 사무의 처리를 위탁하고 상대방이 이를 승낙함으로써 그 효력이 생긴다.

① 위임은 타인의 사무를 처리하는 활동 자체를 목적으로 하므로 수단채무적 성격이 강하나, 도급은 일의 완성을 목적으로 하므로 결과채무적 성격이 강하다.
② 민법상 위임은 무상임을 원칙으로 하며, 편무·무상계약이다. 다만, 당사자의 약정으로 쌍무·유상계약이 될 수 있다. 위임은 유상이든 무상이든 낙성·불요식계약이다.

02 법률효과

(1) 수임인의 의무

① 위임사무처리의무
  ㉠ 선량한 관리자로서의 위임사무처리의무

> **제681조 【수임인의 선관의무】** 수임인은 위임의 본지에 따라 선량한 관리자의 주의로써 위임사무를 처리하여야 한다.

위임에서의 사무는 법률상 또는 사실상의 모든 행위를 포함한다.

  ㉡ 복수임인에 의한 위임사무처리

> **제682조 【복임권의 제한】** ① 수임인은 위임인의 승낙이나 부득이한 사유 없이 제3자로 하여금 자기에 갈음하여 위임사무를 처리하게 하지 못한다.
> ② 수임인이 전항의 규정에 의하여 제3자에게 위임사무를 처리하게 한 경우에는 제121조, 제123조의 규정을 준용한다.

수임인은 위임인에 대하여 복수임인의 선임·감독에 관한 책임을 진다. 그러나 복수임인의 선임에 있어서 위임인의 지명이 있는 경우에는 그의 부적임이나 불성실함을 알고도 위임인에게 통지나 해임을 게을리한 때에만 책임을 부담한다.

⚡기출

01 수임인은 보수의 약정이 없는 경우에도 (　)의 주의의무를 진다. 제22회

02 복위임은 위임인이 승낙한 경우나 부득이한 경우에만 허용(　). 제21회

03 수임인이 위임인의 승낙을 얻어서 제3자에게 위임사무를 처리하게 한 경우, 위임인에 대하여 그 (　)에 관한 책임이 있다. 제22회

기출정답
01 선량한 관리자
02 된다
03 선임·감독

② 부수의무
　㉠ **수임인의 보고의무**: 수임인은 위임인의 청구가 있는 때에는 위임사무의 처리상황을 보고하고 위임이 종료한 때에는 지체 없이 그 전말을 보고하여야 한다.
　㉡ **수임인의 취득물 등의 인도·이전의무**: 수임인은 위임사무의 처리로 인하여 받은 금전 기타의 물건 및 그 수취한 과실을 위임인에게 인도하여야 한다. 수임인이 위임인을 위하여 자기의 명의로 취득한 권리는 위임인에게 이전하여야 한다.
　㉢ **수임인의 금전소비의 책임**: 수임인이 위임인에게 인도할 금전 또는 위임인의 이익을 위하여 사용할 금전을 자기를 위하여 소비한 때에는 소비한 날 이후의 이자를 지급하여야 하며 그 외의 손해가 있으면 배상하여야 한다.

> **판례 | 수임인의 금전 등을 위임인에게 인도하여야 하는 시기**
>
> 인도 시기는 당사자간에 특약이 있거나 위임의 본뜻에 반하는 경우 등과 같은 특별한 사정이 있지 않는 한 위임계약이 종료한 때이므로 수임인이 반환할 금전의 범위도 위임종료시를 기준으로 정해진다(대판 2007.2.8, 2004다64432).

(2) 위임인의 의무
① 보수지급의무

> **제686조 【수임인의 보수청구권】** ① 수임인은 특별한 약정이 없으면 위임인에 대하여 보수를 청구하지 못한다.
> ② 수임인이 보수를 받을 경우에는 위임사무를 완료한 후가 아니면 이를 청구하지 못한다. 그러나 기간으로 보수를 정한 때에는 그 기간이 경과한 후에 이를 청구할 수 있다.
> ③ 수임인이 위임사무를 처리하는 중에 수임인의 책임 없는 사유로 인하여 위임이 종료된 때에는 수임인은 이미 처리한 사무의 비율에 따른 보수를 청구할 수 있다.

　㉠ 민법상 위임은 무상임을 원칙으로 하지만, 사회통념 또는 거래관념상 보수를 지급하기로 되어 있는 경우에 보수의 지급 및 그 액에 관한 명시적인 약정이 없더라도 무보수로 한다는 등 특별한 사정이 없는 한 응분의 보수를 지급할 묵시적 약정이 있다고 볼 수 있다.

⚡기출

01 수임인은 위임이 (　　) 한 때에는 지체 없이 그 전말을 위임인에게 보고하여야 한다. 　제21회

⚡기출

02 위임인은 수임인에 대하여 보수를 지급하지 않음이 (　　). 　제28회

기출정답
01 종료
02 원칙이다

ⓒ 성공보수의 약속도 원칙적으로 보수지급의 약정으로서 유효하다. 그러나 형사사건에서의 성공보수약정은 선량한 풍속 기타 사회질서에 위배된다.

② 그 밖의 의무
  ㉠ **수임인의 비용선급청구권**: 위임사무의 처리에 비용을 요하는 때에는 위임인은 수임인의 청구에 의하여 이를 선급하여야 한다.
  ㉡ **수임인의 비용상환청구권 등**
    ⓐ 수임인이 위임사무의 처리에 관하여 필요비를 지출한 때에는 위임인에 대하여 지출한 날 이후의 이자를 청구할 수 있다.
    ⓑ 수임인이 위임사무의 처리에 필요한 채무를 부담한 때에는 위임인에게 자기에 갈음하여 이를 변제하게 할 수 있고, 그 채무가 변제기에 있지 아니한 때에는 상당한 담보를 제공하게 할 수 있다.
    ⓒ 수임인이 위임사무의 처리를 위하여 과실 없이 손해를 받은 때에는 위임인에 대하여 그 배상을 청구할 수 있다.

03 위임의 종료

(1) 종료원인

① 해지
  ㉠ 위임계약은 각 당사자가 언제든지 해지할 수 있다.
  ㉡ 당사자 일방이 부득이한 사유 없이 상대방의 불리한 시기에 계약을 해지한 때에는 그 손해를 배상하여야 한다.

> **판례 | 위임계약의 해지의 자유와 손해배상책임**
>
> 민법상의 위임계약은 유상계약이든 무상계약이든 당사자 쌍방의 특별한 대인적 신뢰관계를 기초로 하는 위임계약의 본질상 각 당사자는 언제든지 해지할 수 있고 그로 말미암아 **상대방이 손해를 입는 일이 있어도 그것을 배상할 의무를 부담하지 않는 것이 원칙**이며, 다만 **상대방이 불리한 시기에 해지한 때에는** 해지가 부득이한 사유에 의한 것이 아닌 한 그로 인한 손해를 배상하여야 하나, 배상의 범위는 위임이 해지되었다는 사실로부터 생기는 손해가 아니라 적당한 시기에 해지되었더라면 입지 아니하였을 손해에 한한다(대판 2015.12.23, 2012다71411).

⚡기출

01 위임사무의 처리에 비용을 요하는 때에는 위임인은 수임인의 청구에 의하여 이를 (   )하여야 한다.
제28회

⚡기출

02 무상위임의 수임인이 위임사무의 처리를 위하여 (   ) 손해를 받은 때에는 위임인에 대하여 그 배상을 청구할 수 있다. 제22회

03 위임계약은 각 당사자가 (   ) 해지할 수 있다. 제21회

04 당사자 일방이 상대방의 불리한 시기에 위임계약을 해지하는 경우, (   )에 의한 것이 아닌 한 그 손해를 배상하여야 한다. 제21회

기출정답
01 선급
02 과실 없이
03 언제든지
04 부득이한 사유

② **기타의 종료원인**: 위임은 당사자 한쪽의 사망이나 파산으로 종료된다. 수임인이 성년후견개시의 심판을 받은 경우에도 이와 같다.

(2) 위임종료의 특칙

① **긴급처리의무**: 위임종료의 경우에 급박한 사정이 있는 때에는 수임인, 그 상속인이나 법정대리인은 위임인, 그 상속인이나 법정대리인이 위임사무를 처리할 수 있을 때까지 그 사무의 처리를 계속하여야 한다. 이 경우에는 위임의 존속과 동일한 효력이 있다.

② **대항요건**: 위임종료의 사유는 이를 상대방에게 통지하거나 상대방이 이를 안 때가 아니면 이로써 상대방에게 대항하지 못한다.

제3장 부당이득 ·빈출·

기본서 p.856~866

01 총설

(1) 부당이득의 개념 및 법적 성질

부당이득은 사무관리·불법행위와 더불어 법정채권의 발생원인이며, 법률사실 중에서 '사건'이다.

(2) 한계(부당이득반환청구권과 다른 청구권의 관계)

① 계약상 청구권과의 관계
  ㉠ **계약상의 이행청구권 등과의 관계**: 채무자가 채무를 이행하지 않고 있다고 하여 채무자가 법률상 원인 없이 이득을 얻었다고 할 수는 없다.
  ㉡ **계약종료 후의 목적물반환청구권과의 관계**: 임대차나 사용대차가 종료한 후, 임차인이나 사용차주가 목적물을 반환을 하지 않고 계속 사용·수익을 하여 이득을 얻은 것은 부당이득이다.
② **불법행위에 기한 손해배상청구권과의 관계**: 불법행위와 부당이득은 양자의 경합을 인정한다.

> **선생님 TIP**
> 부당이득이란 법률상 원인 없이 타인의 재산 또는 노무로 인하여 얻은 이익을 가리키는데, 이는 법정채권의 발생원인이다.

02 부당이득의 성립요건

> **제741조【부당이득의 내용】** 법률상 원인 없이 타인의 재산 또는 노무로 인하여 이익을 얻고 이로 인하여 타인에게 손해를 가한 자는 그 이익을 반환하여야 한다.

(1) 수익(이득)

① 소유권·제한물권과 같은 물권의 취득뿐만 아니라 채권의 취득, 특허권과 같은 지식재산권의 취득, 점유의 취득, 무효인 등기의 취득도 수익에 해당한다.
② 임차인이 임대차계약 종료 이후에도 본래의 임대차계약상의 목적에 따라 사용·수익하지 아니하여 실질적인 이득을 얻은 바 없는 경우에는 임차인의 부당이득반환의무는 성립되지 않는다.

> ⚡**기출**
> 01 임차인이 임대차계약이 종료한 후 임차건물을 계속 점유하였더라도 (　　)을 얻지 않았다면 임차인은 그로 인한 부당이득반환의무를 지지 않는다. 제25회
>
> **기출정답**
> 01 이익

(2) 손실

손실에는 기존의 재산이 감소한 경우뿐만 아니라 당연히 증가하였을 이익이 상실된 경우도 포함된다.

(3) 수익과 손실 사이의 인과관계

> **판례**
>
> 1. 편취금전에 의한 채무변제와 부당이득
>   채무자가 피해자로부터 횡령한 금전을 그대로 채권자에 대한 채무변제에 사용하는 경우 피해자의 손실과 채권자의 이득 사이에 인과관계가 있음이 명백하고, 한편 채무자가 횡령한 금전으로 자신의 채권자에 대한 채무를 변제하는 경우 채권자가 그 변제를 수령함에 있어 악의 또는 중대한 과실이 있는 경우에는 채권자의 금전취득은 피해자에 대한 관계에 있어서 **법률상 원인을 결여한 것으로 봄이 상당하나, 채권자가 그 변제를 수령함에 있어 단순히 과실이 있는 경우에는 그 변제는 유효하고 채권자의 금전취득이 피해자에 대한 관계에 있어서 법률상 원인을 결여한 것이라고 할 수 없다**(대판 2003.6.13, 2003다8862).
>
> 2. 전용물소권의 문제
>   계약상 급부가 계약 상대방뿐만 아니라 제3자의 이익으로 된 경우에, 급부를 한 계약 당사자가 계약 상대방에 대하여 계약상 반대급부를 청구할 수 있는 이외에 이익의 귀속주체인 제3자에 대하여 직접 부당이득반환을 청구할 수는 없다(대판 2002.8.23, 99다66564).
>
> 3. 이른바 삼각관계에서 급부가 이루어진 경우
>   계약의 일방 당사자가 상대방의 지시 등으로 상대방과 또 다른 계약관계를 맺고 있는 제3자에게 직접 급부한 경우(이른바 삼각관계에서의 급부가 이루어진 경우), 계약의 일방 당사자는 제3자를 상대로 법률상 원인 없이 급부를 수령하였다는 이유로 부당이득반환청구를 할 수 없다(대판 2008.9.11, 2006다46278).

(4) 법률상 원인의 결여

이익의 취득을 정당화하는 사유가 없어야 한다.

⚡ 기출

01 채무자가 피해자로부터 횡령한 금전을 자신의 채권에 대한 변제에 사용한 경우, 채권자가 변제를 수령할 때 단순한 (   )이 있는 때에는 채권자의 금전취득은 피해자에 대한 관계에서 법률상 원인이 있다. 제25회

02 계약상 급부가 계약의 상대방뿐만 아니라 제3자의 이익으로 된 경우, 급부를 한 계약 당사자는 제3자에 대하여 직접 부당이득반환청구를 할 수 (   ). 제23회

기출정답
01 과실
02 없다

03 부당이득의 특례

(1) 반환청구가 금지되는 비채변제

① **의의**: 비채변제는 부당이득이 되어 반환청구를 할 수 있음이 원칙이다. 민법은 일정한 경우에는 반환청구를 허용하지 않고 있다.

② **악의의 비채변제**

> **제742조 【비채변제】** 채무 없음을 알고 이를 변제한 때에는 그 반환을 청구하지 못한다.

㉠ **변제로서 급부하였을 것**: 채무 없음을 알고 있었다 하더라도 변제가 자기의 자유로운 의사에 반하여 이루어진 것으로 볼 수 있는 사정이 있는 때에는 지급자가 그 반환청구권을 상실하지 않는다.

㉡ **변제자가 변제 당시 채무 없음을 알았을 것**: 이를 알지 못한 경우에는 과실 유무를 불문하고 적용이 없다.

③ **도의관념에 적합한 비채변제**

> **제744조 【도의관념에 적합한 비채변제】** 채무 없는 자가 착오로 인하여 변제한 경우에 그 변제가 도의관념에 적합한 때에는 그 반환을 청구하지 못한다.

④ **변제기 전의 변제**

> **제743조 【기한 전의 변제】** 변제기에 있지 아니한 채무를 변제한 때에는 그 반환을 청구하지 못한다. 그러나 채무자가 착오로 인하여 변제한 때에는 채권자는 이로 인하여 얻은 이익을 반환하여야 한다.

변제기 전임을 알면서 변제한 자는 기한의 이익을 포기한 것으로 본다.

⑤ **타인의 채무의 변제**

> **제745조 【타인의 채무의 변제】** ① 채무자 아닌 자가 착오로 인하여 타인의 채무를 변제한 경우에 채권자가 선의로 증서를 훼멸하거나 담보를 포기하거나 시효로 인하여 그 채권을 잃은 때에는 변제자는 그 반환을 청구하지 못한다.
> ② 전항의 경우에 변제자는 채무자에 대하여 구상권을 행사할 수 있다.

⚡ 기출

01 채무자가 채무 없음을 ( ) 변제한 때에는 원칙적으로 그 반환을 청구하지 못한다. 제26회

02 변제자가 채무 없음을 알고 있었지만 자기의 자유로운 의사에 반하여 변제를 강제당한 경우, 변제자는 부당이득반환청구권을 상실( ). 제25회

03 채무 없는 자가 착오로 인하여 변제한 경우, 그 변제가 ( )에 적합한 때에는 그 반환을 청구하지 못한다. 제27회

04 채무자가 변제기에 있지 아니한 채무를 변제한 때에는 특별한 사정이 없는 한 그 반환을 ( ). 제26회

기출정답
01 알고
02 하지 않는다
03 도의관념
04 청구하지 못한다

(2) 불법원인급여

① **의의**: 선량한 풍속 기타 사회질서에 반하는 법률행위는 무효이다. 이러한 법률행위에 기해 상대방에게 급부를 청구하는 것은 허용되지 않는다. 법은 스스로 불법의 원인으로 인하여 재산을 급여하거나 노무를 제공한 자가 그 이득의 반환을 청구하지 못하도록 규정한다.

② **요건**
   ㉠ 제746조가 규정하는 불법원인이라 함은 그 원인되는 행위가 선량한 풍속 기타 사회질서에 위반하는 경우를 말하는 것으로서, 무효인 명의신탁약정에 기하여 타인명의의 등기가 마쳐졌다는 이유만으로 그것이 당연히 불법원인급여에 해당한다고 볼 수 없다.
   ㉡ 급부는 '종국적인 재산상의 이익을 주는 것'이어야 한다. 따라서 도박자금으로 금원을 대여함으로 인하여 발생한 채권을 담보하기 위한 근저당권설정등기가 경료되었을 뿐인 경우, 등기설정자는 무효인 근저당권설정등기의 말소를 구할 수 있다. 그러나 도박채무가 불법무효로 존재하지 않는다는 이유로 양도담보조로 이전해 준 소유권이전등기의 말소를 청구하는 것은 허용되지 않는다.

③ **효과**
   ㉠ 반환청구를 인정하지 않으므로, 그 반사적 효과로서 급부는 수익자에게 종국적으로 귀속한다.
   ㉡ 급부자와 수익자의 불법성을 비교하여 수익자의 불법성이 급여자의 그것보다 현저히 크고, 그에 비하면 급여자의 불법성은 미약한 경우에는 급여자의 반환청구를 인정하여야 한다.

④ **적용범위**
   ㉠ **물권적 청구권**: 부당이득반환청구를 할 수 없음은 물론 급여한 물건의 소유권은 여전히 자기에게 있다고 하여 소유권에 기한 반환청구도 할 수 없고, 따라서 급여한 물건의 소유권은 급여를 받은 상대방에게 귀속된다.
   ㉡ **불법행위로 인한 손해배상청구권**: 손해배상을 청구할 수도 없다.

⑤ **불법원인급여와 반환약정의 관계**
   ㉠ 급부를 받은 후에 수령자가 받은 물건이나 그에 갈음한 다른 물건을 임의로 반환한 경우에는 그 효력을 인정하여야 한다.

> ⚡ **기출**
> 01 불법도박채무에 대하여 양도담보의 명목으로 소유권이전등기를 해주는 것은 불법원인급여에 해당( ).
> 제27회

> ⚡ **기출**
> 02 불법원인급여가 인정되어 부당이득반환청구가 불가능한 경우, 특별한 사정이 없는 한 그 불법의 원인에 가공한 상대방에게 불법행위에 의한 손해배상청구권도 행사할 수 ( ). 제27회

> **기출정답**
> 01 한다
> 02 없다

    ⓒ 수령자가 급부받을 때 만일 불법한 목적이 달성되지 않으면 반환한다고 약정하였다면 그 특약은 무효이다.
    ⓒ 별도의 약정으로 급부 그 자체 또는 그에 갈음한 대가물의 반환을 특약하는 것은 유효하다.

04 부당이득의 효과

(1) 부당이득반환의무

① **부당이득반환청구권**: 부당이득반환청구권은 기한의 정함이 없는 채권으로 의무자는 청구를 받은 때로부터 지체책임을 부담한다. 다만, 판례는 쌍무계약에 기한 급부의 반환청구시에는 동시이행항변권을 인정한다.

② **부당이득의 반환방법**

> **제747조【원물반환불능한 경우와 가액반환, 전득자의 책임】** ① 수익자가 그 받은 목적물을 반환할 수 없는 때에는 그 가액을 반환하여야 한다.

재산을 처분함으로 인하여 원물반환이 불가능한 경우에 있어서 반환하여야 할 가액은 특별한 사정이 없는 한 그 처분 당시의 대가이다.

(2) 수익자의 반환범위

> **제748조【수익자의 반환범위】** ① 선의의 수익자는 그 받은 이익이 현존한 한도에서 전조의 책임이 있다.
> ② 악의의 수익자는 그 받은 이익에 이자를 붙여 반환하고 손해가 있으면 이를 배상하여야 한다.
>
> **제749조【수익자의 악의인정】** ① 수익자가 이익을 받은 후 법률상 원인 없음을 안 때에는 그때부터 악의의 수익자로서 이익반환의 책임이 있다.
> ② 선의의 수익자가 패소한 때에는 그 소를 제기한 때부터 악의의 수익자로 본다.

① 이른바 운용이익의 경우, 그것이 사회통념상 수익자의 행위가 개입되지 아니하였더라도 부당이득된 재산으로부터 손실자가 통상 취득하였으리라고 생각되는 범위 내에서는 반환해야 할 이득의 범위에 포함된다. 그리고 수익자가 그 법률상 원인 없는 이득을 얻기 위하여 지출한 비용은 수익자가 반환하여야 할 이득의 범위에서 공제되어야 한다.

⚡기출

01 타인의 토지를 점유함으로 인한 부당이득반환채무는 그 (　　)부터 지체책임을 진다. 제23회

⚡기출

02 수익자가 부당이득을 얻기 위하여 비용을 지출한 경우, 그 비용은 수익자가 반환하여야 할 이득의 범위에서 (　　)되어야 한다. 제27회

기출정답
01 이행청구를 받은 때
02 공제

기출

01 부당이득반환에 있어 수익자가 악의라는 점에 대하여는 이를 (　　)하는 측에서 증명책임을 진다. 제23회

02 수익자가 이익을 받은 후 법률상 원인 없음을 안 때에는 (　　) 악의의 수익자로서 이익반환의 책임이 있다. 제26회

② 부당이득반환의무자가 악의의 수익자라는 점에 대하여는 이를 주장하는 측에서 증명책임을 진다.

> **판례 | 부당이득으로 금전과 유사한 대체물을 취득한 경우**
>
> 법률상 원인 없이 타인의 재산 또는 노무로 이익을 얻고 그로 인하여 타인에게 손해를 가한 경우, 그 취득한 것이 금전상의 이득인 때에는 그 금전은 이를 취득한 자가 소비하였는가의 여부를 불문하고 현존하는 것으로 추정되고, 그 취득한 것이 성질상 계속적으로 반복하여 거래되는 물품으로서 곧바로 판매되어 환가될 수 있는 금전과 유사한 대체물인 경우에도 마찬가지다(대판 2009.5.28, 2007다20440·20457).

(3) 악의무상전득자의 책임

기출

03 (　　)의 수익자는 그 받은 이익에 이자를 붙여 반환하고 손해가 있으면 이를 배상하여야 한다. 제26회

> **제747조 【원물반환불능한 경우와 가액반환, 전득자의 책임】** ② 수익자가 그 이익을 반환할 수 없는 경우에는 수익자로부터 무상으로 그 이익의 목적물을 양수한 악의의 제3자는 전항의 규정에 의하여 반환할 책임이 있다.

기출정답
01 주장
02 그때부터
03 악의

제4장 불법행위 빈출

기본서 p.872~892

제1절 불법행위 서설

01 불법행위의 의의

불법행위는 사람의 행위로, 위법행위란 점에서 채무불이행과 같다.

02 불법행위책임의 한계(불법행위책임과 다른 책임의 관계)

(1) (계약상의) 채무불이행책임과의 관계 – 양자의 경합 여부

이에 관하여 청구권경합설은 양자 모두 성립하고 선택적 행사가 가능하다고 한다(통설·판례).

(2) 부당이득반환청구권과의 관계

양자의 경합을 인정한다(통설·판례).

(3) 물권적 청구권과의 관계

물권적 청구권과 불법행위에 기한 손해배상청구권은 경합한다.

> **선생님 TIP**
> 불법행위란 고의 또는 과실로 위법하게 타인에게 손해를 가하는 행위로서, 가해자는 피해자에게 가해행위로 인한 손해를 배상하여야 한다. 법정채권의 발생원인이다.

제2절 일반불법행위의 성립요건

제750조【불법행위의 내용】 고의 또는 과실로 인한 위법행위로 타인에게 손해를 가한 자는 그 손해를 배상할 책임이 있다.

01 고의 · 과실

(1) 자기책임의 원칙

무과실책임이 인정되는 경우가 있다. 공작물소유자책임, 제조물책임법, 법인의 불법행위책임 등이다. 그 외에 무과실책임은 무권대리인의 책임, 담보책임, 법정대리인의 복임권과 책임, 표현대리에서 본인의 책임, 금전채무불이행의 책임, 이행보조자의 고의 · 과실에 대한 채무자책임 등이다.

(2) 증명책임

① 채무불이행과는 달리 불법행위에서는 원칙적으로 손해배상을 청구하는 피해자가 고의 · 과실의 증명책임을 진다(이설 없음).
② 책임무능력자의 감독자책임, 사용자책임, 공작물 점유자의 책임, 동물점유자의 책임 등은 입법에 의한 증명책임의 전환이 된다(이른바 중간적 책임).

02 책임능력

(1) 서설

책임능력은 일반인이 갖추고 있는 것이 보통이고 또 그것은 면책사유의 문제이기 때문에, 책임을 면하려는 가해자가 책임능력 없음을 주장 · 증명해야 한다.

(2) 책임무능력자

① **미성년자로서 행위의 책임을 변식할 지능이 없는 자**

> **제753조 【미성년자의 책임능력】** 미성년자가 타인에게 손해를 가한 경우에 그 행위의 책임을 변식할 지능이 없는 때에는 배상의 책임이 없다.

② **심신상실자**

> **제754조 【심신상실자의 책임능력】** 심신상실 중에 타인에게 손해를 가한 자는 배상의 책임이 없다. 그러나 고의 또는 과실로 인하여 심신상실을 초래한 때에는 그러하지 아니하다.

⚡기출

01 ( )로 인하여 스스로 심신상실을 초래하고 그 상태에서 타인에게 위법하게 손해를 가한 자는 손해배상책임을 진다. 제25회

기출정답

01 과실

03 위법성

> **제761조 【정당방위, 긴급피난】** ① 타인의 불법행위에 대하여 자기 또는 제3자의 이익을 방위하기 위하여 부득이 타인에게 손해를 가한 자는 배상할 책임이 없다. 그러나 피해자는 불법행위에 대하여 손해의 배상을 청구할 수 있다.
> ② 전항의 규정은 급박한 위난을 피하기 위하여 부득이 타인에게 손해를 가한 경우에 준용한다.

민법은 위법성조각사유로 정당방위와 긴급피난을 규정하고 있으며, 자력구제, 피해자의 승낙, 정당행위에 대하여도 논의되고 있다.

04 손해의 발생

손해가 생겼어야 한다.

05 인과관계

가해행위와 손해발생 사이에 상당인과관계가 있어야 한다.

제3절 민법상 특수한 불법행위

01 개요

민법이 규정하는 특수불법행위는 고의·과실의 증명책임을 피해자로부터 가해자에게 전환한 이른바 중간적 책임이다. 그리고 공동불법행위는 주로 사실적 인과관계의 문제가 완화된다는 데 그 특성이 있다.

02 민법상의 특수불법행위

1. 책임무능력자의 감독자의 책임

> **제755조 【책임무능력자의 감독자의 책임】** ① 다른 자에게 손해를 가한 사람이 제753조 또는 제754조에 따라 책임이 없는 경우에는 그를 감독할 법정의무가 있는 자가 그 손해를 배상할 책임이 있다. 다만, 감독의무를 게을리하지 아니한 경우에는 그러하지 아니하다.

⚡ 기출

01 ( )인 교사의 보호·감독책임은 소속학교에서의 교육활동 및 이와 밀접 불가분의 관계에 있는 생활관계에 한하여 인정된다. 제22회

기출정답

01 대리감독자

> ② 감독의무자를 갈음하여 제753조 또는 제754조에 따라 책임이 없는 사람을 감독하는 자도 제1항의 책임이 있다.

① 일종의 타인의 행위에 대한 책임이다. 그러나 감독의무자의 과실이 필요하므로 순수한 의미의 타인 행위에 대한 책임은 아니다. 감독의무자의 과실에 대한 증명책임은 감독의무자에게 전환되어 있다. 그 결과 무과실책임에 근접하며, 중간적 책임이라고 한다.
② 법정감독의무자와 대리감독자의 책임은 병존할 수 있다. 두 책임은 부진정연대채무이다.

기출
01 甲의 보호·감독을 받는 심신상실자가 매장에서 물건을 파손하여 타인에게 손해를 입힌 경우, 甲이 자신의 과실 없음을 스스로 (   )하여 불법행위책임을 면할 수 있다. 제24회

> 🔍 **판례 | 책임능력 있는 미성년자의 불법행위에 대한 감독자책임**
> 미성년자가 책임능력이 있어 그 스스로 불법행위책임을 지는 경우에도 그 손해가 당해 미성년자의 감독의무자의 의무위반과 상당인과관계가 있으면 감독의무자는 일반불법행위자로서 손해배상책임이 있고, 이 경우에 그러한 감독의무위반사실 및 손해발생과의 상당인과관계의 존재는 **이를 주장하는 자가 입증**하여야 한다(대판 1994.2.8, 93다13605 전합).

2. 사용자책임

(1) 서설

① 성질
  ㉠ 사용자책임은 중간적 책임이다.
  ㉡ 사용자책임은 피용자의 불법행위책임에 대한 대위책임이다.
② 다른 책임과의 관계
  ㉠ **제35조에 의한 법인의 불법행위책임과의 관계**: 제35조는 법인의 대표기관의 불법행위에만 적용되고, 그때의 책임은 법인 자신의 것으로서 면책이 인정되지 않는다. 그에 비하여 법인의 피용자가 가해행위를 한 경우에는 제756조가 적용되며, 면책이 인정된다.
  ㉡ **국가배상법과의 관계**: 공무원이 그 직무를 집행함에 있어서 불법행위를 한 경우에는 특칙인 국가배상법 제2조가 적용된다.
  ㉢ **이행보조자와 불법행위책임의 관계**: 이행보조자의 채무불이행이 동시에 불법행위가 되는 경우에는 채무자는 채무자로서의 계약책임(제391조)과 제756조에 의한 사용자책임을 지게 된다.

기출
02 사용자가 피용자의 선임 및 그 사무감독에 상당한 주의를 한 때에는 피용자가 그 사무집행에 관하여 제3자에게 가한 손해를 배상할 책임이 (   ). 제22회

기출정답
01 증명
02 없다

(2) 요건

① **타인을 사용하여 어느 사무에 종사하게 할 것(사용관계)**
  ㉠ 사용관계란 불법행위자를 실질적으로 지휘·감독하는 관계에 있음을 가리킨다. 사용관계는 고용관계나 근로계약관계보다 넓은 개념이다.
  ㉡ 어떤 사업에 관하여 자기의 명의의 사용을 허용한 자는 명의를 빌린 자의 가해행위에 대하여 사용자책임을 진다. 이러한 법리는 이른바 차량지입제의 경우에도 그대로 인정한다.
  ㉢ 도급인은 수급인의 사용자가 아니기 때문에 수급인이 그 일에 관하여 제3자에게 가한 손해를 배상할 책임이 없다. 그러나 도급 또는 지시에 관하여 도급인에게 중대한 과실이 있는 때에는 배상책임이 있다. 한편 도급인과 수급인 사이에 사용관계가 인정되는 때에는 도급인은 사용자책임을 진다. 따라서 이른바 노무도급의 경우에는 비록 도급인이라 하더라도 사용자책임이 있다. 그러나 도급인이 수급인에 대하여 감리적인 감독을 하는데 지나지 않을 때에는 사용관계를 인정하지 않는다.

② **피용자가 그 사무집행에 관하여 제3자에게 손해를 가했을 것**
  ㉠ **제3자**: 여기의 제3자는 가해행위를 한 피용자와 그의 사용자 이외의 자를 가리킨다. 따라서 근로자가 그 업무집행 중 다른 근로자에게 손해를 가한 경우에도 사용자책임이 있다.
  ㉡ **사무집행관련성(이른바 외형이론)**
    ⓐ 피용자의 불법행위가 외형상 객관적으로 사용자의 사업활동 내지 사무집행행위 또는 그와 관련된 것이라고 보일 때에는 행위자의 주관적 사정을 고려함이 없이 이를 사무집행에 관하여 한 행위로 본다. 그러한 행위이면 피용자가 사리를 꾀하기 위하여 그 권한을 남용하여 한 경우, 사용자 또는 사용자에 갈음하여 그 사무를 감독하는 자의 구체적인 명령 또는 위임에 따르지 않은 경우도 사무집행에 관한 행위로 된다.
    ⓑ 한편 사무집행행위에 해당하지 않음을 피해자 자신이 알았거나 또는 중대한 과실로 알지 못한 경우에는 사용자 또는 사용자에 갈음하여 그 사무를 감독하는 자에 대하여 사용자책임을 물을 수 없다.

③ **피용자의 가해행위가 불법행위의 요건을 갖출 것**: 피용자의 제3자에 대한 가해행위가 고의나 과실 및 책임능력 등 불법행위의 성립요건을 갖추어야 한다.

⚡기출

01 도급인은 도급 또는 지시에 관하여 (   )이 있는 경우, 수급인이 그 일에 관하여 제3자에게 가한 손해를 배상할 책임이 있다. 제25회

기출정답
01 중대한 과실

④ 사용자가 제756조 제1항 단서의 면책사유 있음을 증명하지 못할 것: 사용자는 피용자의 선임 및 사무감독에 상당한 주의를 한 때 또는 상당한 주의를 하여도 손해가 있을 경우에는 사용자책임을 지지 않고 이에 대한 증명은 사용자가 하여야 한다.

(3) 효과

① **배상책임자**
  ㉠ 제756조에 의하여 책임을 지는 자는 사용자와 사용자에 갈음하여 그 사무를 감독하는 자 즉, 대리감독자이다. 사용자책임의 경우에도 피해자에게 과실이 있으면 과실상계를 할 수 있다.

  > **판례 | 피용자의 고의에 의한 불법행위로 인하여 사용자책임을 부담하는 경우에도 과실상계**
  >
  > 피용자의 고의에 의한 불법행위로 인하여 사용자책임을 부담하는 경우에도 피해자에게 그 손해의 발생과 확대에 기여한 과실이 있다면 사용자책임의 범위를 정함에 있어서 이러한 **피해자의 과실을 고려하여 그 책임을 제한할 수 있다**(대판 2002.12.26, 2000다56952).

  ㉡ 사용자책임이 성립하는 경우에 피용자는 이와 별도로 제750조에 의한 불법행위책임을 진다. 그리고 이 두 책임은 부진정연대채무의 관계에 있다.

② **피용자에 대한 구상권**
  ㉠ 사용자 또는 대리감독자가 손해배상을 한 때에는 피용자에 대하여 구상권을 행사할 수 있다.
  ㉡ 판례는 신의칙을 근거로 구상권을 일정한 한도로 제한할 수 있다고 한다. 특히 피용자의 가해행위가 지니는 책임성에 비해 사용자의 가해행위에 대한 기여도 내지 가공도가 지나치게 큰 경우에는 사용자의 피용자에 대한 구상권의 행사가 신의칙상 부당하다고 한다.
  ㉢ 피용자와 제3자가 공동불법행위로 피해자에게 손해를 가하여 그 손해배상채무를 부담하는 경우에, 사용자가 피용자와 제3자의 책임비율에 의하여 정해진 피용자의 부담부분을 초과하여 피해자에게 손해를 배상한 경우에는 사용자는 제3자에 대하여도 구상권을 행사할 수 있으며, 그 구상의 범위는 제3자의 부담부분에 국한된다.

3. 공작물 등의 점유자·소유자의 책임

(1) 서설
① 공작물의 설치 또는 보존의 하자로 인하여 타인에게 손해를 가한 때에는 공작물점유자가 손해를 배상할 책임이 있다.
② 공작물 점유자의 책임은 중간적 책임이나, 소유자의 경우에는 무과실책임이다.
③ 영조물의 설치 또는 관리에 하자가 있는 경우의 국가 또는 지방자치단체의 배상책임에 관하여는 국가배상법에 따로 명문규정을 두고 있다.

(2) 요건
① 하자의 존재에 대하여 원칙적으로 피해자가 증명책임을 진다.
② 하자가 손해 발생의 유일한 원인일 필요는 없고, 하자가 다른 자연적 사실, 제3자의 행위 또는 피해자의 행위 등과 함께 공동원인의 하나인 것으로 충분하다.
③ 점유자의 면책사유는 책임을 면하려는 점유자가 증명하여야 한다.

(3) 효과
공작물의 임차인이 공작물의 설치 또는 보존의 하자로 인하여 손해를 입은 경우에는 소유자가 그 손해를 배상할 책임이 있는 것이고, 이 경우에 공작물의 보존에 관하여 피해자에게 과실이 있다고 하더라도 과실상계의 사유가 될 뿐이다.

4. 공동불법행위자의 책임

> **제760조【공동불법행위자의 책임】** ① 수인이 공동의 불법행위로 타인에게 손해를 가한 때에는 연대하여 그 손해를 배상할 책임이 있다.
> ② 공동 아닌 수인의 행위 중 어느 자의 행위가 그 손해를 가한 것인지를 알 수 없는 때에도 전항과 같다.
> ③ 교사자나 방조자는 공동행위자로 본다.

(1) 협의의 공동불법행위
각 행위자의 가해행위 사이에 관련·공동성이 있어야 한다. 공동불법행위자 상호간에 의사의 공통이나 공동의 인식이 필요하지 아니하고 객관적으로 그들의 각 행위에 관련공동성이 있으면 족하다고 한다(객관적 공동설).

⚡기출
01 공작물의 설치 또는 보존의 하자로 인하여 타인이 손해를 입은 경우, 1차적으로 공작물의 (　　)가 배상책임을 진다. 제22회

⚡기출
02 제3자의 행위와 공작물의 설치 또는 보존상의 하자가 공동원인이 되어 발생한 손해는 공작물의 설치 또는 보존상의 하자에 의하여 발생한 것이라고 볼 수 (　　). 제25회

⚡기출
03 공동불법행위가 성립하기 위해서는 행위자 사이에 (　　)은 필요하지 않다. 제23회

기출정답
01 점유자
02 있다
03 행위공동의 인식

(2) 가해자 불명의 공동불법행위(복수행위)

예컨대 다수의 의사가 의료행위에 관여하여 의료사고가 발생하였는데 그중 누구의 과실에 의하여 의료사고가 발생한 것인지 분명하지 않은 경우가 그 예로, 개별 행위자가 자기의 행위와 손해 발생 사이에 인과관계가 존재하지 아니함을 증명하면 면책된다.

(3) 교사·방조

과실에 의한 방조도 가능하다. 방조자에게 공동불법행위자로서 책임을 지우기 위해서는 방조행위와 피방조자의 불법행위 사이에 상당인과관계가 있어야 한다.

> **⚡기출**
> 01 교사자나 방조자도 (　　) 로서 공동불법행위책임을 질 수 있다. 제22회

(4) 효과

① **책임의 법적 성질**
  ㉠ 공동불법행위자는 부진정연대채무를 부담한다.
  ㉡ 따라서 '변제, 대물변제, 공탁, 상계'는 절대적 효력을 인정할 수 있으나, '이행청구, 경개, 면제, 혼동, 소멸시효, 채권자지체'는 연대채무와 달리 상대적 효력만 인정된다.

② **손해배상의 범위**
  ㉠ 손해배상액에 대하여는 가해자 각자가 그 금액의 전부에 대한 책임을 부담한다.
  ㉡ 과실상계를 함에 있어서는 피해자의 공동불법행위자 각인에 대한 과실비율이 서로 다르더라도 그들 전원에 대한 과실로 전체적으로 평가하여야 한다.

③ **구상권**
  ㉠ 공동불법행위자 중 1인이 자기의 부담부분 이상을 변제하여 공동면책을 얻은 경우에 그는 다른 공동불법행위자에 대하여 구상할 수 있다.
  ㉡ 구상권은 피해자의 다른 공동불법행위에 대한 손해배상채권과 별개의 독립한 권리이다. 구상권이 발생한 때, 즉 구상권자가 공동면책행위를 한 때부터 10년의 소멸시효기간이 기산된다.
  ㉢ 구상채무는 특별한 사정이 없는 한, 다수당사자 사이의 분할채무의 원칙이 적용된다. 그러나 구상권자인 공동불법행위자측에 과실이 없는 경우, 즉 내부적인 부담부분이 전혀 없는 경우에는 수인의 구상의무 사이의 관계를 부진정연대채무로 본다.

> **⚡기출**
> 02 공동불법행위자 중 1인에 대한 상계는 다른 공동불법행위자에게 공동면책의 효력이 (　　). 제23회
> 03 공동불법행위자 중 1인에 대하여 구상의무를 부담하는 다른 공동불법행위자가 여럿인 경우, 특별한 사정이 없는 한 그들의 구상권자에 대한 채무는 (　　)이다. 제23회
>
> **기출정답**
> 01 공동행위자
> 02 있다
> 03 분할채무

제4절 불법행위의 효과

01 불법행위에 기한 손해배상청구권

(1) 손해배상청구의 당사자

① 손해배상청구권자는 원칙적으로 불법행위에 의하여 손해를 받은 직접적 피해자이다.
② 자연인뿐만 아니라 법인이나 권리능력없는 사단·재단도 손해배상청구권을 가질 수 있다. 그리고 태아는 손해배상청구권에 관하여는 이미 출생한 것으로 본다.
③ 제750조는 불법행위에 관한 일반규정이고, 제751조는 '신체, 자유, 명예'를 침해당하거나 기타 '정신적 고통'을 입은 피해자에게 위자료청구권을 부여한 규정이다. 또한 제752조는 '생명'의 침해를 받은 자의 직계존·비속 및 배우자에게 재산상의 손해가 없는 경우에도 손해배상청구권을 부여한 규정이다.

(2) 손해배상청구권의 소멸시효

> **제766조【손해배상청구권의 소멸시효】** ① 불법행위로 인한 손해배상의 청구권은 피해자나 그 법정대리인이 그 손해 및 가해자를 안 날로부터 3년간 이를 행사하지 아니하면 시효로 인하여 소멸한다.
> ② 불법행위를 한 날로부터 10년을 경과한 때에도 전항과 같다.
> ③ 미성년자가 성폭력, 성추행, 성희롱, 그 밖의 성적(性的) 침해를 당한 경우에 이로 인한 손해배상청구권의 소멸시효는 그가 성년이 될 때까지는 진행되지 아니한다.

① **불법행위로 인한 손해배상청구권**: 불법행위로 인한 손해배상청구권은 두 기간 중 어느 하나가 만료하면 다른 기간의 경과를 기다리지 않고 권리는 소멸한다. 판례는 3년, 10년의 기간은 소멸시효기간이라고 한다.
② **시효기간의 기산점**
  ㉠ **3년의 소멸시효기간**: 후유증 등으로 인하여 새로운 손해가 발생하였거나 예상 외로 손해가 확대된 경우에는 그러한 사유가 판명되었을 때 비로소 새로이 발생 또는 확대된 손해를 알았다고 보아야 하므로, 그 때부터 시효가 진행한다. 한편 불법행위가 계속적으로 행하여지는 경우에는 특별한 사정이 없는 한 그 손해는

날마다 새로운 불법행위에 기하여 발생하는 손해로서 그 각 손해를 안 때로부터 별개로 소멸시효가 진행한다.

ⓒ **10년의 소멸시효기간**: '불법행위를 한 날'은 가해행위가 있었던 날이 아니라 현실적으로 손해의 결과가 발생된 날을 의미한다.

02 손해배상의 방법

(1) 금전배상의 원칙

손해는 원칙적으로 금전으로 배상되어야 한다.

(2) 원상회복(명예훼손의 경우의 특칙)

> 제764조 【명예훼손의 경우의 특칙】 타인의 명예를 훼손한 자에 대하여는 법원은 피해자의 청구에 의하여 손해배상에 갈음하거나 손해배상과 함께 명예회복에 적당한 처분을 명할 수 있다.

헌법재판소는 명예회복에 적당한 처분에 사죄광고를 포함시키는 것은 양심의 자유 및 인격권을 침해하는 것으로 헌법에 위반된다는 결정을 하였다.

03 손해배상의 산정과 조정

(1) 손해배상액의 산정기준시기

불법행위로 인한 손해배상채무의 지연손해금의 기산일은 불법행위 성립일임이 원칙이고, 불법행위에 있어 위법행위 시점과 손해발생 시점 사이에 시간적 간격이 있는 경우에는 손해발생 시점이 기산일이 된다.

(2) 손해배상액의 산정방법

① **손해 3분설**: '손해 3분설'에 따라 생명 또는 신체에 대한 불법행위로 인하여 입게 된 적극적 손해와 소극적 손해 및 정신적 손해는 서로 소송물을 달리하므로 그 손해배상의무의 존부나 범위에 관하여 항쟁함이 상당한지의 여부는 각 손해마다 따로 판단하여야 한다.

> **판례 | 불법행위로 재산권이 침해된 경우 위자료 인정 요건**
>
> 일반적으로 타인의 불법행위 등에 의하여 재산권이 침해된 경우에는 그 재산적 손해의 배상에 의하여 정신적 고통도 회복된다고 보아야 할 것이므로 재산적 손해의 배상에 의하여 회복할 수 없는 정신적 손해가 발생하였다면, 이는 **특별한 사정으로 인한 손해**로서 가해자가 그러한 사정을 알았거나 알 수 있었을 경우에 한하여 그 손해에 대한 위자료를 청구할 수 있다(대판 2004.3.18, 2001다82507).

② 재산적 손해의 산정
  ㉠ 소유물이 멸실 또는 훼손된 경우
    ⓐ 소유물이 멸실된 경우에는 물건이 멸실된 때의 교환가격이 손해액이 되고, 멸실 후의 목적물의 가격등귀에 따른 손해는 특별손해로 된다. 다만, 불법행위로 영업용 건물이 멸실된 경우에는 휴업손해를 배상하여야 한다.
    ⓑ 소유물이 훼손된 경우에는 수리가 가능한지에 따라 다르다. 수리가 가능하면 수리비와 수리기간 중 통상의 용법으로 사용하지 못함으로 인한 손해가 통상의 손해이며, 수리가 불가능한 때에는 그 훼손 당시의 교환가치가 통상손해이다.
  ㉡ **부동산의 불법점유**: 타인이 자신의 부동산을 불법점유함으로 인하여 입은 손해는 특별한 사정이 없는 한 그 부동산의 임료상당액이다.

(3) 손해액의 조정

배상의무자는 그 손해가 고의 또는 중대한 과실에 의한 것이 아니고 그 배상으로 인하여 배상자의 생계에 중대한 영향을 미치게 될 경우에는 법원에 그 배상액의 감경을 청구할 수 있다. 법원은 청구가 있는 때에는 채권자 및 채무자의 경제상태와 손해의 원인 등을 참작하여 배상액을 감경할 수 있다.

해커스 주택관리사

주택관리사 **1위** 해커스
한경비즈니스 선정 2020 한국품질만족도 교육(온·오프라인 주택관리사) 부문 1위 해커스

해커스 합격 선배들의
생생한 합격 후기!

전국 최고 점수로 8개월 초단기합격
해커스 커리큘럼을 똑같이 따라가면 자동으로 반복학습을 하게 되는데요. 그러면서 자신의 부족함을 캐치하고 보완할 수 있었습니다. 또한 해커스 무료 모의고사로 실전 경험을 쌓는 것이 많은 도움이 되었습니다.

전국 수석합격생
최*석 님

해커스는 교재가 **단원별로 핵심 요약정리**가 참 잘되어 있습니다. 또한 커리큘럼도 매우 좋았고, 교수님들의 강의가 제가 생각할 때는 **국보급 강의**였습니다. 교수님들이 시키는 대로, 강의가 진행되는 대로만 공부했더니 고득점이 나왔습니다. 한 2~3개월 정도만 들어보면, 여러분들도 충분히 고득점을 맞을 수 있는 실력을 갖추게 될 거라고 판단됩니다.

해커스 합격생
권*섭 님

해커스는 주택관리사 커리큘럼이 되게 잘 되어있습니다. 저같이 처음 공부하시는 분들도 입문과정, 기본과정, 심화과정, 모의고사, 마무리 특강까지 이렇게 최소 5회독 반복하시면 처음에 몰랐던 것도 알 수 있을 것입니다. 모의고사와 기출문제 풀이가 도움이 많이 되었는데, **실전 모의고사를 실제 시험 보듯이 시간을 맞춰 연습하니 실전에서 도움이 많이 되었습니다.**

해커스 합격생
전*미 님

해커스 주택관리사가 **기본 강의와 교재가 매우 잘되어 있다고 생각**했습니다. 가장 좋았던 점은 가장 기본인 기본서를 뽑고 싶습니다. 다른 학원의 기본서는 너무 어렵고 복잡했는데, 그런 부분을 다 빼고 **엑기스만 들어있어 좋았고** 교수님의 강의를 충실히 따라가니 공부하는 데 큰 어려움이 없었습니다.

해커스 합격생
김*수 님

1588.2332

house.Hackers.com

해커스 주택관리사

주택관리사 1위 해커스
한경비즈니스 선정 2020 한국품질만족도 교육(온·오프라인 주택관리사) 부문 1위 해커스

해커스 주택관리사
100% 환급 + 평생수강반

합격할 때까지 최신강의 평생 무제한 수강!

2026년까지 최종 합격하면 수강료 100% 환급

최신인강 평생 무제한 수강

최신 교재 22권 모두 제공!

* 최종합격+수기 작성시, 제세공과금 본인부담, 교재비 환급대상 제외, 유의사항 필독

* 매년 연장 미션 성공 시 1년씩 연장

저는 해커스를 통해 공인중개사와 주택관리사 모두 합격했습니다.
해커스 환급반을 통해 공인중개사 합격 후 환급받았고,
환급받은 돈으로 해커스 주택관리사 공부를 시작해서
또 한번 합격할 수 있었습니다.

해커스 합격생 박*후 님

지금 등록 시
수강료 파격 지원

최신 교재 받고
합격할 때까지 최신인강
평생 무제한 수강 ▶

*상품 구성 및 혜택은 추후 변동 가능성 있습니다. 상품에 대한 자세한 정보는 이벤트 페이지에서 확인하실 수 있습니다.

1588.2332　　　　　　　　　　　　　　　　　　　　**house.Hackers.com**